新《公司法》
裁判精要与实务指南

（股东出资卷）

王俊凯　刘艳艳　杨银笛　著

ESSENTIAL JUDGMENTS AND PRACTICAL GUIDE UNDER
THE NEW COMPANY LAW
(SHAREHOLDER CONTRIBUTIONS VOLUME)

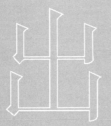

图书在版编目(CIP)数据

新《公司法》裁判精要与实务指南. 股东出资卷 / 王俊凯，刘艳艳，杨银笛著. -- 北京：北京大学出版社，2025.2. -- ISBN 978-7-301-35925-9

Ⅰ. D922.291.91-62

中国国家版本馆CIP数据核字第2025893K0Y号

书　　　名	新《公司法》裁判精要与实务指南（股东出资卷） XIN《GONGSIFA》CAIPAN JINGYAO YU SHIWU ZHINAN（GUDONG CHUZI JUAN）
著作责任者	王俊凯　刘艳艳　杨银笛　著
策划编辑	陆建华
责任编辑	王　睿　费　悦
标准书号	ISBN 978-7-301-35925-9
出版发行	北京大学出版社
地　　　址	北京市海淀区成府路205号　100871
网　　　址	http://www.pup.cn　http://www.yandayuanzhao.com
电子邮箱	编辑部 yandayuanzhao@pup.cn　总编室 zpup@pup.cn
新浪微博	@北京大学出版社　@北大出版社燕大元照法律图书
电　　　话	邮购部 010-62752015　发行部 010-62750672 编辑部 010-62117788
印　刷　者	天津中印联印务有限公司
经　销　者	新华书店
	720毫米×1020毫米　16开本　24.625印张　350千字 2025年2月第1版　2025年2月第1次印刷
定　　　价	88.00元

未经许可，不得以任何方式复制或抄袭本书之部分或全部内容。
版权所有，侵权必究
举报电话：010-62752024　电子邮箱：fd@pup.cn
图书如有印装质量问题，请与出版部联系，电话：010-62756370

分工

王俊凯 撰写了第九章、第十章、第十一章、第十二章,负责全书统稿。

刘艳艳 撰写了第一章、第二章、第三章、第四章,同时撰写了第五章第三节"一、新《公司法》出资制度对投资并购的影响"、第七章第三节"一、新《公司法》出资制度对债权人权益的保护"、第十一章第三节"一、新《公司法》出资制度对董监高的影响"、第十二章第三节"一、新《公司法》对创业的影响——机遇与挑战并存"。

杨银笛 撰写了第五章、第六章、第七章、第八章。

凡例

一、本书法律、行政法规名称中的"中华人民共和国"省略，其余一般不省略，例如《中华人民共和国民法典》简称《民法典》。

二、"新《公司法》"为2023年12月29日修订的《中华人民共和国公司法》。

三、《民事诉讼法》为2023年9月1日修正的《中华人民共和国民事诉讼法》。

四、本书中法律、司法解释及司法文件的全称及对应的简称：

1.《最高人民法院关于审理外商投资企业纠纷案件若干问题的规定（一）》，简称《外商投资企业司法解释（一）》；

2.《最高人民法院关于适用〈中华人民共和国公司法〉若干问题的规定（一）》，简称《公司法司法解释（一）》；

3.《最高人民法院关于适用〈中华人民共和国公司法〉若干问题的规定（二）》，简称《公司法司法解释（二）》；

4.《最高人民法院关于适用〈中华人民共和国公司法〉若干问题的规定（三）》，简称《公司法司法解释（三）》；

5.《最高人民法院关于适用〈中华人民共和国公司法〉若干问题的规定（四）》，简称《公司法司法解释（四）》；

6.《最高人民法院关于适用〈中华人民共和国公司法〉若干问题的规定（五）》，简称《公司法司法解释（五）》；

7.《最高人民法院关于适用〈中华人民共和国企业破产法〉若干问题的规定（二）》，简称《企业破产法司法解释（二）》；

8.《最高人民法院关于审理与企业改制相关的民事纠纷案件若干问题的规定》，简称《企业改制司法解释》；

9.《最高人民法院关于人民法院强制执行股权若干问题的规定》，简称《执行股权司法解释》；

10.《最高人民法院关于适用〈中华人民共和国民事诉讼法〉的解释》，简称《民事诉讼法司法解释》；

11.《最高人民法院关于民事执行中变更、追加当事人若干问题的规定》,简称《执行变更追加司法解释》;

12.《最高人民法院关于人民法院执行工作若干问题的规定(试行)》,简称《执行工作司法解释》;

13.《最高人民法院关于人民法院办理执行异议和复议案件若干问题的规定》,简称《执行异议和复议司法解释》;

14.《最高人民法院关于人民法院民事执行中查封、扣押、冻结财产的规定》,简称《查封司法解释》;

15.《全国法院民商事审判工作会议纪要》,简称《九民会议纪要》;

16.《最高人民法院关于审理涉及国有土地使用权合同纠纷案件适用法律问题的解释》,简称《国有土地使用权合同司法解释》;

17.《最高人民法院关于审理民事案件适用诉讼时效制度若干问题的规定》,简称《诉讼时效司法解释》;

18.《最高人民法院关于适用〈中华人民共和国民法典〉物权编的解释(一)》,简称《民法典物权编司法解释(一)》;

19.《最高人民法院关于适用〈中华人民共和国民法典〉有关担保制度的解释》,简称《民法典担保制度司法解释》;

20.《最高人民法院关于适用〈中华人民共和国民法典〉合同编通则若干问题的解释》,简称《民法典合同编通则司法解释》;

21.《最高人民法院关于适用〈中华人民共和国公司法〉时间效力的若干规定》,简称《公司法时间效力司法解释》;

22.《国务院关于实施〈中华人民共和国公司法〉注册资本登记管理制度的规定》,简称《国务院注册资本规定》。

序言

一、本卷的缘起

本卷是"新《公司法》系列图书"中最先撰写的。之所以触发动笔的念头并最终将念头付诸实施,是因为笔者经办的一起案例:

几个股东年轻有为,创业干劲十足,他们都各有所长,将公司经营得红红火火,后增资扩股,引进新的投资者,公司拟进入上市进程。后创始股东就公司发展问题产生不同见解,逐渐演变为不和,严重影响公司生产经营,因拖欠员工工资,历经劳动仲裁、强制执行,最终进入破产清算程序。破产管理人以公司各股东为被告提起追缴履行出资义务的诉讼。

笔者接受其中一个创始股东的委托,其被追缴的出资金额超过一千万元,此时若背负巨额债务,毫无疑问意味着前途黯淡,甚至家庭的不美满,委托人对此甚为焦虑。笔者在查阅了大量案例,并和公司法领域专业人士探讨之后,得出委托人被追缴出资的概率非常高的结论,尽管找到了与主流裁判观点相反的两则案例,但仍免不了让笔者深感有压力。

笔者回归到对案件细节本身的梳理,重点陈述几个观点:一是被告作为发起人,在公司设立阶段已完成实缴(公司设立时,公司法实行的是实缴制度);二是增资扩股阶段,公司法实行认缴制,被告在认缴出资期限未届满时将股权转让,并书面约定出资义务由股权受让人承担,此时将股权转让,并不属于"不履行出资义务"的情形;三是公司破产清算阶段追缴出资,应以现有的登记股东为追缴对象,而不应向已经合法转让股权的、已不是公司现有股东的原股东追缴出资。一审法院判决采纳笔者的第一个、第二个观点,判决被告无须履行补缴出资的义务。二审法院维持原判决,被告得以"逃出生天",获得彻底的自由。

在案件办理过程中,发现公司法对实务中的一些问题并没有明确规定,各地裁判观点也各不相同,这促使笔者研究了相当多的裁判规则,也引发笔者对股东出资这个问题的全面、深刻的思考。

就公司这个拟制人来说,其也是"有血有肉"的,而股东的出资资金,完全可以被视为诞生生命、延续生命之"血",没有资金公司就无法设立、无法经营、无法扩展。无论是公司设立阶段、运营阶段还是发展壮大阶段,都需要各种形式的资金注入,各种途径的"输血",也可以说,注册资金是维系公司生存与发展的根本,公司各种问题的产生及解决方案的设计,都与股东出资、注册资本息息相关。基于办理案件而意识到股东出资问题的重要性,是推动笔者写这本书的根本原因。在此基础上,笔者又研究了股权转让、股权架构和股权激励,也可以说股东出资卷是整套系列书诞生的起源。

二、本卷的框架

股东出资为公司注入了资金,构成公司注册资本来源,其重要性如前所述,是在为公司"造血",是公司生存与发展的根本,无论公司处于哪个阶段,产生什么问题,如何解决问题,都与"出资""注册资本"密切相关。故在本卷框架的设计上,采取公司"生命周期"这个整体视角,对公司的设立、运营、增资减资、执行、解散清算之完整的生命历程,进行全景式梳理并展示了股东出资的热点实务问题和解决方案。对各章概括解释如下:

第一章,货币出资。公司既然存在"生命周期",首先就要考虑激活"生命周期"的股东出资之"资",究竟是什么形式与形态。新《公司法》规定,股东出资有货币出资、非货币财产出资这两大类出资形式。故首先要关注货币出资、非货币财产出资的实务内容。本章主要解决的问题是:作为出资的货币来源的合法性,对股东出资甚至设立公司合法性的影响;股东向公司转账现金的行为,是否构成股东出资;货币出资的验资。

第二章,非货币财产出资。新《公司法》新增股权出资、债权出资两种非货币财产出资形态,该内容是本章的重中之重。本章主要解决的问题是:股权出资、债权出资的构成要件;实物出资的具体形态,实物出资完毕的认定标准(交付或过户);知识产权出资的常见形态及出资完毕的认定标准;土地使用权、探矿权、林木资源使用权出资完毕的认定标准;非货币财产出资的评估作价等。

第三章,股东出资的要素。货币出资、非货币财产出资关乎股东出资的形态形式,而出资要素关乎出资形态的存在依据和相互组合。本章主要解决的问题是:股东出资的依据是什么,是公司章程还是股东协议,能让股东出资"师出有名";股东出资期限可以设置多长,新《公司法》规定股东出资"自公司成立之日起五年内缴足",实行有期限的认缴制,《国务院注册资本规定》则针对存量公司的出资期限的调整进行明确规定;股东出资比例可以是实缴出资比例,也可以是认缴出资比例;在涉及股东分红、表决权行使等方面是否必然与出资比例挂钩;公司章程能否对出资比例作出特别规定等。

第四章,公司设立时的股东出资。在阐述完出资的形态和要素后,回归公司"生命周期"这个整体视角,首先是关于公司设立阶段的股东出资实务问题。本章主要解决的问题是:如何认定创始股东也就是公司发起人的身份;发起人出资责任的承担;在公司设立过程中、公司设立失败这两种情形下,发起人的责任承担等。

第五章,股东出资与增资减资、返还出资。注册资本在公司生命周期中会呈现不同的形态,比如增资、减资、出资的返还,注册资本一直在以不同的形态流转、增加或消亡。本章主要解决的问题是:股东增资行为的认定和责任承担;不合法的减资与抽逃出资的关系;如何认定股东构成超额出资,在什么情况下应当返还股东出资等。

第六章,股东出资与股权代持。站在股东的立场上看,股东对其出资并非都采取公开透明的态度,其可能只想通过投资获利分红,并不想让众人知道其具体行为的存在,故产生了股权代持。这类股东属于公司法上的特殊群体,有较强的隐蔽性,也有认可其合法权益存在的必要性,因为他们的投资毕竟是公司设立的推动力之一,是公司运行中的实质推动力量。本章主要解决的问题是:股权代持协议的效力如何认定;股权代持关系中实际出资人能否被认定为股东,究竟由谁来行使股东权利;股权代持中排除强制执行的问题等。

第七章,股东出资与股权转让。如果说股权代持是资本流转中的"隐性形态",股权转让则是资本流转中的"显性形态"。本章主要解决的问题是:对于未履行出资义务、出资期限未届满就转让股权的情况,是股权转让人承担责任还是受让人承担责任,针对这个问题在新《公司法》出台前存在不同的裁判观点,现在得到明确的统一;执行中能否追加未履行出资义务的股东为被执行人等。

第八章,股东出资与股东资格。股东出资的目的,一是从公司获得收益,二是要行使股东权利管理公司。要管理公司,前提是取得股东资格,股东是否出资,往往成为认定其是否具有股东资格的一个重要依据。股东资格的认定贯穿公司整个生命周期,行为人是否为股东,关乎诉讼权利、财产权、管理权的行使,在触及股东出资时,必然联想到股东资格。本章主要解决的问题是:股东出资对股东资格认定的影响;出资对于股东行使股东自益权、共益权的影响,比如,在分红权、表决权上的限制;对新《公司法》催缴失权制度的理解等。

第九章，抽逃出资与虚假出资。在公司生命周期中，资本呈现出各种真实的形态，比如，前述的增资、减资、返还、超额等；也呈现出一种非真实的、虚幻的形态，比如，抽逃出资、虚假出资。前者是先真后假，以真的表面掩盖假的实质；后者则实质是假的、不存在的，但竟然呈现出表面为真之象。真假出资的存在，当然也侵蚀着公司资本的基本制度，直接影响公司的运营周转与扩张。本章主要解决的问题是：抽逃出资、虚假出资的行为如何认定；股东对抽逃出资、虚假出资的责任承担；执行中如何追加抽逃出资、虚假出资的股东等。

第十章，股东出资与破产解散。经过解散、破产清算，公司最终可能进入注销消亡阶段，但股东出资责任并未随着公司的消亡而消失，在公司生命周期结束前后，股东出资责任仍然存在，不但在股东之间存在，而且更多是在股东与公司债权人之间存在。本章主要解决的问题是：破产清算中的追缴出资责任；股东出资加速到期问题，特别是对非破产情形下股东出资加速到期的理解等。

第十一章，不同时期公司法关于股东出资的法律适用。本章主要解决的问题是：股东出资引申出承担责任的主体、出资事实认定、出资比例、出资形式等要素问题；不同时期的公司法是否对这些问题有规定，规定是否一致；《公司法时间效力司法解释》对股东出资溯及力问题的规定，应适用新法还是旧法等问题，都需要对比研究，这也是考量公司律师专业水平的一把尺子。

第十二章，股东出资案件的诉讼时效和法院管辖。股东出资的诉讼时效、管辖法院的确定，是实务中的热点、难点问题。本章主要解决的问题是：涉及股东出资的诉讼，哪些情形受诉讼时效限制，哪些情形不受诉讼时效限制，哪些情形属于诉讼时效届满的情形；从哪些角度来确定涉及股东出资诉讼案件的管辖法院等。

三、本卷的章节

本系列图书的定位为律师实务书籍，为律师办案提供实用的帮助。律师办案的基本思路，首先是了解案情、查看证据，其次是思考与案件密切关联的法律依据，也就是检索请求权基础规范，再次是查阅裁判案例、提炼裁判观点，看能否与案件"对号入座"，最后是看律师实务文章，希望从中能得到实务操作的建议或法律理解上的启发。针对律师办案基本思路，本卷设定每章内容由三小节组成：

第一节，请求权基础规范。该节由两个层次的法律规定组成，一是新《公司法》的规定，将其置于前面，与"新《公司法》系列图书"的定位吻合；二是其他法律规定，包括《民法典》、公司法司法解释、其他相关解释的规定，同时收录了司法政策文件，比如《九民会议纪要》，方便读者查阅，也能帮助读者对法律规定形成全面的理解。

第二节，裁判精要。针对本章的内容，笔者对大量的裁判案例进行归纳梳理，只提炼与本章内容相关的裁判观点，也就是判决书中"法院认为"部分。笔者对该部分亦做处理，首先是简化表达，只有极少数案例的观点难以切割才全面引用；其次是为了节约版面不引用案情简介，如果读者需要看案情简介，可以通过裁判观点前的案号自行检索；在将不同角度的裁判观点组合后，再以章、节这样整体性的观点来归纳，进而搭建起关于本章的实务框架体系。这亦符合本系列书"裁判精要"的定位。

第三节，实务指南。该节是笔者关于本章内容的实务心得，可以从对新《公司法》条文的理解、某些方面的实务操作指引、不同实务要点之间的对比等角度出发，同时，结合民事立案案由，融入对相关公司纠纷案件类型的简析。在本卷中，涉及分析的关联诉讼类型有：股东名册记载纠纷、发起人责任纠纷、公司设立纠纷、请求变更公司登记纠纷、股东资格确认纠纷和股东出资纠纷。

在新《公司法》颁布后，实务中仍存在一些需要研究探讨的问题，本书是从笔者自身的实务经验出发所作的总结提炼，见解粗浅，其中难免存在不足甚至错误之处，恳请各位读者不吝指教。

王俊凯　刘艳艳　杨银笛
2025 年 1 月 1 日

目 录

第一章　货币出资 … 001

第一节　请求权基础规范 … 001
一、新《公司法》规定 … 001
二、其他法律规定 … 002

第二节　裁判精要 … 003
一、货币出资的资金来源 … 003
二、向公司转账是否构成出资 … 010
三、货币出资的验资 … 019
四、货币出资的"合理怀疑" … 026

第三节　实务指南 … 030
一、新《公司法》出资制度对企业家的挑战和机遇 … 030
二、货币出资的资金来源 … 033

第二章　非货币财产出资 … 035

第一节　请求权基础规范 … 035
一、新《公司法》规定 … 035
二、其他法律规定 … 037

第二节　裁判精要 … 045
一、股权出资 … 045
二、债权出资 … 047
三、实物出资 … 056
四、知识产权出资 … 069
五、土地使用权出资及其他 … 077

第三节 实务指南 ··· 084
一、股权出资实务问题 ·· 084
二、债权出资实务问题 ·· 089
三、知识产权出资实务问题 ··· 096
四、土地使用权出资实务问题 ··· 106

第三章 股东出资的要素 ·· 110

第一节 请求权基础规范 ··· 110
一、新《公司法》规定 ·· 110
二、其他法律规定 ·· 112

第二节 裁判精要 ··· 112
一、出资依据 ··· 112
二、出资期限 ··· 124
三、出资比例 ··· 128

第三节 实务指南 ··· 131
一、公司章程与发起人协议的关系 ·· 131
二、出资比例与股权比例不一致的约定是否有效 ························ 131
三、涉及股东特别财产事项之决议效力分析 ······························· 134
四、关联诉讼:股东名册记载纠纷 ·· 136

第四章 公司设立时的股东出资 ·· 139

第一节 请求权基础规范 ··· 139
一、新《公司法》规定 ·· 139
二、其他法律规定 ·· 140

第二节 裁判精要 ··· 142
一、发起人身份的认定 ··· 142
二、发起人的补缴连带责任 ·· 145
三、发起人的违约赔偿责任 ·· 149

第三节 实务指南 ··· 153
一、公司设立时的发起人责任 ··· 153
二、公司设立失败时发起人的民事责任承担 ······························· 157
三、关联诉讼:发起人责任纠纷 ·· 160

第五章 股东出资与增资减资、返还出资 …… **163**

第一节 请求权基础规范 …… 163
一、新《公司法》规定 …… 163
二、其他法律规定 …… 164

第二节 裁判精要 …… 167
一、增资 …… 167
二、减资 …… 171
三、返还出资 …… 179

第三节 实务指南 …… 188
一、新《公司法》出资制度对投资并购的影响 …… 188
二、未尽增资义务时各股东应否承担连带责任 …… 190
三、关联诉讼：公司设立纠纷 …… 193

第六章 股东出资与股权代持 …… **195**

第一节 请求权基础规范 …… 195
一、新《公司法》规定 …… 195
二、其他法律规定 …… 196

第二节 裁判精要 …… 202
一、股权代持协议的效力 …… 202
二、股东资格的确认 …… 207
三、实际出资人能否排除强制执行 …… 210

第三节 实务指南 …… 220
一、实际出资人显名程序的若干实务问题 …… 220
二、真正股东的辨认 …… 222
三、冒名登记股权实务问题 …… 224
四、关联诉讼：请求变更公司登记纠纷 …… 226

第七章 股东出资与股权转让 …… **230**

第一节 请求权基础规范 …… 230
一、新《公司法》规定 …… 230
二、其他法律规定 …… 230

第二节 裁判精要 ……………………………………………………… 233
一、股权受让方补足出资责任 …………………………………… 233
二、股权转让方补足出资责任 …………………………………… 243
三、执行中追加股权转让当事人 ………………………………… 247

第三节 实务指南 ……………………………………………………… 251
一、新《公司法》出资制度对债权人权益的保护 ……………… 251
二、出资未届期限股权转让后股权转让人的责任承担 ………… 254
三、瑕疵股权转让后的责任承担 ………………………………… 255

第八章 股东出资与股东资格 **258**

第一节 请求权基础规范 ……………………………………………… 258
一、新《公司法》规定 …………………………………………… 258
二、其他法律规定 ………………………………………………… 260

第二节 裁判精要 ……………………………………………………… 263
一、出资对股东资格的影响 ……………………………………… 263
二、出资对自益权的影响 ………………………………………… 266
三、出资对共益权的影响 ………………………………………… 269

第三节 实务指南 ……………………………………………………… 275
一、可被限制的股权权能类型 …………………………………… 275
二、新《公司法》催缴失权制度实务问题 ……………………… 276
三、关联诉讼：股东资格确认纠纷 ……………………………… 279

第九章 抽逃出资与虚假出资 **282**

第一节 请求权基础规范 ……………………………………………… 282
一、新《公司法》规定 …………………………………………… 282
二、其他法律规定 ………………………………………………… 283

第二节 裁判精要 ……………………………………………………… 286
一、不属于抽逃出资 ……………………………………………… 286
二、抽逃出资的法定情形 ………………………………………… 292
三、属于虚假出资 ………………………………………………… 303
四、执行中追加抽逃出资的股东 ………………………………… 306

第三节　实务指南
一、未足额出资的股东应对公司债务承担补充赔偿责任 …… 309
二、股份有限公司股东抽逃出资的责任承担 …… 310

第十章　股东出资与破产解散　313

第一节　请求权基础规范 …… 313
一、新《公司法》规定 …… 313
二、其他法律规定 …… 314

第二节　裁判精要 …… 315
一、破产清算中追缴出资 …… 315
二、股东出资是否加速到期 …… 318
三、执行中追加瑕疵出资股东 …… 322

第三节　实务指南 …… 325
一、新《公司法》股东出资的民事责任体系 …… 325
二、股东出资加速到期三大实务问题 …… 326
三、对非破产情形下股东出资加速到期制度的理解 …… 329

第十一章　不同时期公司法关于股东出资的法律适用　331

第一节　请求权基础规范 …… 331

第二节　裁判精要 …… 332
一、责任承担 …… 332
二、事实认定 …… 339
三、出资要素 …… 341

第三节　实务指南 …… 342
一、新《公司法》出资制度对董监高的影响 …… 342
二、新《公司法》财务会计治理制度的法条梳理 …… 344

第十二章　股东出资案件的诉讼时效和法院管辖　346

第一节　请求权基础规范 …… 346
一、诉讼时效 …… 346
二、法院管辖 …… 347

第二节　裁判精要 …………………………………………………… 348
　　　一、诉讼时效 ………………………………………………………… 348
　　　二、法院管辖 ………………………………………………………… 352
　　第三节　实务指南 …………………………………………………… 362
　　　一、新《公司法》对创业的影响——机遇与挑战并存 …………… 362
　　　二、关联诉讼:股东出资纠纷 ……………………………………… 373

第一章 货币出资

第一节 请求权基础规范

一、新《公司法》规定

（一）法定资本制

第47条 有限责任公司的注册资本为在公司登记机关登记的全体股东认缴的出资额。全体股东认缴的出资额由股东按照公司章程的规定自公司成立之日起五年内缴足。

法律、行政法规以及国务院决定对有限责任公司注册资本实缴、注册资本最低限额、股东出资期限另有规定的，从其规定。

第48条 股东可以用货币出资，也可以用实物、知识产权、土地使用权、股权、债权等可以用货币估价并可以依法转让的非货币财产作价出资；但是，法律、行政法规规定不得作为出资的财产除外。

对作为出资的非货币财产应当评估作价，核实财产，不得高估或者低估作价。法律、行政法规对评估作价有规定的，从其规定。

第49条 股东应当按期足额缴纳公司章程规定的各自所认缴的出资额。

股东以货币出资的，应当将货币出资足额存入有限责任公司在银行开设的账户；以非货币财产出资的，应当依法办理其财产权的转移手续。

股东未按期足额缴纳出资的，除应当向公司足额缴纳外，还应当对给公司造成的损失承担赔偿责任。

第50条 有限责任公司设立时，股东未按照公司章程规定实际缴纳出资，或者实际出资的非货币财产的实际价额显著低于所认缴的出资额的，设立时的其他股东与该股东在出资不足的范围内承担连带责任。

第100条 发起人向社会公开募集股份，应当公告招股说明书，并制作认股书。

认股书应当载明本法第一百五十四条第二款、第三款所列事项,由认股人填写认购的股份数、金额、住所,并签名或者盖章。认股人应当按照所认购股份足额缴纳股款。

第 101 条　向社会公开募集股份的股款缴足后,应当经依法设立的验资机构验资并出具证明。

第 257 条　承担资产评估、验资或者验证的机构提供虚假材料或者提供有重大遗漏的报告的,由有关部门依照《中华人民共和国资产评估法》《中华人民共和国注册会计师法》等法律、行政法规的规定处罚。

承担资产评估、验资或者验证的机构因其出具的评估结果、验资或者验证证明不实,给公司债权人造成损失的,除能够证明自己没有过错的外,在其评估或者证明不实的金额范围内承担赔偿责任。

(二)授权资本制

第 152 条　公司章程或者股东会可以授权董事会在三年内决定发行不超过已发行股份百分之五十的股份。但以非货币财产作价出资的应当经股东会决议。

董事会依照前款规定决定发行股份导致公司注册资本、已发行股份数发生变化的,对公司章程该项记载事项的修改不需再由股东会表决。①

第 153 条　公司章程或者股东会授权董事会决定发行新股的,董事会决议应当经全体董事三分之二以上通过。

二、其他法律规定

1.《公司法司法解释(三)》

第 7 条　出资人以不享有处分权的财产出资,当事人之间对于出资行为效力产生争议的,人民法院可以参照民法典第三百一十一条的规定予以认定。

以贪污、受贿、侵占、挪用等违法犯罪所得的货币出资后取得股权的,对违法犯罪行为予以追究、处罚时,应当采取拍卖或者变卖的方式处置其股权。

第 20 条　当事人之间对是否已履行出资义务发生争议,原告提供对股东履行出资义务产生合理怀疑证据的,被告股东应当就其已履行出资义务承担举证责任。

2.《国有土地使用权合同司法解释》

第 19 条　合作开发房地产合同约定仅以投资数额确定利润分配比例,当事人未足额交纳出资的,按照当事人的实际投资比例分配利润。

---

① 授权资本制仅适用于股份有限公司;授权资本制的出资形式仅限于货币现金出资,"非货币财产作价出资的应当经股东会决议",而不可以授权董事会全权决定。

3.《外商投资企业司法解释(一)》

第 2 条 当事人就外商投资企业相关事项达成的补充协议对已获批准的合同不构成重大或实质性变更的,人民法院不应以未经外商投资企业审批机关批准为由认定该补充协议未生效。

前款规定的重大或实质性变更包括注册资本、公司类型、经营范围、营业期限、股东认缴的出资额、出资方式的变更以及公司合并、公司分立、股权转让等。

4.《上市公司证券发行注册管理办法》

第 21 条 上市公司年度股东大会可以根据公司章程的规定,授权董事会决定向特定对象发行融资总额不超过人民币三亿元且不超过最近一年末净资产百分之二十的股票,该项授权在下一年度股东大会召开日失效。

上市公司年度股东大会给予董事会前款授权的,应当就本办法第十八条规定的事项通过相关决定。

5.《北京证券交易所上市公司证券发行注册管理办法》

第 23 条 根据公司章程的规定,上市公司年度股东大会可以授权董事会向特定对象发行累计融资额低于一亿元且低于公司最近一年末净资产百分之二十的股票,该项授权的有效期不得超过上市公司下一年度股东大会召开日。

6.《非上市公众公司监督管理办法》

第 45 条第 5 款 根据公司章程以及全国股转系统的规定,股票公开转让的公司年度股东大会可以授权董事会向特定对象发行股票,该项授权的有效期不得超过公司下一年度股东大会召开日。①

第二节 裁判精要

一、货币出资的资金来源

(一)政策性出资

1.因政策要求在对公司进行自我规范登记前,公司并非依公司法登记成立的,以公司净资产按照原持股比例分配给原股东的部分,应认定为股东出资完毕。

在(2009)深中法民七初字第 13 号案中,一审法院认为:关于 1997 年登记在被

---

① 授权定向发行制度已适用于全部上市板块,包括主板、科创板、创业板、北交所的上市公司,以及全国中小企业股份转让系统全部层级的非上市公众公司。

告名下的人民币 13286088 元出资的来源问题。原告系于 1991 年根据政府文件批准组建的股份有限(内部)公司,1997 年向工商部门申请进行重新登记,系按照国务院要求进行的自我规范和重新登记,在该重新登记中,被告的出资额被登记为人民币 13286088 元。根据董事会决议和增资扩股申请报告的内容,被告人民币 13286088 元出资实际来源于将原告 1996 年底的资产净值按照原持股比例分配给被告的部分,符合国务院有关文件的规定,是公司法出台后对原有公司进行补正规范的特殊方式,因此,应认为被告以原告 1996 年底资产净值按比例分配至自己名下的部分作为出资。

2. 要掌握早期公司法对出资有无规定,各股东约定由总公司代收出资款再转交给新设公司的做法如不违反当时法律规定,可认定股东已经出资。

在(2015)浙民申字第 2501 号案中,再审法院认为:注册资本证明书载明,金桥公司各股东的注册资金已经验证,注册资金为人民币 5000 万元,后经工商行政管理局核准登记注册。1998 年 11 月 11 日,验资报告载明金桥公司"变更前的注册资本 5000 万元,实际投入股本 5022.5 万元……变更后的总股本计 5227 万元",上述证据及事实能够证明金桥公司股东已足额出资的事实。耀日公司认可所有股东已将足额出资款交付给绍兴县物资总公司,述称"我们对全体股东将应当出资的金额已缴纳出资款给绍兴县物资总公司没有异议",因此在关于金桥公司股东的出资形式问题上,因金桥公司设立时,我国尚未制定公司法,法律法规对于出资缴纳的具体程序及形式无明确规定,在此情形下,各股东约定由绍兴县物资总公司代收出资款,由其在金桥公司设立后将出资款交付金桥公司的行为并不违反相关法律法规。此后,绍兴县物资总公司未按约将款项交付金桥公司,应由该公司承担相应法律责任,而不是由已交付出资款的股东承担责任。综上,金桥公司股东已全面履行出资义务。

3. 中央预算内投资资金系中央依据相关政策、部门规章审批的行政性投资资金的,应依据公司法结合当时施行的行政法规、部门规章及省、市政府的政策性文件对资金性质、适用管理制度等方面进行分析,才能判断股东是否出资。

在(2016)最高法民再 234 号案中,二审法院认为:京环公司申请并使用的人民币 453 万元中央预算内投资资金系中央依据相关政策、部门规章审批的行政性投资资金,属中央按照资本金注入方式进行的基本建设投资资金,应遵从国家和地方有关政策中关于资本金注入投资方式的管理规定,由同级地方人民政府指定国有资本的出资人代表代持资金对股份进行管理,且涉案资金不受投资补助资金额度及比例的限制。

京环公司全体股东作出股东会决议,决定全面同意特许经营权合同内容,而特许经营权合同内容中包含由荆门市政府委派一家国有企业对争取到的无偿国债资金或中央、省其他专项补助资金作为出资人代表履行出资人职责的约定。此股东会决议表明京环公司同意对实际争取到的政府资金将以资本金方式注入公司,并同意政府指定的出资人代表持有该股权。易言之,这表明京环公司全体股东愿意接受因此项约定的实际履行所直接导致的公司股本实际增加的法律后果,条款包含权益归属的确定及出资人代表的选任方式等事项,其语义连贯明确,所申请资金应为资本金出资性质,"出资"二字不存在其他语义解释的可能,该决议所确认内容经实际履行而导致的京环公司注册资本增加的法律后果对全体股东均有约束力。《特许经营权合同》已经约定,政府资金的出资份额由政府指定的国有企业作为出资人代表代为持有,京环公司全体股东通过股东会决议内容实际同意对该新增资本不按原出资比例进行认购,未侵害京环公司其他股东对新增资本的优先认购权。因此,确认京环公司使用的中央预算内投资资金人民币453万元是投资公司的出资资金,并进而确定投资公司在京环公司所占股权比例,符合《公司法》相关规定。

再审法院认为:中央财政性建设资金投入医疗废物处置设施建设的,需作为国有资本出资,并由地方政府指定某国有企业作为国有出资人代表。涉及讼争项目的投资资金,在该项目立项之初就明确是以资本金注入方式投入项目中的,不是无偿投资补助,资金的投资权益归各级地方政府,不是补偿给某个企业或项目的。关于节能公司提出的,京环公司将人民币453万元计入"长期应付款"科目,而没有计入"实收资本"科目的问题,在未确定出资人代表的情况下,453万元无法被列入"实收资本"科目,是否列入"实收资本"科目并不能改变其资本金的性质。

4.公司设立中存在依据行政规章而实施的政策性划拨行为,只要证明存在符合规程的划拨行为,可认定股东已出资。

在(2018)最高法民申4191号案中,再审法院认为:中储公司将中储青岛公司的国家所有者权益3257万元上划,是特定历史时期依据行政规章而实施的政策性划拨行为,并非一般公司法意义上的注册资金的减少,同时中储青岛公司所有者权益的上划是国有资产部门对其资产数额的重新确定,注册资金从国家资本金变为国有法人资本金是依照国家政策进行的,是国家对中储青岛公司注册资本金进行调整的结果,不宜认定为抽逃出资。

5."以借代拨"的出资方式,表明没有真正以财政资金来出资,应认定股东没有出资。

在(2020)最高法民申5080号案中,再审法院认为:信托公司借贷给机动车管理处的资金人民币660万元,其性质为机动车管理处的借贷,而非其组织章程中规定的"资金主要来源是财政部门拨款761万",故"以借代拨"的出资方式没有法律依据,其借贷主体为机动车管理处自身,而非企业的发起主体;故从人民币660万元的资金性质和出资主体来看,该笔资金不能被认定为企业的注册资金。

(二)特殊形态出资

1.发起人以工程的投资资金与直接出资的方式出资,当事人之间对投资事实给予确认的,视为发起人履行了出资义务。

在(2016)最高法民申3174号案中,再审法院认为:案涉发起人协议书中载明,白水煤电、产投公司、电投公司作为发起人将认缴出资的方式约定为"各发起人认缴的上述出资额,除以各自投入白水电厂一期工程的资金冲抵外,不足部分均以现金投入。发起人认缴的出资按工程进度分步到位"。由于各方对电投公司与产投公司对原归属于白水煤电的白水电厂一期工程进行了投资的事实并无争议,且有证据对此予以证明,因此电投公司与产投公司已经对兴能公司完成出资。且有证据证明,电投公司与产投公司亦有向兴能公司直接出资的行为,符合发起人协议书约定的"除以各自投入白水电厂一期工程的资金冲抵外,不足部分均以现金投入"的出资方式,电投公司与产投公司已经按照发起人协议的约定完成出资。

2.股东新设公司是为了购买其他公司的破产财产,各股东筹资缴纳了竞买破产财产的拍卖保证金,破产财产也已转为新设立公司的资产,则应认定股东履行了出资义务。

在(2017)最高法民申3082号案中,再审法院认为:拍卖行出具收据表明收到公司法定代表人高某某拍卖保证金人民币3000万元。后来,拍卖行与公司签订《拍卖成交确认书》,后公司出具说明,该人民币3000万元保证金系由宋某某等九名股东以公司名义竞拍破产财产而缴纳。会计师事务所向拍卖行发函询证,拍卖行回复其收到人民币3000万元款项,该款已依据《拍卖委托合同》的规定转至清算组。验资报告显示,公司已收到高某某及宋某某等8人缴纳的注册资本合计人民币3000万元,各股东均以货币出资。其中验资报告附件二《验资事项说明》载明"各股东投入资产系2003年10月28日各股东以壹亿柒仟叁佰万元人民币共同出资通过公开拍卖程序,竞拍取得的……破产资产,并按照拍卖成交确认书在15日内向拍卖人支付拍卖成交价款叁仟万元人民币(将竞拍保证金转为成交付款额)"。

公司最终由宋某某等股东发起设立,注册资本人民币 3000 万元,验资报告及附件二在工商登记档案中备案。公司成立后,接收了破产资产,承接了购买破产财产的相应义务。上述事实表明,在公司设立期间,宋某某等股东筹集人民币 3000 万元缴纳了拍卖保证金,所竞买破产财产已转为公司的资产,应认定宋某某等股东已实际足额履行出资义务。虽然宋某某等股东未将人民币 3000 万元出资足额存入准备设立的公司在银行开设的临时账户,程序存有一定瑕疵。但公司法的规定重点应是股东应当按期足额缴纳各自所认缴的出资额,不能因为出资程序瑕疵而否认宋某某等股东已经足额完成出资义务的事实。

3. 以实物出资置换货币出资的,对购买实物的资金来源也要考察,必要时调查出资资金来源的明细账目,分析明细账目记载时间与实物置换先后关系,由此判断是否存在出资虚假的可能。

在(2011)青民再字第 07 号案中,再审法院认为:验资报告和工商行政机关的证明均证实,股东已将其投资购买车辆的人民币 5295348.18 元取代其应以土地使用权和房屋(未办理产权转移)形式进行的出资。从会计账目看,股东以私人借款形式所借款项已全部转入公司账户用于购买车辆,验资报告也证明,公司已收到股东缴纳的实物资产人民币 5295348.18 元。由于会计账目制作的滞后性,从购车在前、货币出资在后的事实中并不能直接推断出货币出资的虚假性,股东和公司会计为一人、法定代表人亦为一人,也不能当然推断出股东出资的虚假性。从公司验资档案可以看出,股东变更出资方式是经过股东会决议通过的,已经工商行政机关确认,据此,对股东变更出资方式的行为应予确认,股东出资义务已履行完毕。

4. 货币出资采用特种转账传票和转账支票的转账方式的,要特别注意核实票据是否已在支付结算中心进行结算,资金是否实际随转账支票进行流转。互相独立的银行机构之间转款须持转账凭证和进账单经人民银行支付结算中心进行票据交换,才能实现资金的流转。在涉及两家银行机构的情况下,要梳理出转账的流程图、每个环节使用的是什么种类的支票,资金源头在哪,最终在哪,结合整个流转链条来判定资金是否已实际结算和流转。资金始于某银行机构又止于另外一个银行机构,股东处在链条中间,要注意该资金是否发生实际流转,记账内容不能真实反映货币资金流转的客观结果,并非股东出资的最终依据。

在(2010)豫法民三终字第 68 号案中,一审法院认为:转账行为发生在两个独立的城市信用合作社之间,转账支票内容的实现,必须由人民银行设立的支付结算中心进行结算。支票和结算凭证是办理支付结算的工具,办理支付结算必须使用中国人民银行统一规定的结算凭证。填写转账支票是实现资金流转的前提条件,持票的支付结算中心进行结算是实现资金流转的必备条件,本案中瑞丰城信社以其货币出资采用特种转账传票和转账支票的转账方式,有关票据并未在支付结算中心进行结算,资金并未随转账支票进行流转。金地公司、振华公司及煤气公司的财务账虽然均记载了转账支票的转账内容,但由于资金未实际流转,其记账内容不能真实反映货币资金流转的客观结果。瑞丰城信社向金地公司拨款人民币 201.85 万元和金地公司向振华公司转账人民币 201.85 万元,虽然有特种转账传票和转账支票的存在,但由于没有经过支付结算中心进行结算,其转账支票所记载的转账内容没实现,即金地公司向振华公司转款人民币 201.85 万元的事实没有发生。那么,金地公司在原瑞丰城信社开立的账户上应该仍然存有人民币 201.85 万元,而事实上该账户并没有人民币 201.85 万元的真实存在。因此,瑞丰城信社以特种转账传票的形式向金地公司转款人民币 201.85 万元,金地公司又将该款以转账支票的形式转入振华公司账户内,振华公司将该款用于偿还煤气公司债务,而转账支票没有经过支付结算中心进行结算,这与资金不能在两个独立的城市信用社之间实现直接流转的客观事实相违背,应当以客观事实为依据认定事实。所以不能认定瑞丰城信社以现金方式向金地公司出资人民币 180 万元。

二审法院认为:从变更出资所需具备的形式要件来看,瑞丰城信社出资方式的变更发生在金地公司注册登记之前,该行为未得到金地公司其他股东的一致同意和认可,未依法经验资机构验资并出具验资证明。金地公司在其注册成立之后,也未对股东变更出资方式进行工商变更登记,故瑞丰城信社变更出资不具备法律上的形式要件。从变更出资是否实际到位来看,根据票据和账面的记载,煤气公司将其在劝业城信社的存款人民币 201.755 万元转入其在瑞丰城信社的账户,瑞丰城信社以特种转账传票方式转入金地公司账户人民币 201.85 万元,金地公司将该款以转账支票方式转入振华公司在劝业城信社的账户,通过一系列的转账行为,振华公司偿还了其欠劝业城信社的贷款本息,瑞丰城信社亦实现了以货币人民币 180 万元向金地公司出资之目的。该系列转账行为虽在金地公司、振华公司和煤气公司的账户上均有相应记载,但煤气公司从劝业城信社向瑞丰城信社转款和金地公司向振华公司转款的行为,发生在瑞丰城信社和劝业城信社两个独立的法人机构之间。

根据中国人民银行于 1988 年颁布的"银行结算办法"和"银行结算会计核算手续"的规定,互相独立的银行机构之间转款须持转账凭证和进账单经人民银行支付结算中心进行票据交换,才能实现资金的流转,即持票在支付结算中心进行结算是独立的银行机构之间实现资金流转的必备条件。煤气公司的转款是以劝业城信社减少煤气公司在其社的存款,同时瑞丰城信社增加煤气公司在其社的存款的方式来实现的,煤气公司的财务账中将该笔转款注明为"空账"。劝业城信社虽在金地公司向振华公司转款的转账支票上加盖了转讫章,但该转账支票未在支付结算中心进行结算,故资金并未随转账支票实际转出。

瑞丰城信社向金地公司转款无须经外部结算,瑞丰城信社称将其中的人民币201.85万元转为金地公司向其社的借款,但未能提供借款手续。因金地公司的人民币201.85万元未实际转入振华公司的账户,而金地公司账户上亦无该款的真实存在,故可推定瑞丰城信社向金地公司转款的行为未实际发生。综上,该一系列转账行为均只是票据和账面的记载,资金并未随转账凭证实际流转。其结果是从账面上走平了振华公司在劝业城信社的贷款账目,使该笔债务发生了移转。而瑞丰城信社未将人民币180万元出资实际转入金地公司的账户及用于金地公司的生产经营,其由房产出资变更为货币出资亦没有实际到位,故瑞丰城信社以货币形式向金地公司出资尚未到位。

5. 银行内部结算章不能对外办理结算业务,用该章办理的转账凭证无法证明资金的实际进出情况,使用结算章办理的凭证系虚假的,认定股东未出资。

在(2013)高民终字第574号案中,一审法院认为:股东认缴的出资额为人民币1.92亿元,占公司注册资本的24%,其出资虽经审计所验证已经到位,但该所据以验证的依据是加盖银行内部结算章的凭证,该枚结算章及凭证已被他案人民法院生效判决认定不能对外办理结算业务,且股东并无证据证明其认缴的出资额已经缴纳,故股东应继续缴纳尚欠的人民币51947346.32元出资。二审法院持相同观点。

6. 公司在知道股东的出资款并非自有资金,而是源于他人资金的情况下,仍在股东会决议中记载了股东权益和股权对价,其他股东不持异议,资金被打入股东账户后以股东的名义打入公司账户,基于货币"占有即所有"的原则,可以认定原股东已完成出资。

在(2020)最高法民再370号案中,再审法院认为:当事人双方均认可崔某某用以进行出资的货币源于吴某志,并非崔某某以自有货币出资。当事人争议的问题是,该事实是否影响崔某某主张案涉股权转让款。法院认为,绿地公司工商登记载明,崔某某是持有绿地公司股权的股东。绿地公司2012年股东会决议载明,股东崔某某享有

24%股权,确认其股本人民币3240万元,股东权益人民币1760万元。股东会决议附件、《关于落实股东会决议的通知》等证据也表明,绿地公司将股东权益划分为"崔某某股东权益"和"吴某华等股东权益",明确崔某某是该公司股东,且确认了其权益。此外,绿地公司董监事中也有崔某某一方委派人员。再有,在绿地公司2012年股东会决议作出后,绿地公司已经按照该决议的内容给付崔某某人民币1760万元的股东权益。

上述事实证明,尽管崔某某并非以自有货币进行出资,但绿地公司认可崔某某的股东身份以及其享有股东权益。综上,在绿地公司知道崔某某的出资款并非源于崔某某本人的情况下,仍然在股东会决议中写明崔某某的股东权益和股权对价,且其他股东不持异议,可以认定绿地公司、受让方股东愿意按照股东会决议给付崔某某股权转让款和股权收益。该股东会决议并未将崔某某应以其自有货币进行出资、其应将自有出资货币交付给公司作为其可以取得案涉股权转让款的对价。

7.公司法并未就货币出资的来源作出限制,但股东利用公司交易的便利,将其代收的公司财产作为个人出资,不能构成股东投资形成的公司法人财产权,该出资标的物不具有投资目标公司的适格性,不能认定为股东出资。

在(2012)青民二终字第66号案中,二审法院认为:蔺某某收到何某某人民币200万元并以瑞祥公司名义出具收条,收条上"收到恒祥公司的履约保证金200万元"的表述,说明蔺某某作为瑞祥公司股东,对其收取恒祥公司的履约金是明知的,也是认可的。后蔺某某将该人民币200万元履约金转付瑞祥公司账户。虽说公司法并未就货币出资的来源合法性作出限制,但蔺某某利用公司交易的便利,将其代收的公司财产作为个人出资,显然不能合法构成因股东投资形成的公司法人财产权,该出资标的物不具有投资目标公司的适格性,且瑞祥公司对该款是出资款也不予认可,故不能认定蔺某某向瑞祥公司出资人民币200万元。

二、向公司转账是否构成出资

(一)构成出资

1.股东向公司投入的资产构成了公司的主要财产,且已由公司经营、管理和使用,即便没有经过其他股东确认同意,也可认定股东已实际出资。

在(2018)粤0303民初25710号案中,一审法院认为:公司主张被告张某某未履行股东出资义务,要求被告张某某履行出资义务,并要求其他两个股东承担连带出资责任。被告张某某辩称其投资在某餐厅的金额已超过人民币100万元,且该餐厅是公司的主要资产,并已移交给公司现股东,被告张某某的出资义务已经完成。被告张某某向本院提交房屋租赁合同、西餐厅装修合同、通风空调工程安装协议、商品买卖合同、银行转账记录、股权转让协议以及交接清单证明其抗辩主张,上述证据形成了完整的证据链,可以证明被告张某某对某餐厅投资人民币100多万元。虽然该人民币100万元出资未按照公司法的规定,足额存入奇迹餐饮公司在银行开设的账户,存在瑕疵,但某餐厅已成为公司的资产,并由公司实际经营管理,应认定被告张某某履行了出资义务。

2. 股权转让后,公司经营并未受到影响,反而资产不断增加,股权存在溢价,在没有其他相反证据的情况下,可以认定为股东对公司补缴的出资额。

在(2016)赣民终460号案中,二审法院认为:公司增加注册资本,由人民币50万元变更为人民币1000万元,经过了法定验资程序并完成了工商变更程序,但在验资完成第二天公司就将人民币1000万元转出,属于抽逃出资的行为,但公司此后的经营并未因此受到影响,公司负债表显示,2013年9月公司固定资产达人民币900多万元,所有者权益(即股东权益)为人民币940万元。同时在他案生效民事判决书的执行过程中,公司提交的暂缓执行的请求书、财产清单及价值凭证,显示公司目前拥有固定资产机械设备价值人民币10666363.94元,包含泵车、装载机等设备、厂房、搅拌场等基础设施以及搅拌运输车和搅拌站等。二审期间郭某某提交的证据证实其投入人民币99万元流动资金用于购买设备包括租赁搅拌站、搅拌车等设备,故现有证据足以证实,为维持正常运转及日常经营开支等,包括郭某某在内的股东个人及公司对外支付了大量款项,由于公司前期管理不规范、财务制度不健全,对于股东的现金出资未出具出资证明书或仅出具收款收据,对机器设备出资也没有进行评估定价,有些款项也没有进入公司账户。但公司经营发展正常,公司资产不断增加,股权存在溢价。进入公司的这些款项以及公司对外支付的款项作为圣源公司股东为企业经营发展所投入的流动资金,在没有其他相反证据的情况下,可以被认定为股东对圣源公司补缴的出资额。

3. 记账凭证载明为"实收资本"且款项事实上均用于公司正常经营,公司资产存在溢价,此时"实收资本"等同于注册资本,视为股东已履行出资义务。

在(2022)鲁05民终2101号案中,二审法院认为:对于股东投资款能否被认定为出资,应从是否有股东会或董事会决议、是否在财务账册中计入为"实收资本"、款项用途等方面进行审查。首先,速捷公司的记账凭证载明为"实收资本",实践中"实收资本"基本等同于注册资本;其次,涉案款项均用于速捷公司的日常经营,速捷公司管理人在向本院提交的调取证据申请中亦认可,其中人民币 2000 万元用于支付土地出让款,人民币 2007 万元用于归还到期贷款;最后,破产清算专项审计报告将涉案人民币 4007 万元调整减少用以冲抵其他应收款,该调减违反了实质重于形式的会计基本原则。审计人员张某某出庭陈述:"检查收款凭证中是否注明该款项为投资款,意思指的是原始转款凭证,不是记账凭证。记账凭证是自制凭证,转款凭证是外部原始凭证,以转款人的意思表示为准,而不是以收款人的意思表示为准。"在涉案款项均用于速捷公司日常经营,速捷公司记账凭证载明为"实收资本"的情况下,审计人员未核实转款人意思表示,仅以人民币 2000 万元汇款未标注投资款、人民币 2007 万元未附电子回单为由将涉案款项转出用以冲抵其他应收款,明显违反了实质重于形式的会计基本原则,对速捷公司管理人据此主张速捷公司股东未尽出资义务的意见,不予采纳。

4. 个人账户中的资金用于公司经营,未备注出资款用途,可被认定为出资。

在(2019)粤 0304 民初 7773 号案中,法院认为:依照原被告签订的股份协议书,公司的所有款项进入被告账户以统一支出,基于小微企业因资产规模不足等限制,难以形成规范的公司治理结构并实行专业化的公司经营模式,在账户资金系由公司使用的情况下,原告向被告转账的人民币 2 万元应认定为出资款。

5. 出资未经验资,有证据证明出资已到位也可证明股东已履行出资义务。

在(2019)最高法民申 5063 号案中,再审法院认为:福益公司出资人民币 39106979.47 元。审计报告显示,福益公司投资金额人民币 48630743.08 元,所占比例 70%,瓷厂投资金额人民币 20670000.36 元,所占比例 30%,合计出资人民币 69300743.44 元,占比 100%,其中外方股东福益公司投入的实收资本中的 736 万美元已经验资报告验证,其他资本因有关手续尚未能办理验资。上述审计报告系会计师事务所出具,并由大华公司提供给工商行政部门,表明大华公司认可福益公司出资到位,只是因相关手续尚未办理验资,现没有证据推翻该审计报告,可以认定福益公司已出资。

6. 银行回复称"无查询结果,账户现已不存在",仅表明账号无法查询到相关信息,并不能证明账户自始不存在,可以认定股东已出资。

在(2020)最高法民申 3600 号案中,再审法院认为:公司申请再审理由主要有二,一是认为银行的回复查询结果证明冯某某账户可能自始不存在,二是冯某某自称没有开立过验资报告中的工行账户,验资报告书是虚假的。法院认为,银行在回复查询结果中称冯某某账号"无查询结果,该账户现已不存在",上述查询结果仅表明冯某某账号无法查询到相关信息,现已不存在,并不能证明上述账户自始不存在。公司以此认为验资报告书系伪造的理由不能成立,依据验资报告,可以认定冯某某已足额出资。

7. 按照当时施行的公司法规定,验资报告是验资程序的必备法律文件,附后有银行进账单、公司收款收据,据此可以得出股东已出资的结论。

在(2013)民申字第1493号案中,二审法院认为:一审法院采信《改制实施方案》和《资产负债表》认定纺织工业公司对锦昌公司出资不到位属认定事实错误,应予纠正。威海纺织公司提交的验资报告和银行进账单收款收据等证据能直接证明纺织工业公司对锦昌公司的出资到位。这两份验资报告是纺织工业公司为设立锦昌公司而按法律规定进行验资程序的必备法律文件,是针对双方投入的注册资本进行的验证,并附相对应的中国银行特种转账传票及锦昌公司的收款收据,故威海纺织公司提交证据的关联性明显优于《改制实施方案》和《资产负债表》,应认定纺织工业公司对锦昌公司出资到位。再审法院持相同观点。

8. 验资行为系在政府委托下进行的,验资报告虽然没有注册会计师签名,但报告内容能够反映公司资产真实情况,验资报告有效,认定股东已出资。

在(2016)最高法民申3174号案中,再审法院认为:二审法院以《验资结果报告单》《关于同意组建陕西省兴能有限公司的批复》《关于合资建设白水电厂二期工程的会议纪要》等证据认定白水煤电、电投公司、产投公司已经对兴能公司进行足额出资,并无不当。虽然《验资结果报告单》没有注册会计师的签名,但该验资行为系在政府部门委托下进行的,该验资报告内容应能够反映兴能公司资产的真实情况。

9. 股东在公司设立时未实际出资,在后续实际经营中投入资金作为公司资产并经公司确认,这种补缴出资行为虽不规范,但也可认定股东履行了出资义务。要取得被认定为股东出资的效果,委托中介机构作专项审计报告是基本前提。

在(2018)最高法民申2008号案中,再审法院认为:根据《专项审计报告》,草河口公司账面股东实际出资人民币800万元,其中代某某实际出资人民币750万元,包括:货币出资人民币3805524元;刘某某(代某某妻子)出资转让给代某某人民币1083176元;短期借款转入人民币475500元;短期投资(短期借款)转入人民币235800元;计入财务费用人民币40万元;计入其他应收款人民币50万元;计入开发成本人民币100万元。同时《专项审计报告》载明,审计材料包括草河口公司的企业会计账簿、企业会计凭证、企业银行对账单、企业财务报表等,并在报告附件中对代某某的出资项目进行了审核说明。故虽然代某某在草河口公司设立时存在未实际出资的情况,但根据案涉《专项审计报告》载明的内容以及审计所依据的草河口公司财务资料,代某某在后续公司实际经营过程中对草河口公司有出资并已由公司计入代某某出资。虽然代某某补缴出资的行为不规范,但鉴于其在公司经营过程中已实际出资,该部分出资已经成为公司责任资产,可以认定代某某履行了出资义务。

10. 转给公司的款项均用于公司经营活动,且公司与股东之间不存在资金转账记录,尽管出资手续存在瑕疵,可以认定股东履行了出资义务。

在(2022)苏0509民初13048号案中,法院认为:公司在两次收到股东汇款后,均随即将汇款用于向第三方支付货款,上述款项实际用于公司经营活动。同时,公司确认其与股东之间不存在其他资金转账记录。因此,根据股东所投入款项的使用情况,在无证据证明股东的汇款并非出资款的情况下,尽管出资手续并不完备,但不足以影响股东所履行出资义务的认定。

(二)不构成出资

【给公司转账】

1. 银行转账凭证未备注转款性质,公司会计账簿也未证实该转款计入了公司注册资金,银行转账凭证无法证实股东出资事实。

在(2023)鲁10民终673号案中,二审法院认为:郑某某主张根据其提交的向公司转账人民币25万元的手机银行转账凭证,可以证实其共计出资人民币320万元,已超出注册资本人民币20万元。但郑某某提交的人民币25万元银行转账凭证未备注转款性质,未显示上述款项系郑某某对公司的出资款,同时郑某某未提供公司会计账簿证实上述转款计入公司注册资金,郑某某亦未提供公司签发的股东出资证明证实其已完成出资义务。

2. 投资人向公司投入资金的性质,不应仅依据外观登记或投资人单方转款备注等进行判断,而应当综合考虑公司工商登记、各方合同约定的实质、各方会计账务处理以及投资人参与公司经营管理、获取收益等情况进行认定。

在(2016)最高法民再307号案中,一审法院认为:海天公司分多次向太和公司汇款是事实,但海天公司与太和公司之间是否存在借贷合意,双方及浩然公司的认知明显不一致。首先,海天公司对借贷关系的成立应承担举证责任,但海天公司并未能提供双方存在借贷合意的证据。其次,审计报告显示,海天公司和浩然公司对太和公司在注册资本金到位后所投入的资金比例与双方所占股权比例大致相当。最后,海天公司在转款凭证中注明的是投资款,而不是借款。同时,海天公司对审计报告的反馈意见及其律师函也认为是投资款而不是借款,且不应计息,应为海天公司的真实意思表示,也与太和公司和浩然公司的抗辩相吻合。若要推翻海天公司自认的事实,海天公司应举证或作出合理的解释,但海天公司并未能举证证明,其所作的解释也没有得到太和公司及浩然公司的认可。综上,对海天公司主张的借款及利息不应予以支持。二审法院持相同观点。

再审法院认为:一审、二审判决在认定事实和适用法律上均存在错误,案涉款项应认定为借款,主要理由如下:

第一,针对海天公司汇入太和公司超过注册资本的款项,公司法和太和公司章程均规定,公司增加注册资本必须经股东会决议。同时,太和公司章程还规定公司变更注册资本应依法向登记机关办理变更登记手续。本案中,如果太和公司主张案涉款项是海天公司向其追加的股权投资款,则应当提供太和公司股东会的增资决议,以及太和公司变更注册资本后向公司登记机关办理变更登记的手续。没有股东会决议,仅凭所谓的口头约定和证人证言主张海天公司汇入太和公司的案涉款项为海天公司对太和公司增加的投资,既缺少事实依据,也不符合太和公司章程的规定。

第二,对于当事人的资金往来,太和公司按照出资、借款资金性质的不同分别建账,20笔汇入资金均由其记入长期应付款。海天公司的会计账册也按照出资、借款分别建账记录,20笔转账记录在其他应收款下。太和公司与浩然公司将其认为的股东投资款记载为长期应付款,不符合企业会计准则。上述会计处理经太和公司委托的会计师事务所审计确认,法律性质被认定为借款。

第三,太和公司为支持有关海天公司向其转款为投资款的抗辩理由,所举的证据均不能达到其证明目的。首先,海天公司向太和公司转款的银行凭证上,将款项性质大多写为"投资款",但转账凭条上的记载不能作为认定案涉款项性质的依据,尤其是在其与太和公司账册记载的款项性质不一致的情况下。其次,海天公司与太和公司虽没有达成书面借款合同,但与公司增资行为必须遵循公司法和公司章程的规定,签订书面合同并非民间借贷法律关系成立的必要条件。在有海天公司款项支付凭证和太和公司出具收条的情况下,如果能够排除案涉款项为海天公司追加的股权投资款,则可以确定案涉款项的性质为借款。最后,对于审计报告的反馈意见和律师函,海天公司提出上述文件均是在单县政协组织的调解中,为一次性解决双方争议而作出的妥协。

3.向公司转款没有备注为"注册资金",而是备注其他名目的,在没有其他证据佐证的情况下,向公司支付的款项不能被认定为股东出资。

在(2018)皖民申1323号案中,再审法院认为:汪某在一审庭审中认可人民币95万元系另一股东金某某提供。股东向公司转款人民币95万元,在收据中款项性质显示为"定金",转账凭证中款项性质显示为"退保证金",均未明确为汪某缴纳的注册资金,且转出账户非汪某个人账户,同时,出资证明书、工商登记、审计报告对人民币95万元均无记载,故汪某并没有出资人民币95万元。

4.记账凭证中注明是"实收资本"的未必是出资款,还要看记账凭证附件中显示的款项用途与附言处记载款项用途的习惯是否相符,据此提出转入款项是否属于投资款的鉴定申请,才能判断股东是否出资。

在(2020)最高法民申5232号案中,再审法院认为:鉴定意见书载明,2016年7月张某转款3笔,贠某某转款4笔,共计人民币1000万元,记账凭证虽计入"实收资本",但依据记账凭证附件中显示的款项用途和附言及现有鉴材,仍无法证明张某转入的人民币600万元、贠某某转入的人民币400万元属于投资款。张某、贠某某对鉴定意见书提出异议并要求重新鉴定,二人主张银行转款凭证附言和款项用途部分的记载不能反映客户转款的真实意图,应以收款方财务记账科目项下记载款项性质为准。经查,案涉款项无特殊标记用途的情况,与圣昊公司记账凭证各项财务附件附言处记载明确款项用途的习惯不符。圣昊公司提供的该公司记账凭证显示张某、贠某某除案涉转账外,还存在其他与圣昊公司款项往来的记录,与其二人关于除案涉投资款外无其他业务联系的主张不符,张某、贠某某对上述情况均未能作出合理解释,故不能认定张某、贠某某履行了出资义务。

5.公司自行制作的记账凭证、记账明细载明实收资本情况,不能作为股东出资的确切依据,除非配以相应的汇款凭证及银行对账单进行证明;应知晓会计记账规则,如股东出资已到位,应记在资产负债表中的"货币资金"一栏,而不应记载在"其他流动资产"一栏。

在(2010)民提字第136号案中,二审法院认为:虽然长江商城的记账凭证、记账明细载明实收资本人民币1200万元、资产负债表记载其他流动资产人民币1200万元,供销总社拨付公积金通知单载明支付长江商城公积金人民币1200万元、长江商城实收资本明细载明实收资本人民币1200万元,但上述事实均不能证明供销总社开办长江商城时注册资金已到位。首先,该人民币1200万元注册资金无相应的汇款凭证及银行对账单能证明供销总社实际投入。其次,根据会计记账规则,如长江商城设立时最初注册资本人民币1200万元已到位,其应记载于长江商城资产负债表中的"货币资金"一栏,而不应记载在"其他流动资产"一栏。最后,供销总社在二审中明确表示其没有证据证明长江商城最初设立时注册资金已到位,故应认定长江商城设立时注册资金未实际到位。

6.通过审计公司进出账明细,查证所谓的出资是通过其他公司调账形成的,并未实际投入资金,认定为股东未履行出资义务。

在(2019)最高法民申4665号案中,再审法院认为:洪武公司于2003年登记设立时,滁州公路局认缴出资额为人民币253万元。出资情况审计结果显示,在洪武公司注册时滁州公路局实际到位资金人民币200万元。关于剩余人民币53万元,审计结果为,2003年4月30日,洪武公司从建行账户提取现金人民币129万元,同日,以两张现金交款单形式汇入洪武公司建行账户人民币127万元,交款单注明,王某某交洪武公司人民币74万元,滁州公路局交洪武公司人民币53万元,款项来源均为投资款,均包含在洪武公司提取的现金人民币129万元中,故滁州公路局人民币53万元出资系因洪武公司的账户资金调账形成,滁州公路局并未实际投入该资金,该人民币53万元不应被认定为滁州公路局的出资。

【为公司垫款】

1.主张将个人为公司经营垫付的资金视为对公司出资的,除非有确凿证据证明是"垫付"法律关系并取得其他股东认可,否则不能视为股东出资。

在(2020)粤民申3357号案中,再审法院认为:徐某主张公司曾经使用其个人账户进行经营,并主张其个人为公司经营所垫付经营资金作为出资。在公司与徐某的账户存在混用的情况下,徐某未能提供充分证据证明其确已为公司垫付资金及其他股东认可其所垫付的资金作为其出资,徐某仍需向公司缴纳出资款。

2.经营过程中转给公司的钱款,需备注是股东出资款,除非经验资程序确认或其他股东确认属于出资款,否则该款不能被视为出资,不能在出资额度内抵扣。

在(2020)粤03民终23986号案中,二审法院认为:李某某未在公司成立时按照章程的规定向公司账户足额存入应缴的出资额,其在公司经营过程中转入人民币56000元,未明确该款项属于股东出资,未经过验资程序,也无诸如会计审计报告等证据证明该次转账系李某某履行股东出资义务,且公司亦未认可李某某履行股东出资义务,故李某某向公司支付该款项不能被视为其履行股东出资义务。

3.股东在经营过程中为公司垫付的各类款项,如果没有经公司、公司股东会或者其他股东的确认为出资款,垫付款无法形成特定化的出资,不能被认定为股东出资。

在(2020)粤03民终24998号案中,一审法院认为:他案生效民事判决书查明,周某、郑某某通过过桥资金注册成立安顺泰公司,注册资金在验资后即被转出,抽逃出资的数额为人民币999500元。郑某某辩称其后续在公司的经营过程中向安顺泰公司转账人民币3453700元,已实际履行出资义务。对此,法院认为,郑某某转入安顺泰公司的款项系因公司经营需要而垫付的油款、轮胎款等款项,与出资款性质完全不同,且郑某某也在公司经营过程中代收了运费等款项,对上述郑某某支出和收入的款项,可在安顺泰公司解散过程中一并予以清算,不能因郑某某向安顺泰公司转款而认定其已足额缴纳出资。

二审法院认为:股东出资是公司财产中的重要来源,股东以取得公司股权为目的,将自己财产的所有权让渡给公司这个独立主体,在股东获得股权的同时,公司也取得了支配该部分财产的所有权。股东出资是转移财产权的法律行为,因出资而形成的公司资本属于公司本身所有,出资并不导致股东对具体存在的公司资产享有所有权。公司与股东之间的人格独立决定了其二者之间的财产也必须独立,所谓公司财产只属于公司所有,而非股东个人财产,也非公司与股东之间的共有财产。郑某某主张的其为安顺泰公司代垫的费用,名称不是出资款,因其未能提交证据证明该部分款项经安顺泰公司或另一股东周某确认为郑某某的出资款,该款项性质和数额均未经确认,无法形成特定化的出资。另外,郑某某与安顺泰公司之间存在大量资金往来,郑某某主张因物流行业特殊性需要从其个人账户向司机支付报酬,但此举本身属于股东与公司之间的财务混同行为,为公司法所不允许,不能认定其已足额缴纳出资。

4.在项目运营中投入的资金与公司设立出资的资金性质不能混同,即便在公司运营中有投入款项,非经公司法确认的要式行为,不能将之视为股东出资。

在(2012)桂民四终字第7号案中,二审法院认为:股东主张其在与谭某某、苏某某、精盈公司的四方合作中曾出资人民币430万元,应当视为对公司的注资,但该人民币430万元投资的事实在既往的该股东系列纠纷案件的判决中没有得到直接确认。在项目运营中投入的资金与公司设立出资的资金性质不能混同,即便是股东在公司的运营中投入人民币430万元的款项,非经公司法确认的要式行为,也不能将之直接视为公司的注册资金。

5. 未备注出资款用途，又没有证据证实，也无法自圆其说的，不能被认定为出资。

在（2020）粤03民初5492号案中，一审法院认为：被告杨学某主张通过转账到罗积某个人账户人民币25万元履行了部分出资义务。但其提交的银行流水却没有备注款项的用途，该组证据与管理人在和杨学某本人通话时陈述的没有实缴出资相矛盾。并且，罗积某作为该笔款项的收款人，虽书面说明该收款为出资款，但未到庭质证，法院也无法核实上述款项的性质。被告杨学某为证明其向罗积某个人账户转账的人民币25万元为出资款而提交的证据，不能形成完整的证据链，且所提交证据与其和管理人通话时的陈述自相矛盾，故不能认定该款为出资款。

三、货币出资的验资

（一）是否认定股东已出资

1. 审计报告显示，公司认可股东出资到位，只是因相关手续尚未办理验资，可以最终确认股东已出资。

在（2019）最高法民申5063号案中，再审法院认为：审计报告记载，福益公司投资金额人民币48630743.08元，所占比例70%，华宝瓷厂投资金额人民币20670000.36元，所占比例30%，合计出资人民币69300743.44元，占比100%，其中外方股东投入的实收资本中的736万美元已经验资报告验证，其他因有关手续尚未能办理验资。上述审计报告系会计师事务所有限公司出具，并由大华公司提供给工商行政部门，表明大华公司认可福益公司出资到位，只是因相关手续尚未办理验资，现没有证据推翻该审计报告。现银莉公司受让原中方股份后，作为大华公司的股东，否定原大华公司已认可的出资事实，又未提供证据证实其事实主张，故对银莉公司的诉讼请求应予驳回。

2. 会计师事务所对公司建账时股东投入情况进行审计，作出类似"股东代为出资后，将该款项转为对公司的股权投资"之结论，但如果审计报告系申请人单方且事后委托所得结论，且记载情况与当初设立公司时股东之间的协议不相符合，无法确定投资的客观真实性，则审计结论不能证明股东已出资。

在（2021）最高法民申22号案中，再审法院认为：经开公司与升华科贸公司签订《投资协议》共同组建升华公司，约定由升华科贸公司直接注入升华公司资金人民币1550万元，其中人民币750万元作为经开公司的投资，该人民币750万元抵冲升华科贸公司欠经开公司的款项人民币750万元。会计师事务所出具的《验资报告》关于资本投入形式注有"升华科贸公司以实物设备 38 台套价值 800 万元出资，经开公司以货币资金人民币 750 万元出资，实物部分均系本年购进不需评估；货币资金系……由经开公司以贷款形式贷给升华科贸公司，现经双方达成协议，转作对升华公司的投资"。另有会计师事务所对升华公司建账时股东投入情况进行审计，出具《审计报告》记载"净资产类别明细表"列示固定资产包括固定资产净额人民币 8304820.08 元、在建工程人民币 15490850.81 元。而案涉《投资协议》约定的出资形式为货币出资，而非机器设备或者在建工程，《投资协议》与《审计报告》在有关投资形式、内容及投资者方面的记载并不一致，且《审计报告》系申请人单方且事后委托，无法确定投资的客观真实性，故认定经开公司未履行出资义务。

3. 验资报告中所附的银行询证函中没有加盖银行签章，没有进账单原件，也没有办理增资业务的开户银行地址和公司账簿，无法核查进账单的真伪，故认定股东没有出资。

在(2018)最高法民申 3309 号案中，再审法院认为：虽然王某某提交了验资报告，但在该验资报告所附的银行询证函中未见有银行签章，郑州市农村信用社进账单亦为复印件，无法核查进账单的真伪，故认定案涉人民币 500 万元系虚假增资。

4. 验资报告不是认定出资的最终依据，对于验资报告中的临时账户要保持警惕，如银行回复"查无交易记录"，即便有缴存出资款事实，股东实际可能也并没有出资。

在(2019)粤 0303 民初 16150 号案中，一审法院认为：祥融通公司设立时的验资报告虽载明王某某、中商公司向招行华侨城支行的临时账户缴存了出资款人民币 1000 万元，但事后经该支行查询银行电脑系统显示，该账号的账户名称为"应解汇款——市益健贸易有限公司"，且查无交易记录；王某某对此既无法说明该账户名称为"应解汇款——市益健贸易有限公司"的缘由，又无法提供该账户的出资款入账凭证，故对验资报告所载内容不予采纳，并认定王某某、中商公司作为好世纪公司的原始股东未履行出资义务。

（二）验资机构民事责任

1. 金融机构加盖在银行账单上的印章与其真实印章不一致，但不足以排除其同时使用多枚印章的可能性，应在虚假资金证明范围内承担补充赔偿责任。会计师事务所未能提供工作人员的执业资质证明，不能证明工作人员的执业水准符合执业规定的，应承担赔偿责任。

在(2013)民申字第 1528 号案中，一审法院认为：平安银行创业路支行提供的

《备忘科目付出传票》和《变更/撤销单位银行账户申请书》所用印章虽然与本案所涉银行进账单、账户明细账信息、银行询证函所用印章有区别，但据此尚不足以证明本案所涉资金证明非平安银行创业路支行出具，国安会计所亦不能证明其在本案所涉审计业务活动及出具不实验资报告中没有过错，故应由平安银行创业路支行、国安会计所在出具虚假资金证明和不实验资报告金额范围内承担赔偿责任。

二审法院认为：平安银行创业路支行申请对其提供的当时实际使用的《备忘科目付出传票》和《变更/撤销单位银行账户申请书》所用印章，包括"深圳市商业银行宝安支行营业部业务专用章（1）"及"深圳市商业银行宝安支行转讫（10）"与本案所涉银行进账单、银行询证函、明细账信息所用印章是否一致进行鉴定的请求，由于二者存在明显区别，鉴定没有实际意义。虽然涉案银行进账单、银行询证函、明细账信息所盖印章与平安银行创业路支行出具的其正常使用的印章不同，但据此尚不足以证明本案所涉资金证明非平安银行创业路支行出具。依照《最高人民法院关于金融机构为企业出具不实或者虚假验资报告资金证明如何承担民事责任问题的通知》的规定，原审判决平安银行创业路支行在虚假出具资金证明人民币9000万元范围内承担补充赔偿责任并无不当。

再审法院认为：在中信银行郑州分行提供的落款时间为2004年4月27日的《银行进账单》《账户明细账信息》《银行询证函》三份资金文件上，均盖有"平安银行创业路支行"印章，其中《银行询证函》上还盖有平安银行创业路支行当时经办人刘某某的私章。平安银行创业路支行虽然主张上述文件上的印章与其真实印章不一致，但其提供的证据不足以排除其同时使用多枚印章的可能性。另外，中信银行郑州分行提供了平安银行创业路支行同日出具的《结算收费凭证》，证明平安银行创业路支行收取了人民币30元的业务询证费，虽然平安银行创业路支行主张其办理流程是"先收费，再办理询证"，但是其未提供相应的操作规程文件及询证记录。因此，该《结算收费凭证》与上述三份资金证明相互印证，构成本案的证据链，河南省高级人民法院认定平安银行创业路支行在虚假资金证明范围内承担补充赔偿责任，并无不当。平安银行创业路支行由于上述行为，主观上存在过错，损害了银联担保公司债权人的利益。其出具虚假资金证明的行为与中信银行郑州分行的损失之间具有因果关系，应当承担赔偿责任。对平安银行创业路支行关于改判其不承担任何责任的请求，不予支持。国安会计所在原审中未能提供负责审计的工作人员的执业资质证明，不能证明负责审计的工作人员的执业水准符合执业规定，且在一审判决之后没有提起上诉，二审法院判决国安会计所承担连带责任并无不当。

2.会计师事务所出具不实验资报告或者虚假资金证明,公司资不抵债的,应对公司债务在验资报告不实部分或者虚假资金证明金额范围内承担民事赔偿责任。

在(2014)最高法民申字第986号案中,再审法院认为:农行中宁支行认为应当适用《关于金融机构为企业出具不实或者虚假验资报告资金证明如何承担民事责任问题的通知》(以下简称《通知》),而非《关于验资单位对多个案件债权人损失应如何承担责任的批复》(以下简称《批复》)来处理本案。《通知》并非对《批复》的更改,而是进一步的补充和说明。本案中,会计师事务所根据农行中宁支行的询证函出具了验资报告,依据该验资报告,三个股东注册成立了恒通伟业公司。福田公司因恒通伟业公司为注册成立公司而与其成立担保合同,进而追偿债务,符合《通知》中"相关当事人使用该报告或者证明,与该企业进行经济往来而受到损失"的规定,二审判决适用法律正确,并无不当。另外,关于福田公司的损失与虚假银行进账单有无关联。根据《批复》的规定,金融机构、会计师事务所为公司出具不实的验资报告或者虚假的资金证明,公司资不抵债的,该验资单位应当对公司债务在验资报告不实部分或者虚假资金证明金额范围内,承担民事赔偿责任。农行中宁支行开具虚假银行进账单和询证函,事实清楚,应当承担赔偿责任。

3.评估报告载明的评估目的不是为股东实物出资评估作价,而是为公司核实资产价值提供评估参考,且明确评估结果仅供委托方核实资产价值作参考,评估时遵循了独立、客观、科学的评估原则,会计师事务所不应对股东虚假出资承担责任;相反,会计师事务所在未核实其产权归属的情况下直接验证其为股东的投入并出具虚假《验资报告》,对股东虚假增资行为具有重大过错,应承担赔偿责任。

在(2018)最高法民终390号案中,一审法院认为:新义莹石公司认为东南评估事务所将原本属于公司的资产进行评估用于贾某某、陈某某增资验资,且评估时未到井下勘察、丈量,其中价值人民币29167504元的井巷工程根本不存在,东南评估事务所应对贾某某、陈某某人民币52462567元虚假增资本息承担补充赔偿责任。首先,从该评估报告载明的评估目的来看,东南评估事务所不是为贾某某、陈某某实物出资评估作价,而是为新义莹石公司核实资产价值提供评估参考,且明确评估结果仅供委托方新义莹石公司核实资产价值作参考,不得随意向他人提供和公开,也不适用于其他任何经济行为。其次,东南评估事务所评估时遵循了独立、客观、科学的评估原则,其不仅对资产归属及未到井下勘察、丈量的特别事项在资产评估报告中专门予以详细说明,而且在评估报告中专设一项"评估结论成立的前提条件"进行特别说明,即评估结论成立的前提条件是委托方新义莹石公司提供的资料真实完整、合法有效,对纳入本次评估的资产拥有完全的产权;评估作价的所有设备均未提供发票或合同等产权资料,依据委托方申报及现场清查实盘为准;所有房屋均无房产证,以实际测量面积为准;对于井巷工程因特殊原因未到井下勘察和实际丈量的问题,以施工负责人介绍整理的平面图等资料并经签字确认后为准。最后,新义莹石公司提交的《固定资产清查专项审计报告》是该公司为处理固定资产损失而委托会计师事务所出具的,并不能反映评估报告涉及的实物资产是否存在,且两者形成时间相差三年多,故该专项审计报告也不足以证明评估报告中价值人民币29167504元的井巷工程不存在。综上,新义莹石公司要求东南评估事务所对贾某某、陈某某虚假出资承担补充责任没有事实依据。二审法院持相同观点。

关于南方会计师事务所应否对贾某某、陈某某虚假增资行为承担补充赔偿责任的问题。按照独立审计基本准则,验资机构应当恪守独立、客观、公正的原则,保持应有的职业谨慎,其中对房屋、建筑物、机器设备等实物资产出资,应当验证其产权归属及出资者是否如期、足额投入被审验单位,并办理财产权转移手续。本案中,东南评估事务所为新义莹石公司核实资产价值而出具的《资产评估报告书》明确载明评估的资产为新义莹石公司所有,南方会计师事务所在未核实其产权归属的情况下直接验证其为贾某某、陈某某所投入,并出具了《验资报告》。贾某某、陈某某依据该虚假的验资报告办理了工商变更登记手续,南方会计师事务所对贾某某、陈某某虚假增资行为具有重大过错,应对贾某某、陈某某虚假增资行为承担补充赔偿责任。

4. 会计师事务所未发现投资款的虚假情况,未依据执业准则、规则执行必要的审计程序,未采用必要的调查方法获取充分的审计数据就出具不实报告,应当根据过失大小确定赔偿问题,在对虚假出资的股东财产依法强制执行后仍不足以赔偿损失的,才由会计师事务所在审计金额范围内承担相应的赔偿责任。

在(2017)粤03民终14639号案中,一审法院认为:中诚会计师事务所作为众浩盛公司验资时的验资单位,未发现人民币90万元投资款的虚假情况,未依据执业准则、规则执行必要的审计程序,未根据审计的要求采用必要的调查方法获取充分的审计数据,系因过失出具不实报告,应当根据过失大小确定其赔偿问题。中诚会计师事务所改制更名为同人公司,故华融资产主张同人公司在对众浩盛公司虚假验资金额人民币90万元本息范围内对他案民事判决书所确定的债务承担赔偿责任,应调整为在依法强制执行三被告的财产后仍不足以赔偿损失的,才由同人公司在人民币90万元审计金额范围内承担相应的赔偿责任。二审法院持相同观点。

5.会计师事务所出具认定实物出资已到位的报告不实,应按其过失大小对利害关系人造成的损失承担赔偿责任。即先由公司赔偿损失,在公司财产被依法强制执行后仍不足以赔偿损失的,会计师事务所在其不实审计金额范围内承担赔偿责任。会计师事务所已注销且系有限责任公司的,根据清算报告,应由各股东在清算所获得的财产范围内对会计师事务所不实审计金额承担补充赔偿责任。

在(2015)湘高法民二终字第17号案中,一审法院认为:北山股份公司以价值人民币1000万元的在建工程出资融城公司的行为构成出资不实,而会计师事务所出具资产评估报告和验资报告对北山股份公司以价值人民币1000万元的在建工程出资融城公司进行了审验。根据当时的《资产评估操作规范意见(试行)》的规定,会计师审计机构应当充分履行执业审慎义务,在评估过程中了解在建工程的具体内容、开工日期、结算方式、实际完工程度和工程量、实际支付款项等情况,并在评估报告中明确说明。而从会计师事务所出具的评估报告来看,其明知北山股份公司仅是该在建工程的资产占有方,且该报告对在建工程的反映仅是报告附件中的土建工程清查评估明细表和两张显示融城公司共计支出人民币1000万元建筑工程、安装款的发票,据此不能体现北山股份公司对该在建工程享有财产权,而应体现北山股份公司享有该在建工程工程款债权,故北山股份公司不能以在建工程这一实物进行出资。二审法院持相同观点。

此外,股东以非货币财产出资的,应当依法办理其财产权的转移手续,由验资机构验资并出具证明。而验资报告中也没有体现北山股份公司将在建工程的财产权利依法进行了转移的事实,会计师事务所却出具了出资到位的验资报告。因此,会计师事务所出具报告认定北山股份公司以在建工程实物出资并已出资到位属于出具报告不实,应按其过失大小对利害关系人造成的损失承担赔偿责任。会计师事务所对长沙银行麓山支行的损失承担的补充赔偿责任,即先由北山股份公司赔偿长沙银行麓山支行的相应损失,在对北山股份公司的财产依法强制执行后仍不足以赔偿损失的,由会计师事务所在其不实审计金额范围内承担相应的赔偿责任。因会计师事务所已注销,且系有限责任公司,根据其清算报告,剩余财产人民币129815.69元由股东蒋某某等人按出资比例进行分配,故蒋某某等人应在清算所获得的财产范围内对其不实审计金额及北山股份公司出资不实的人民币1000万元部分对长沙银行麓山支行的损失承担补充赔偿责任。

6. 会计师事务所出具验资报告时所验资金真实存在,会计师事务所的验资行为无论是否明知所验资金是借入的及股东日后将抽逃的,均没有义务审查阻止且也不可能阻止任何企业股东的抽逃行为,验资报告具有真实性,不构成虚假验资,不应当对公司的债权人承担连带赔偿责任。

在(2013)最高法民申字第 1789 号案中,再审法院认为:公司用于注册的人民币 50 万元现金确系借款,且系由作为注册会计师的李某某担任法定代表人的第三方出借,并在完成注册登记之后一个月内抽回归还给该企业。但依据中国农业银行现金缴款单和银行询证函证实该笔款项已于会计师事务所验资前汇入公司在该银行的账户,对这一事实双方并没有争议。而作为会计师事务所据此出具验资报告属于所验资金真实存在,会计师事务所的验资行为无论是否明知所验资金是借入的及股东日后将抽逃的,均没有义务审查并阻止,且也不可能阻止任何企业股东的抽逃行为。因此,会计师事务所依据公司银行验资账号中真实有效的人民币 50 万元注册资本而出具的验资报告具有真实性,不构成虚假验资,不应当对公司的债权人承担连带赔偿责任。

7. 公司对提供虚假文件造成注册资金不实应承担主要的过错责任,审计所对公司资金状况未经核实就作出验资报告且在验资中擅自改动资金来源,在验资中存在过错,法院可确定以虚假出资资金的一定比例承担赔偿责任。

在(1999)最高法经终字第 214 号案中,再审法院认为:商贸公司在向西安市工商行政管理局申请变更企业注册资金登记时,并未提供预增加的企业注册资金来源,其开办单位外运公司和审计所帮助商贸公司向西安市工商行政管理局提供了不实的文件材料,导致工商行政管理部门为商贸公司办理了变更企业注册资金登记,致使商贸公司在对外偿还债务不能时由外运公司承担了注册资金不实的民事责任。商贸公司和作为开办单位的外运公司,应当首先如实向工商行政管理机关和负责验资的审计所提供真实和必要的资金变更文件,其对提供虚假文件造成注册资金不实应承担主要的过错责任;作为验资机构的审计所,应当依法履行其审查义务,并据实作出验资报告。本案中,审计所对商贸公司资金状况未经核实就作出了验资报告,且在验资过程中擅自改动资金来源,审计所应承担相应的民事责任。鉴于审计所在虚假验资中的过错程度,法院确定其承担预变更增加企业注册资金范围 5% 的赔偿责任,即对人民币 722 万元承担 5% 的赔偿责任,其他经济损失由商贸公司和外运公司自行承担。

四、货币出资的"合理怀疑"

1. 债权人并非公司股东,没参与经营管理,难以取得股东出资的直接证据,发现验资报告、验资证明之间存在矛盾,即完成了"合理怀疑"的举证。

在(2016)粤0304民初3259号案中,法院认为原告提出对被告茂源公司、南亚公司对美合娱乐中心出资不实的合理怀疑的证据有:《验资证明书》中记载的股东为被告茂源公司、南亚公司,而《验资报告》中记载的股东为被告茂源公司和深圳石化大鹏实业有限公司,存在相互矛盾;美合娱乐中心的工商信息表明美合娱乐中心的股东为被告茂源公司、南亚公司,从未进行股东变更,上述验资报告不真实。从举证能力来说,原告并非美合娱乐中心的股东,也未参与美合娱乐中心的经营与管理,难以取得美合娱乐中心出资的直接证据,原告已穷尽手段,履行了应尽的举证责任,进一步要求其提供相应证据明显有悖于案件事实与公平原则。在原告提交的证据已达到对被告茂源公司、南亚公司出资产生合理怀疑的情况下,被告茂源公司、南亚公司应就其已经履行出资义务进行举证。

2. 接受出资的银行账户也可能存在虚假情况,承担"合理怀疑"义务的一方对此应保持高度警惕,不能以有银行询证函与会计师事务所的确认就认为股东已出资,应申请调查账户真实性,才算完成"合理怀疑"的举证责任。

在(2017)粤03民终21726号案中,一审法院认为:对于公司设立时的人民币50万元注册资金,安利禾公司主张龙某、刘某某虚假出资的理由是该资金账户已不存在。审查各方提交的证据可见,中信银行账户系为开设公司而设立的临时存款账户,对于出资是否真实,中信银行已出具《银行询证函》,且会计师事务所已确认出资有效,对安利禾公司此项主张不予采信。

二审法院认为:根据中信银行景田支行的查询记录、银监局信访答复意见书和财政委员会复函等证据,《验资报告》所依据的《银行询证函》、银行进账单、往来户明细表等询证资料均非中信银行景田支行出具,会计师事务所的《验资报告》所依据的询证资料虚假。安利禾公司已经提供对龙某、刘某某履行出资义务产生合理怀疑的证据,龙某、刘某某未能就其已实际履行出资义务承担举证责任,认定龙某、刘某某是虚假出资。

3. 出资情况在经过机构验资且经过工商部门核准登记的情况下,认定股东未履行出资义务的证据要求变高,仅凭年代久远且不甚规范的验资报告,尚不能构成对股东履行出资义务的合理怀疑,亦不能据此简单推断股东未履行出资义务。正确做法是对验资报告记载的出资线索进行深挖,比如查证接受出资的账户是否存在、查证资金的进出时间等,才构成对股东出资"合理怀疑"的证据。

在(2017)粤03民终14642号案中,二审法院认为:国丰旅业出资或增资至今均已逾20年,股东出资情况已经过专业机构验资且经过工商部门核准登记,如华融资产未能提交足以初步认定股东未履行出资义务的证据,仅依据当年普遍不甚规范的验资报告,不能构成对股东履行出资义务的合理怀疑,亦不能据此简单推断股东未履行出资义务,还应结合其他证据分配股东的举证责任。华融资产提交的证据仅为《验资报告书》《验资报告》(未附银行进账凭证)等证明。验资单位的验资报告是有关投资单位的投资是否到位的具有法律效力的证明文件,而企业法人营业执照则是国家工商行政管理机关对企业独立法人资格的确认,同样具有法律效力,没有充分证据不能予以否认。国丰投资公司在1994年8月与出资额相对应的4笔入账均在当日随即又被转出,且《验资报告》中载明的账号未能查询到。上述证据可以推翻两份验资报告的证明效力,构成对国丰旅业是否足额出资的"合理怀疑",国丰旅业未能举证证明其已履行出资义务的事实,应当承担举证不能的后果。

4. 因处于特殊历史时期、会计档案保管过期等因素,导致银行对验资报告中涉及的某些账户回复"无法查到",这是对股东出资进行"合理怀疑"举证非常不利的证据。

在(2018)粤03民终229号案中,二审法院认为:华融公司提交的兴盾公司的基本信息单、股东信息单、成员信息单、名称变更信息单以及公司规范登记申请事项,不足以达到对邱某某出资的合理怀疑。《验资报告》载明"新增股东邱某某于1997年9月23日投入资本60万元到兴盾公司在农行分行营业部设立的账户",以证明邱某某已履行足额出资义务。华融公司申请法院调取了兴盾公司案涉账户1997年9月至12月的流水清单及该期间人民币10万元以上的进账凭证、转账凭证,农业银行回复已过会计档案保管期,无法查到。至此,华融公司未提供对股东履行出资义务产生合理怀疑的足够证据,应承担举证不能的不利后果,可以确认新增股东邱某某已出资。

5. 在有验资证明书、验资报告并有相应的银行入账记录情况下,提出股东出资合理怀疑的举证要求更高。

在(2017)粤03民终14639号案中,一审法院认为:华融资产提出丁某某、杨某某、崔某某对众浩盛公司出资不实的合理怀疑的证据有《验资证明书》以及《验资报告书》，这些证据仅有出资明细表载明丁某某、杨某某、崔某某的出资方式、比例和数额，并没有附上银行入资凭证；出资明细表中载明的开户行系统无法查询案涉账户的交易记录；众浩盛公司设立时出资系委托翰沅实业公司代为缴付，但在各大官方网站均查不到翰沅实业公司的登记信息，该公司不存在。在华融资产提交的证据已达到对丁某某、杨某某、崔某某出资产生合理怀疑的情况下，丁某某、杨某某、崔某某未就其已经履行出资义务进行举证，应认定丁某某、杨某某、崔某某未履行出资义务。

二审法院认为：平安银行确认其系统中案涉账号保存的账单虽然未能显示资金的转入方名称，但众浩盛公司在1995年6月确有三笔金额均为人民币30万元的入账，共90万元，在1995年9月前有三笔分别为人民币500万元、3万元、7万元的入账，该资金转入情况与丁某某、杨某某、崔某某陈述相符，而这三个股东出资由瀚源实业公司代为支付，亦有证据证明瀚源实业公司真实存在并已经实际向众浩盛公司支付出资款。故华融资产提交的证据并不能达到对丁某某、杨某某、崔某某出资产生合理怀疑的程度，在没有其他证据佐证的情况下，仅因未附银行入资凭证不足以推翻《验资证明书》以及《验资报告书》的证明效力，当然也无法证明上述验资报告书记载的出资情况系虚构事实，且涉案事实发生于1995年，距今有20多年，亦不应要求丁某某、杨某某、崔某某就其已经履行出资义务进行举证。

6.股东出资已经过转入资金方认可、工商行政部门登记确认，在公司注册资金有确凿的银行单据证实资金已到位的情况下，注册资金的来源不能成为股东出资的依据，在此情况下，提供对股东出资合理怀疑的证据要求更高。

在（2020）最高法民申250号案中，再审法院认为：复兴行公司主张农垦总局未履行出资义务，则应当提供对农垦总局履行出资义务足以产生合理怀疑的证据。根据原审查明事实，农垦总局已提供《特种转账收入传票》，证明实业公司于1993年4月13日入账人民币3300万元，农垦总局主张其中的人民币1500万元作为实业公司注册资金已到位。国营农场总局于作出的批复中载明："公司注册资本为1500万元。"实业公司的产权登记表载明实业公司实有资金为人民币1500万元。工商行政管理局的情况说明载明："黑龙江农垦发展实业总公司，企业类型为全民所有制（非公司企业法人），按照当年有效的国家工商总局非公司企业法人开业登记提交材料规范规定，登记时无需提交验资报告，需要提交国有资产管理部门出具的《国有资产占有产权登记表》用以证明出资人（主管部门）出资情况。"

上述证据能够相互印证,证明在1993年实业公司成立时,已有足额资金注入,工商行政部门亦根据该特定时期制度规定,对实业公司注册资金充足的情况进行了登记,该登记具有法律效力。实业公司于1994年9月14日入账资金人民币3400万元,于1996年变更注册资本为人民币3500万元,该变更经过了会计师事务所依法验资,复兴行公司未提供证据否定该验资行为的效力。综上,复兴行公司未能提供证据否定以上事实,亦未能提供对实业公司注册资金足以产生合理怀疑的证据,应承担举证不能的不利后果。实业公司的注册资金已经过转入资金方认可、工商行政部门登记确认,在实业公司注册资金已到位的情况下,注册资金的来源不能成为否定农垦总局已履行法定义务的依据。

7. 被告已提供出资资金用于公司生产经营的初步证据,如果要否认被告的观点,原告需要进一步证实被告抽逃了出资,否则要承担举证不能的后果。

在(2020)最高法民申6668号案中,再审法院认为:中喔公司提供的进账单、转款凭证等证据仅能证明中喔公司在陈某某、郑某履行完人民币1600万元出资义务的次日向百世顺经营部转款人民币1600万元的事实。陈某某、郑某提供了经中喔公司财务人员等签字同意支付的请示,证明该人民币1600万元系为维持中喔公司厂房建设顺利进行预付的材料款。本案诉讼发生时陈某某所持股份大部分已转让给现持股60%的中喔公司法定代表人洪某某,陈某某仅持股18.8%,郑某已不是中喔公司股东,在陈某某、郑某提供证据证明案涉人民币1600万元系用于与中喔公司厂房建设有关事项时,如中喔公司认为陈某某、郑某的抗辩主张不能成立,中喔公司有能力也有责任提供其厂房建设、公司资产情况等相关证据以增强对陈某某、郑某抽逃出资的合理怀疑,但中喔公司在原审中并未进一步提供相关证据,二审因此判定由中喔公司承担举证不能的不利后果并无不当。另外,中喔公司虽向本院提供了其与杭州恒通钢结构有限公司等案外人签订的合同等证据材料,用于证明案涉人民币1600万元并非用于厂房修建,但在中喔公司未提供其厂房等资产状况相关证据的情况下,不能确定其所提供证据全面反映了厂房修建情况,因此不足以证实案涉人民币1600万元的支出与修建厂房无关,进而不能认定其关于陈某某、郑某抽逃出资的主张成立。

第三节 实务指南

一、新《公司法》出资制度对企业家的挑战和机遇

（一）实缴期限法定化

新《公司法》第47条第1款规定："有限责任公司的注册资本为在公司登记机关登记的全体股东认缴的出资额。全体股东认缴的出资额由股东按照公司章程的规定自公司成立之日起五年内缴足。"

第266条第2款规定："本法施行前已登记设立的公司，出资期限超过本法规定的期限的，除法律、行政法规或者国务院另有规定外，应当逐步调整至本法规定的期限以内；对于出资期限、出资额明显异常的，公司登记机关可以依法要求其及时调整。具体实施办法由国务院规定。"

> **实务解析：**
>
> 新《公司法》备受关注、流传最广的修订之一，即注册资本实缴期限的法定化。新《公司法》第47条新增的内容意味着我国注册资本制从认缴制调整为限期实缴制，也意味着三五好友随意注册过亿公司的时代结束。
>
> 于企业家而言，上述条款的变化意味着创业时，注册资本的设置要更加理性，需要综合企业发展的需要、企业家资金实力和出资规划，经过综合考量后设置合理的注册资本的金额，不能任性为之。
>
> 已经创业、正在发展中的公司，同样受到注册资本实缴期限限定为五年的影响。基于第266条第2款的规定，面对已经设立的公司，企业家应当及时检查注册资本的实缴情况；如注册资本尚未实缴，应及时检视注册资本设置的合理性，通过减资等程序调整注册资本的金额、出资期限等方式，应对新《公司法》出资期限调整带来的挑战，及时出资、平稳过渡、合规发展。

（二）新增股东失权制度

新《公司法》第52条第1款规定："股东未按照公司章程规定的出资日期缴纳出资，公司依照前条第一款规定发出书面催缴书催缴出资的，可以载明缴纳出资的宽限期；宽限期自公司发出催缴书之日起，不得少于六十日。宽限期届满，股东仍未履行出资义务的，公司经董事会决议可以向该股东发出失权通知，通知应当以书

面形式发出。自通知发出之日起,该股东丧失其未缴纳出资的股权。"

实务解析:

此条款是新《公司法》新增的失权制度,按照此项新规定,如企业家创业时,不理性对待出资义务,在出资期限届满,经催告后,仍未在限期内出资的,将面临丧失未缴纳出资的股权之风险。

根据新《公司法》第52条的规定,失权通知在股东怠于履行出资义务,经催告后仍不履行时触发,经董事会决议后才能发出,故在企业家以控股形式创业时,失权风险触发的可能性相对较小,但是在企业家以参股形式参与某项新事业开创时,触发概率高,提请企业家们特别注意。

(三)股权转让出资规则变化,转让≠转责

新《公司法》第88条第1款规定:"股东转让已认缴出资但未届出资期限的股权的,由受让人承担缴纳该出资的义务;受让人未按期足额缴纳出资的,转让人对受让人未按期缴纳的出资承担补充责任。"

实务解析:

上述条款是对《公司法司法解释(三)》转让规则的重大调整,这一条款意味着,即使出资期限尚未届至即对外转让股权,在受让方未及时足额缴纳出资的情况下,作为转让方的企业家仍面临被要求在受让方未按期缴纳的出资范围内承担补充责任的风险,也即意味着企业家的出资不能因未届出资期限转让而完全脱离。这就要求企业家在创业过程中,更加理性,一方面,理性对待注册资本的设置,防范因盲目设置过高注册资本带来的风险;另一方面,需要理性对待股权转让的受让方,寻找真正有实力的受让方承接股权,并告知其及时出资,方可更好地防范自身的出资风险。随意寻找下家、逃避出资的行为,极易拿起石头砸自己的脚。

(四)出资加速到期门槛降低

新《公司法》第54条规定:"公司不能清偿到期债务的,公司或者已到期债权的债权人有权要求已认缴出资但未届出资期限的股东提前缴纳出资。"

实务解析：

这意味着出资加速到期制度从破产法、执行法规层面上升到公司基本法层面，也意味着只要未实缴出资，出现债务无法清偿时，即有可能触发出资加速到期的风险。这需要企业家从两个方面作好理性的合作伙伴选择：

一方面，企业家以参股方式创业，不实际掌控公司经营发展时，需要慎重选择控股股东作为合作伙伴，如控股股东盲目夸张，产生巨额债务，会导致出资期限加速到期，影响企业的发展；

另一方面，企业家以控股股东形式创业，但是选择职业经理人经营或者委托小股东实际经营时，应理性选择实际经营管理人员，并慎重处理重大事项的授权事宜，防范因经营管理人员不理性管理，导致无法清偿债务而引发的出资期限加速到期风险。

（五）发起人股东责任重大，小份额≠小责任

新《公司法》第50条规定："有限责任公司设立时，股东未按照公司章程规定实际缴纳出资，或者实际出资的非货币财产的实际价额显著低于所认缴的出资额的，设立时的其他股东与该股东在出资不足的范围内承担连带责任。"

实务解析：

该条款系对2018年《公司法》第30条的修订，主要修订内容为明确了发起人股东的连带责任范围，即对未足额出资的其他股东出资不足部分承担连带责任。即意味着若公司设立时，股东遇人不淑，即使只持有1%的股权，也可能被要求对其他股东99%的出资不足事项承担连带责任。

换言之，通俗认为"小份额=小责任"，但是对于发起人股东（含有限公司设立时的股东）而言，即小份额≠小责任，即使参股投资，企业家也需要理性选择合作伙伴，并引导合作伙伴理性设置注册资本，防范因合作伙伴盲目设置注册资本挖下的大坑，被要求承担大额连带责任，引发无法填补的风险。

（六）出资形式多样化

新《公司法》第48条第1款规定："股东可以用货币出资，也可以用实物、知识产权、土地使用权、股权、债权等可以用货币估价并可以依法转让的非货币财产作价出资；但是，法律、行政法规规定不得作为出资的财产除外。"

实务解析：

新法将股权、债权纳入了股东可出资的资产形式范围，顺应了市场经济发展的需要，同时也为企业家创业提供了更多的形式选择，这对于提振企业家的投资信心具有积极的意义。

但是需要特别提醒注意的是，即使股权、债权纳入合法出资形式的范围，也不可以任性而为，随意开价，导致注册资本虚增，否则会因非货币财产出资价值不实，被要求在非货币财产出资价值不足的范围内承担补足的责任。

股权、债权等非货币财产出资的正确姿态是：在出资前，将股权、债权的价值进行评估，按照不高于评估价的金额作价入股，并办理变更登记手续。

综上，新《公司法》出资制度变化多，企业家创业应以理性为先，谨慎应对新挑战。

二、货币出资的资金来源

股东出资的财产形式多样化，财产的来源也多样化，就货币出资而言，货币来源可能是自有资产，也可能是借贷，甚至是违法犯罪所得。这样的货币能否出资，假若以此出资该如何处理，是实践中的常见问题。

《中外合资经营企业合营各方出资的若干规定》(已失效)第 2 条规定："合营各方按照合营合同的规定向合营企业认缴的出资，必须是合营者自己所有的现金、自己所有并且未设立任何担保物权的实物、工业产权、专有技术等。凡是以实物、工业产权、专有技术作价出资的，出资者应当出具拥有所有权和处置权的有效证明。"

2004 年《商务部关于请对中外合资经营企业合营各方出资及外商投资企业清算相关行政法规条文具体应用问题予以解释的函》函请国务院法制办，具体内容之一如下：

> 关于《中外合资经营企业合营各方出资的若干规定》第二条"合营各方按照合营合同的规定向合营企业认缴的出资，必须是合营者自己所有的现金……。"在实践中，一些合营者为履行出资义务，往往以自己名义通过贷款等方式筹措相应资金投入企业。对此，有关部门认为该类资金不属于"合营者自己所有的现金"。我们认为，现金属于种类物，作为动产中的特别动产，其所有权是以实际占用为表现特征的，占有即视为所有。因此，对于合营者能够占有和支配的现金，无论其系盈利、贷款或其他方式所得，均属于自有资金的范畴，为"合营者自己所有的现金"。为避免由于法律条文理解上的偏差导致行政执

法不统一，对该规定中"自己所有的现金"如何理解，请予明确解释。

2005年国务院法制办公室对《商务部关于请对中外合资经营企业合营各方出资及外商投资企业清算相关行政法规条文具体应用问题予以解释的函》就此问题复函如下：

> 一、关于合营者以自己名义通过贷款等方式筹措的资金是否属于出资规定第二条所称"合营者自己所有的现金"的问题。我们认为，合营者以自己的名义通过贷款筹措的资金，应当理解为合营者自己所有的现金。

上述规定明确作为出资的货币必须是属于自己所有的资金，通过自己名义筹措的（包含借贷）资金是自己所有的资金。但《贷款通则》（1996）第20条第3项对借款人作出了限制，"不得用贷款从事股本权益性投资，国家另有规定的除外"。这就对通过借贷而来的资金是否属于自有资金产生争议，以及对能否以此出资产生疑问。货币属特殊的动产，是种类物，其集所有权和占有权为一体，此特征决定了货币所有权转移具有特殊性，即货币占有权一旦变化，其所有权也相应变化，当事人一般不能对此主张原货币物之请求权，只能主张与原货币等值的货币交付之债权请求权。从这个角度说，通过合法途径借贷而来的资金属于自有资金，用借贷资金出资是被允许的。如果以违法所得资金出资，其出资行为效力应当被否定。

第二章 非货币财产出资

第一节 请求权基础规范

一、新《公司法》规定

第47条 有限责任公司的注册资本为在公司登记机关登记的全体股东认缴的出资额。全体股东认缴的出资额由股东按照公司章程的规定自公司成立之日起五年内缴足。

法律、行政法规以及国务院决定对有限责任公司注册资本实缴、注册资本最低限额、股东出资期限另有规定的,从其规定。

第48条 股东可以用货币出资,也可以用实物、知识产权、土地使用权、股权、债权等可以用货币估价并可以依法转让的非货币财产作价出资;但是,法律、行政法规规定不得作为出资的财产除外。

对作为出资的非货币财产应当评估作价,核实财产,不得高估或者低估作价。法律、行政法规对评估作价有规定的,从其规定。

第49条 股东应当按期足额缴纳公司章程规定的各自所认缴的出资额。

股东以货币出资的,应当将货币出资足额存入有限责任公司在银行开设的账户;以非货币财产出资的,应当依法办理其财产权的转移手续。

股东未按期足额缴纳出资的,除应当向公司足额缴纳外,还应当对给公司造成的损失承担赔偿责任。

第50条 有限责任公司设立时,股东未按照公司章程规定实际缴纳出资,或者实际出资的非货币财产的实际价额显著低于所认缴的出资额的,设立时的其他股东与该股东在出资不足的范围内承担连带责任。

第88条 股东转让已认缴出资但未届出资期限的股权的,由受让人承担缴纳该出资的义务;受让人未按期足额缴纳出资的,转让人对受让人未按期缴纳的出资承担补充责任。

未按照公司章程规定的出资日期缴纳出资或者作为出资的非货币财产的实际价额显著低于所认缴的出资额的股东转让股权的,转让人与受让人在出资不足的范围内承担连带责任;受让人不知道且不应当知道存在上述情形的,由转让人承担责任。

第99条 发起人不按照其认购的股份缴纳股款,或者作为出资的非货币财产的实际价额显著低于所认购的股份的,其他发起人与该发起人在出资不足的范围内承担连带责任。

第100条 发起人向社会公开募集股份,应当公告招股说明书,并制作认股书。认股书应当载明本法第一百五十四条第二款、第三款所列事项,由认股人填写认购的股份数、金额、住所,并签名或者盖章。认股人应当按照所认购股份足额缴纳股款。

第101条 向社会公开募集股份的股款缴足后,应当经依法设立的验资机构验资并出具证明。

第104条 公司成立大会行使下列职权:(一)审议发起人关于公司筹办情况的报告;(二)通过公司章程;(三)选举董事、监事;(四)对公司的设立费用进行审核;(五)对发起人非货币财产出资的作价进行审核;(六)发生不可抗力或者经营条件发生重大变化直接影响公司设立的,可以作出不设立公司的决议。

成立大会对前款所列事项作出决议,应当经出席会议的认股人所持表决权过半数通过。

第105条 公司设立时应发行的股份未募足,或者发行股份的股款缴足后,发起人在三十日内未召开成立大会的,认股人可以按照所缴股款并加算银行同期存款利息,要求发起人返还。

发起人、认股人缴纳股款或者交付非货币财产出资后,除未按期募足股份、发起人未按期召开成立大会或者成立大会决议不设立公司的情形外,不得抽回其股本。

第152条 公司章程或者股东会可以授权董事会在三年内决定发行不超过已发行股份百分之五十的股份。但以非货币财产作价出资的应当经股东会决议。

董事会依照前款规定决定发行股份导致公司注册资本、已发行股份数发生变化的,对公司章程该项记载事项的修改不需再由股东会表决。

二、其他法律规定

(一) 民法典层面

【债权出资与债权转让】

1.《民法典》

第538条 债务人以放弃其债权、放弃债权担保、无偿转让财产等方式无偿处分财产权益,或者恶意延长其到期债权的履行期限,影响债权人的债权实现的,债权人可以请求人民法院撤销债务人的行为。

第539条 债务人以明显不合理的低价转让财产、以明显不合理的高价受让他人财产或者为他人的债务提供担保,影响债权人的债权实现,债务人的相对人知道或者应当知道该情形的,债权人可以请求人民法院撤销债务人的行为。①

第545条 债权人可以将债权的全部或者部分转让给第三人,但是有下列情形之一的除外:(一)根据债权性质不得转让;(二)按照当事人约定不得转让;(三)依照法律规定不得转让。

当事人约定非金钱债权不得转让的,不得对抗善意第三人。当事人约定金钱债权不得转让的,不得对抗第三人。②

第546条 债权人转让债权,未通知债务人的,该转让对债务人不发生效力。

债权转让的通知不得撤销,但是经受让人同意的除外。③

第547条 债权人转让债权的,受让人取得与债权有关的从权利,但是该从权利专属于债权人自身的除外。

受让人取得从权利不因该从权利未办理转移登记手续或者未转移占有而受到影响。

第548条 债务人接到债权转让通知后,债务人对让与人的抗辩,可以向受让人主张。

2.《民法典合同编通则司法解释》

第47条 债权转让后,债务人向受让人主张其对让与人的抗辩的,人民法院可以追加让与人为第三人。

---

① 以债权出资,实质就是债权转让关系。上述两条规定表明,在涉及债转股的交易中,确定合理的转让价格是重要的法律考量因素。

② 债权转让禁止性情形。

③ 债权转让通知。

债务转移后,新债务人主张原债务人对债权人的抗辩的,人民法院可以追加原债务人为第三人。

当事人一方将合同权利义务一并转让后,对方就合同权利义务向受让人主张抗辩或者受让人就合同权利义务向对方主张抗辩的,人民法院可以追加让与人为第三人。①

第48条 债务人在接到债权转让通知前已经向让与人履行,受让人请求债务人履行的,人民法院不予支持;债务人接到债权转让通知后仍然向让与人履行,受让人请求债务人履行的,人民法院应予支持。

让与人未通知债务人,受让人直接起诉债务人请求履行债务,人民法院经审理确认债权转让事实的,应当认定债权转让自起诉状副本送达时对债务人发生效力。债务人主张因未通知而给其增加的费用或者造成的损失从认定的债权数额中扣除的,人民法院依法予以支持。②

第49条 债务人接到债权转让通知后,让与人以债权转让合同不成立、无效、被撤销或者确定不发生效力为由请求债务人向其履行的,人民法院不予支持。但是,该债权转让通知被依法撤销的除外。

受让人基于债务人对债权真实存在的确认受让债权后,债务人又以该债权不存在为由拒绝向受让人履行的,人民法院不予支持。但是,受让人知道或者应当知道该债权不存在的除外。③

第50条 让与人将同一债权转让给两个以上受让人,债务人以已经向最先通知的受让人履行为由主张其不再履行债务的,人民法院应予支持。债务人明知接受履行的受让人不是最先通知的受让人,最先通知的受让人请求债务人继续履行债务或者依据债权转让协议请求让与人承担违约责任的,人民法院应予支持;最先通知的受让人请求接受履行的受让人返还其接受的财产的,人民法院不予支持,但是接受履行的受让人明知该债权在其受让前已经转让给其他受让人的除外。

前款所称最先通知的受让人,是指最先到达债务人的转让通知中载明的受让人。当事人之间对通知到达时间有争议的,人民法院应当结合通知的方式等因素综合判断,而不能仅根据债务人认可的通知时间或者通知记载的时间予以认定。当事人采用邮寄、通讯电子系统等方式发出通知的,人民法院应当以邮戳时间或者

---

① 债权、债务转让纠纷的诉讼第三人。
② 债权转让通知。
③ 债务人确认债权存在。

通讯电子系统记载的时间等作为认定通知到达时间的依据。①

【债权出资与债务抵销】

1.《民法典》

第 549 条 有下列情形之一的,债务人可以向受让人主张抵销:(一)债务人接到债权转让通知时,债务人对让与人享有债权,且债务人的债权先于转让的债权到期或者同时到期;(二)债务人的债权与转让的债权是基于同一合同产生。②

第 560 条 债务人对同一债权人负担的数项债务种类相同,债务人的给付不足以清偿全部债务的,除当事人另有约定外,由债务人在清偿时指定其履行的债务。③

债务人未作指定的,应当优先履行已经到期的债务;数项债务均到期的,优先履行对债权人缺乏担保或者担保最少的债务;均无担保或者担保相等的,优先履行债务人负担较重的债务;负担相同的,按照债务到期的先后顺序履行;到期时间相同的,按照债务比例履行。④

第 561 条 债务人在履行主债务外还应当支付利息和实现债权的有关费用,其给付不足以清偿全部债务的,除当事人另有约定外,应当按照下列顺序履行:(一)实现债权的有关费用;(二)利息;(三)主债务。⑤

第 568 条 当事人互负债务,该债务的标的物种类、品质相同的,任何一方可以将自己的债务与对方的到期债务抵销;但是,根据债务性质、按照当事人约定或者依照法律规定不得抵销的除外。

当事人主张抵销的,应当通知对方。通知自到达对方时生效。抵销不得附条件或者附期限。⑥

第 569 条 当事人互负债务,标的物种类、品质不相同的,经协商一致,也可以抵销。

2.《民法典合同编通则司法解释》

第 55 条 当事人一方依据民法典第五百六十八条的规定主张抵销,人民法院经审理认为抵销权成立的,应当认定通知到达对方时双方互负的主债务、利息、违

---

① 债权的多重转让。
② 当股东出资时,会产生以对目标公司债权折抵出资情形。本条关于抵销条件。
③ 意定抵销。
④ 法定抵销。
⑤ 抵充规则。
⑥ 抵销通知到达主义。

约金或者损害赔偿金等债务在同等数额内消灭。①

第 56 条 行使抵销权的一方负担的数项债务种类相同,但是享有的债权不足以抵销全部债务,当事人因抵销的顺序发生争议的,人民法院可以参照民法典第五百六十条的规定处理。

行使抵销权的一方享有的债权不足以抵销其负担的包括主债务、利息、实现债权的有关费用在内的全部债务,当事人因抵销的顺序发生争议的,人民法院可以参照民法典第五百六十一条的规定处理。②

第 57 条 因侵害自然人人身权益,或者故意、重大过失侵害他人财产权益产生的损害赔偿债务,侵权人主张抵销的,人民法院不予支持。③

第 58 条 当事人互负债务,一方以其诉讼时效期间已经届满的债权通知对方主张抵销,对方提出诉讼时效抗辩的,人民法院对该抗辩应予支持。一方的债权诉讼时效期间已经届满,对方主张抵销的,人民法院应予支持。④

【债权出资与债权、债务概括转让】

《民法典》

第 551 条 债务人将债务的全部或者部分转移给第三人的,应当经债权人同意。

债务人或者第三人可以催告债权人在合理期限内予以同意,债权人未作表示的,视为不同意。

第 554 条 债务人转移债务的,新债务人应当承担与主债务有关的从债务,但是该从债务专属于原债务人自身的除外。

第 555 条 当事人一方经对方同意,可以将自己在合同中的权利和义务一并转让给第三人。

第 556 条 合同的权利和义务一并转让的,适用债权转让、债务转移的有关规定。⑤

---

① 抵销权行使的效力。
② 抵销参照适用抵充规则。
③ 侵权行为人不得主张抵销的情形。
④ 已过诉讼时效债权的抵销。
⑤ 债权出资有两种类型:一是以单纯对第三人享有的或对目标公司享有的债权出资;二是将债权、债务概括转移给目标公司作为出资。

（二）公司法层面

1.《公司法司法解释（三）》

第7条 出资人以不享有处分权的财产出资，当事人之间对于出资行为效力产生争议的，人民法院可以参照民法典第三百一十一条的规定予以认定。

以贪污、受贿、侵占、挪用等违法犯罪所得的货币出资后取得股权的，对违法犯罪行为予以追究、处罚时，应当采取拍卖或者变卖的方式处置其股权。

第8条 出资人以划拨土地使用权出资，或者以设定权利负担的土地使用权出资，公司、其他股东或者公司债权人主张认定出资人未履行出资义务的，人民法院应当责令当事人在指定的合理期间内办理土地变更手续或者解除权利负担；逾期未办理或者未解除的，人民法院应当认定出资人未依法全面履行出资义务。

第9条 出资人以非货币财产出资，未依法评估作价，公司、其他股东或者公司债权人请求认定出资人未履行出资义务的，人民法院应当委托具有合法资格的评估机构对该财产评估作价。评估确定的价额显著低于公司章程所定价额的，人民法院应当认定出资人未依法全面履行出资义务。

第10条 出资人以房屋、土地使用权或者需要办理权属登记的知识产权等财产出资，已经交付公司使用但未办理权属变更手续，公司、其他股东或者公司债权人主张认定出资人未履行出资义务的，人民法院应当责令当事人在指定的合理期间内办理权属变更手续；在前述期间内办理了权属变更手续的，人民法院应当认定其已经履行了出资义务；出资人主张自其实际交付财产给公司使用时享有相应股东权利的，人民法院应予支持。

出资人以前款规定的财产出资，已经办理权属变更手续但未交付给公司使用，公司或者其他股东主张其向公司交付、并在实际交付之前不享有相应股东权利的，人民法院应予支持。

第11条 出资人以其他公司股权出资，符合下列条件的，人民法院应当认定出资人已履行出资义务：（一）出资的股权由出资人合法持有并依法可以转让；（二）出资的股权无权利瑕疵或者权利负担；（三）出资人已履行关于股权转让的法定手续；（四）出资的股权已依法进行了价值评估。

股权出资不符合前款第（一）、（二）、（三）项的规定，公司、其他股东或者公司债权人请求认定出资人未履行出资义务的，人民法院应当责令该出资人在指定的合理期间内采取补正措施，以符合上述条件；逾期未补正的，人民法院应当认定其未依法全面履行出资义务。

股权出资不符合本条第一款第(四)项的规定,公司、其他股东或者公司债权人请求认定出资人未履行出资义务的,人民法院应当按照本规定第九条的规定处理。

第 15 条 出资人以符合法定条件的非货币财产出资后,因市场变化或者其他客观因素导致出资财产贬值,公司、其他股东或者公司债权人请求该出资人承担补足出资责任的,人民法院不予支持。但是,当事人另有约定的除外。

第 20 条 当事人之间对是否已履行出资义务发生争议,原告提供对股东履行出资义务产生合理怀疑证据的,被告股东应当就其已履行出资义务承担举证责任。

第 23 条 当事人依法履行出资义务或者依法继受取得股权后,公司未根据公司法第三十一条、第三十二条的规定签发出资证明书、记载于股东名册并办理公司登记机关登记,当事人请求公司履行上述义务的,人民法院应予支持。

2.《外商投资企业司法解释(一)》

第 4 条 外商投资企业合同约定一方当事人以需要办理权属变更登记的标的物出资或者提供合作条件,标的物已交付外商投资企业实际使用,且负有办理权属变更登记义务的一方当事人在人民法院指定的合理期限内完成了登记的,人民法院应当认定该方当事人履行了出资或者提供合作条件的义务。外商投资企业或其股东以该方当事人未履行出资义务为由主张该方当事人不享有股东权益的,人民法院不予支持。

外商投资企业或其股东举证证明该方当事人因迟延办理权属变更登记给外商投资企业造成损失并请求赔偿的,人民法院应予支持。

(三)企业改制法层面

1.《企业改制司法解释》

第 5 条 企业通过增资扩股或者转让部分产权,实现他人对企业的参股,将企业整体改造为有限责任公司或者股份有限公司的,原企业债务由改造后的新设公司承担。

第 14 条 债权人与债务人自愿达成债权转股权协议,且不违反法律和行政法规强制性规定的,人民法院在审理相关的民事纠纷案件中,应当确认债权转股权协议有效。

政策性债权转股权,按照国务院有关部门的规定处理。

第 15 条 债务人以隐瞒企业资产或者虚列企业资产为手段,骗取债权人与其签订债权转股权协议,债权人在法定期间内行使撤销权的,人民法院应当予以支持。

债权转股权协议被撤销后,债权人有权要求债务人清偿债务。

第 16 条 部分债权人进行债权转股权的行为,不影响其他债权人向债务人主张债权。

2.《企业破产法司法解释(二)》

第46条 债务人的股东主张以下列债务与债务人对其负有的债务抵销,债务人管理人提出异议的,人民法院应予支持:(一)债务人股东因欠缴债务人的出资或者抽逃出资对债务人所负的债务;(二)债务人股东滥用股东权利或者关联关系损害公司利益对债务人所负的债务。

(四)国有资产法层面

1.《国有资产评估管理办法》

第3条 国有资产占有单位(以下简称占有单位)有下列情形之一的,应当进行资产评估:(一)资产拍卖、转让;(二)企业兼并、出售、联营、股份经营;(三)与外国公司、企业和其他经济组织或者个人开办外商投资企业;(四)企业清算;(五)依照国家有关规定需要进行资产评估的其他情形。

第4条 占有单位有下列情形之一,当事人认为需要的,可以进行资产评估:(一)资产抵押及其他担保;(二)企业租赁;(三)需要进行资产评估的其他情形。

第6条 国有资产评估范围包括:固定资产、流动资产、无形资产和其他资产。

第22条 国有资产重估价值,根据资产原值、净值、新旧程度、重置成本、获利能力等因素和本办法规定的资产评估方法评定。

第23条 国有资产评估方法包括:(一)收益现值法;(二)重置成本法;(三)现行市价法;(四)清算价格法;(五)国务院国有资产管理行政主管部门规定的其他评估方法。

2.《企业国有资产交易监督管理办法》

第5条 企业国有资产交易标的应当权属清晰,不存在法律法规禁止或限制交易的情形。已设定担保物权的国有资产交易,应当符合《中华人民共和国物权法》、《中华人民共和国担保法》等有关法律法规规定。涉及政府社会公共管理事项的,应当依法报政府有关部门审核。

第43条 投资方以非货币资产出资的,应当经增资企业董事会或股东会审议同意,并委托具有相应资质的评估机构进行评估,确认投资方的出资金额。

第46条 以下情形经国家出资企业审议决策,可以采取非公开协议方式进行增资:(一)国家出资企业直接或指定其控股、实际控制的其他子企业参与增资;(二)企业债权转为股权;(三)企业原股东增资。①

---

① 涉及外商投资企业出资和股权交易问题,可参阅《指导吸收外商投资方向暂行规定》《外商投资产业指导目录》《外商投资准入特别管理措施(负面清单)》《关于外国投资者并购境内企业的规定》《外国投资者对上市公司战略投资管理办法》等相关规定。

（五）其他

1.《土地管理法》

第 60 条 农村集体经济组织使用乡（镇）土地利用总体规划确定的建设用地兴办企业或者与其他单位、个人以土地使用权入股、联营等形式共同举办企业的，应当持有关批准文件，向县级以上地方人民政府自然资源主管部门提出申请，按照省、自治区、直辖市规定的批准权限，由县级以上地方人民政府批准；其中，涉及占用农用地的，依照本法第四十四条的规定办理审批手续。

按照前款规定兴办企业的建设用地，必须严格控制。省、自治区、直辖市可以按照乡镇企业的不同行业和经营规模，分别规定用地标准。

2.《市场主体登记管理条例实施细则》

第 13 条第 3 款 依法以境内公司股权或者债权出资的，应当权属清楚、权能完整，依法可以评估、转让，符合公司章程规定。

3.财政部、国家知识产权局《关于加强知识产权资产评估管理工作若干问题的通知》

一、知识产权占有单位符合下列情形之一的，应当进行资产评估：（一）根据《公司法》第二十七条规定，以知识产权资产作价出资成立有限责任公司或股份有限公司的；（二）以知识产权质押，市场没有参照价格，质权人要求评估的；（三）行政单位拍卖、转让、置换知识产权的；（四）国有事业单位改制、合并、分立、清算、投资、转让、置换、拍卖涉及知识产权的；（五）国有企业改制、上市、合并、分立、清算、投资、转让、置换、拍卖、偿还债务涉及知识产权的；（六）国有企业收购或通过置换取得非国有单位的知识产权，或接受非国有单位以知识产权出资的；（七）国有企业以知识产权许可外国公司、企业、其他经济组织或个人使用，市场没有参照价格的；（八）确定涉及知识产权诉讼价值，人民法院、仲裁机关或当事人要求评估的；（九）法律、行政法规规定的其他需要进行资产评估的事项。

非国有单位发生合并、分立、清算、投资、转让、置换、偿还债务等经济行为涉及知识产权的，可以参照国有企业进行资产评估。

4.财政部、国家发展改革委、科技部、劳动保障部《关于企业实行自主创新激励分配制度的若干意见》

三、企业在实施公司制改建、增资扩股或者创设新企业的过程中，对职工个人合法拥有的、企业发展需要的知识产权，可以依法吸收为股权（股份）投资，并办理权属变更手续。

企业应当在对个人用于折股的知识产权进行专家评审后，委托具备相应资质的资产评估机构进行价值评估，评估结果由企业董事会或者经理办公会等类似机构和个人双方共同确认。其中，国有及国有控股企业应当按国家有关规定办理备案手续。

企业也可以与个人约定，待个人拥有的知识产权投入企业实施转化成功后，按照其在近3年累计为企业创造净利润的35%比例内折价入股。折股所依据的累计净利润应当经过中介机构依法审计。

四、企业实现科技成果转化，且近3年税后利润形成的净资产增值额占实现转化前净资产总额30%以上的，对关键研发人员可以根据其贡献大小，按一定价格系数将一定比例的股权（股份）出售给有关人员。

价格系数应当综合考虑企业净资产评估价值、净资产收益率和未来收益折现等因素合理确定。企业不得为个人认购股权（股份）垫付款项，也不得为个人融资提供担保。个人持有股权（股份）尚未缴付认股资金的，不得参与分红。

五、高新技术企业在实施公司制改建或者增资扩股过程中，可以对关键研发人员奖励股权（股份）或者按一定价格系数出售股权（股份）。

奖励股权（股份）和以价格系数体现的奖励额之和，不得超过企业近3年税后利润形成的净资产增值额的35%，其中，奖励股权（股份）的数额不得超过奖励总额的一半；奖励总额一般在3年到5年内统筹安排使用。

第二节　裁判精要

一、股权出资

1. 公司通过股东会决议，同意股东以在其他公司中的自有股权向公司增资，签订了股权增资协议，中介机构对股权所在公司的资产进行了整体评估，确定了股权价值并办理了股权变更登记，可以认定股东以股权履行了出资义务。

在(2018)最高法民申5453号案中，再审法院认为：中恒信公司以其在新大新公司和刘达公司的股权作为向吉粮集团的增资，而非以这两个公司的资产增资。中恒信公司签订了股权增资协议，且通过了吉粮集团股东会决议。中介机构对股权所在公司的资产进行了整体评估，确定了股权价值，且在工商行政部门办理了股权变更登记，吉粮集团成为新大新公司和刘达公司的唯一股东。前述增资过程，符合《公司法》的规定，国资委和大连港作为其他股东，尽到了股东的注意义务，没有证据证明国资委和大连港在吉粮集团的经营中作为其他股东存在协助中恒信公司抽逃出资的行为。

2. 股权评估报告出具时间虽晚于股权变更登记时间，但均在公司认缴出资期限内，应认定公司在出资期限届满前履行了股东的出资义务。

在（2021）陕民申 1749 号案中，再审法院认为：宝鸡市国资公司是宝纺集团公司的唯一股东，成立时公司章程中载明宝鸡市国资公司以其持有的九州纺织公司、昌荣纺织公司及大荣纺织公司的股权作为对宝纺集团公司的出资，2017 年 7 月 31 日完成认缴出资。2016 年 3 月 3 日、4 日、17 日，宝鸡市国资公司按照章程规定将其持有的上述股权变更登记到宝纺集团公司名下，2016 年 3 月 26 日评估公司出具了对上述三家企业的股权评估报告，载明股权总价值为人民币 4610 万元，已高于宝鸡市国资公司认缴的人民币 3000 万元出资额，由此，股权评估报告出具时间虽晚于股权变更登记时间，但均在宝鸡市国资公司认缴出资期限内，应认定宝鸡市国资公司在出资期限届满前履行了股东的出资义务。

3. 采用股权投资的方式投入信托公司，目的在于在其持有股权期间行使股东对目标公司的经营管理权、分红权等权利，股权投资的最终目的是获得投资本金和约定的预期收益，而非一直持有目标公司股权。不能将该种投资行为绝对定性为单一的股权投资或者债权投资性质，而应尊重其性质的多重性，在不违反法律和行政法规强制性规定的情况下，股权出资行为有效。

在（2017）最高法民终 516 号案中，二审法院认为：中诚公司通过购买信托计划项下 B 类优先受益权单位、将信托资金以股东出资的方式投入目标公司、并约定以预期固定收益率等方式运作信托资金。在信托计划存续期间，其在目标公司的法律地位是股东，其参与目标公司的经营管理，在享有股东权利的同时也负有股东义务、应承担股东责任。其在《合作协议》《差额补足协议》等协议中约定了固定的收益回报。根据《2014 年中诚信托徐州润彭置业投资集合信托计划说明书》载明的内容，中诚公司投资收益主要来源于标的公司分红、所持标的公司股权的转让所得、华夏集团履行差额补足义务支付的款项以及受托人获得的应归入信托财产的其他收益。此外，担保人承担相应担保责任。

上述事实表明，中诚公司采用股权投资的方式投入信托资金，目的在于在其持有股权期间，据此行使股东对目标公司的经营管理权、分红权等权利，以保障目标公司经营稳定、股权保值或者增值，其投资本金和收益能得以收回。其股权投资的最终目的是获得投资本金和约定的预期收益,而非一直持有目标公司股权。其所持有的信托资金本金和预期收益的获得,可以通过从目标公司获得股权分红、转让股权以及华夏集团履行差额补足义务、担保人承担担保责任等方式实现。在发生约定事由时,中诚公司有权请求目标公司的股东华夏集团承担差额补足义务。因华夏集团系目标公司的股东,该增资行为在给目标公司带来利益的同时,也给作为该公司股东的华夏集团带来利益,因此,关于差额补足义务的约定并不违反公平原则。

二、债权出资

(一)对公司享有真实债权的判定

1. 公司款项在关联人员之间发生流转,公司将款项性质在账面由"实收资本"调整为"其他应付款",并在股东之间进行账面分割和支付利息,这不能作为确认股东对公司享有债权的依据,公司内部账务科目的调转不能改变款项已转化为该公司实收资本的事实。

在(2015)最高法民申字第3190号案中,再审法院认为:通汇分厂曾向万某某出具集资款收据,万某某曾向韩某某开具集资款收据,并分别约定了相同的借款利率。但在盛康公司设立过程中,韩某某等人所交付款项人民币780万元被万某某用于与叶某某为设立公司而共同购置资产,除该款项外万某某对盛康公司并无其他出资或借款。其后,万某某将其出资份额转让给叶某某,其出资份额成为叶某某对盛康公司出资的一部分。再后,验资报告证实:盛康公司(筹)已收到出资各方投入的资本人民币22559731.06元,其中,实收资本人民币10000000元,资本公积金人民币12559731.06元。盛康公司注册资本为人民币1000万元,出资人为叶某某(占公司注册资本90%)、刘某某(占公司注册资本10%)。这些事实表明,韩某某等人交付给万某某的人民币780万元资金在盛康公司设立后已经转化为该公司实收资本和资本公积金。万某某在盛康公司正式设立前转让出资额,使其对盛康公司因出资享有的权利被消灭,韩某某等人由此在事实上不可能因该人民币780万元而对盛康公司享有债权。此后,在没有证据证明韩某某等人对盛康公司还有其他债权的情况下,盛康公司将该人民币780万元款项性质在账面由"实收资本"调整为"其他应付款",并在韩某某等人之间进行账面分割,以及向韩某某等人支付利息等行为,均无合法依据。因此,韩某某认为原审法院认定万某某与其为借款关系、与盛康公司为出资关系错误的主张不能成立。

因在盛康公司设立时已将实收资本以外的投资列入资本公积金,盛康公司收到的资金总额大于注册资本属于正常,对韩某某关于盛康公司必然存在大量对外举债以及万某某不可能交付超出出资义务以外的资金的主张,不予支持。原审法院系在认定韩某某向万某某支付的人民币150万元已经依法成为盛康公司法定资本的基础上,综合考量有关审计报告确认的盛康公司财务管理存在重大缺陷和个人借款中涉及万某某的人民币780万元款项在关联人员之间发生的全部事实,认定盛康公司内部账务科目的调转不能作为确认韩某某等人对公司享有职工集资债权的依据,而非仅根据韩某某等人有亲属关系否认他们对盛康公司享有职工集资债权。

2. 以对公司的债权作为出资的,应提供与公司债权债务关系的证据、债务人尚未还款的证据(而不是仅仅在《审计报告》中记载"其他应收款");以债权作为出资,如与股东协议或公司章程约定出资方式不相符,也未取得协议中的其余股东同意,单方作出的以债权出资的意思表示不发生相应的法律效果,仍要以原来约定的出资方式来判断股东是否履行出资义务。

在(2017)最高法民终242号案中,一审法院认为:根据《增资扩股协议》的约定,红旅集团应当"以现金"认购新增注册资本人民币1.2亿元。红旅集团提供的《审计报告》载明其与仙谷山公司的资金往来中,"长期股权投资"6笔共计人民币10691万元,"其他应收款"14笔共计人民币1309万元。对此,法院认为,首先,红旅集团现将其对仙谷山公司的债权转化为其对仙谷山公司的股权投资,与《增资扩股协议》约定的"以现金"认购人民币1.2亿元的约定不符。其次,因《审计报告》系对红旅集团单方财务审计,一方面,红旅集团未提供证据证明仙谷山公司应当向其支付《审计报告》载明的14笔"其他应收款",另一方面,红旅集团亦未提供证据证明仙谷山公司尚未偿还上述14笔债务。再次,红旅集团将《增资扩股协议》约定的现金出资方式变更为以债权投资,应当经《增资扩股协议》其余相对方以及仙谷山公司股东会同意,否则,其单方作出的以债权替代现金出资的意思表示不发生相应的法律效果。最后,以债权等非货币财产作价出资的,应当评估作价,但红旅集团并未提供证据证明仙谷山公司股东大会同意其债权转股权,也未提供证据证明相应债权经过评估。综上,红旅集团应缴出资人民币1.2亿元,实缴出资人民币10691万元,尚有人民币1309万元出资未到位。

二审法院认为:首先,红旅集团将对仙谷山公司的债权转化为股权投资,与其承诺的出资方式不符。无论是《审计报告》记载的"其他应收款",还是红旅集团主张的应收债权,与《增资扩股协议》中约定的"现金"的认购方式存在性质上的差异。其次,红旅集团与仙谷山公司之间是否存在人民币1309万元债权也缺乏有效证据支持。红旅集团举示的《审计报告》是其单方委托的,审计的依据是红旅集团提供的财务资料,该《审计报告》系红旅集团单方财务审计,楚峰公司对该证据的真实性不予认可,红旅集团也未能提供其与仙谷山公司之间完整的资金往来凭证予以佐证,故《审计报告》不能作为红旅集团对仙谷山公司享有人民币1309万元债权的有效证据而被采信。

3. 审查对公司享有债权的角度:公司会计账簿和会计凭证等财务资料、股东会会议决议、债权转让通知、银行流水等。另外,部分股东在明知存在外部债权人情况下,通过债转股内容的股东会议决议,实质是将其对公司享有的债权优先于外部债权人受偿,损害了外部债权人利益,应视为未履行出资义务。

在(2022)沪0113民初20505号案中,法院认为:首先,无论是公司工商公示信息还是税务局备案的公司财务报表,都仅是由公司单方面申报形成的外观材料,仍需结合公司会计账簿及会计凭证等财务资料进行实质性审查。其次,三被告提供股东会会议决议、《债权转让通知》、银行流水等证据拟证明三被告以对山普生鲜公司享有的债权完成认缴出资的缴纳,然而,前述证据均无法证明债权真实合法,甚至银行流水载明是山普生鲜公司向股东净转出而非股东向山普生鲜公司净转入。最后,即便三被告确实对山普生鲜公司享有债权,但无论是债转股股东会决议还是资产负债表的调整,均发生于火灾之后,三被告在明知原告对山普生鲜公司享有债权的情况下,仍通过债转股决议且在公司章程中仍注明出资方式为货币而非债权,实质上是将三被告对山普生鲜公司的债权优先于公司外部债权人优先受偿,属滥用公司股东权利,损害公司外部债权人利益。综上,三被告未全面履行出资义务。

(二)以对公司债权抵销出资义务

1. 法院可判决以股东对公司享有的债权折抵股东出资义务。

在(2019)皖民申2556号案中,再审法院认为:根据驾校明细账,胡某某名下有其他应付款、未领取工资及实收资本,且公司历年总账本、明细账、记账凭证等财务资料均已被移交给王某某,当时王某某并未对资料的完整性提出异议,因胡某某尚未缴足认缴的出资额,可以认定以其对驾校享有的金钱债权进行折抵。

2. 股东帮公司清偿债务,对公司享有债权,该债权可以折抵出资。

在(2014)最高法民申字第1658号案中,再审法院认为:覃某某通过转让自己在松桂公司70%股权给林山,取得人民币400万元的转让款,并将该款直接清偿了桂松公司欠华融公司的债务,所以,覃某某对桂松公司享有人民币400万元的债权。覃某某注册桂松公司时并未实际出资,应向公司补足出资。鉴于覃某某在二审审理中明确表示,自愿用其对公司的人民币400万债权中的人民币205万元补足对桂松公司的出资,该抵销行为并不违反法律规定,桂松公司享有的主张股东补足出资的权利已得到实现,对股权受让人林山主张由覃某某另向公司缴纳人民币205万元补足出资的诉讼请求,不应予以支持。

3.未履行或者未全面履行出资义务的股东对公司享有到期债权,主张以该债权抵销出资义务的,应当符合以下条件:第一,通过股东会决议修改公司章程,将出资方式变更为债权出资,并确认实缴出资;第二,该股东会决议作出时,公司应具有充足清偿能力;第三,修改后的公司章程应经公司登记机关备案。在已有债权人提起诉讼要求股东承担出资瑕疵的赔偿责任的情况下,即使股东对公司享有债权,股东此时主张以其对公司享有的债权抵销出资义务,等同于股东债权具有优先于其他债权受偿的权利,损害了公司其他债权人的利益,股东不得以对公司享有的债权抵销出资义务。

在(2021)京01民终4078号案中,二审法院认为:关于马某主张对驿站公司享有债权,该债权是否可以抵销其应履行的出资义务的问题。从公司法关于资本缴付规定的立法本意看,股东对公司所认缴的出资系公司经营的基础并可确保公司资本的充实性,同时亦是公司经营能力和确保公司外部债权人利益实现的保障。因此,相较于股东对公司的权利而言,股东对公司承担的出资义务是法定义务,亦是第一位的,而除法律规定外,股东以及公司债权人对公司享有的债权,均应为普通债权。

依据查明的事实可知,马某主张以货币人民币61.75万元和其对驿站公司享有的债权人民币103.25万元的方式完成了其认缴人民币165万元的出资义务,并提交了2018年4月26日的临时股东会决议,该决议载明在驿站公司修改后的公司章程中马某认缴出资额人民币165万元,实缴出资额人民币165万元,出资方式为货币、债权,出资期限为2018年6月30日,且该决议亦载明马某的出资全部实缴到位。但该临时股东会决议未在工商登记部门备案,且驿站公司在已经过工商部门备案的于2018年5月7日修改的公司章程中并未体现上述修改内容,备案的公司章程载明马某认缴出资额人民币165万元,出资方式为货币,出资时间为2017年12月25日。对于前后两个公司章程内容的不同,马某和驿站公司未作出合理解释。

此外,马某虽称股东会决议加速股东认缴出资的到期期限,是为更好清偿公司债务而要求股东提前出资并修改公司章程，但其亦确认公司作出决议时，已有公司债权人对公司提起诉讼，且马某后续的出资并不是非货币财产出资，无法得出系为更好清偿公司债务的结论。故在首和公司已经提起本案诉讼要求马某承担出资瑕疵的赔偿责任时，虽然马某对公司享有债权，但马某主张以其对公司享有的债权抵销出资义务，等同于股东债权具有优先于其他债权受偿的权利，同时亦损害了公司其他债权人的利益。综上，对马某主张以其对公司的债权抵销其出资义务的上诉意见，不予支持。

4. 股东没有作出以他物折抵增资的意思表示，股东已经丧失股东资格，股东对公司享有的债权未经确认，则股东不享有抵销权行使的前提。

在（2020）鲁民终2966号案中，二审法院认为：在2019年7月3日股东会决议形成之前，潍坊古韵公司没有证据证明曾作出以古建筑折抵增资的意思表示。在此之后，潍坊古韵公司已经丧失认缴增资的股东资格，故不能通过行使抵销权主张履行增资义务。而且，潍坊古韵公司对半岛书院公司是否享有债权，具体债权范围等未经双方确认，亦未经生效裁判文书确认，故潍坊古韵公司亦不享有抵销权行使的前提。

（三）债务出资完毕的认定

【双方行为】

1. 债权人可以基于借贷关系实现其债权，也可以基于债转股实现债权，债权人对此享有选择权，在债转股方案实际难以履行的情况下，不存在以对公司债权出资入股的情形。

在（2019）浙0103民初5310号案中，法院认为：关于原告成套设备公司对被告米加公司享有的借款债权是否应进行债转股处理的问题。根据《补充协议书》的约定，被告米加公司应如期归还借款本金和利息，如逾期归还，则按每月2%计算逾期利息；若借款逾期时间超过六个月时，三方同意以增资方式进行债转股处理。上述约定内容从文义来看并未明确排除原告成套设备公司可以基于借贷关系实现其债权，故原告成套设备公司对于是否以债权入股应享有选择权。同时，案涉《补充协议书》约定的债转股处理方式为按照公司注册资本人民币3000万元、估值人民币2亿元、增值倍率6.6667进行折价，进而计算得出债转股的股权数额。但是在《补充协议书》签订时，被告米加公司的注册资本已变更为人民币3030万元，故双方约定的债转股方案已不存在履行的基础，而双方此后并未就债权结转股权的数额重新达成协议，在原告成套设备公司不同意以债权出资的情况下，债转股方案实际难以履行。据此,法院对于被告米加公司辩称借款已转化为公司股权的意见不予采纳。

2. 债权人经过债转股成为公司股东,为满足工商管理部门出资比例与持股比例、表决权比例应当一致的要求,工商登记的股权金额大于债转股金额,其差额部分并非因股权转让形成。债转股股东的出资数额为债转股数额,对公司的出资义务已经全面履行,债权人无权要求股东就差额承担补足出资责任。

在(2021)最高法民申 7606 号案中,二审法院认为:关于银川保投公司是否已经履行出资义务的问题。第一,银川市人民政府国有资产监督管理委员会与银川通联资本投资运营有限公司均作出批复,同意银川保投公司受让银川产业基金公司持有的宁夏懿丰公司人民币 1.5 亿元债权,并通过债权转股权的方式向宁夏懿丰公司增资。故对于该笔人民币 1.5 亿元债权的转让及以债转股方式向宁夏懿丰公司增资已经国有资产管理部门审核批准。

第二,银川中院、宁夏高院的生效判决均已对《债转股协议》《债转股补充协议》作出合法有效的认定。银川保投公司出资人民币 16425 万元,持股比例 42.86%,但依据《债转股协议》《债转股补充协议》的约定,其持股比例及表决权比例为 67%。该约定是全体股东的一致意思表示,符合公司法规定;宁夏懿丰公司亦出具《股东出资证明书》予以确认。上述有关出资比例与持股比例、表决权比例的约定是股东之间对于股东行使权利范围的意思自治的体现,不产生对抗第三人的效力,不影响公司资本对公司债权担保等对外基本功能的实现。世纪润华公司是基于对宁夏懿丰公司的整体资产产生的信赖,股东之间关于股权行使权利比例分配的约定不影响公司对外承担责任财产的整体性。

第三,银川保投公司实际出资所对应的持股比例,与登记股权比例间的差额为人民币 7979.75 万元,已通过《债转股协议》《债转股补充协议》约定及《股东出资证明书》确认由吴某某、向某某承担该部分出资义务。故银川保投公司的出资义务已经履行完毕,不存在人民币 7979.75 万元部分出资不实的问题。根据《债转股补充协议》的约定,银川保投公司名义上持有吴某某、向某某 7979.75 万元部分的出资所对应的 24.32%股权,以满足工商登记要求。各方一致认可出资比例与持股比例、表决权比例仍按《债转股协议》的约定。故银川保投公司系该人民币 7979.75 万元出资对应股权的名义股东,银川保投公司与吴某某、向某某之间不属于受让股东对出让股东未履行出资责任承担连带责任的情形。

再审法院认为:原审认定银川保投公司对工商登记的股权数额与债转股数额的差额不存在补足出资责任,认定事实以及适用法律并无不当。本案中,银川保投公司工商登记的股权数额是人民币24404.75万元,与人民币16425万元债转股数额存在人民币7979.75万元的差额。世纪润华公司据此主张银川保投公司就差额部分承担责任。对此,法院认为,银川保投公司对懿丰公司应尽的出资义务为人民币16425万元,其已经实缴出资到位。至于工商登记的股权数额为人民币24404.75万元的问题,系为满足工商管理部门出资比例与持股比例及表决权比例原则上应当相同的要求,才以银川保投公司名义持有向某某和吴某某人民币7979.75万元部分出资对应的24.32%股权。银川保投公司与向某某和吴某某之间并无转让人民币7979.75万元股权的真实意思,仅是为了按照工商登记的需要进行的形式转让,并不存在真正的股权转让。世纪润华公司以银川保投公司在受让人民币7979.75万元股权时,知道或者应当知道向某某和吴某某存在抽逃出资以及受让该部分股权未支付对价等为由,要求银川保投公司承担责任,理由不能成立。

3. 投资主体对目标公司的债权性投资完成后,投资转化为其对目标公司所享有的债权。在同时存在股权性投资以及债权性投资的情况下,如果投资主体意欲实现其中某一种投资收益,则应首先确定两种不同性质投资的具体数额。在确定了数额后,如符合约定投资的收益条件,投资主体可以主张取得投资收益。(意味着其以债权出资完毕)

在(2019)最高法民终271号案中,二审法院认为:从《合作投资协议书》中的约定可知,仁安置业公司对项目公司以及目标项目的投资,可分为股权性投资和债权性投资。股权性投资是投资主体为了取得项目的开发建设权,收购项目公司原股东公司股权所支付的对价,以及按照股权转让协议的约定所支付的其他对价。股权性投资完成后,投资主体的该股权性投资转变为其所持有的项目公司股权。而投资主体对项目公司的债权性投资完成后,该投资转化为其对项目公司所享有的债权。在同时存在股权性投资以及债权性投资的情况下,如果投资主体意欲实现其中某一种投资收益,则应首先确定两种不同性质投资的具体数额。

关于仁安置业公司在项目公司以及目标项目中投入的股权性投资以及债权性投资的具体数额的确定问题。一审法院根据《合作投资协议书》约定,认为"仁安置业公司、恒高置业公司在收购仁高实业公司股权及项目后,负有继续向仁高实业公司及其项目投资的义务,双方预测的成本为7亿元。按照仁安置业公司60%的持股比例,预测其应投入的资金为42000万元,而仁安置业公司起诉的该部分借款本金为284231130.05元,即使加上注册资本金7980万元,也未超过预测的金额",并以此为由对仁安置业公司提出的相关诉讼请求予以驳回。

法院认为，一审法院的该项判断显然是对当事人之间相关协议内容的错误理解，且不合理地设定了仁安置业公司主张债权性投资的前提条件，仁安置业公司能否依据借款法律关系主张实现债权性投资的权利，并不以其是否满足了总投资达到人民币42000万元的前提条件。同时，仁安置业公司参与本项目投资，主要是通过实现债权性投资收益的方式实现其投资目的。因此，在确定了股权性投资与债权性投资的数额后，如符合当事人之间各种不同性质投资的收益条件，仁安置业公司作为投资主体当然可以主张取得投资收益。本院对一审法院所设定的该项条件予以纠正。

【单方行为】

1. 债权人免除债务人部分或者全部债务的，合同的权利义务部分或者全部终止，债权人单方作出放弃部分或全部债权的意思表示，即可产生债务部分或全部消灭的法律后果。即债权人对公司享有的债权通过债转股的方式对公司进行增资，即包含向公司作出免除债务的意思表示，单方法律行为已经产生了公司债务消灭的效果，证实了以债权出资完毕。

在(2019)最高法民终65号案中，二审法院认为：关于太西煤集团是否未全面履行出资义务的问题。太西煤集团全额出资依法设立子公司金阿铁路公司，系金阿铁路公司唯一的股东，金阿铁路公司营业执照载明该公司注册资本为人民币4亿元，中铁十五局对目前太西煤集团已实际出资人民币4亿元的事实亦无异议，太西煤集团已完全履行出资义务。中铁十五局认为，金阿铁路公司设立时的公司章程规定"最终注册资本金为项目批准概算总投资的100%，公司注册资本金一次性认缴，分期到位"，甘肃省发改委文件批复核准案涉项目总投资额为人民币7.8亿元，且金阿铁路公司于2010年、2011年分别进行增资、注册资本变更登记金额为人民币3亿元、4亿元，据此，太西煤集团认缴出资额应为人民币7.8亿元，目前实际出资仅为人民币4亿元，尚未全面履行出资义务，应承担补充赔偿责任。

法院认为，第一，债权人免除债务人部分或者全部债务的，合同的权利义务部分或者全部终止，债权人单方作出放弃部分或全部债权的意思表示，即可产生债务部分或全部消灭的法律后果。本案中，太西煤集团将对金阿铁路公司享有的人民币4亿元债权通过债转股的方式对其进行增资，即包含向金阿铁路公司作出免除人民币4亿元债务的意思表示。且太西煤集团于《承诺函》中保证该债务的真实性，并在任何情况下均不以债权人身份向金阿铁路公司主张，其单方法律行为已经产生金阿铁路公司人民币4亿元债务消灭的效果。

第二，太西煤集团的董事会决议与金阿铁路公司股东会决议，均同意将太西煤集团对金阿铁路公司享有的人民币4亿元债权通过债转股的方式转增注册资本人民币4亿元，且在《承诺函》中承诺前述股东会决议及债转股事宜真实有效。

第三，2015年11月23日，金阿铁路公司提出公司章程修正案，变更后的公司章程载明公司股东太西煤集团的出资额为人民币8亿元，占注册资本的100%，证明太西煤集团增资人民币4亿元情况属实，亦符合金阿铁路公司设立时的公司章程中"最终注册资本金为项目批准概算总投资的100%"的规定。

第四，金阿铁路公司股权因办理出质登记而被冻结，暂无法办理注册资本变更登记，并非为损害债权人中铁十五局的权利而恶意拖延。且公司注册资本发生变更而未办理登记，不能否定太西煤集团已经实际出资人民币8亿元的事实。综合以上，太西煤集团已全面履行出资义务，不应就金阿铁路公司的债务承担补充赔偿责任。

2. 将应收账款以票据背书的形式转让给公司作为出资款，认定债权出资事实成立。

在（2021）最高法民申2557号案中，再审法院认为：公司股东为国有资产管理局，审计报告记载的公司对股东的应收账款人民币5000万元，系公司向股东上缴的国有资产收益，股东后将该票据背书转让给第三方公司用以支付人民币5000万元的出资款，不属于抽逃出资。

3. 公司对外借款，以款项到达公司账户为借资交付的标准。事后公司全体股东可以通过协议方式确认公司对外借到款项，并确认该款转为对公司的出资，证实债权人已以债权出资完毕。

在（2021）鄂1081民初697号案中，法院认为：关于覃某某对智越研学公司人民币400万元的出资义务是以何种方式完成的问题。原告认为覃某某人民币400万元的出资是债权出资（覃某某对魏某及笱某享有的人民币400万元债权），并据此要求被告移交前述债权凭证并办理债权转让手续，但他案生效判决书均认定覃某某已实际向智越研学公司出资人民币700万元，其中涉案人民币400万元出资系人民币400万元借资转为覃某某在智越研学公司的股权出资，即生效文书确认了借资转为出资。覃某某及案外人梅某某按照魏某、笱某的要求于2018年6月12日将人民币400万元转账至环亚公司账户时，借资完成交付。此后，智越研学公司全体股东（包括原股东魏某、文某某和新股东覃某某）于2018年10月30日通过补充协议确定人民币700万元已出资额中包含前期人民币400万元借资，并于2018年11月

1日通过章程确认已出资额为人民币700万元,自此,覃某某支付的借资转为出资。因借资已交付,则覃某某出资义务已完成,且覃某某系以货币方式完成出资,原告要求覃某某交付债权凭证并办理债权转让手续无约定和法定理由,故对原告的诉讼请求不予支持。

三、实物出资

(一)实际交付

【房屋、汽车】

1. 已办理权属变更手续但未实际交付的,出资人不享有股东权利。出资人完成实际交付且办理权属变更手续,在已享有相应股东权利的情况下,应将财产实际交付之日认定为完成出资义务的时间。多套房屋陆续交付的,以最后交付的时间为履行出资义务的时间,不以房屋最早的交付时间为履行出资义务的时间。

在(2020)最高法民再85号案中,二审法院认为:泰达酒店与中盈公司签订《增资协议书》后,中盈公司自愿以在建工程出资,就案涉86套房屋,全部与泰达酒店签订了《天津市商品房买卖合同》且办理了房屋所有权预告登记,案涉房屋的实际控制权已移交泰达酒店。当具备交房条件时,泰达酒店可随时办理交房手续。实际情况是,中盈公司已将案涉房产中的9套房屋交付给泰达酒店,最早一套的交付时间为2012年3月8日。中盈公司对泰达酒店办理该9套房屋的交付手续均予以配合,并无异议。对其他77套房屋,泰达酒店亦未能提供证据证明届时中盈公司拒绝交付。中盈公司已将全部涉诉房屋交付泰达酒店并办理了权属证书,其出资义务已经履行完毕。

再审法院认为:因非货币财产出资在财产变动上的特殊性,法律规定出资人应将财产从自己名下移转至公司名下,使其成为法人财产,避免公司将来处分财产面临的法律风险。同时,从公司实际利用发挥资本功效的角度而言,办理权属变更仅解决财产归属和处分权的问题,出资人应将财产实际交付公司,从而使公司能够直接使用而直接获得收益,故已经办理权属变更手续但未实际交付的,出资人不享有相应的股东权利。根据权利义务相适应原则,在出资人完成实际交付且办理权属变更手续而享有相应股东权利的情况下,应将财产实际交付之日认定为完成出资义务的时间。

本案中,中盈公司以其享有所有权的商品房出资,并经评估机构的评估确定了房产的价值,符合公司法关于实物出资的要求,中盈公司应将涉案房屋依约交付泰达酒店并办理所有权过户手续以完成出资义务,否则将承担未全面履行出资义务的违约责任。从查明事实看,中盈公司为履行《增资协议书》约定的出资义务与泰达酒店签订《天津市商品房买卖合同》,该合同中约定了具体的交房日期,中盈公司应按照买卖合同约定将房屋交付泰达酒店,但中盈公司在买卖合同签订后仅办理了86套房屋的所有权预告登记,并未将涉案房屋实际交付泰达酒店。鉴于中盈公司在一审期间办理了房屋权属证书,中盈公司履行出资义务的时间应为涉案房屋交付之时,即2017年8月17日,二审判决依据已经交付的9套房屋中最早的一套的交付时间为2012年3月8日,从而认定2012年3月8日为中盈公司履行出资义务的时间,适用法律错误,应予以纠正。

2. 房屋没有过户给公司,即便有证据证明房屋已交付,也认定股东没有出资。因此,"交付"是在产权变更转移情形下的"交付",此时的"交付"才能作为履行出资义务的有效证据。

在(2017)粤民终2190号案中,一审法院认为:根据股东会决议以及宝鑫公司章程,四名股东一致确认以四人共有的17套房产作为对宝鑫公司新增注册资本人民币6000万元的出资,并应于2003年10月30日前缴足。同时,根据验资报告,已审验确定四名股东用于增加注册资本的17套房产并未办理产权过户手续,且四名股东承诺在该验资报告签发日起三个月内将上述房地产的产权过户到宝鑫公司名下。事实上涉案17套房产不仅未能办理产权变更登记手续,还因四名股东未依法履行生效法律文书所确定的债务而被采取强制执行措施,17套房产经拍卖后被变卖给案外人。因未能提供证据证明上述房产已交付宝鑫公司实际控制和使用,四名股东应承担补缴出资义务。二审法院持相同观点。

3. 认定实物出资的标准,可以有:是否对实物进行了价值评估和验资;实物是否投入公司的经营活动,实物是否被公司掌控使用;当实物出资尚未办理财产转移手续时,是否已获得投资者的保证;实物是否办理财产转移手续。如存在其中一项或多项标准,都有可能被认定为股东已以实物出资。

在(2013)皖民二终字第00034号案中,一审法院认为:灵运驾校公司在章程中已明确约定许某某以实物出资人民币113万元,占95.76%股权,灵运公司以货币出资人民币5万元,占4.24%股权。后许某某以其购买的价值人民币302000元的5辆载货汽车以及登记在灵运公司下属分支机构的安徽灵运集团驾驶学校的20台教练车作为其设立灵运驾校公司的实物出资。《资产评估报告书》和《验资报告》对该20台教练车作为许某某的实物出资进行了价值评估和验资,灵运公司在《资产评估报告书》中的"投入资本明细表"上加盖公章,同时《验资报告》在"验资事项说明"

中也注明:本次审验投资人投入的实物资产和无形资产尚未办理财产转移手续,但已获得投资者的保证以及被审验单位的确认,灵运公司均未提出异议,且本案涉案车辆在灵运驾校公司成立后也已实际被投入经营活动中,灵运公司在庭审中也认可该涉案车辆一直在灵运驾校公司。上述证据证明灵运公司对许某某在设立灵运驾校公司时以其20台车辆作为实物出资是知道并认可的。

另外,许某某与灵运公司召开股东会议,通过灵运驾校公司股东会议决议,同意许某某持有的灵运驾校公司原股权中人民币113万元实物出资变更为以货币方式出资,原出资比例不变。2010年6月1日,许某某按照灵运驾校公司股东会议决议向灵运驾校公司缴纳了货币出资人民币113万元,验资报告也认定许某某已经交付该货币出资。综上,许某某在设立灵运驾校公司时已经按照公司章程足额交付实物出资,在灵运驾校公司成立前也未将该实物出资全部或部分抽回,其作为实物出资的车辆的价值也已经会计师事务所评估认定,并实际投入灵运驾校公司经营活动中使用,且在灵运驾校公司成立后灵运公司也同意许某某将原实物出资变更为货币出资。因此,许某某在设立灵运驾校公司中并不存在虚假出资行为。二审法院持相同观点。

【设备、产品】

1. 企业主管部门对管理的固有资产进行调整划转,可以从如下角度来判断划转资产是否转为对公司的投资:内部决议判断出资的主体和方式;目标公司出具书面说明对出资情况给予佐证;诉讼时出资主体尚未发生变化,财产已实际交付给公司并被公司使用。

在(2010)最高法民提字第136号案中,二审法院认为:供销总社将其所属企业土产公司的桃源春酒楼资产人民币1854070.30元划归长江商城,此金额应作为供销总社对长江商城的出资。第一,供销总社作出《会议纪要》明确供销总社下属企业土产公司与其所属桃源春酒楼脱钩,将桃源春酒楼划归长江商城经营管理。第二,长江商城与土产公司作出的《棉麻土产公司所属桃源春酒楼移交长江商城资产情况的说明》,也确认供销总社会同土产公司、长江商城顺利移交了桃源春酒楼资产,资产总额人民币3708140.60元中的人民币1854070.30元作为土产公司股份。第三,现无证据证明供销总社对长江商城的投资发生投资主体变化,而长江商城也实际取得了上述财产,故应认定该人民币1854070.30元资产划转是企业主管部门供销总社对其管理的固有资产进行的调整划转,该划转的资产应作为供销总社对长江商城的投资。

另外,供销总社向长江商城、土产公司作出的《关于大楼基建中有关事宜的函》,证明供销总社向长江商城补足了人民币 360 万元出资。首先,该函明确拆除供销总社办公用房及土产公司办公和营业用房,其补偿作价人民币 360 万元。其次,供销总社人民币 180 万元拆迁补偿款可作为对长江商城的投资,土产公司人民币 180 万元拆迁补偿款可作为对长江商城的股金投入。该函虽要求长江商城办理土产公司的入股手续,但无证据证明长江商城的投资主体发生变化,其仍然是供销总社。故应当认定供销总社向长江商城补足了人民币 360 万元的出资。

2. 实物出资义务的完成,既需要实际交付,又需要办理权属变更手续。

在(2014)甘民二终字第 39 号案中,二审法院认为:网络中心向合兴公司的出资为非货币财产,应当依法评估作价。案涉合同约定,网络中心"以现已建成的数字、数据平台的全部资产人民币 1632 万元作价出资""应当在合资公司领取营业执照后 30 日内将其作价入股的全部资产权属归于合资公司名下"。事实上,兰州市广播电影电视局同意网络中心将其资产评估作价的人民币 2048.5 万元中的人民币 1632 万元作为出资,和国峰公司、国鑫公司共同组建合兴公司;同日,合兴公司股东会确认将网络中心委托会计师事务所进行的部分资产评估作价人民币 2048.5 万元之中的人民币 1632 万元作为投资投入合兴公司,并按财产过户清单所列转移到合兴公司名下;验资报告载明,合兴公司已收到股东以货币出资人民币 1568 万元,实物出资人民币 1632 万元。上述事实表明,网络中心出资入股组建合兴公司,获得广播电影电视局同意,并将出资的实物资产交付合兴公司,但诉讼中网络中心未提交有效证据证实其用于出资的非货币财产经过评估作价,未提交证据证实其用于出资的非货币财产已经办理产权变更登记手续,可认定网络中心未向合兴公司履行出资义务。

3. 认定以产品出资的,亦需要对产品是否已交付、产品是否包含相应的知识产权价值进行审查,确定股东是否已以产品出资。

在(2019)粤 0391 民初 1336 号案中,法院认为:关于被告圆通公司是否已足额缴纳出资的问题。首先要明确被告圆通公司的出资义务到底是什么,公司章程记载的圆通公司的出资方式为知识产权,而之前的合作协议则约定圆通公司将 100 套圆通工作能力训练中心训练体系产品一次性出资到位即可。从含义来看,知识产权是权利人对其智力劳动所创作的成果和经营活动中的标记、信誉依法享有的权利,包括著作权、专利权、商标权等,具体到本案指产品中包含的著作权,而产品仅指有形载体本身,二者存在差异,因此有必要探究双方的真实合意,即被告圆通公司的义务是交付已经覆盖知识产权的产品还是要单独转让著作权。结合庭审中双方的陈述可知,双方合作的基础系利用原告前海圆通的法定代表人王某对深圳市场的熟悉,被告圆通公司以产品作为出资,共同设立原告公司以销售被告圆通公司的产品。因工商登记时产品不能作为出资方式,所以登记的出资方式变更为知识产权。也即,被告圆通公司在合作之初仅需一次性交付约定的产品作为出资。

至于实际交付的产品是否已包含相应的知识产权价值,法院认为,根据原告前海圆通提交的《报告书》,该次评估报告的评估对象涉及无形资产,而非仅实物载体,3 项各 100 套软件系统在评估基准日的评估值合计为人民币 1530 万元,且在评估过程中,对圆通科学工作管理系统、圆通工作标准训练引导系统、圆通工作能力等级评价系统的单价均进行了低估。同时,《软件采购合同》亦表明该两套总价值人民币 18 万元的软件系统包含知识产权,故认为被告圆通公司作为出资交付的圆通工作能力训练中心训练体系产品中已包含相应的知识产权价值。因此,原告前海圆通关于"被告提供给原告的 100 套共 300 张光碟是复制光盘,市场价值约 5 元/张,不超过 2000 元,远远低于 1530 万元的估价"的主张无事实依据。综上,根据章程中约定圆通公司的出资方式为知识产权出资,被告圆通公司不承担直接交付货币作为出资的义务,且其已按约定足额缴纳所认缴的出资。

4.技术资料和生产设备的交付,双方最好签署交接清单,可以避免对是否出资产生纠纷。

在(2013)深中法商终字第 1117 号案中,一审法院认为:《入股协议书》约定刘某某"入住公司后,根据研发进度将逐步移交以下相关技术和资料(包括公司购买下位机原代码、项目相关电气电路图)"。而刘某某已经向日昌晶公司交付了 WB 自动机下位机程序、WB 硬件电路(主要部分)、WH 自动机 07 版原代码、WB 上位机通信以及 WB380 电路板零件,应视为履行了合同交付技术资料的义务。日昌晶公司虽然提交了张某某出具的收款收据以证明向第三人购买了部分相关技术软件,但不能据此就认定刘某某未按合同约定交付技术资料。关于样机即 WB380 设备交付的争议。一方面,刘某某提供的移交记录表并没有 WB380 设备交付的记录,另一方面,《关于向东莞某某光电销售 3 台设备 WB380 申明》系刘某某与日昌晶公司就案外人订购的 3 台 WB380 设备的来源、货款分成等销售事宜达成合意,不能据此认定刘某某已经实际交付 WB380 设备。

二审法院认为:刘某某提交的《说明》及个人银行账号流水清单可以证明日昌晶公司购买刘某某的 WB380 自动焊线机并向刘某某支付购机款人民币 3 万元,《说明》没有提及刘某某尚未向日昌晶公司交付机器,也未约定刘某某应于何时向日昌晶公司交付机器,可认定刘某某向日昌晶公司交付了机器。另外,刘某某不仅向日昌晶公司交付了WB自动机下位机程序、WB硬件电路(主要部分)、WH自动机07版原代码、WB上位机通信,而且向日昌晶公司交付了WB380自动焊线机的电路板零部件,因此,刘某某已经履行了主要的合同义务。

5. 企业以全部固定资产整体作为出资投入新设立的公司,新设公司需在出资的固定资产上开展经营,在这种模式下,应审查新设公司是否收到全部固定资产、是否利用出资的固定资产进行生产经营,要考虑固定资产是否能够过户、固定资产的评估价是否远高于双方约定、公司章程和工商登记材料是否记载了出资事实等因素,来对实物出资是否全部到位的事实作出认定。

在(2021)最高法民申2240号案中,再审法院认为:对于二审判决关于半钢集团认缴对鸿达公司出资未到位、应在尚未缴纳出资的人民币2900万元范围内依法承担责任这一基本事实的认定,缺乏证据证明。第一,验资报告载明"唐山市鸿达热轧有限责任公司已收到其股东投资的资本伍仟玖佰万元,其中:货币资金叁仟万元、实物资产贰仟玖佰万元"。说明验资机构已经对鸿达公司收到全部投资的事实进行审验。第二,评估报告书对一炼钢厂、带钢厂的资产名称、数量和价值作了详细列举和说明。第三,从鸿达公司的设立和经营情况看,鸿达公司的设立源于姚某某与半钢集团的合作联营,由姚某某投入资金对半钢集团一炼钢厂和带钢厂进行技术改造升级,鸿达公司是在半钢集团一炼钢厂和带钢厂原有物资基础之上成立的新公司。半钢集团将一炼钢厂、带钢厂全部固定资产即房屋建筑物、机器设备、备品备件等财产整体投入设立鸿达公司,鸿达公司设立后,需直接在一炼钢厂、带钢厂现有建筑物、机器设备、备品备件等财产的基础上开展经营。《关于对唐山市鸿达热扎有限责任公司部分资产的评估报告》《关于确认"唐山市鸿达热轧有限责任公司"不属于〈唐山市地方钢铁工业控制总量、关小、淘汰落后实施方案〉的函》《审计报告》等证据反映了鸿达公司的经营状况、资产状况、出资情况,鸿达公司设立后的经营情况和资产状况能够在一定程度上反映半钢集团是否将一炼钢厂、带钢厂固定资产,即房屋建筑物、机器设备、备品备件等财产整体投入设立鸿达公司的问题。第四,原审法院应在分析鸿达公司设立时的原始资料以及原审卷宗中相关证据的真实性、合法性、关联性的基础上,结合鸿达公司设立目的、设立方式、设立后的经营情况、工商年检情况、资产处置情况等事实,对鸿达公司是否收到半钢集团一炼钢厂、带钢厂的全部固定资产,即房屋建筑物、机器设备、备品备件等财产的事实作出认定。原审法院再审本案时,除应对原审卷宗中的证据进行审查外,还应对姚某某申请再审时提交的证据进行审查,并对鸿达公司设立后是否在半钢集团一炼钢厂、带钢厂所在地进行生产经营的事实予以查明。在此基础上,充分考虑姚某某和半钢集团设立鸿达公司时均知道或者应当知道半钢集团一炼钢厂、带钢厂的建筑物是否能够过户的事实,以及半钢集团一炼钢厂、带钢厂建筑物、机器设备、备品备件等财产的评估价远高于双方约定、章程和工商登记材料记载的半钢集团出资人民币2900万元的事实,对半钢集团对鸿达公司的实物出资是否全部到位的事实作出认定。裁定指令河北省高级人民法院再审本案。

6. 判断实物出资的角度:银行向公司发放贷款时,是否基于经过评估的实物之信赖而发放贷款;实物未完成过户手续,但是否已实际交付给公司使用;公司章程、股东会议纪要、企业动产抵押登记档案等文件是否对实物进行了记载;实物是否已经被抵押给银行并据此拿到贷款给公司使用等,这些事实将影响银行在发放贷款时对公司资信能力作出的实质性判断,公司已成实物出资的受益者,进而认定股东已以实物出资。

在(2010)最高法民二终字第77号案中,二审法院认为:太福化工公司增加了注册资本,由原人民币1500万元变更为人民币12500万元,其中邢某某投入价值人民币2712.5万元的实物出资,包括评估值为人民币1543.5224万元的房产,该房产已实际交付太福化工公司使用,但因该房产未取得产权证明书等合法手续,致使其无法过户到太福化工公司名下。根据《公司章程修正案》《股东会议纪要》等记载,邢某某虽以实物出资,但并未明确该"实物"财产的具体类别,且大庆中行发放本案人民币6500万元贷款时,借款人太福化工公司的注册资本为人民币1.25亿元,没有证据证明其是基于对邢某某出资中评估价值仅为人民币1543.5224万元房产的信赖而发放该笔贷款。而根据《企业动产抵押登记档案》中的记载,大庆中行同样可查询到邢某某将其购买的价值人民币1650万元的拉丝机、蒸汽锅炉投入太福化工公司供其使用,并将其作为太福化工公司所有的财产抵押给了农行大庆分行等相关事实,使其相信太福化工公司的财产除人民币1.25亿元注册资本外,还有这部分价值人民币1650万元的机器设备。因此,邢某某承诺出资的房产虽未完成过户手续,但并不影响大庆中行发放贷款时对太福化工公司的资信能力所作出的实质性判断,对其决策亦不构成外观上的误导和欺诈。邢某某购买上述人民币1650万元机器设备的凭证虽不是正式发票,但其购买机器设备时生产厂家出具的《收据》,以及此前用于抵押登记并由工商机关提供的《企业动产抵押登记档案》等证据,足以证明其购买行为及作为出资投入太福化工公司的事实是真实的,故对邢某某以价值人民币 1650 万元的机器设备作为出资已投入太福化工公司的事实予以确认。

(二)权属变更

【需要办理权属变更】

1. 债权人主张原股东在出资不实范围内承担补充赔偿责任的,需要同时主张原股东履行出资义务,并在诉讼中请求法院指定合理期限以办理实物产权转移手续,才能避免请求不当而承担不利后果。

在(2017)最高法民申 1894 号案中,再审法院认为:西部重工公司作为金锋银公司的债权人,主张金锋银公司的出资股东承担相应的责任,需证明原股东在设立时出资不实。华兴电力公司和民乐金锋公司作为金锋银公司的原出资股东分别举证了银行转账票据、验资报告、公司资产协议书、采矿权证、移交登记表、证明协议等材料,证明有关货币出资和实物出资已经移交给金锋银公司。西部重工公司现虽举证认为,民乐金锋公司的部分土地使用权、采矿权、车辆等未办理至金锋银公司名下。但对应权属变更登记手续未办理而资产实际交付的,在法院指定的合理期限内进行办理的,则可视为已履行出资义务。现西部重工公司并未主张金锋银公司的原股东履行出资义务,有关人民法院亦未责令当事人变更权属登记,对于西部重工公司以原股东出资不实请求其在出资不实范围内承担补充赔偿责任的主张,事实和法律依据不足。

2. 股东主张以在建工程实物出资的,首先要审查与在建工程有关的承包合同,依合同内容判断股东是发包人还是承包人,如是承包人,则断定股东对在建工程不存在所有权,对其所承建的工程不享有依法可转移的财产权利,以在建工程出资没有依据。

在(2015)湘高法民二终字第 17 号案中,一审法院认为:根据《工程承包合同》的约定,北山股份公司为水厂建设工程的施工方,暂定总价为人民币 1000 万元,承包方式为包工包料。北山股份公司提交的现有证据不能证明北山股份公司对其所承建的工程享有依法可转移的财产权利。且融城公司于 2002 年 3 月 3 日向北山股份公司出具的收据载明"今收到北山公司交来投资款项壹仟陆佰万元(16000000 元),其中工程款 1000 万元,实物 600 万元",显示北山股份公司对融城公司是以工程款人民币 1000 万元出资,与北山股份公司主张的以在建工程实物出资相矛盾。故北山股份公司没有提交充分有效的证据证明其有权以该在建工程实物出资并已依法办理该在建工程财产权的转移手续。

二审法院认为:根据评估报告,融城公司分别支出了建筑工程款人民币800万元和建筑安装款人民币200万元,而融城公司之后又向北山股份公司出具收据,载明以该所谓的人民币1000万元工程款作为出资显然存在矛盾。在债权人对出资人的出资存在异议时,出资人有义务证明其出资的真实性,现北山股份公司既无法证明涉案在建工程是否存在、价值多少,又无法说明该工程款已从融城公司支出,如何能作为北山股份公司的出资。因此,根据现有证据,不能认为北山股份公司已经实际向融城公司出资人民币1000万元。

【未能办理权属变更】

1. 对于实物出资到位并投入使用且客观上无法办理过户手续的,其已为公司发挥资产效用,实质上也就达到了出资的目的,应认定完成了出资义务。

在(2022)冀民终336号案中,二审法院认为:关于张某、刘某某、胡某某三位股东的实物增资部分没有办理原始产权登记,也没有向汇晶公司办理产权变更登记和交付占有手续,能否定其已实缴增资到位的事实?

第一,从实物出资的财产价值和使用等事实情况看,通过前面分析,本案证据能够证明汇晶公司已经实际接收、占有、使用张某、刘某某、胡某某三位股东的实物增资资产,该实物资产包括厂房及宿舍、硬化地面及道路等不动产类资产和机器设备动产类资产这两部分。其中,对于已经安装在汇晶公司车间内并投入使用的机器设备类动产资产,已经完成向汇晶公司交付和安装,也就产生了该部分动产物权的公示效力和公信力,无须出具交付手续。

对于汇晶公司股东增资建造的厂房、宿舍及构筑物等不动产类资产,虽建造在从他人处租赁的土地上,但也不能如上诉人所称是当然的非法建筑,相反以建造在自己厂区内且以生产经营为目的,也未见违反城市规划用地等相关法律规定的情形,该类不动产应属于合法建造;其虽不能办理初始产权登记,进而也不可能办理产权转移登记手续,但该不动产的确具有交换价值(评估报告显示估价为人民币2,415.91万元+282.66万元)和使用价值。在执行实务中,无产权登记的房产也具有财产价值,将其以责任财产作为执行标的进行现状处置的案例也时有发生,本案该部分财产同样也可以此方式执行处置。另外,本案无法办理增资的不动产权属转移,有别于能够办理过户登记而故意不办理的情况,对此,张某、刘某某、胡某某三位股东并不存在主观过错,造成权属转移不能的局面并不能归责于三位股东;同时,实务中在租赁场地上注册、设立和经营公司且在该场地上建造厂房、添置设备的情况也不鲜见,如果将在合法占用他人土地上建造的无法登记产权的厂房等公司财产一律视为未出资或虚假、不实出资,在资产负债等财务会计报表中也不计入公司资产,必然损害公司所有者权益,既不公正又不符合常理;所以,本案股东增资建造厂房等不动产具有财产价值,而且事实上已经投入汇晶公司的生产和使用中,从公司运行的效果上看,也实质上达到了出资的目的。

第二,从规则适用上看,本案中虽然存在增资的不动产已经交付给公司使用但无法办理产权过户登记的情形,但考虑到本案中增资的不动产已实际交付给公司使用,而财产权属的初始登记及权属转移均无法办理也不能补办的局面的形成不能归责于张某、刘某某、胡某某三位股东的实际情况,本着尊重事实、公平公正的原则,不宜苛求本案股东完成事实上无法完成的事情,即对其增资的不动产必须在形式上完成办理权属转移手续。所以,一审判决对张某、刘某某、胡某某股东实缴出资已经到位的事实认定,并无不当;上诉人所提的评估报告等只能反映股东出资的过程,股东实物出资的房产没有房本,没法办理产权过户,就无法确定是股东的财产,也就无法作为股东合法有效资产进行增资的观点和理由,因此不予支持。

2. 判定实物出资的证据,可以是评估报告、验资报告、生效法律文书的执行情况和判决认定的事实等。虽未办理资产的权属变更登记,但并未影响公司对财产的利用和处分,也未使公司及其债权人承担可能无法处分该财产的法律风险。从实际处置情况看,股东出资的资产已经实际承担公司的债务,债权人也已取得相应资产的拍卖价款。虽然存在公司章程对具体出资财产指向不明、股东未在出资缴纳期限内缴纳出资而是在公司设立后陆续履行缴纳出资义务等不规范的情形,但仍可以认定股东已以实物出资完毕。

在(2015)最高法民二终字第85号案中,二审法院认为:对验资报告、相关生效裁判文书对海马公司的出资行为及出资额均予以确认,包括法院在强制执行中均有法律文书确认,拍卖处置的土地使用权、厂房是通海公司设立时海马公司缴纳的出资。海马公司已先后将其土地使用权和厂房实际交付给通海公司使用,海马公司虽未办理上述资产的权属变更登记,但并未影响通海公司对该财产的使用和处分,也未使通海公司及其债权人承担可能无法处分该项出资财产的法律风险。且从上述资产的实际处置情况看,海马公司的上述资产已经实际承担了通海公司的另案债务,嘉宸公司作为另案的债权人也已取得相应资产的拍卖价款。虽然通海公司在设立过程中存在《通海公司章程》仅规定了海马公司用以出资的非货币财产为工厂场地的土地使用权、砂场的土地使用权和提取权、工厂,而具体出资财产指向不明;以及海马公司未按照《外商投资企业申请登记表》中载明的出资缴纳期限缴纳出资,而是在通海公司设立后陆续履行缴纳出资义务,包括通过另案拍卖执行完成出资等不规范的情形,但鉴于《验资报告》中载明海马公司的出资已远高于《通海公司章程》中载明的海马公司应缴纳出资额,同时嘉宸公司并未举出充分证据证明海马公司的上述出资财产存在出资不实的事实,且通海公司于1992年设立时公司法尚未实施,以及实践中公司设立均不规范等原因,认定海马公司作为通海公司的股东已经依照章程规定以实物出资的形式足额履行其1725万法国法郎的出资义务。

3.对无法办理权属变更登记的实物,经过双方确认同意,也可以在对其评估作价后纳入实物出资的范围。

在(2018)渝05民初2071号案中,法院认为:关于重庆农资公司在2014年5月31日以实物出资西部煤炭公司的人民币4420万元部分是否是足额出资,是否应承担补充出资责任的问题。在本案中,重庆农资公司与新疆煤炭公司等股东共同出资组建西部煤炭公司,重庆农资公司应按公司章程及股东会决议履行足额出资义务。重庆农资公司除完成了前两期现金出资义务外,还与西部煤炭公司其他股东约定第三期出资以朱杨溪转运站资产评估价值人民币5300万元中的人民币4420万元作为出资。重庆农资公司已于2015年5月14日将其名下朱杨溪转运站土地和房屋产权变更登记于西部煤炭公司名下并将上述资产交付给西部煤炭公司使用。新疆煤炭公司作为西部煤炭公司的大股东,现认为重庆农资公司出资未经合法评估,其单方委托评估确定的价额显著低于公司章程所定价额,故依据上述法律规定提起本案诉讼。对此请求,评述如下:

第一,新疆煤炭公司多次对重庆农资公司的出资予以认可。其一,新疆煤炭公司的合同行为表明其认可。其二,新疆煤炭公司以股东会决议形式认可重庆农资公司出资。其三,新疆煤炭公司还通过公司章程表明其认可重庆农资公司已完成足额出资义务。

第二,新疆煤炭公司主张重庆农资公司未全面履行出资义务的主张缺乏足够证据。首先,新疆煤炭公司主张重庆农资公司委托的评估机构不具备合法资格。因重庆农资公司作为资产评估的委托单位,其提交的同一证据形式更加完整,内容也无明显改变之处,对重庆农资公司的该《评估报告》真实性予以采信,新疆煤炭公司主张对重庆农资公司出资进行评估的评估机构恒申达评估公司不具备合法资质的抗辩不能成立。其次,新疆煤炭公司主张重庆农资公司实物出资的价值明显偏低的理由缺乏足够依据。最后,重庆农资公司交付给朱杨溪转运站的资产中除了能够办理产权变更登记的房屋和土地,也有一部分房产因之前无产权证而无法办理产权变更登记。对无法办理产权变更登记的房屋 2456.96 平方米,法院认为,将该部分无法办理产权变更登记的房屋纳入评估范围,新疆煤炭公司是明知的。评估机构在评估时已对价值进行调整,评估价值仅约为人民币 156 万元,扣除该部分,重庆农资公司剩余资产出资已超过实物出资人民币 4420 万元。故新疆煤炭公司主张重庆农资公司未足额出资的理由不能成立。

(三)评估作价

1. 股东之间已对实物价值进行确认并经验资报告认可,在诉讼中又自行委托评估机构对实物进行评估,评估价与之前的认可价存在巨大差别,在无法推翻之前评估价的情况下,无法构成充分的"合理怀疑"之证据,在诉讼中请求法院对实物进行评估没有依据。

在(2018)最高法民申 1632 号案中,再审法院认为:在设立丰华公司之前,新华书店集团就已委托和信公司对案涉建筑物基础的房地产市场价格进行评估,评估结果为人民币 1228 万元。丰华公司向新华书店集团出具收据认可收到了新华书店集团以建筑物基础出资的人民币 1200 万元,此事实也在验资报告、丰华公司的股东会中得到确认。在他案中,法院曾委托评估机构对案涉建筑物基础的价值进行评估,评估结果为人民币 10876000 元,与人民币 1200 万元相近。因此,丰华公司、丰泽公司以其自行委托某评估公司作出评估报告中建筑物基础价值为人民币 4284532.32 元为由,认为已提供对股东履行出资义务产生合理怀疑的证据,并主张法院应依职权对案涉建筑物基础的房地产进行司法评估,理据不足。

2. 以机器设备作为出资,其价值可由股东商定,并非必须由评估机构估价,将约定价值的设备投入目标公司即完成了出资义务。

在(2018)最高法民申 4393 号案中,再审法院认为:合营企业各方可以现金、实物、工业产权等进行投资,各项投资应在合营企业的合同和章程中加以规定,其价格(场地除外)由合营各方评议商定。合营者可以用货币出资,也可以用建筑物、厂房、机器设备或者其他物料、工业产权、专有技术、场地使用权等作价出资。以建筑物、厂房、机器设备或者其他物料、工业产权、专有技术作为出资的,其作价由合营各方按照公平合理的原则协商确定,或者聘请合营各方同意的第三者评定。攀海公司以机器设备投资的价值认定,可由攀海公司与北台钢铁公司协商确定,并非必须由第三方进行价值评定,攀海公司将约定的设备投入目标公司北方煤化工公司即完成了出资义务。

3. 未能证明对提供给公司的技术享有知识产权、已将该知识产权转让给公司并进行了评估作价，认定该股东没有出资。

在(2014)深中法商终2637号案中，二审法院认为：公司章程规定德圣涂料公司注册资本为人民币1000万元，闵某、李某以货币资金分别出资人民币300万元、700万元，首期出资人民币200万元在公司注册登记前缴付，第二期出资人民币800万元在章程修正案的相关变更登记前缴付。故闵某应当依照法律及德圣涂料公司章程的规定履行自己的出资义务，按期足额缴纳自己认缴的出资额人民币300万元。闵某主张其以交付技术给德圣涂料公司的方式实际履行了自己的出资义务且德圣涂料公司批量生产出合格的涂料产品，但闵某并未举证证明其对提供给德圣涂料公司的技术享有知识产权、闵某已将该知识产权转让给德圣涂料公司并进行了评估作价，故认定闵某未履行出资义务。

4. 各股东对实物出资价值进行确认，股东认缴出资金额减去确认的实物价值等于股东尚需缴纳的货币出资，股东仍需对是否以货币出资承担举证责任。股东主张实物出资的价值远远高于股东之间的约定价值，提供的非货币财产转移确认书及股权转让协议等证据，仅能表明股东在办理工商登记手续时确认的实物价值和对应的股权价值，尚不足以证明实物的客观价值，仍不能认定股东履行了非货币财产出资义务。

在(2013)浙民申字第1470号案中，再审法院认为：公司章程显示金某某认缴出资金额为人民币360万元，第一份股东合伙协议书载明："金某某设备投资为360万元，其实按机器折旧净值150万元，减去以前胡某某和金某某合作中投入的20万元，金某某现价净值只有130万元，实际金某某投入为130万元。"第二份股东合伙协议书对上述内容再次予以明确，金某某实际出资净值仅为人民币130万元，尚未全面履行出资义务。金某某提出，其已经全面履行出资义务，并提交了验资报告、评估报告、非货币财产转移确认书、股权转让协议及工商登记相关材料等证据。但评估报告系以金某某提供的购买机器设备发票为主要依据，在确认发票所载价格情形下采用重置成本法评估案涉机器设备价值为人民币440万元，且前述评估报告所依据的机器设备发票系伪造，故该评估报告因主要依据不合法而不能采信，而验资报告又以该评估报告为依据，故验资报告亦不能采信。至于非货币财产转移确认书及股权转让协议等证据，仅能表明佳宁公司股东在办理工商登记手续时确认机器设备价值为人民币360万元，以及金某某享有人民币360万元投资所对应的股权，尚不足以证明机器设备的客观价值。况且，案涉两份股东合伙协议书已经对人民币 360 万元设备价值予以实质否认,故金某某提交的证据尚不足以证明其主张,理当承担举证不能之不利后果。

5. 土地及地上物没有评估作价,但股东具有实际交付土地的事实行为,视为已履行出资义务。

在(2017)皖民申 270 号案中,再审法院认为:北京密云经济开发区总公司在北京华源仁济医药有限公司进行工商注册登记时,同意将密云县工业开发区兴源街 1 号提供给其作为经营场所使用,后又以置换及收购等方式取得了涉案土地及地上物,并向北京华源仁济医药有限公司进行了实际交付,上述事实已经他案生效民事判决书确认。根据涉案《合作协议书》的约定,北京密云经济开发区总公司系以土地及地上建筑物形式向北京华源仁济医药有限公司进行投资,涉案土地虽未经评估作价,但北京密云经济开发区总公司以实际交付土地的事实行为履行了涉案《合作协议书》约定的出资义务,涉案土地评估与否并不影响对北京密云经济开发区总公司已履行出资义务的认定。

四、知识产权出资

(一)商标权、著作权、专利权

1. 以商标权作价出资的,股东最好约定该商标是以转让、排他使用许可抑或普通使用许可的方式来出资,明确使用商标的方式;如果资产评估报告、验资报告明确未将涉案商标纳入评估范围,这说明设立公司时股东的出资中并不包含涉案商标的价值;同时,申请工商行政管理部门对商标作价出资的核准情况进行说明,也是证明股东是否以商标权作价出资的证据之一;另外,股东之间关于商标转让协议意思表示之证据也很重要,在缺乏该证据的情况下,即便商标事实上被公司使用,权利人也未提出过异议,也不代表股东同意以该商标权出资,公司主张商标权属变更至其名下没有依据。

在(2016)最高法民申 2236 号案中,再审法院认为:金顶公司的前身峨眉水泥厂于 1985 年经商标局核准成为"峨眉山牌"商标的权利人。峨眉水泥厂于 1991 年与成都市青白江区经济委员会联合建立"峨眉水泥厂青白江分厂",以商标、管理、技术折价人民币 120 万元作为投资,双方并未明确约定商标权作价出资系以转让、排他使用许可抑或普通使用许可的方式进行。此后,峨眉水泥厂于 1991 年发文同意峨眉水泥厂青白江分厂使用该厂水泥注册商标"峨眉山牌"(暂定 1 年)。2001 年《资产评估报告书》载明:"金顶公司 91 年投资组建青白江水厂时,用技术、管理、峨眉山牌商标折价120万元入股,该厂以10年摊销期摊销进本,现已摊销完毕。因该项技术、管理、峨眉山牌商标无评估所需的必要定义及载体,无法对其发表评估意见,故未列入评估范围。"青白江工商局于2012年向四川省工商行政管理局出具的《关于峨眉水泥厂青白江分厂注册资金核准登记事项的情况说明》,再次明确峨眉水泥厂青白江分厂在1991年注册核准时,该局未将商标、管理、技术折款核准作为出资。此后,双方亦未就涉案商标是否转让变更达成过协议。

金顶公司与四川金顶集团成都恒通商品混凝土有限公司于2002年共同向青白江工商局出具《承诺书》,明确双方决定合作,将青白江水泥厂改制变更设立为成都水泥公司,并确认按照《资产评估报告书》的评估结果,原青白江水泥厂的资产净值为人民币7224193.71元,投资人金顶公司以该净资产作价人民币693万元出资。金顶公司出资设立成都水泥公司时,系以2001年的《资产评估报告书》评估的结果作价出资,《资产评估报告书》仅涉及土地使用权的评估,已明确未将涉案商标纳入评估范围,这就说明金顶公司在设立成都水泥公司时,其作价人民币693万元的出资中并不包含涉案商标的价值,故金顶公司并未将涉案商标出资给成都水泥公司。

此外,验资报告也表明,金顶公司已经按照成都水泥公司章程的规定足额出资。上述事实足以说明金顶公司及其前身峨眉水泥厂并未就涉案商标转让事宜与成都水泥公司及其前身青白江水泥厂达成过任何协议。尽管成都水泥公司主张其一直在使用涉案商标,但并未提供商标转让协议等证据证明金顶公司有将涉案商标转让给成都水泥公司的意愿,双方也未就涉案商标的转让办理过相关手续,而涉案商标已经于2008年11月21日被核准转让到金顶公司名下,因此即使金顶公司长期未对成都水泥公司使用涉案商标的行为提出异议,也不意味成都水泥公司对涉案商标享有权利,涉案商标的权属亦不应当变更至其名下。故成都水泥厂主张将涉案商标的权属变更至其名下的再审申请理由不能成立。

2.知识产权价值具有不稳定性,出资到公司后可能会因市场出现同类可替代技术而无效或被审查机关宣告无效,但股东会只要在出资时按照法律规定实施了出资评估程序,专利权和商标权已通过增资方式完成转让,即便专利或者注册商标被宣告无效,对宣告无效前已经履行的专利或者商标转让不具有追溯力,除非证明权利人存在主观恶意或者存在双方因无形资产贬值需承担补足出资的约定,股东无须再承担补足出资义务。

在(2020)最高法民申4578号案中,再审法院认为:北京威德公司于2010年委托北京大正评估公司对其所有的知识产权价值进行了评估,并据此增资入股至青海威德公司,双方未作其他约定。此后,青海威德公司召开股东会会议,决议同意北京威德公司以知识产权评估作价人民币 1300 万元入股青海威德公司,并完成了工商变更登记手续。上述事实表明,北京威德公司的出资严格遵循《公司法》对知识产权出资的要求。虽然几年后用于出资的专利和商标都被宣告无效,但青海威德公司未能提交证据证明本案评估存在违法情形或者北京威德公司在评估时存在违法情形,现以案涉两项知识产权被确认无效为由,要求北京威德公司承担补足出资和赔偿损失的责任,缺乏事实和法律依据。

关于青海威德公司提出的 168 号评估报告有明确的假设条件,北京威德公司明知假设条件不成立,存在主观恶意,原审法院未审理假设条件是否成立,处理错误的问题。根据《商标法》和《专利法》的规定,注册商标或者专利被宣告无效,对宣告无效前已经履行的商标或者专利转让不具有追溯力,除非证明权利人存在主观恶意。168 号评估报告载明,评估结果形成的基础是委托方及被投资单位提供的资料,资料的真实性、准确性和完整性由委托方和被评估单位负责并承担相应的责任。本案的被投资人青海威德公司向北京大正评估公司提供了资产权属、生产经营管理、财务会计等评估资料。正是在这些资料的基础上,北京大正评估公司将北京威德公司的知识产权估价为人民币 1300 万元,故青海威德公司对评估具有足够的控制力和识别力。

同时,168 号评估报告对两项知识产权的价值及其假设条件进行了明确清晰的表述,青海威德公司股东会决议同意北京威德公司以 168 号评估报告确定的价值增资入股,既表明对 168 号评估报告的全面认可,亦包含对报告中假设条件的认可。青海威德公司未能提交证据证明北京威德公司在申请专利和商标时,以及向该公司股东会提交 168 号评估报告时存在故意隐瞒相关情况等主观恶意行为。所以,原判决认定青海威德公司未能证明北京威德公司存在明知其知识产权会被宣告无效的恶意情形,故该公司关于北京威德公司存在主观恶意的主张缺乏事实依据,原审法院认定北京威德公司增资到位,判令驳回青海威德公司对北京威德公司、殷某、张某的诉讼请求并无不当。

3. 用于出资的著作权已依法进行了价值评估,要求股东补足出资的主张得不到支持。

在(2011)二中民终字第 19645 号案中,一审法院认为:建信公司出具的评估报告表明吕某某用于出资的著作权价值为人民币 600 万元。评估机构建信公司系通典公司的控股股东银宏公司为吕某某联系选定的,评估报告的主要依据中的基础信息经过双方当事人多次审查,且得到通典公司的盖章认可。吕某某用于出资的著作权已依法进行价值评估,通典公司未能提供充分证据推翻建信公司出具的评估报告,通典公司要求吕某某补足出资,没有事实和法律依据。

(二)专有技术

1.认定专有技术出资的依据是公司章程和股东出资协议,经有关部门批复确认后,可认定股东以专有技术出资完毕。以专有技术出资与以专利出资两者有区别,当专有技术的属性转为专利技术时,因专利权及专利申请权的转让系要式合同,双方应订立书面合同并向专利行政部门进行登记,而非自然过渡,因此亦不能证明公司享有该专利技术的权属,专利技术权属仍属原以专有技术出资的股东。

在(2016)沪民申1609号案中,再审法院认为:股东出资系在股东之间达成共同成立、经营公司的合意,以出资协议及公司章程加以固定,并需要履行相应的验资、工商登记等法定程序。根据系争《合资合同》及附件、《章程》《专有技术投入交接书》及《评估报告》的约定,段某某、邹某某以水性聚氨酯胶粘剂产品系列专有技术作价人民币175万元,占新友公司注册资本35%。后上海市外资委在作出的批复中对此予以确认,故根据上述协议约定及履行情况,应当认定段某某、邹某某已履行出资义务。

现新友公司认为本案系争专有技术与专利技术具有一致性,故应将专利权属变更至新友公司名下,但根据《出资协议书》的相关约定,只有在段某某、邹某某的书面同意下,双方才可以共同向中国政府申请专有技术的专利权。根据本案查明事实,新友公司对段某某、邹某某向国家知识产权局提交发明专利申请的事实明知,但其未提交证据证明其曾要求段某某、邹某某转让专利技术,段某某、邹某某亦从未书面许可新友公司与其共同申请发明专利,故新友公司认为专有技术在属性发生变化后其权属亦应归属合资公司所有的做法不符合合同约定,另案中所作专有技术与专利权关系的认定不应作为本案出资纠纷的审查认定标准。且根据《专利法》的规定,专利权及专利申请权的转让系要式合同,双方应订立书面合同并向国务院专利行政部门进行登记,而非自然过渡。故对于新友公司的上述主张,本院不予支持。

2.依据公司章程、验资报告、资产评估报告的记载,可以判断股东是否以非专利技术出资。

在(2018)粤03民终14538号案中,一审法院认为:宏佳公司的章程规定,郑某某以环保型节能稀土永磁电机非专利技术作价出资人民币1500万元,总认缴出资人民币1500万元,占公司注册资本30%,于2007年12月11日前缴足。而《验资报告》已经足以证明郑某某以上述非专利技术足额出资。宏佳公司就该非专利技术申请专利后,成为专利权人,其有义务按时缴纳年费,其不履行该义务导致专利失效的责任在于宏佳公司,并非郑某某。宏佳公司要求郑某某补足注册资本金人民币1500万元及利息的主张不应被支持。

二审法院认为:宏佳公司的章程规定,郑某某以环保型节能稀土永磁电机非专利技术作价出资人民币1500万元,总认缴人民币1500万元。《验资报告》载明:"截至2007年12月10日,宏佳公司已收到……郑某某实际缴纳出资额1500万元。其中于2007年12月1日投入环保型节能稀土永磁电机非专利技术1500万元。××资产评估有限责任公司已对非专利技术进行了评估,《资产评估报告书》显示评估价值为3500万元,全体股东确认的价值为3500万元。林某某、郑某某声明与宏佳公司于2007年12月1日就出资的非专利技术办理了财产交接手续……",再结合宏佳公司于2007年7月11日以专利权人的身份向国家知识产权局就上述环保型节能稀土永磁电机申请专利的情况,足以认定郑某某作为出资人以非专利技术出资,已依法对该非专利技术进行评估作价,评估确定的价额未低于公司章程所定价额,且该非专利技术已交付宏佳公司使用并由宏佳公司办理专利权属登记手续等事实,故郑某某已履行足额出资义务。现宏佳公司以上述专利失效为由要求郑某某补足出资缺乏法律依据。

3. 认定技术出资的事实可依据双方签订的协议确定,不完全依靠公司章程。出资的资金虽然来源于另外一个股东,此种行为可以视作两个股东为通过验资成立公司作出的资金安排,不能据此认定转出款项的那个股东是向另外一个股东借款用于出资。

在(2020)桂民申1104号案中,再审法院认为:《技术入股合作办厂协议书》载明:甲方(出资方)唐某某,乙方(技术方)林某某;在生产工艺成熟情况下因缺乏启动资金,要求合股办厂,由甲方筹集启动资金,乙方负责生产技术;本企业定为两股,即投资股和技术股,投资股(甲方)占51%,技术股(乙方)占49%,双方按所占的比例共担风险和承担盈亏;甲方负责筹集启动资金(人民币400万元),协助厂长日常工作及后勤、财务管理;乙方负责在设备安装后10天内(试产前以入账为准)筹借部分启动资金人民币200万元(如本资金无法落实,则同意从本股份所占的比例49%中减去14个点,实际占有股份35%,由甲方寻找投资人填补不足部分的启动资金并由甲方掌控新投资人股权,即所占的比例为65%,本企业仍为两大股)。该协议书落款的"甲方"一栏有"唐某某(唐某)"的书写字迹,"乙方"一栏有"林某某"的书写字迹。

唐某对该协议书的真实性没有异议,但其主张该协议书只是初步意向,没有实际履行,后来双方成立公司,应该以公司章程为准。但是,一审诉讼中唐某提供一份《讨论退股纪要》,该纪要载明:鼎桂公司原有两股份,即唐某某股(实际持股人)、林某某(变相技术股),现林某某要求退全股。综合《技术入股合作办厂协议书》《讨论退股纪要》的内容,林某某主张其以技术入股有事实依据。由于唐某与林某某以一方出资金一方出技术的形式成立鼎桂公司,林某某以技术入股,其不需要以货币出资,故即使为通过验资而由林某某转入鼎桂公司在银行开立的人民币临时存款账户的70万元来源于唐某,亦属于唐某与林某某为通过验资成立公司作出的资金安排,不能据此认定林某某向唐某借款用于出资。

4. 专有技术具有秘密性,并无权属登记机构,专有技术所有权的移转不需办理权属登记。专有技术所有权是否移转,可结合评估报告、验资报告、是否达成协议并移交相关文件、其他股东是否认可以及工商登记情况等因素综合判断。

在(2018)最高法民申3419号案中,再审法院认为:磁源公司章程载明,公司注册资本为人民币25000万元,殷某出资人民币22000万元,其中货币出资人民币9500万元,技术出资人民币12500万元。作为殷某出资的无形资产系"磁电无极灯活性Se元素配方专有技术",在性质上属于专有技术。专有技术具有秘密性,根据现行规定,专有技术并无权属登记机构,专有技术所有权的移转不需要办理权属登记。专有技术所有权是否移转,可结合评估报告、验资报告、是否达成协议并移交相关文件、其他股东是否认可以及工商登记情况等因素综合判断。首先,该专有技术已经评估。根据评估报告,"磁电无极灯活性Se元素配方专有技术"在评估基准日的评估价值为人民币12600万元。其次,该专有技术已经验资,且其他股东亦认可该技术的价值并同意作价入股。根据验资报告,磁源公司的第一期实收资本为人民币5000万元,其中殷某以货币出资人民币2000万元,新区投资公司以货币出资人民币3000万元。磁源公司已收到殷某缴纳的第二期实收资本人民币12500万元,其中以无形资产(专有技术)出资人民币12500万元。殷某投入无形资产(专有技术)"磁电无极灯活性Se元素配方专有技术",评估价值为人民币12600万元,全体股东确认的投入价值为人民币12500万元,因此可以认定殷某以无形资产进行了出资。

5. 以权属于公司的专有技术交付给公司并办理权属变更手续,该行为不属于变更出资方式,而属于抽逃出资。

在(2017)苏06民终974号案中,二审法院认为:欧瑞公司在增资验资完成后,通过公司账户向张某某、王某某、陶某某、沈某某转出金额共计人民币33475227元。公司财务会计虽对此记载为"改变出资方式,专有技术投资",但作为姜某出资的专有技术所有权原本就属于欧瑞公司,并非姜某将其所有的专有技术交付给欧瑞公司并办理权属变更手续,故姜某的行为并不属于变更出资方式,而属于抽逃出资。姜某辩称欧瑞公司注册资本变更均系张某某操作,但从其作为欧瑞公司时任法定代表人,且与张某某作出了变更出资方式的股东会决议的事实进行分析,姜某对于抽逃出资的事实是明知的,欧瑞公司向姜某主张返还出资本息依法有据,应予支持。

6. 非专利技术与公司的主营业务密切相关,虽未办理转移登记,但公司验资报告中已明确显示股东以该非专利技术出资,且公司已收到该出资,故可以认定股东已以该非专利技术出资到位。

在(2019)鲁0112民初2284号案中,法院认为:冠通公司认为,在2014年4月23日公司股东会决议增资时,三份计算机软件著作权已经转移登记至润天公司名下,不存在以润天公司的资产再注入润天公司的问题,故秘某某、秘某的人民币3500万元出资未到位。对此,法院认为,润天公司原注册资本为人民币500万元,涉案的三份计算机软件著作权价值巨大,这三份计算机软件著作权虽在秘某某、秘某刚取得著作权登记不久就转移登记到润天公司名下,但无证据证实润天公司支付了对价,故秘某某、秘某抗辩所称的上述软件在研发后需要交付企业测试效能后再行评估、验资的理由符合常理,其先行转移登记不违反法律规定。将秘某某、秘某的一系列行为结合润天公司的行为,可以认定双方是为完成公司增资的行为,冠通公司认为秘某某、秘某的人民币3500万元出资未到位,无事实依据,不予采信。

另外,冠通公司认为涉案的非专利技术未按法律规定办理产权转移手续,故不能证实该人民币1200万元出资到位。涉案的烟气脱硝催化剂研发与生产技术为非专利技术,无法定的登记机关,该非专利技术与润天公司的主营业务也密切相关,虽未办理转移登记,但润天公司验资报告中已明确显示秘某某以该非专利技术出资,且公司已收到该出资,故可以认定秘某某已以该非专利技术出资到位,冠通公司的这项主张亦不能成立。

7. 以专有技术出资的约定必须明确具体，不能凭该条款放置在"出资方式"部分就认定股东应承担专有技术出资的义务。

在(2017)京0106民初30662号案中，法院认为：关于碳世纪公司是否承担对碳为公司的专有技术出资义务。根据王某某与碳世纪公司为设立碳为公司而签订的《合作协议书》中关于出资方式的约定，碳为公司的注册资本人民币1000万元全部由王某某筹集，王某某持股比例为60%，碳世纪公司持股比例为40%。根据碳为公司章程中对于股东出资方式的约定，碳为公司注册资本人民币1000万元，王某某以货币方式出资人民币600万元，占碳为公司60%股权，碳世纪公司以货币方式出资390万元，占碳为公司39%股权，赵某某以货币方式出资人民币10万元，占碳为公司1%股权。根据上述约定，碳为公司各股东的出资方式均为货币出资。

事实上，各方股东均已经按照公司章程约定足额出资，并在依法进行验资后与其他变更事项一并经工商行政管理部门核准登记，属有效出资，资金来源并不能成为否定股东履行出资义务的理由。《合作协议书》中关于"全部注册资本由王某某投入，各股东分别占有碳为公司约定份额的股权，碳世纪公司将其专有的技术应用于碳为公司"的约定系股东对各方掌握资源、投入成本等因素综合考量的结果，其中"碳世纪公司将其专有的技术应用于碳为公司"虽然在行文中被列于"出资方式"项下，但无论从"应用于"的释义角度理解，抑或从《合作协议书》中碳世纪公司责任义务的内容分析，还是从碳世纪公司此后实际参与碳为公司经营的方式角度考虑，都可以看出该约定并非对于碳世纪公司出资义务的约定。因此，碳世纪公司并不承担专有技术出资义务，碳为公司要求确认碳世纪公司未履行专有技术出资义务的诉讼请求，无事实和法律依据，不予支持。

8. 没有移交约定的专有技术，认定股东未全面履行出资义务。

在(2020)浙0503民初43号案中，法院认为：关于被告是否已经完成向第三人以全部书面文件的形式（就是通过纸质或系统数据库等方式）移交专有技术所有权的问题。根据《补充协议》的约定，鉴于被告以专有技术出资入股，因此三方同意，自投产起6个月内，被告应将专有技术所有权移交第三人所有。第三人公司于2016年初投产，后来三方又以《会议纪要》的形式，要求被告通过纸质或系统数据库等方式移交专有技术。而在关于技术资料移交的协商会议召开时，三方仍未确认移交专有技术。至此，三方始终没有达成移交专有技术的协议。且在诉讼中被告仍未充分举证已全面移交专有技术，故认定被告未全面移交专有技术，应认定被告未全面履行出资义务。

五、土地使用权出资及其他

（一）土地使用权

【出资的前提条件】

1. 以土地使用权出资的，要判定该土地使用权是国有划拨用地使用权还是出让土地使用权，划拨土地使用权只能用于划拨用途，不能直接用于出资，出资人欲以划拨土地使用权作为出资，应由国家收回土地直接作价出资或者将划拨土地使用权变更为出让土地使用权。在诉讼中，在法院指定期限内仍未办理土地权属变更手续的，意味着无法自行补正划拨土地使用权出资的瑕疵，不可以判决将土地权属变更过户到公司名下。

在（2016）最高法民再87号案中，二审法院认为：中海公司2006年章程规定，出资方式为货币或非货币，珊瑚礁管理处认缴出资额人民币150万元。可见，2006年公司章程仅明确规定认缴数额，但并未将珊瑚礁管理处的出资方式变更为货币。珊瑚礁管理处辩称章程对其出资方式已由土地变更为货币，没有事实依据。况且，中海公司2002年章程即已明确规定珊瑚礁管理处的出资方式为土地。换言之，将案涉土地使用权移转登记至中海公司名下，是珊瑚礁管理处根据中海公司2002年章程对中海公司承担的出资义务。珊瑚礁管理处应继续履行出资义务，依法将案涉土地使用权变更登记至中海公司名下。

再审法院认为：案涉出资土地系国有划拨用地，依据《土地管理法》等相关法律法规，划拨土地使用权只能用于划拨用途，不能直接用于出资。出资人欲以划拨土地使用权作为出资，应由国家收回直接作价出资或者将划拨土地使用权变更为出让土地使用权。在司法实践中如果划拨土地使用权存在的权利瑕疵可以补正，且在法院指定的合理期限内实际补正的，可以认定当事人以划拨土地使用权出资的效力，但能否补正瑕疵的决定权在于土地所属地方政府及其土地管理部门，人民法院判断出资行为的效力应以瑕疵补正的结果作为前提。

本案中，法院在再审审查期间已给予当事人相应的时间办理土地变更手续，在再审审理过程中又为当事人指定了两个月的合理期限办理土地变更登记手续，但当事人未能在本院指定的期间内完成土地变更登记行为，即其无法自行补正划拨土地使用权出资的瑕疵。故珊瑚礁管理处虽将案涉土地交付给中海公司使用，但未将案涉土地过户登记至中海公司名下，因而其以案涉土地使用权出资的承诺并未履行到位。因案涉出资土地系划拨用地，当事人未能在本院指定的合理期间内办理土地变更登记手续,故周某某、中海公司请求将案涉土地办理过户登记至中海公司名下,没有法律依据。一、二审法院直接判决珊瑚礁管理处将案涉划拨土地使用权变更登记到中海公司名下,适用法律错误,应予撤销。

2.以集体所有土地使用权出资的,应经相关部门批准。未依法取得相关部门批准的,不可以主张以该实物出资,也无权要求将该实物占有、使用。

在(2016)京民申2849号案中,再审法院认为:依据《土地管理法》的规定,农村集体经济组织使用乡(镇)土地利用总体规划确定的建设用地兴办企业或者与其他单位、个人以土地使用权入股、联营等形式共同举办企业的,应当持有关批准文件,向县级以上地方人民政府土地行政主管部门提出申请,按照省、自治区、直辖市规定的批准权限,由县级以上地方人民政府批准。本案中,八大处公司以集体所有土地使用权出资,应依照前述规定经相关部门批准。在八大处公司以土地使用权出资并未依法取得相关部门批准的情况下,治政公司直接要求八大处公司以实物进行出资,并要求将场地、房屋转移给治政公司占有、使用,不符合《土地管理法》的规定。

3.土地使用权人未经有权的人民政府批准,与受让方订立合同转让划拨土地使用权的,应当认定合同无效。股东基于该合同或被撤销的土地使用权权属证书所涉及的土地使用权出资的,则以该土地使用权出资的部分约定无效,在诉讼中也无法补正变更土地使用权权属瑕疵的,关于变更土地使用权权属的诉讼请求将被驳回。

在(2015)黑高商终字第90号案中,一审法院认为:《合作协议》第1条与第10条的内容互相矛盾,但第10条约定无论评估作价高低,均以人民币500万元作价入股世纪明珠公司,应视为对协议第1条所作的变更,故应认定大星公司系以约定土地作价人民币500万元入股世纪明珠公司。案涉人民币64万元票据注明时间为2009年9月4日,内容为收到世纪明珠公司缴付拆迁费人民币64万元,交款人为李某,盖有大星公司财务专用章,与世纪明珠公司交付大星公司股权转让款人民币436万元的票据日期、收款人、交款人、印章相同,且票据号码相连,故该人民币64万元与人民币436万元应被认定为系世纪明珠公司履行《合作协议》中约定的人民币500万元出资款。大星公司经过安达市人民政府批准,通过有偿方式取得土地的使用权及地上全部建筑物的所有权,其以具有土地使用权的土地出资入股,符合《公司法》的相关规定。至于土地使用权证被撤销是因为土地部门颁证程序不合法,并不影响本案的合同效力,也并不影响案涉《合作协议》的继续履行。大星公司应按《合作协议》第1条的约定,将其合作区域范围内地上建筑物、构筑物和土地使用权交付世纪明珠公司。

二审法院认为:《国有土地使用权合同司法解释》规定,土地使用权人未经有批准权的人民政府批准,与受让方订立合同转让划拨土地使用权的,应当认定合同无效。尽管市国土资源局针对案涉土地为世纪明珠公司颁发了《国有土地使用证》,但人民法院行政判决撤销了上述《国有土地使用证》,该判决已发生法律效力。案涉《合作协议》虽约定大星公司应向世纪明珠公司交付 48,387.96 平方米土地,但大星公司仅取得了其中 42,092.25 平方米土地的土地使用权证书,大星公司亦配合世纪明珠公司办理了该部分土地使用权证书。大星公司虽于1996年9月经市人民政府批准实际占有、使用剩余 6,295.71 平方米土地,但直至二审法庭辩论终结前,大星公司并未取得该剩余 6,295.71 平方米划拨土地的土地使用权证书,亦未提供有批准权的人民政府同意大星公司转让该 6,295.71 平方米划拨土地的手续证据,故案涉《合作协议》中涉及 6,295.71 平方米土地的部分无效,原审判决认定案涉《合作协议》合法有效不当,予以纠正。因大星公司已向世纪明珠公司交付案涉 48,387.96 平方米土地中的 42,092.25 平方米,世纪明珠公司在二审时亦表示其诉讼请求实质是要求大星公司向其交付剩余 6,295.71 平方米土地,而在本院就案涉《合作协议》中涉及该 6,295.71 平方米土地的效力问题向世纪明珠公司释明后,其并未申请变更诉讼请求,在此情况下,世纪明珠公司要求继续履行案涉《合作协议》没有事实及法律依据,应予驳回。判决撤销一审民事判决,驳回世纪明珠公司的诉讼请求。

4. 以房地产作价入股与他人成立公司,导致房地产权属发生变更的,属于将其房地产转移给他人的行为。房地产权利人以出让方式取得的土地使用权作价入股的,应当支付全部土地使用权出让金,且应取得相应的房地产产权证,否则股东不具备以土地使用权出资入股的条件。

在(2016)粤民申 4461 号案中,再审法院认为:《城市房地产管理法》规定,以出让方式取得土地使用权的,转让房地产时,应当符合下列条件。第一,按照出让合同约定已经支付全部土地使用权出让金,并取得土地使用权证书;第二,按照出让合同约定进行投资开发,属于房屋建设工程的,完成开发投资总额的百分之二十五以上,属于成片开发土地的,形成工业用地或者其他建设用地条件。转让房地产时房屋已经建成的,还应当持有房屋所有权证书。因此,房地产权利人以土地使用权作价入股的,应当已支付全部土地使用权出让金,并取得土地使用权证书。本案中,得利士公司用于出资入股的土地使用权,因得利士公司尚未支付全部的土地出让金,且未取得相应的房地产证,原审判决认定涉案地块不具备入股条件并无不当。另外,涉案土地位于深圳市高新技术产业园区,根据《深圳经济特区高新技术产业园区条例》的规定,禁止转让高新技术产业园区内以协议方式出让的土地及建筑物。金汇球公司再审申请称并不排斥以土地作价入股公司的出资行为,但根据《城市房地产转让管理规定》的规定,房地产转让是指房地产权利人通过买卖、赠与或者其他合法方式将其房地产转移给他人的行为。其他合法方式包括:以房地产作价入股、与他人成立企业法人,使房地产权属发生变更。因此,原审判决对金汇球公司要求得利士公司将涉案土地使用权过户到金汇球公司名下的诉请不予支持并无不当。

【出资完毕的认定】

1.探究股东究竟是以土地使用权作价出资还是以土地上的房屋租金出资,首先从股东之间的协议内容来判断,其次从股东履行协议的实际行为来看,如果土地使用权已按协议投入使用,则可判断是以土地使用权出资。

在(2018)川民申2973号案中,再审法院认为:《江南休养公寓股东合作协议》(以下简称《股东合作协议》)载明,刘某某出资人民币现金1200000元,占30%的股份,其中包括土地入股折价人民币700000元;自签订本合作协议之日起30日内,丙方(土地使用权的转让方)将土地证等相关手续过户到公司名下,相关费用由公司承担。首先,刘某某在该协议上签字并加盖了手印,刘某某在庭审中对该协议的真实性也予以认可。其次,该协议明确约定刘某某以"土地入股折价"并需在"签订本合作协议之日起30日内,丙方将土地证等相关手续过户到公司名下,相关费用由公司承担",从"土地入股折价"的文义解释即可明确不是以房屋租金入股,并且刘某某需要将土地使用权过户登记到公司名下,故各方协议约定的真实意思系以涉案土地的土地使用权出资,而非以房屋租金作为出资。

再次,刘某某实际已将涉案商住用地按照《股东合作协议》约定用于修建养老公寓,其他股东亦按照约定将出资款转入公司账户。故在协议签订后十几日进行的工商档案登记并未对《股东合作协议》进行实质性变更,各方均已按照协议实际履行。刘某某虽然提交了一份与南屏公司签订的《房屋租赁协议》,但并未提交证据证明该协议实际履行,仅凭该协议不足以认定各方对合作协议进行了变更且刘某某系以房屋租金进行出资的事实,一、二审法院认定刘某某以土地使用权作为出资并无不当。

2.根据公司章程的语义判断,股东之间对涉案地块协商价值的陈述所指向的金额部分,与约定只用这块地价值多少元的部分土地出资有区别,同时要根据地块的来源和双方合作的过程来判断以整块地使用权出资是否属于当事人的真实意思表示。

在(2013)民申字第2479号案中,再审法院认为:首先,公司章程约定,美力高科技公司认缴出资额人民币1500万元,占比60%,以土地使用权出资,在公司注册后1个月内办理过户手续。该条约定的人民币1500万元的表述,仅仅是两个股东之间对涉案地块协商价值的陈述,而不是约定只用这块地中价值人民币1500万元的这部分土地出资。其次,从涉案块地的来源和双方合作的过程来看,美力高科技公司以整块地的土地使用权出资系双方当事人的真实意思表示。美力高科技公司因拖欠州市商业银行贷款无力偿还,人民法院委托拍卖公司拍卖了美力高科技公司名下面积为12153平方米的土地使用权,荆州市商业银行兴业支行以人民币200万元最高价竞得。之后,银行将该宗土地上账作抵贷资产处理,未办理过户手续。美力高科技公司为保住该宗土地,要求向某某出资交付给银行贷款人民币308万元后才将这块地的使用权赎回。之后,美力高科技公司曾不断同向某某协商在赎回的这块地上共同开发房地产项目。在美力世纪公司章程签订前,美力高科技公司已向美力世纪公司交付案涉土地使用权权属证书。最后,没有证据证明美力高科技公司与美力世纪公司或向某某之间存在仅以人民币1500万元价值为限进行土地出资的内部约定。美力高科技公司和向某某在公司章程中对涉案土地的使用权协商价格是人民币1500万元,只要办理了土地使用权过户手续,就应当视为美力高科技公司全面履行了出资义务。

3.当事人约定将《土地使用权转让合同》的签署作为认定股东完成增资义务标志的,从约定,不一定要以办理产权变更为出资完毕的标志。产权变更是公司出具出资证明的条件,而非认定股东完成增资义务的条件。

在(2015)最高法民申字第2572号案中,再审法院认为:《股东协议书》约定了罗某某、吴某某、吴某2、陈某某各自的增资数额、增资时间、出资验证等内容,其中也约定,罗某某的增资额为人民币1637.5万元,以从新鸿公司转让其土地使用权给嘉盈公司所得转让金人民币3525万元中的1637.5万元直接作为罗某某的增资;在新鸿公司与嘉盈公司签订《土地使用权转让合同》时即视为罗某某履行了出资义务。可见,各方当事人将嘉盈公司与新鸿公司签订《土地使用权转让合同》作为认定罗某某履行增资义务的标志。虽然《股东协议书》还约定,待嘉盈公司取得该国有土地使用权时,再由嘉盈公司向罗某某出具由各股东签字确认的出资证明,但嘉盈公司取得国有土地使用权只是嘉盈公司向罗某某出具出资证明的条件,而非认定罗某某履行增资义务的条件。即《股东协议书》并未将办理完土地使用权转让手续约定为罗某某履行增资义务的标志,可确认罗某某已依约履行增资义务。

(二)探矿权、林木资源使用权

1. 可从如下角度审查以探矿权出资的事实:以探矿权价值出资属于公司章程记载内容;披露了探矿权基本情况、存在问题及商业风险,且有证据证明公司、各股东对基本情况是明知且愿意接受的;探矿权载明的资源储量得到有权机构评审认可,有评估报告证明探矿权具备相应价值;探矿权已变更权属到公司名下,公司以此开展经营活动。

在(2019)最高法民终1391号案中,一审法院认为:从形式上判断,第一,按照《出资人协议》等相关约定,江煤集团以现金出资,恒达华星公司、广丰公司等以探矿权作价出资共同设立江煤云南公司,是时任各发起人股东的一致意思表示;第二,江煤云南公司提交的国有资产文件证实,江煤云南公司成立经过了国资委的事前合规性审查,同意江煤集团以现金出资,恒达华星公司、广丰公司等以名下探矿权作价出资;第三,按照法律规定以探矿权作价出资需依法对探矿权价值进行评估;第四,案涉四个探矿权由江煤集团下属关联企业丰龙公司委托评估公司出具了《矿权价值评估报告》。可见,江煤云南公司系当事人意思自治并按照法律规定程序设立。二审法院持相同观点。

从实质来分析,首先,江煤云南公司另一发起人股东,即第三人江煤集团的下属关联企业丰龙公司在与恒达华星公司、广丰公司等的合作过程中,出具了包括案涉探矿权在内的《云南煤矿项目尽职调查报告》,披露了案涉四个探矿权的基本情况、存在问题及风险,并形成了相应结论。其次,关于红丫口煤矿,江煤云南公司在后续的勘探过程中,红丫口煤矿的资源储量通过评审备案,评审通过其资源储量估算3668万吨,在评审意见书中亦明确记载了该矿以往的地质勘查工作,表明在收集利用以往报告成果基础上综合进行评审。客观上,红丫口煤矿评审通过的资源储量已经超过原红丫口、永思安、永乐顺探矿权在出资作价评估时由评估机构纳入评估的保有资源储量总和3296.24万吨(原分别为1431.24万吨、425.3万吨、1439.7万吨),即目前已经探明的资源储量实质上已经超过评估时所预测的资源储量。江煤云南公司提交的相关证据均不能有效证实江煤云南公司设立时红丫口煤矿矿权出资价值为零的主张,应认定恒达华星公司、广丰公司已以探矿权出资完毕。

2. 股东为了获得探矿权而支付对价,并成立项目公司且该公司也使用了该探矿权进行经营,则股东所支付的探矿权对价即为对项目公司的出资,如发生争议,在对公司资产进行评估审计的基础上,考虑到股东的出资、公司实际支出成本,可判决股东再返还部分款项。

在(2016)最高法民申1337号案中,再审法院认为:《探矿权权属转让合作协议》约定梁某某受让案涉2.0平方公里探矿权,并成立金基公司。梁某某实际向金基公司支付了人民币100万元合作补偿费和人民币80万元劳务技术服务费,并以此获得案涉探矿权。接着,梁某某与高某某签订《共同投资开发协议》,高某某依约投资人民币380.7万元,在金基公司持股30%;梁某某投资人民币151万元,持股51%。后因合作不畅,梁某某与高某某签订《终止合作及退款协议》,梁某某依约分两次退还高某某各人民币100万元。梁某某同时将金基公司账户中的人民币200万元注册资金分三次转移至其个人账户,并解释转移原因系此前梁某某向金基公司支付了人民币100万元合作补偿费和人民币80万元劳务技术服务费,并在金基公司成立后陆续垫付了数十万元。高某某则不认可该人民币180万元的支出存在,且认为即便存在也应当由梁某某自行承担,梁某某的转款行为系抽逃出资。证据显示,诉争的人民币180万元系金基公司成立之前,梁某某与金基公司签订协议受让案涉2.0平方公里探矿权的对价,金基公司的成立就是基于能够使用该探矿权进行经营盈利。高某某与梁某某签订《共同投资开发协议》并实际投资,均是为了通过经营金基公司取得探矿权收益,双方当事人对合作开发探矿权的商业风险应当自行承担。因此,金基公司系探矿权受益人、并将上述人民币180万元作为该公司正常经营支出,在扣除金基公司账户余额与梁某某经营期间的支出费用后,梁某某应当返还金基公司人民币86910.69元。

3. 煤矿产权转让合同签订后,应当及时到工商部门对煤矿的出资人及企业性质进行变更登记,否则原产权人仍然是煤矿的所有权人,承担着出资人的全部法定义务,不能以产权转让合同签订生效而拒绝实际履行出资人的职责。

在(2018)豫0482民初554号案中,法院认为:新兴公司、东升鼎盛公司和亿顺通公司三方在产权转让合同签订后,应当及时到工商部门对新兴煤矿的出资人及企业性质进行变更登记,当地政府发布的《关于对地方国有煤矿立即变更所有制性质的通知》要求的也是立即变更新兴煤矿营业执照所有制性质,而一直到新兴煤矿被注销时,新兴煤矿的出资人及企业性质并未进行变更登记。新兴公司、东升鼎盛公司和亿顺通公司未办理登记手续不影响合同的效力,但合同标的物新兴煤矿的所有权不能发生转移。

另外,国有企业改制同样应遵守相关工商变更登记的法律法规,根据《企业国有产权转让管理暂行办法》和河南省企业国有产权转让的相关规定,转让方与受让方凭交易凭证和国有产权转让合同等到国有资产监督管理机构办理产权变更登记手续后,应及时到工商、国土资源、房产等部门办理有关权属变更登记。《产权交易鉴证书》也已载明交易双方凭此交易鉴证书到标的物所在地相关部门办理变更手续。故在新兴煤矿注销前,新兴公司仍然是新兴煤矿的所有权人,承担着主管部门、出资人的全部法定义务,并且在两次产权转让协议签订后,新兴公司仍然多次聘任新兴煤矿法定代表人、向工商部门出具注销决定及债权债务清理完毕的对公承诺,实际履行着出资人的职责,故新兴公司不能以产权转让协议有效为由对抗包括原告在内的第三人。

4. 进行林木资源资产评估必须具备相应的评估资质,否则资产评估报告不会被法院采用,无法证明股东以林木资源出资。

在(2020)最高法民申5577号案中,再审法院认为:2007年验资报告显示,王某某首次实际缴纳出资额合计人民币35万元,投入林木资产(杨树)评估价值为人民币35.45万元,全体股东确认注册资本为人民币35万元,超过注册资本部分的人民币0.45万元计入资本公积。王某某已与公司就出资的林木资产(杨树)办理了财产移交手续。此后,2009年验资报告、2013年审计报告均对王某某以实物出资人民币35万元占股比例35%予以确认,可以认定被申请人王某某出资已经到位。关于王某1提交的林业规划设计队出具的市林木资源资产评估报告属于个人委托,市林业规划设计队的业务范围为培育和利用森林资源提供调查与规划设计服务,本辖区的森林清查、林业规划调查设计、施工作业设计等相关专业设计调查,其不具有资产评估资质,该评估报告不能作为新证据使用。

第三节 实务指南

一、股权出资实务问题

(一)股权出资的限制

股权能够被确定价值并可依法转让,可以作为出资形式,股权出资是一种特殊的股权转让,其理论根基在于股权转让制度。

新《公司法》第 84 条、第 85 条规定,有限责任公司股东可向其他股东转让股权(内部转让),也可以向股东以外的人转让股权(外部转让)。在涉及股权外部转让的情况下,须注意保护其他股东的优先购买权,这也是股权出资受限的一种情形。

对股份有限公司而言,股权出资也受到如下限制:

第一,关于特定人员持有股份的转让限制。新《公司法》第 160 条规定:"公司公开发行股份前已发行的股份,自公司股票在证券交易所上市交易之日起一年内不得转让。法律、行政法规或者国务院证券监督管理机构对上市公司的股东、实际控制人转让其所持有的本公司股份另有规定的,从其规定。公司董事、监事、高级管理人员应当向公司申报所持有的本公司的股份及其变动情况,在就任时确定的任职期间每年转让的股份不得超过其所持有本公司股份总数的百分之二十五;所持本公司股份自公司股票上市交易之日起一年内不得转让。上述人员离职后半年内,不得转让其所持有的本公司股份。公司章程可以对公司董事、监事、高级管理人员转让其所持有的本公司股份作出其他限制性规定。股份在法律、行政法规规定的限制转让期限内出质的,质权人不得在限制转让期限内行使质权。"这里对发起人、公司董事、监事、高级管理人员所持本公司股份转让进行限制,也属股权出资受限的情形。

第二,关于公司收购自身股份的限制。新《公司法》第 162 条规定,公司原则上不得收购本公司股份,且公司不得接受本公司的股份作为质权的标的。这也属于股权出资受限的情形。

除了公司法层面,实际上可以从各个维度来梳理股权出资的限制规定:

其一,国有股权出资维度。

法律规范主要是《公司法》《证券法》《企业国有资产法》《上市公司国有股权监督管理办法》《企业国有资产交易监督管理办法》,共同构成了上市公司国有股权和非上市公司国有股权监管体系。需要注意的是:

1. 国有股东定义之区别,这是股权出资主体方面的限制。

《企业国有资产交易监督管理办法》第 4 条规定:"本办法所称国有及国有控股企业、国有实际控制企业包括:(一)政府部门、机构、事业单位出资设立的国有独资企业(公司),以及上述单位、企业直接或间接合计持股为 100% 的国有全资企业;(二)本条第(一)款所列单位、企业单独或共同出资,合计拥有产(股)权比例超过 50%,且其中之一为最大股东的企业;(三)本条第(一)、(二)款所列企业对外出资,拥有股权比例超过 50% 的各级子企业;(四)政府部门、机构、事业单位、单一国有及国有控股企业直接或间接持股比例未超过 50%,但为第一大股东,并且通过股东协议、公司章程、董事会决议或者其他协议安排能够对其实际支配的企业。"

《上市公司国有股权监督管理办法》第3条规定:"本办法所称国有股东是指符合以下情形之一的企业和单位,其证券账户标注'SS':(一)政府部门、机构、事业单位、境内国有独资或全资企业;(二)第一款中所述单位或企业独家持股比例超过50%,或合计持股比例超过50%,且其中之一为第一大股东的境内企业;(三)第二款中所述企业直接或间接持股的各级境内独资或全资企业。"

2. 上市公司国有股权出资在转让程序方面的限制。

《企业国有资产法》第5条规定:"本法所称国家出资企业,是指国家出资的国有独资企业、国有独资公司,以及国有资本控股公司、国有资本参股公司。"即国有独资企业、国有独资公司、国有资本控股公司这些主体在上市后以股权出资的,受如下程序限制:

(1) 因出资转让股权方面

《证券法》第60条规定:"国有独资企业、国有独资公司、国有资本控股公司买卖上市交易的股票,必须遵守国家有关规定。"新《公司法》第158条规定:"股东转让其股份,应当在依法设立的证券交易场所进行或者按照国务院规定的其他方式进行。"即对交易场所有限制。

(2) 因出资导致股权变动方面

《上市公司国有股权监督管理办法》第2条规定:"本办法所称上市公司国有股权变动行为,是指上市公司国有股权持股主体、数量或比例等发生变化的行为,具体包括:国有股东所持上市公司股份通过证券交易系统转让、公开征集转让、非公开协议转让、无偿划转、间接转让、国有股东发行可交换公司债券;国有股东通过证券交易系统增持、协议受让、间接受让、要约收购上市公司股份和认购上市公司发行股票;国有股东所控股上市公司吸收合并、发行证券;国有股东与上市公司进行资产重组等行为。"即对股权变动行为有特定情形的限制。

(3) 股权出资、股权变动应遵循的原则方面

《上市公司国有股权监督管理办法》第4条规定:"上市公司国有股权变动行为应坚持公开、公平、公正原则,遵守国家有关法律、行政法规和规章制度规定,符合国家产业政策和国有经济布局结构调整方向,有利于国有资本保值增值,提高企业核心竞争力。"第5条规定:"上市公司国有股权变动涉及的股份应当权属清晰,不存在受法律法规规定限制的情形。"即股权出资要遵从一定的原则,不能偏离框定的整体方向。

(4)股权出资、股权变动的转让报批程序方面

《上市公司国有股权监督管理办法》第6条规定:"上市公司国有股权变动的监督管理由省级以上国有资产监督管理机构负责。省级国有资产监督管理机构报经省级人民政府同意,可以将地市级以下有关上市公司国有股权变动的监督管理交由地市级国有资产监督管理机构负责。省级国有资产监督管理机构需建立相应的监督检查工作机制。上市公司国有股权变动涉及政府社会公共管理事项的,应当依法报政府有关部门审核。受让方为境外投资者的,应当符合外商投资产业指导目录或负面清单管理的要求,以及外商投资安全审查的规定,涉及该类情形的,各审核主体在接到相关申请后,应就转让行为是否符合吸收外商投资政策向同级商务部门征求意见,具体申报程序由省级以上国有资产监督管理机构商同级商务部门按《关于上市公司国有股向外国投资者及外商投资企业转让申报程序有关问题的通知》(商资字〔2004〕1号)确定的原则制定。按照法律、行政法规和本级人民政府有关规定,须经本级人民政府批准的上市公司国有股权变动事项,国有资产监督管理机构应当履行报批程序。"即对股权出资的报批审批管理机构有特别规定。

3. 国有股权转让程序方面的限制。

《企业国有资产交易监督管理办法》对国有股权转让时在企业内部管理制度进行决策决议、职工安置、企业审计、转让标的资产评估、信息披露、签订产权交易合同与公告、非公开协议转让方式等程序方面作出限制。

其一,外资股权出资维度。

《外商投资企业司法解释(一)》第11条规定,外商投资企业一方股东将股权全部或部分转让给股东之外的第三人,应当经其他股东一致同意,其他股东以未征得其同意为由请求撤销股权转让合同的,人民法院应予支持。也就是外资股权对外转让,需要征得其他股东的一致同意,有别于普通情形下的过半数股东同意之规定。

其二,股份有限公司股权出资维度。

新《公司法》设置了专章"股份有限公司的股份发行和转让",股权出资需遵从其规定。

其三,金融企业股权出资维度。

《商业银行法》第28条规定:"任何单位和个人购买商业银行股份总额百分之五以上的,应当事先经国务院银行业监督管理机构批准。"《金融企业国有资产转让

管理办法》《商业银行股权管理暂行办法》《保险公司股权管理办法》(2018)对股权转让也作出了限制,在以股权出资时要遵守这些规定。

其四,有限责任公司股权出资维度。

新《公司法》设置了专章"有限责任公司的股权转让",股权出资需遵从其规定。

综上,对股权出资的限制性规定,主要是围绕投资主体、转让期限、转让比例、转让程序方面,要根据出资人的企业类型、被投资的企业类型来作相应的合规调整,规制的法律依据集中在新《公司法》《民法典》《证券法》和工商证券金融行政国有企业主管部门制定的部门行政规章。

(二)股权出资的禁止与履行

第一,关于股权出资的禁止情形。

股权被禁止出资,主要是基于其存在权利瑕疵或者设定了权利负担。

权利瑕疵是指存在第三人对该股权主张权利的事由,比如,不完全出资、抽逃出资、虚假出资等情形,经对对外观的初步判断后发现股权会引起纷争的,股权属于破产财产而其实质归属于债权人等情形。

设定权利负担的股权是指在股权上设定了其他主体的权利,比如,设定了质押、被冻结等情形,这些区别于所有权的权利,如果还经过登记,这些权利往往在实现上具有优先性,直接影响到公司资本的稳定和债权人利益。

假若公司章程约定了对股权出资设置限制条件或不允许股权出资,尊重当事人的意思自治,股权不得出资,这提醒我们在进行股权交易时首先须审查公司章程的约定;法律、行政法规或者国务院决定规定股权所在公司股东转让股权应当报经批准,而未经批准的,法律、行政法规或者国务院决定规定不得转让的其他情形的,当然也不得以股权出资。

第二,关于股权出资的履行。

股权出资产生的最终结果是股权被转让,通常以股权转让合同作为出资的践行载体,用股权转让法律关系来框定。股权转让合同的效力与股权权属的改变,是同一事物的两个侧面,对两者应区别认定,这已成为共识。

股权出资的履行,就是股权如何交付才产生股权变更效果的问题,股权不是不动产也非动产,但仍然遵从动产交付的权属变动原则。通说认为,完整有效的股权交付包括股权权属变更和股权权能转移两大内容,前者是指股权转让后对股权权属证明形式进行变更,属股权形式上的交付;后者指股东享有的各种权利,比如自益权、共益权,都被转给股权受让人,属股权事实上的交付。①

股权出资应当依法办理权属变更手续,对有限责任公司而言,股权转让后应变更股东名册和变更工商登记;对股份有限公司而言,涉及证券登记过户或股票背书,要依据股份是上市公司的股份还是非上市公司股份之类型来确定。新《公司法》第 165 条规定:"上市公司的股票,依照有关法律、行政法规及证券交易所交易规则上市交易。"即以上市公司的股权出资的要办理证券登记结算系统的过户手续。第 159 条规定:"股票的转让,由股东以背书方式或者法律、行政法规规定的其他方式进行;转让后由公司将受让人的姓名或者名称及住所记载于股东名册。在股东会会议召开前二十日内或者公司决定分配股利的基准日前五日内,不得变更股东名册。法律、行政法规或者国务院证券监督管理机构对上市公司股东名册变更另有规定的,从其规定。"即对于非上市公司股份,记名股票所构成的股权出资需要变更股东名册和变更工商登记。

二、债权出资实务问题

债权出资,又称以债作股,是指投资人以其对公司或第三人的债权向公司出资,抵缴股款。② 债权出资的理论基础是债权转让制度,即债权人通过与公司签订合同将其享有的债权转移给公司享有,债权人同时获得公司的股权。新《公司法》第 48 条将"债权"明确列为非货币财产出资方式之一,但实践中债权出资情况较为复杂,存在较大争议。

(一)债权出资的常见问题及注意事项

【常见问题】

1. 股东能否以对公司的债权抵销其出资义务

股东以其对公司的债权出资包括两种形式:一是公司债权人以其对公司享有的债权增资入股,由债权人转化为股东;二是股东以其对公司享有的债权抵销其对公司的出资义务。除破产程序中明确不允许这种抵销外,现行法律法规对此并无禁止性规定。《企业破产法司法解释(二)》第 46 条规定:"债务人的股东主张以下列债务与债务人对其负有的债务抵销,债务人管理人提出异议的,人民法院应予支持:(一)债务人股东因欠缴债务人的出资或者抽逃出资对债务人所负的债务……"

---

① 参见最高人民法院民事审判第二庭编著:《最高人民法院关于公司法解释(三)、清算纪要理解与适用(注释版)》,人民法院出版社 2014 年版,第 192 页。

② 参见蒋大兴著:《公司法的展开与评判:方法·判例·制度》,法律出版社 2002 年版,第 81 页。

根据这一规定,在破产程序中,瑕疵出资的股东不能以对公司享有的债权抵销对公司负有的出资义务。

在非破产情形下是否允许两者互相抵销,取决于抵销是否令股东债权不合理地取得优先于外部债权人获得清偿的地位。若公司资信状况良好、正常经营,股东债权抵销出资义务不存在侵蚀公司资本的风险,应当允许股东以对公司享有的债权抵销对公司的出资义务,"正常经营"一般指公司未明显丧失清偿能力,公司债权人也未提起诉讼要求股东在未实缴出资范围内对公司债务承担责任,公司亦未进入破产程序的情形。在公司已经明显丧失清偿能力或无法正常经营的情形下,以及公司债权人提起瑕疵出资诉讼要求股东在瑕疵出资范围内承担责任时,为保护公司债权人权益,避免股东债权优先受偿,应当禁止以股东对公司享有的债权抵销其对公司的出资义务。

可以参考(2019)苏民终161号案,在该案中,法院认为:上诉人所称垫付工程款事实发生于2016年1—2月期间,即其在对公司形成债权之前已经负有出资义务,如果欲将相关垫付款转化为出资,需经法定程序且应增加注册资本,否则就是以债权抵销应负出资义务,在公司破产情况下效果等同于股东债权优先受偿,该行为将影响其他债权人利益,有失公平,亦不符合破产财产分配原则。

2. 债权出资有没有法律风险

债权出资只要履行了出资义务,不存在瑕疵,法律就容忍债权减值。

《公司法司法解释(三)》第15条规定:"出资人以符合法定条件的非货币财产出资后,因市场变化或者其他客观因素导致出资财产贬值,公司、其他股东或者公司债权人请求该出资人承担补足出资责任的,人民法院不予支持。但是,当事人另有约定的除外。"简单说,就是知识产权出资人已经完全履行出资义务,且不存在履行瑕疵,那么即使出资后发生知识产权减值的情况,也不承担相应的补足出资的责任。

在以债权进行出资时,应尽量满足以下要件,以增强"债权出资"的有效性,其中"以对公司的债权出资"可以省略部分要件:

(1)新《公司法》第59条、第66条规定,增加注册资本为股东会职权,并且为股东会决议的重大事项,必须经过三分之二以上的具有表决权的股东通过。

(2)适用债权、股权、知识产权等非货币财产出资的,公司应对债权进行评估。

(3)债权人与公司应根据《民法典》第545条的规定,签订《债权转让协议》。

(4)公司应根据《民法典》第546条的规定,向其他债务人发出通知。

(5)经过股东会决议后,修改公司章程,并在市场监督管理局办理工商变更登记。

3.何时以债权出资才算履行出资义务

债权人将债权转为股权以后,债权人身份随之转变为公司股东。债权人对公司享有的债权随之消灭。公司财务账面上虽然不会增加现金流来体现股东已履行出资义务,但是公司的负债将直接减少,同时所有者权益增加。所以,以公司的债权进行出资,双方按照债转股协议的约定,履行了必要的股东会决议、工商变更登记手续等流程后,财务通过调账的方式,可认定股东已履行出资义务。

【注意事项】

1.债权性质

债权出资的类型分为"以对公司的债权出资"和"以对第三人的债权出资","以对公司的债权出资"指的是出资人用其对公司享有的债权,转为其对公司的股权;"以对第三人的债权出资"指的是出资人以其对公司之外的主体享有的债权,作为其对公司的股权出资。现有法律制度没有明确区分这两种性质的债权出资。从理论上看,这两种出资形式都可以操作,但有效的债权出资应当具备债权真实合法、各方意思表示一致的前提条件。

2.出资范围

以债权作为非货币财产出资方式,应满足可用货币估价,且依法可以转让的条件。以特定身份为基础的债权,如抚养费请求权、抚恤金请求权等系依法律性质不得转让的债权,不能作为出资。对于国债、公开发行的企业债券等债权,因其信用水平高,偿还较有保障,故在实践中公司对于股东以此类债权出资可以优先考虑接受,或作为以债权出资的限定条件。

3.债权转让的标的种类

其一,关于债权转让的标的种类,也就是哪些债权可以转让,也就意味着可以用哪些债权出资。《民法典》第545条规定:"债权人可以将债权的全部或者部分转让给第三人,但是有下列情形之一的除外:(一)根据债权性质不得转让;(二)按照当事人约定不得转让;(三)依照法律规定不得转让。当事人约定非金钱债权不得转让的,不得对抗善意第三人。当事人约定金钱债权不得转让的,不得对抗第三人。"

上述规定中第一项"债权性质",一般指的是"专属"于债权人自身的债权,《民法典》合同编中有三处使用"专属"的表达术语(《民法典》第535条、第547条第1

款、第554条)。"专属"即为不可转让,通常包括依据性质不可转让,比如,具有特定人身属性,或者基于特定价值判断与政策考虑而由法律规定不可转让。

《民法典合同编通则司法解释》也沿用了"专属"的表达术语,第34条规定:"下列权利,人民法院可以认定为民法典第五百三十五条第一款规定的专属于债务人自身的权利:(一)抚养费、赡养费或者扶养费请求权;(二)人身损害赔偿请求权;(三)劳动报酬请求权,但是超过债务人及其所扶养家属的生活必需费用的部分除外;(四)请求支付基本养老保险金、失业保险金、最低生活保障金等保障当事人基本生活的权利;(五)其他专属于债务人自身的权利。"即基于抚养关系、扶养关系、赡养关系、继承关系产生的给付请求权和劳动报酬、退休金、养老金、抚恤金、安置费、人身损害赔偿请求权、最低生活保障金等权利,具有特定人身属性,不可以转让,也不可以作为债权出资。

但细究上述规定,随着经济发展和社会财富的增加,其中某些项目未必都被认定为全部具有人身属性,比如,劳动报酬请求权,现实中部分企业高管可以获得巨额劳动报酬,将其全部认定为具有人身属性是不合理的,故超过债务人及其所扶养家属的生活必需费用的部分,可以用来作为债权出资,最大限度地盘活了资金。

其二,如对第三人享有债权的,则以债权出资时要通知作为第三人的债务人,出资方有效,因为《民法典》第546条规定:"债权人转让债权,未通知债务人的,该转让对债务人不发生效力。债权转让的通知不得撤销,但是经受让人同意的除外。"

其三,以债权出资的,债权及从权利一并被转让给被出资的公司,因为《民法典》第547条规定:"债权人转让债权的,受让人取得与债权有关的从权利,但是该从权利专属于债权人自身的除外。受让人取得从权利不因该从权利未办理转移登记手续或者未转移占有而受到影响。"

区别于单纯的债权出资,有种特别的债权出资情形,就是出资人将合同义务权利全部概括转移给被出资的公司。在单纯债权出资情形下,出资人的抗辩权、解除权、撤销权等并不必然被转让给公司,但在债权债务概括转移出资的情形下,被出资的公司成为债权债务关系新的当事人,附随出资人的权利都被转让给公司。另外,对于债权出资的类型,出资人可以以对第三人享有的债权出资,也可以对拟被出资的公司享有的债权出资。这些不同的债权出资形态,都需要考虑到各自的法律特征,作出不同的合同安排设计。

在债权出资的实务操作中,首先要明确债权出资的关键是如何保障公司作为受让人的安全地位。其次要把握几条主线：一是债权的交付问题；二是债权的真实性问题，即如何防止以假债权出资；三是债权流通中的瑕疵问题，即当公司受让的债权有瑕疵，如债权的多重让与、债务人的抗辩等，如何保障公司的利益；四是债务人的清偿问题，即最终能使债权得以实现，不致落空。①

（二）常见风险及实务建议

1. 出资债权缺乏适格性

《市场主体登记管理条例实施细则》对于债权出资的适格性具有原则性规定，即第13条第3款规定："依法以境内公司股权或者债权出资的，应当权属清楚、权能完整，依法可以评估、转让，符合公司章程规定。"理论上，适合出资的债权应当具备确定性、现存性、评价可能性和独立转让可能性，出资的债权必须是出资人拥有的合法、有效的债权权利。同时，债权出资的实质应当适用债权转让的规则，否则难以理解公司是如何将一种权利转化为资产的，因此还应当注意不能与《民法典》第545条的规定冲突。即"债权人可以将债权的全部或者部分转让给第三人，但是有下列情形之一的除外：（一）根据债权性质不得转让；（二）按照当事人约定不得转让；（三）依照法律规定不得转让。当事人约定非金钱债权不得转让的，不得对抗善意第三人。当事人约定金钱债权不得转让的，不得对抗第三人"。

2. 债权价值评估不实

新《公司法》第48条第3款规定，对作为出资的非货币财产应当评估作价，核实财产，不得高估或者低估作价。基于此，知识产权出资必须进行评估作价，以满足资本真实原则的基本要求。评估的准确性直接影响股东和债权人的利益，如果估值高于实际价值，会造成公司资本缩水，股东股权被稀释，公司的清偿能力降低，债权人利益受损；如果估值低于实际价值，会损害出资人股东的利益。为保证价值评估的客观性和准确性，通常要求由独立的专业资产评估机构依据公认的评估规则进行评估。《公司法司法解释（三）》第9条规定："出资人以非货币财产出资，未依法评估作价，公司、其他股东或者公司债权人请求认定出资人未履行出资义务的，人民法院应当委托具有合法资格的评估机构对该财产评估作价。评估确定的价额显著低于公司章程所定价额的，人民法院应当认定出资人未依法全面履行出资义务。"

由于债权价值的影响因素十分复杂，债权具有真实性、过程性、实现性等方面

---

① 参见左传卫著：《股东出资法律问题研究》，中国法制出版社2005年版，第100页。

性质带来的风险,即便是专业的资产评估机构也很难保证其预测性评价能够做到完全科学公正,但是,价值评估作为债权出资的必经程序,在实践中是不能回避的,于债权出资股东而言,评估前置有利于防范后期因程序瑕疵而被认定为出资不实、出资不足等风险;于公司而言,严格执行评估程序保障资本充实。

3. 出资债权实现风险

债权是一种典型的请求权,真实存在的债权能否实现,受到债权到期时债务人的清偿能力限制,因此实现风险是债权本身固有的风险。在公司或其他股东决定是否接受债权出资以及对出资债权进行评估作价时,都应当充分考虑这一风险因素,作出合理的评估。一旦接受债权出资,在一般情况下,根据《公司法司法解释(三)》第15条"出资人以符合法定条件的非货币财产出资后,因市场变化或者其他客观因素导致出资财产贬值,公司、其他股东或者公司债权人请求该出资人承担补足出资责任的,人民法院不予支持。但是,当事人另有约定的除外"的规定,就应当接受其存在实现的风险。

当事人之间也可以通过特别约定的方式对出资债权的实现进行保障,例如,通过章程或者公司决议方式确定,在出资债权实现之前,对出资股东的利润分配请求权、剩余财产分配请求权等权利进行适当限制;通过章程或者公司决议方式确定,当出资债权无法实现时,由出资人通过货币等其他方式予以补足;签订详细的债权出资协议,对双方权利义务及违约责任作出详细约定,要求债权出资人对其出资提供相应的担保,预防出资不到位、虚假出资和价值评估不实等行为发生,作为出现利益损失时的法律保障和救济。当事人之间有权作出这种约定,而且这种约定虽然看似让出资股东承担了过重的义务,但却极大地增加了公司以及其他股东接受债权出资的意愿,实现了股东的投资目的,综合看来,当事人之间的利益是衡平的。

(三)债权出资的瑕疵情形及责任类型

【瑕疵情形】

1. 用以出资的债权为虚假债权

因债权的相对性,其内容、实现形式、期限等都可以由当事人自由约定,很大程度上都是双方主体的随意性决定。因此债权在作为出资方式时,产生的真实性风险是不得不考虑的问题。如果出资人与债务人恶意串通,进行虚假出资,会给目标公司的日后经营带来很大的风险。此时若是以第三人债权进行出资的股东谎报债权数额,进行虚假出资,目标公司在进行资本申报时就制造了虚假的内容,直接损害公司发起人的权益及公司的利益。公司成立后，公司股东若想增加股份，在增资时，可能会以债权进行虚假的出资，使其他股东的股权减少，从而增强自己的股权实力以及在公司的表决能力。

针对出资债权真实性风险问题，如果作价出资的债权本身虚假，则股东对公司的出资虚假，公司可以要求股东承担出资不实的责任。

2. 出资人存在故意隐瞒影响债权价值的重要事实的情形

债权已过诉讼时效、债务人明显不具备清偿能力的事实容易被出资人恶意隐瞒。债权系一种典型的请求权，适用诉讼时效的规定，时效期间届满，则债权变为自然之债，债权人丧失胜诉权，会造成债权价值显著降低；债权实现也受到债务人债权到期时的清偿能力的影响，债务人明显不具备清偿能力，债权最终难以实现，债权的价值也将大程度贬损。

如果实际缴纳出资时，该债权超过诉讼时效期间或者债务人明显不具备清偿能力，而出资股东隐瞒该事实，则在出资债权价值显著降低的范围内构成出资不实。

【责任类型】

1. 出资人承担补足责任

股东如被发现未完成实缴出资义务，应当补足出资，此处的补足出资，不限出资形式，但是公司、其他股东、债权人可以要求出资人以货币形式进行补足。

2. 出资人承担违约责任

对有限责任公司而言，股东应当向已按期足额缴纳出资的股东承担违约责任。就发起设立的股份公司而言，瑕疵出资股东应当按照发起协议承担违约责任，同时，其他发起人应当承担连带责任。

3. 出资人被公司登记机关责令改正罚款

公司的发起人、股东虚假出资，未交付或者未按期交付作为出资的货币或者非货币财产的，还可能被公司登记机关责令改正，处以虚假出资金额百分之五以上百分之十五以下的罚款。

4. 出资人的股东权利受限

对股东自身而言，如出资瑕疵，其股东身份确认以及股东权利（包括利润分配请求权、新股优先认购权、剩余财产分配权）可能会受到限制。

5. 出资人承担失权后果

股东未按期足额履行出资义务，经公司催缴仍未履行的，经公司通知，该股东即丧失其未缴纳出资部分的股权。

> **特别提醒：**
> 1.债权出资方式主要分为"以对公司的债权出资"和"以对第三人的债权出资"，后者的出资履行程序比前者的更为繁琐。
> 2.债权是否可以作为出资应当结合《市场主体登记管理条例实施细则》第13条以及《民法典》第545条的规定进行认定。
> 3.作为出资的债权应当权属清楚、权能完整，且在办理出资手续前应当评估作价，核实债权，不得高估或者低估作价；出资时应当履行债权转让的相关手续。
> 4.公司与债权出资人之间也可以通过特别约定的方式对出资债权的实现进行保障，例如，通过章程或者公司决议方式确定，在出资债权实现之前，对出资股东的财产性权利进行适当限制，或者当出资债权无法实现时，由出资人通过货币等其他方式予以补足；通过签订详细的债权出资协议，对双方权利义务及违约责任作出详细约定，要求债权出资人对其出资提供相应的担保。

三、知识产权出资实务问题

（一）概述与流程

公司设立时公司发起人除了以货币、土地使用权形式出资外，还可以用知识产权出资，尤其是以生产高科技产品为目的设立的公司，这个操作更为常见。知识产权概念外延广泛，可以指人类智力创造的一切成果，狭义上指工业产权和著作权。

通说认为，知识产权出资的，工业产权的范畴也限于狭义上的理解，仅包括商标权、专利权，故知识产权出资是指用商标权、专利权、著作权出资。[①] 但实际上，可以出资的知识产权类型包括专利、专有技术、商标、著作权、域名、集成电路布图设计等，类型多样且种类随着时代发展在不断扩大。由于知识产权是一种无形的、有期限性的资产，在实践中的出资情况显得更为复杂。

对于知识产权出资方式，依据知识产权利用方式，可分为知识产权专有权出资、知识产权使用权出资两大类。前者指的是将知识产权所有权转移，变更权属主体，称为知识产权转让；后者指不改变知识产权所有权权属主体，只变更使用权的享有主体，称为知识产权许可使用。

第一，如果是以许可使用的知识产权投资入股的，它以对该知识产权享有的使

---

① 参见最高人民法院民事审判第二庭编著：《最高人民法院关于公司法解释（三）、清算纪要理解与适用（注释版）》，人民法院出版社2014年版，第170页。

用费请求权出资,本质上与债权出资无异,新《公司法》已明确债权是出资的法定形式,那么以许可使用的知识产权出资则不存在法律障碍。许可使用有三种类型,相应的,许可使用的知识产权出资也有三种类型:

一是独占许可,出资人和第三方均不得使用该知识产权,被投资的公司享有对该知识产权的独占性使用权利;

二是排他许可,出资人与被投资的公司共享该权利,排除第三方的使用权利;

三是普通许可,出资人、被投资的公司、第三方均存在利用该权利的可能。

一般通过出资协议、股权转让协议来约定控制许可使用的类型和当事人的权利义务,比知识产权专有权出资更具有灵活性。

以知识产权许可使用权出资的,需要签订许可使用合同,同时最好也办理备案手续。《专利法实施细则》第15条第2款规定:"专利权人与他人订立的专利实施许可合同,应当自合同生效之日起3个月内向国务院专利行政部门备案。"《商标法实施条例》第69条规定:"许可他人使用其注册商标的,许可人应当在许可合同有效期内向商标局备案并报送备案材料。备案材料应当说明注册商标使用许可人、被许可人、许可期限、许可使用的商品或者服务范围等事项。"《著作权法实施条例》第25条规定:"与著作权人订立专有许可使用合同、转让合同的,可以向著作权行政管理部门备案。"

第二,如果以对知识产权的专有权出资,需签订转让合同并办理登记手续才能生效。《专利法》第10条规定:"专利申请权和专利权可以转让。中国单位或者个人向外国人、外国企业或外国其他组织转让专利申请权或者专利权的,应当依照有关法律、行政法规的规定办理手续。转让专利申请权或者专利权的,当事人应当订立书面合同,并向国务院专利行政部门登记,由国务院专利行政部门予以公告。专利申请权或者专利权的转让自登记之日起生效。"《商标法》第42条规定:"转让注册商标的,转让人和受让人应当签订转让协议,并共同向商标局提出申请。受让人应当保证使用该注册商标的商品质量……转让注册商标经核准后,予以公告。受让人自公告之日起享有商标专用权。"《著作权法》第28条规定:"以著作权中的财产权出质的,由出质人和质权人依法办理出质登记。"

由上可见,对知识产权的完整有效交付,除了包括事实上的交付,还包括履行权利转移登记、备案程序。实践中,知识产权出资需要通过如下的操作:股东作出同意知识产权出资的决议→评估价值→资产验资→产权变更→办理营业执照变更。

办理权属变更手续针对的是出资财产的归属和处分权问题,履行财产的实际交付针对的是财产能否被公司实际利用并发挥已转化为公司财产的出资财产之资本功能,这在以房屋、土地使用权出资的情形中也同样适用。其中一个环节出现问题,均属瑕疵出资,都直接影响到被出资公司的资本制度,履行出资义务的股东的相应权利会受到限制,这种限制可以通过公司章程约定方式实现。当然,这种瑕疵是可以补正的,比如,法院会在诉讼中给予合理期限补办权属变更手续,补办完成的,修复出资瑕疵,逾期未能补办的,认定瑕疵出资并承担相关责任。

(二)知识产权出资的常见问题及注意事项

【常见问题】

1. 知识产权出资有没有上限

2014年《公司法》删除了"全体股东的货币出资金额不得低于公司注册资本的百分之三十"的规定使得企业注册资本金可以百分之百用知识产权出资。

2. 知识产权出资有没有法律风险

对于知识产权出资只要履行了出资义务,不存在瑕疵,法律容忍知识产权减值。

《公司法司法解释(三)》第15条规定:"出资人以符合法定条件的非货币财产出资后,因市场变化或者其他客观因素导致出资财产贬值,公司、其他股东或者公司债权人请求该出资人承担补足出资责任的,人民法院不予支持。但是,当事人另有约定的除外。"简而言之,就是知识产权出资人已经完全履行出资义务,且不存在履行瑕疵,那么即使出资后发生知识产权减值的情况,也不承担相应的补足出资的责任。

达到免责的条件为:

①知识产权已经从原权利所有人转移到新公司,办理了相应的权利人变更手续,实际已经交付使用;

②知识产权减值不是因为出资人的主观过错造成的;

③评估机构没有虚假评估;

④权利主体不存在不适格的情况等。否则出资人、评估机构均涉及虚假出资问题,需要承担相应法律责任。

3. 知识产权出资后的股权是否可以自由转让

知识产权出资简单说就是用知识产权换股权,出资完成后,获取的股权与以实物、货币、土地使用权出资获得的股权具有同等的权利,当然可以自由转让。

【注意事项】

1. 产权关系

知识产权是否是股东持有？一人持有还是多人持有？是否存在产权纠纷？结论：出资人必须拥有合法、有效和完全的所有权，而不是使用权。凡是产权关系不清楚，或者属于不公开的技术秘诀等，是无法办理产权过户与验资手续的。

2. 时间关系

有些知识产权是有法定有效期限的，比如，专利只有在法律规定的期限内才有效。专利权的有效保护期限届满后，专利权人所享有的专利权便自动丧失，一般不能续展。

3. 出资范围

从出资范围来看，如发明或实用新型专利应当包括权利要求书中载明的独立权利和从属权利；外观设计专利应当包括专利申请书中提出的基本设计和相似外观设计的专利保护，以及专利技术实施所需要的其他必要条件。商标出资范围应当完整，如防御商标、联合商标是否随同主商标一起出资；而集体商标和证明商标不能以个人或企业为出资人。

4. 资产评估

对拟出资的知识产权使用权进行评估非常重要。一方面，评估报告中所评估出资财产权利的范围系认定出资资产的具体内容的重要证据之一。另一方面，在评估价值与出资额存在较大差异的情况下，特别是使用权评估价值远远低于拟出资额的情况下，不仅会引发出资不实的法律风险，也会导致出资形式是所有权出资还是使用权出资的争议与纠纷。《最高人民法院关于审理技术合同纠纷案件适用法律若干问题的解释》第16条第1款规定："当事人以技术成果向企业出资但未明确约定权属，接受出资的企业主张该技术成果归其享有的，人民法院一般应当予以支持，但是该技术成果价值与该技术成果所占出资额比例明显不合理损害出资人利益的除外。"换言之，无论用于出资的知识产权系所有权还是使用权，其价值应与出资额相当，由于知识产权为无形资产，所以按照公司法规定应评估作价。

（三）常见风险及实务建议

1. 出资知识产权缺乏适格性

公司法对于知识产权出资的适格性具有原则性规定，即"可以用货币估价并可以依法转让的非货币财产"，理论上，适合出资的知识产权应当具备确定性、现存性、评价可能性和独立转让可能性。同时,出资的知识产权必须确保出资人拥有完全、合法、有效的相关知识产权权利。知识产权本身已无效、被撤销或到期终止的,不应用于出资。另外,存在争议的知识产权不宜用于出资,即需要调查是否存在第三人正在请求宣告该知识产权无效、指控知识产权权利人侵犯其在先权利或请求确认该项知识产权权属等情况。

但是新《公司法》并没有限定知识产权出资的权利种类,因此从法律上讲,所有权出资和使用权出资都是可以的。在(2010)苏知民终字第0097号案中,金某某作为专利所有权人,先将专利使用权作价出资给九鼎公司,之后又与先迪德宝公司签订了专利独占许可使用协议。金某某起诉先迪德宝公司,要求其按照协议支付专利使用费,先迪德宝公司主张该独占许可使用协议不具备法律效力,因金某某已将其涉案专利使用权作价投入九鼎公司,因此金某某无权许可他人使用涉案专利。而江苏高院认为,在以知识产权出资入股时,可以用权利的整体出资或是使用权出资;如以权利的整体转让出资,则出资人只对其知识产权享有股权,不再享有处分权,不能再将该知识产权转让或许可给其他人。而如果仅以知识产权的使用权出资,则出资人对该知识产权仍享有最终处分权,在不违反出资协议的情况下,出资人可以自己使用或许可其他人使用该知识产权。所以,本案中的专利独占许可使用协议具有法律效力。

在(2019)粤03民终18309号案中,一审法院认为,股东协议对案涉的非专利技术已经作出了较为明确的解释,即对使用各种不同原材料所生产的食用油、地沟油快速筛查,及对食用油掺伪快速鉴别的方法。该表述已明确说明刘某所提供的该项非专利技术系一种"方法",该方法能否落地在建和公司,能否被建和公司利用,系刘敏有无完成其出资义务的关键。从刘某所提供的其配偶邓某作为公司技术负责人为公司制定的有关检测的各项规章制度,以及各类食用油检测作业指导书,结合建和公司与深圳市市场监管委签订的服务合同,以及建和公司已经为客户提供的食用油检测报告,可以看出建和公司实际上已经在利用刘某所提供的检测"方法",在社会上为客户提供相应的食用油检测等服务。虽然正如XXX河所称,建和公司进行的检测方法所指向的专利技术非刘某所持有或代持,但《建和公司股东投资协议》中已经明确约定刘某的出资为非专利技术,仅系一种检测方法,刘某已经利用该项技术从事业务,即可证明刘某已经将其掌握的知识产权,用相应的方式转化为公司开展其业务的能力。因此,刘某已按照约定,向建和公司"转让"了其代持的非专利技术。

为了避免出资知识产权的适格性风险，公司在接受知识产权出资的时候，应当尽量选择所有权而不是使用权。在前述案例中，如果专利权人以使用权出资，其依然可以将该技术许可给其他人使用，但可能会对公司经营造成不利影响。同时公司对该财产权利并不拥有事实上的完全的处分权，仅享有在一定期限和范围内的使用权，若出资人收回使用权，也会对公司生产经营造成不利影响。

2. 出资知识产权缺乏实益性

以保护公司整体利益为基本出发点，出资知识产权在具备上述适格性"四要件"之外，还应该具备实际有益性（实益性），即出资知识产权应该是公司实际经营所需要的，能为公司带来实际的经济收益。实务中，在股权清晰的要求下，审核机构会重点关注用于出资的知识产权是否产生了预期的经济效益，出资过程是否合法合规，审核机构也会经常要求发行人说明有关知识产权和目前产品的关系，有关知识产权的研发过程等。

如果发行人认为其知识产权出资的评估程序、估值方式、权利归属等存在潜在风险，也可以选择以货币资金对知识产权出资进行置换。

公司接受知识产权出资时，应该要求股东出资的知识产权具有实益性，为公司生产经营所必需，能为公司带来经济效益。当然，这种"必需性"的要求不能过于狭隘，只要是对公司经营目的和经营需要有较大匹配可能性的都可以被视为符合"必需性"要求。实务中引入"实益性"的考虑，主要是为了防止公司的控制人通过不正当行为控制公司接受缺乏实益性的知识产权出资，损害公司及其他股东的利益。同时，建议公司在上市前对不能满足实益性的知识产权进行置换出资，以避免出资不实的风险。

3. 出资知识产权价值评估不实

新《公司法》第48条第2款规定，对作为出资的非货币财产应当评估作价，核实财产，不得高估或者低估作价。基于此，知识产权出资必须进行评估作价，以满足资本真实原则的基本要求。评估的准确性直接影响股东和债权人的利益，如果估值高于实际价值，会造成公司资本缩水，股东股权被稀释，公司的清偿能力降低，债权人利益受损；如果估值低于实际价值，会损害出资人股东的利益。为保证价值评估的客观性和准确性，通常要求由独立的专业资产评估机构依据公认的评估规则进行评估。《公司法司法解释（三）》第9条规定，出资人以非货币财产出资，未依法评估作价，公司、其他股东或者公司债权人请求认定出资人未履行出资义务的，人民法院应当委托具有合法资格的评估机构对该财产评估作价。评估确定的价额显著低于公司章程所定价额的,人民法院应当认定出资人未依法全面履行出资义务。

《证券法》取消审计评估机构的证券从业资格管理,改为备案管理,在此背景下,建议受资公司选择进行过相应备案且具备证券服务经验的专业机构进行出资知识产权评估。由于知识产权价值的影响因素十分复杂,包括权利类型、权属形式、经济寿命、使用情况、市场预期性等,即便是专业的资产评估机构也很难保证其预测性评价能够做到完全科学公正。因此,知识产权评估不实的情况大量存在。但是,价值评估作为知识产权出资的必经程序,在实践中是不能回避的。

因此,对于知识产权价值评估问题,建议公司在接受知识产权出资的时候,聘请进行过相应备案且具备证券服务经验的专业机构进行评估,同时要严格督促评估机构按照公认的评估规则进行评估,履行相关调查程序,否则评估结果可能不被法院认可。如果公司在上市过程中认为之前的知识产权评估报告可能存在瑕疵,应当重新聘请其他评估机构进行复核评估,以避免出资不实的风险。

4. 隐性知识产权出资

隐形知识产权出资,是指股东与公司达成协议,在公司设立或增资时,先以现金形式向公司进行出资,然后将自己的知识产权转让或许可给公司,转让或许可的价款与缴纳股金相当;或者先将知识产权转让或许可给公司,以转让或许可的价款作为股金对公司进行出资。究其实质,股东均通过"现金出资+知识产权交易"这两个行为完成知识产权出资。

在实务中,公司和股东采用这种隐性知识产权出资的方式,既可以规避法律或公司登记部门对知识产权出资形式的限制,又能够规避法定的知识产权价值评估程序和责任,还能最大限度保护公司的商业秘密不向社会公示。但是,这种方式逃避了对知识产权出资的强制性法律规定,违反了股东平等原则,往往会给公司和其他股东利益造成损害,这种情形也会受到审核机构的重点问询。

在新益昌(688383)的案例中,李某某以人民币870.4万元的现金投资新益昌,之后李某某将其为新益昌研发并拥有所有权的计算机软件著作权转让给新益昌,双方协商定价为人民币870.4万元,该无形资产定价与出资人现金增资价格相同。审核机构要求新益昌说明,李某某向新益昌现金增资后,新益昌以同等资金收购出资人计算机软件的原因,这是否实质上构成了知识产权出资,是否构成抽逃出资。发行人认为,由于李某某的出资为现金增资,无须履行评估手续,而之后对计算机软件著作权进行了资产评估,评估值为人民币880万元,因此不存在抽逃出资的问题。

由此可以看出,即使先进行现金增资,之后再收购同一出资人的无形资产,也不能绕开知识产权出资的流程,依然要对无形资产进行评估定价。审核机构很可能认为其实质上构成了知识产权出资,并要求提供评估手续。如果用于出资的知识产权存在问题,那么可能构成抽逃出资,而不是单纯地改变出资方式。在(2017)苏06民终974号案中,出资人用作出资的知识产权所有权本就属于公司,所谓改变出资方式,以专有技术投资的手段转移公司财产,购买本就属于公司的知识产权,该行为属于抽逃出资,应当承担相应责任。

对此,公司应当避免采用隐性知识产权出资的方式。因为这种方式依然需要对知识产权进行作价评估,不进行评估依然可能构成抽逃出资。在条件允许的情况下,直接选择知识产权出资,而不是隐性知识产权出资,对公司而言是风险更低的行为。

5. 出资知识产权的权利瑕疵

在出资履行阶段,受资公司面临的最大风险就是出资人交付的知识产权自身存在品质缺陷或权利瑕疵,以及出资人在约定的出资期限内怠于转让出资标的。实务中,围绕出资知识产权的权利瑕疵纠纷最多,相应的审核机构对此的审核力度也最大。很多知识产权出资的出资人具备研究机构的科研履历,或其他公司的研发工作或兼职经历,他们进行知识产权出资的标的,就无法避免可能涉及职务发明的问题。根据证监会《首次公开发行股票并上市管理办法》,申报企业需要满足"股权清晰"的要求,审核机构往往会要求发行人充分论证其股东用于出资的知识产权是否属于职务发明,是否存在纠纷或潜在纠纷,若企业不能对此进行合理论证,则发行人就面临出资不实的风险。

6. 出资知识产权的价值贬损

对于出资知识产权的正常市场价值变动,属于公司资本固有的风险,应当由公司承担。《公司法司法解释(三)》第15条规定,出资人以符合法定条件的非货币财产出资后,因市场变化或者其他客观因素导致出资财产贬值,公司、其他股东或者公司债权人请求该出资人承担补足出资责任的,人民法院不予支持。但是,当事人另有约定的除外。

由于出资股东过错或者公司经营管理不当等因素导致出资知识产权在公司的运营中发生价值贬损或灭失,属于公司资本的非正常贬值,会严重损害公司和债权人利益。实务中,通常包括如下情况:出资知识产权未能获得预期授权,出资知识产权提前失权(被依法撤销或宣布无效),出资人再次处分出资知识产权,出资知识产权难以成功商业化。

在没有约定的情况下,知识产权在出资后被宣告无效,如果无法证明出资人出资时有恶意,则出资人不需要承担相应责任。在(2020)最高法民申 4578 号案中,根据《商标法》第 47 条和《专利法》第 47 条的规定,注册商标或者专利被宣告无效,对宣告无效前已经履行的商标或者专利转让不具有追溯力,除非证明权利人存在主观恶意。168 号评估报告对两项知识产权的价值及其假设条件进行了明确清晰的表述,青海威德公司股东会决议同意北京威德公司以 168 号评估报告确定的价值增资入股,既表明对 168 号评估报告的全面认可,亦包含对报告中假设条件的认可。青海威德公司未能提交证据证明北京威德公司在申请专利和商标时,以及向该公司股东会提交 168 号评估报告时存在故意隐瞒相关情况等主观恶意行为。所以,原判决认定青海威德公司未能证明北京威德公司存在明知其知识产权会被宣告无效的恶意情形,故该公司关于北京威德公司存在主观恶意的主张缺乏事实依据,原审法院认定北京威德公司增资到位。

因此,公司在接受知识产权出资时,应当与出资人明确约定知识产权贬损后是否需要补足出资,要求出资人保证知识产权可以维持有效状态并且能够商业化,否则需要以现金履行出资义务,或者增加其他限制条件。

(四)知识产权出资的瑕疵情形及责任类型

【瑕疵情形】

在实践中,以知识产权出资的股东被认定瑕疵出资主要有以下具体情形:

1. 用以出资之知识产权并未经评估作价

出资人以知识产权出资的,知识产权的价值由出资时所作评估确定,出资人不对其后因市场变化或其他客观因素导致的贬值承担责任,除非当事人另有约定。出资人以知识产权出资,需要在出资时对知识产权进行评估,并且以现时的评估价格确定实缴出资额。一旦出资人完成评估、转让登记、工商变更登记等一系列手续,即可视为出资人已经按照评估时的知识产权价值确定出资。反之,出资人以非货币财产出资,未依法评估作价但是办理财产转移手续,公司、其他股东或者公司债权人请求认定出资人未履行出资义务的,法院在委托评估机构评估后,对出资人是否足额出资作出认定。

2. 已经评估作价的知识产权评估价值高于实际价值

出资人以非货币财产进行出资,对作为出资的非货币财产应当评估作价,核实财产,不得高估或者低估作价,否则将被视为出资不实。如出资的非货币财产的实际价值低于评估价值,即便出资人在出资时按照非货币财产的评估价值确定出资,出资人仍会因出资不实被公司债权人主张补足出资。

3.评估时存在故意隐瞒假设条件等主观恶意行为,存在明知其专利或商标会被宣告无效的恶意情形

出资人以知识产权出资的,知识产权的价值由出资时所作评估确定,出资人不对其后因市场变化或其他客观因素导致的贬值承担责任。专利或者注册商标被宣告无效,对宣告无效前已经履行的专利或者商标转让不具有追溯力,但若债权人或其他股东证明权利人在出资时存在主观恶意,出资股东需要承担补足出资的责任。

4.经评估作价的知识产权已经办理转让登记但是未将成果交付给公司,或经评估作价的知识产权已被交付公司使用,但是并未完成转让登记

知识产权出资经评估作价后应当转移给公司,此处的转移应当理解为相应的知识产权成果已经被交付给公司并且完成转让登记。如未完成成果转移或者未完成转让登记,均会被认定为未完成出资。股东在实际交付知识产权成果前不享有股东权利,此时,出资人可以通过在指定期限内将知识产权成果交付公司使用,或及时办理转让登记补足出资瑕疵。

【责任类型】

1.出资人承担补足责任

股东如被发现未完成实缴出资义务,应当补足出资,此处的补足出资,不限出资形式,但是公司、其他股东、债权人可以要求出资人以货币形式进行补足。

2.出资人承担违约责任

对有限责任公司而言,股东应当向已按期足额缴纳出资的股东承担违约责任。就发起设立的股份公司而言,瑕疵出资股东应当按照发起协议承担违约责任,同时,其他发起人应当承担连带责任。

3.出资人被公司登记机关责令改正、罚款

公司的发起人、股东虚假出资,未交付或者未按期交付作为出资的货币或者非货币财产的,还可能被公司登记机关责令改正,处以虚假出资金额百分之五以上百分之十五以下的罚款。

4.出资人的股东权利受限

对股东自身而言,如出资瑕疵,其股东身份确认以及股东权利(包括利润分配请求权、新股优先认购权、剩余财产分配权)可能会受到限制。

特别提醒：

1.新《公司法》没有限制股东以非货币财产出资的比例，股东以知识产权出资的占比可以达100%。

2.出资人应当拥有知识产权的所有权，且在办理出资手续前应当评估作价，核实财产，不得高估或者低估作价；出资时应当办理知识产权转移手续并完成实际交付。

3.实践案例中实缴出资由股东承担举证责任，举证包括已完成评估、评估程序不存在瑕疵、手续已办理转移，属于专利技术的还要证明已完成技术交接，未能完全举证视为未实缴。股东以知识产权出资应当及时办理相关手续并留存证明。

在(2021)粤03民初2624号案中，法院认为，根据《公司法》的规定，公司应当提交对股东未实际缴纳出资合理怀疑的证据，股东应当对已实际缴纳出资承担举证责任。电擎公司主张周某某未实际履行出资义务，并提交《审计报告》用以证明。电擎公司提交的《审计报告》载明，电擎公司所交付审计的资料中不含有非技术资料。电擎公司提供的审计报告相关内容构成对周某某未缴纳出资合理怀疑的初步证据。周某某依法应当承担相应的举证责任，其应当证明其已实际向电擎公司交付用以出资的非专利技术。为此，周某某提供《评估报告》《出资证明书》、实用新型专利证书文献资料、《设计开发合同》《采购合同》《样机销售合同》等相关证据证明，这些证据已经形成证据链，足以证明其所主张的事实。

4.股东可以在出资协议、章程中对以知识产权等非货币财产出资进行特别约定，如果出资后非货币资产贬值、出资时评估价高于实际价值等情况出现，出资股东需要以货币进行补足。

四、土地使用权出资实务问题

（一）何为设定权利负担的土地使用权

根据《民法典》规定，土地使用权上设定的权利负担主要是租赁权、地役权、抵押权等。

其一，关于租赁权对出资的影响。《民法典》第703条规定："租赁合同是出租人将租赁物交付承租人使用、收益，承租人支付租金的合同。"第706条规定："当事人未依照法律、行政法规规定办理租赁合同登记备案手续的，不影响合同的效力。"

可见,可以以设定租赁权的土地使用权出资,虽然土地使用权已办理产权变更登记手续,但承租人仍然可以使用该租赁土地,被出资的公司作为新权利人没法使用该土地,土地效能没法发挥出来,以此土地使用权出资属于瑕疵出资。

其二,关于地役权对出资的影响。《民法典》第 372 条规定:"地役权人有权按照合同约定,利用他人的不动产,以提高自己的不动产的效益。前款所称他人的不动产为供役地,自己的不动产为需役地。"第 383 条规定:"供役地以及供役地上的土地承包经营权、建设用地使用权等部分转让时,转让部分涉及地役权的,地役权对受让人具有法律约束力。"可见,可以以设定地役权的土地使用权出资,虽然土地使用权已办理产权变更登记手续,但在地役权设定期间内,地役权人仍享有土地上的地役权,被出资的公司作为新权利人也没法使用该土地,土地效能也没法发挥出来,以此土地使用权出资亦属于瑕疵出资。

其三,关于抵押权对出资的影响。《民法典》第 406 条规定:"抵押期间,抵押人可以转让抵押财产。当事人另有约定的,按照其约定。抵押财产转让的,抵押权不受影响。抵押人转让抵押财产的,应当及时通知抵押权人。抵押权人能够证明抵押财产转让可能损害抵押权的,可以请求抵押人将转让所得的价款向抵押权人提前清偿债务或者提存。转让的价款超过债权数额的部分归抵押人所有,不足部分由债务人清偿。"可见,假若土地使用权已设定抵押权,如果当事人约定要经过抵押权人同意才能转让该财产,则能否以已设定抵押权的土地使用权出资,此时会遇到很大的障碍,取决于抵押权人同意与否。

由此展开一个问题:设定担保物权的标的物是否可以作为出资?有观点认为,虽然此类财产的流通性不受影响,但以之作为出资,无论是从受让人公司本身,还是从抵押权人的利益衡量,都是不适宜的,在立法上应予禁止。[①] 另有观点认为,不能当然地认为设定担保物权的财产不能出资,如果担保权人同意,当然也是可以出资的,如果没有担保权人的同意,出资人只要能解除财产上的权利负担,那么他的担保应是有效的,这属于设定担保的出资。[②] 本书认可该观点。总之,股东应努力先解除土地使用权上的权利负担,以消除瑕疵出资的法律风险。

(二)注意事项

土地使用权分为划拨土地使用权和出让土地使用权。

《城市房地产管理法》第 8 条规定:"土地使用权出让,是指国家将国有土地使

---

① 参见左传卫著:《股东出资法律问题研究》,中国法制出版社 2005 年版,第 63 页。
② 参见最高人民法院民事审判第二庭编:《公司案件审判指导》,法律出版社 2014 年版,第 136 页。

用权(以下简称土地使用权)在一定年限内出让给土地使用者,由土地使用者向国家支付土地使用权出让金的行为。"实务中,出让土地使用权可以通过货币估价并依法转让的,可以作为出资形式,自无疑问。

《城市房地产管理法》第23条规定:"土地使用权划拨,是指县级以上人民政府依法批准,在土地使用者缴纳补偿、安置等费用后将该幅土地交付其使用,或者将土地使用权无偿交付给土地使用者使用的行为。依照本法规定以划拨方式取得土地使用权的,除法律、行政法规另有规定外,没有使用期限的限制。"同时根据该法第24条规定,经批准后可以取得下列建设用地的土地使用权:国家机关用地和军事用地,城市基础设施用地和公益事业用地,国家重点扶持的能源、交通、水利等项目用地,法律、行政法规规定的其他用地。

《城市房地产管理法》第40条规定:"以划拨方式取得土地使用权的,转让房地产时,应当按照国务院规定,报有批准权的人民政府审批。有批准权的人民政府准予转让的,应当由受让方办理土地使用权出让手续,并依照国家有关规定缴纳土地使用权出让金。以划拨方式取得土地使用权的,转让房地产报批时,有批准权的人民政府按照国务院规定决定可以不办理土地使用权出让手续的,转让方应当按照国务院规定将转让房地产所获收益中的土地收益上缴国家或者作其他处理。"

《城镇国有土地使用权出让和转让暂行条例》第44条规定:"划拨土地使用权,除本条例第四十五条规定的情况外,不得转让、出租、抵押。"第45条规定:"符合下列条件的,经市、县人民政府土地管理部门和房产管理部门批准,其划拨土地使用权和地上建筑物、其他附着物所有权可以转让、出租、抵押:(一)土地使用者为公司、企业、其他经济组织和个人;(二)领有国有土地使用证;(三)具有地上建筑物、其他附着物合法的产权证明;(四)依照本条例第二章的规定签订土地使用权出让合同,向当地市、县人民政府补交土地使用权出让金或者以转让、出租、抵押所获收益抵交土地使用权出让金。转让、出租、抵押前款划拨土地使用权的,分别依照本条例第三章、第四章和第五章的规定办理。"

由上可见,原则上划拨土地使用权只能用于划拨用途,不得擅自进入市场流通,原则也不能用作出资。但是经过行政机关批准,划拨土地使用权和地上建筑物、其他附着物同时具备可处分、可用货币估价条件的,则划拨土地使用权是可以用作出资的。

集体土地使用权能否用作出资?主流观点认为不能,理由是用于出资的财产必须具有可转让性,受让主体中必须包含公司,否则即使财产可以转让,因为不能被转让给公司,无法进行投资,该财产也就无法成为公司法上适格的出资形式。集体经济组织欲以集体土地出资,只能先通过国家征用途径将集体所有的土地变成国有土地,然后再以土地出让的方式重新获得该国有土地使用权,最后才可用于出资。①

用国有土地使用权或集体土地使用权出资,均需要履行三道程序:对土地使用权评估作价、将土地交付使用、办理土地使用权权属变更登记。

---

① 参见最高人民法院民事审判第二庭编著:《最高人民法院关于公司法解释(三)、清算纪要理解与适用(注释版)》,人民法院出版社2014年版,第164页。

第三章 股东出资的要素

第一节 请求权基础规范

一、新《公司法》规定

（一）出资依据

第 5 条 设立公司必须依法制定公司章程。公司章程对公司、股东、董事、监事、高级管理人员具有约束力。

第 40 条 公司应当按照规定通过国家企业信用信息公示系统公示下列事项：（一）有限责任公司股东认缴和实缴的出资额、出资方式和出资日期，股份有限公司发起人认购的股份数；（二）有限责任公司股东、股份有限公司发起人的股权、股份变更信息；（三）行政许可取得、变更、注销等信息；（四）法律、行政法规规定的其他信息。

公司应当确保前款公示信息真实、准确、完整。

第 43 条 有限责任公司设立时的股东可以签订设立协议，明确各自在公司设立过程中的权利和义务。

第 45 条 设立有限责任公司，应当由股东共同制定公司章程。

第 93 条 股份有限公司发起人承担公司筹办事务。

发起人应当签订发起人协议，明确各自在公司设立过程中的权利和义务。

第 94 条 设立股份有限公司，应当由发起人共同制订公司章程。

（二）出资期限

1. 新《公司法》

第 47 条 有限责任公司的注册资本为在公司登记机关登记的全体股东认缴的出资额。全体股东认缴的出资额由股东按照公司章程的规定自公司成立之日起五年内缴足。

法律、行政法规以及国务院决定对有限责任公司注册资本实缴、注册资本最低限额、股东出资期限另有规定的,从其规定。

第266条 本法自2024年7月1日起施行。

本法施行前已登记设立的公司,出资期限超过本法规定的期限的,除法律、行政法规或者国务院另有规定外,应当逐步调整至本法规定的期限以内;对于出资期限、出资额明显异常的,公司登记机关可以依法要求其及时调整。具体实施办法由国务院规定。

2.《国务院注册资本规定》

第2条 2024年6月30日前登记设立的公司,有限责任公司剩余认缴出资期限自2027年7月1日起超过5年的,应当在2027年6月30日前将其剩余认缴出资期限调整至5年内并记载于公司章程,股东应当在调整后的认缴出资期限内足额缴纳认缴的出资额;股份有限公司的发起人应当在2027年6月30日前按照其认购的股份全额缴纳股款。

公司生产经营涉及国家利益或者重大公共利益,国务院有关主管部门或者省级人民政府提出意见的,国务院市场监督管理部门可以同意其按原出资期限出资。

第3条 公司出资期限、注册资本明显异常的,公司登记机关可以结合公司的经营范围、经营状况以及股东的出资能力、主营项目、资产规模等进行研判,认定违背真实性、合理性原则的,可以依法要求其及时调整。

第4条 公司调整股东认缴和实缴的出资额、出资方式、出资期限,或者调整发起人认购的股份数等,应当自相关信息产生之日起20个工作日内通过国家企业信用信息公示系统向社会公示。

公司应当确保前款公示信息真实、准确、完整。

(三)出资比例

新《公司法》

第210条第4款 公司弥补亏损和提取公积金后所余税后利润,有限责任公司按照股东实缴的出资比例分配利润,全体股东约定不按照出资比例分配利润的除外;股份有限公司按照股东所持有的股份比例分配利润,公司章程另有规定的除外。

第224条第3款 公司减少注册资本,应当按照股东出资或者持有股份的比例相应减少出资额或者股份,法律另有规定、有限责任公司全体股东另有约定或者股份有限公司章程另有规定的除外。

第227条 有限责任公司增加注册资本时,股东在同等条件下有权优先按照实缴的出资比例认缴出资。但是,全体股东约定不按照出资比例优先认缴出资的除外。

股份有限公司为增加注册资本发行新股时,股东不享有优先认购权,公司章程另有规定或者股东会决议决定股东享有优先认购权的除外。

第 236 条第 2 款　公司财产在分别支付清算费用、职工的工资、社会保险费用和法定补偿金,缴纳所欠税款,清偿公司债务后的剩余财产,有限责任公司按照股东的出资比例分配,股份有限公司按照股东持有的股份比例分配。

二、其他法律规定

《民法典》

第 79 条　设立营利法人应当依法制定法人章程。

第 85 条　营利法人的权力机构、执行机构作出决议的会议召集程序、表决方式违反法律、行政法规、法人章程,或者决议内容违反法人章程的,营利法人的出资人可以请求人民法院撤销该决议。但是,营利法人依据该决议与善意相对人形成的民事法律关系不受影响。

第 134 条　民事法律行为可以基于双方或者多方的意思表示一致成立,也可以基于单方的意思表示成立。

法人、非法人组织依照法律或者章程规定的议事方式和表决程序作出决议的,该决议行为成立。

第 465 条　依法成立的合同,受法律保护。

依法成立的合同,仅对当事人具有法律约束力,但是法律另有规定的除外。

》 第二节　裁判精要

一、出资依据

(一) 没有变更出资义务

1. 即使公司出具情况说明撤销了股东会决议中股东抽逃出资的内容,也并不能证明股东向公司补缴了出资,不足以否定股东会决议所确认的内容,股东仍需按股东会决议补缴出资。

在(2019)粤民申 13628 号案中,再审法院认为:《股东会决议》载明"公司当前注册资本为1亿元,确认因股东个人原因抽回(支出)部分资本或因公司经营需要再次向公司缴纳(退还)资本……为保障公司持续经营,全体股东于2017年1月15日前向公司指定账户足额缴纳注册资本:已抽回(支出)部分注册资本的股东应在上述期限内按认缴出资额向公司缴纳(退返)注册资本,其中郑某飞继续出资2610万元、刘某平继续出资1392万元,赵某顺进、吴某某、黄某平、郑某旺各继续出资1131万元,公司预留2%股份(郑某飞代持)所涉出资款暂不要求全体股东出资……"该决议由郑某飞、吴某某、赵某进、黄某平投赞成票并代表公司71%的表决权通过,可见彼时吴某某对其本人需向公司继续出资人民币1131万元的事实是认可的。吴某某申请再审称其提交了专项审计报告、公司出具的情况说明以及公司对撤销股东会决议中关于吴某某抽逃出资人民币1131万元的内容的同意,但这些证据并不能直接证明吴某某在股东会决议作出后以现金或其他形式向公司补缴了出资,不足以否定吴某某签名并赞成股东会决议所确认的内容,吴某某抽逃出资人民币1131万元的事实成立。

2.股东会议记录应认定为股东对履行出资义务的承诺,公司可以要求股东按照会议记录的约定履行出资义务。

在(2019)黑民申3573号案中,再审法院认为:公司四位股东召开股东会议,按合作协议书约定按各自的投资比例向项目投入资金合计人民币400万元。姚某某占比30%,姚某某实际投入人民币63.18万元,尚有人民币56.82万元未到位。该会议记录约定了公司四名股东向项目投入资金,但项目是以公司名义进行开发的,因各股东抽逃出资的行为,致使公司开发项目缺少资金,才形成了会议记录,该会议记录应被认定为股东对履行出资义务的承诺。公司向其股东提起诉讼,要求股东按照会议记录的约定履行出资义务,应视为公司要求姚某某返还抽逃出资款。

3.公司年报与公司章程记载不一致的,以公司章程作为股东出资的依据。

在(2019)粤03民终18793号案中,一审法院认为:公司年报是由公司对外公示填报的材料,无需经全体股东确认,故会出现不同年份年报的内容不一致的情况。公司章程系依据公司法制定,规定公司组织和活动的基本规则,是由股东共同制定、经全体股东一致同意的,对公司、股东、董事、监事、高级管理人员具有普遍约束力。依公司章程规定,上诉人应认缴的出资额为人民币100万元,出资方式为货币,上诉人关于技术作价入股的主张与公司章程的规定不符。二审法院持相同观点。

4.工商机关对年检报告采用形式审查,不作实质审查,仅凭工商年检报告不能证明其实际出资,须提供向公司实际支付的证据。

在(2009)黄民二(商)初字第4686号案中,法院认为:原告胡某作为第三人某商贸有限公司设立时的股东,没有向公司足额缴付其认缴股金,原告认为其于2002年底与2003年初向公司交付投资款人民币60万元,但无实际交付的证据,原告以2003年的年检报告作为其出资证据是不够的,工商机关对年检报告的审查采用形式审查,而不作实质审查,原告要证明其向公司交付股金的事实,须提供向公司实际支付的证据,仅凭工商年检报告不能证明其实际出资。从第三人提供的公司银行对账单来看,没有原告向公司实际交付投资款的记录,因此必须向公司补足其投资金人民币60万元。

5.公司章程制定时间晚于合作合同的签署时间,但未必一定是对合作合同的变更,如果股东以发布声明、签署协议等行为确认了合作合同继续有效,则应按合作合同履行义务,合作合同成为各股东出资的依据。

在(2014)民四终字第19号案中,二审法院认为:从签署时间来看,中源公司章程的制定时间确实晚于《合作合同书》,但银资公司在中源公司成立后发出的报纸声明和函件,均强调《合作合同书》合法有效,其在中源公司章程签署后取得了《合作合同书》的公证书,对公证书的效力亦无异议。另外,徐某是银资公司委派至中源公司的董事及中源公司章程的签署人,同时又是本案所涉交易的联系人和参与人,其向公安机关供述称:其妻子李某以宏伟集团的名义贷款人民币1亿元,通过银资公司走账,其中人民币3000万元用于购买谭某在西部控股的50%股份;人民币7000万元用于与谭某共同成立中源公司,银资公司占50%股份。该供述与《合作合同书》的内容相吻合,而与中源公司章程的内容相左。综上,应当认定《合作合同书》中关于银资公司投资中源公司人民币7000万元占50%股份的约定,没有被章程变更,仍然是银资公司与西汇公司的真实合意。原审法院以签署时间先后推定《合作合同书》为中源公司章程所变更,缺乏事实和法律依据,予以纠正。

(二)存在变更出资义务

【股东协议与公司章程的冲突】

1.公司的通知可以对股东合作协议书进行变更,应以通知作为股东出资的依据。

在(2015)浙民申字第217号案中,再审法院认为:《股东合作开发协议书》虽约定叶某某应出资的金额为人民币560万元,以及倪某某负责合作项目开发土地的全部资金(除股金外)。但经股东倪某某、叶某某和徐某某签名确认以合作各方为改制和开发礼品总厂而特别设立的建筑工程有限公司,于2011年5月3日出具的通知中明确记载了各方股权比例、已出资和未出资等内容,一、二审判决认定该文件实际上系合作各方内部就当时已出资金额的相互结算,及对收购礼品总厂追加投资额的补充约定,构成对《股东合作开发协议书》中关于股东出资义务的变更,应根据通知来确定叶某某承担的出资金额为人民币1500万元。

2. 签订投资协议后并未修改公司章程,未就增资委托专业机构审计,未办理股东及注册资金的变更登记,协议仍只涉及投资者与股东之间的股权转让关系,尚未形成投资者与公司之间的股权关系,投资者并不能按协议取得公司的股权份额,不享有股东权利和承担股东义务。

在(2013)赣民二终字第14号案中,一审法院认为:谢某、张某某、朱某某、金某某(以下简称四股东)虽然签订了《入股协议书》《投资协议书》,按照上述协议均应投入相应资金而成为江西城乡公司的股东,但由于四股东签订协议后并未修改相应的公司章程,也未就江西城乡公司的增资委托专业机构审计,更未办理相应的股东及注册资金的变更登记,四股东并不能按上述协议的约定取得江西城乡公司的股权份额,自然也就不存在享有相应股份的股东权利和承担相应的股东义务,故江西城乡公司起诉四股东补缴出资的理由不能成立。二审法院持相同观点。

3. 股东协议只涉及对投资比例的调整,并不包括公司注册资本数额调整的,则不能以实际出资额来调整股东在公司章程中认缴的出资,否则混淆了股东认缴出资与实际缴纳出资的关系,股东协议不能作为出资依据。

在(2018)最高法民申168号案中,再审法院认为:《星泰公司合股投资补充协议》载明"根据投资现状,经协商三股东一致同意,以投产时间为准对投资比例进行调整,以签字为准",该补充协议是经星泰公司全体股东一致同意的书面文件,可以认定星泰公司就股东之间的出资比例进行调整形成了决议,但该补充协议的内容仅是拟对投资比例进行调整的约定,并不包括公司注册资本数额应当如何调整的事项。陈某某在本案中自述星泰公司的实际投产时间晚于前述补充协议的签订时间,对这一期间股东的投资现状有无发生变化,以及变化后应当如何调整投资比例,各股东之间并未议及,而且根据陈某某、章某某、邱某某缴纳出资的实际情况,这一调整必然涉及星泰公司注册资本的变更。一审判决根据该补充协议,以星泰公司股东的实际出资数额为依据,认定各股东的股权比例,混淆了股东的认缴出资与实际缴纳出资之间的关系,系司法权对公司自治事项的僭越,判决结果明显不当。

4.股东协议不能改变公司章程中对出资方式的约定,最终以公司章程的约定为准。

在(2020)京民申777号案中,再审法院认为:公司章程显示,股东出资额应为28万美元,其中24.84万美元以涉案506平方米房产出资。但股东后续收回了公司对涉案506平方米房产的使用,该抽回出资行为违反了资本维持原则,股东应继续补缴24.84万美元出资。股东以《承包协议》主张双方合作协议已变更,既不符合公司章程规定,又未显示股东与公司就出资方式达成新的一致意见,股东与公司是否存在其他合作,均不影响公司依法要求股东缴纳出资。

5.股东出资以公司章程规定的出资额为限,并按出资额确定出资比例;超出公司章程规定的股东出资额,不属于股东对公司承担的出资义务。在没有以公司章程规定或者股东会决议为依据的情况下,仅依据合作合同中关于调整股东持股比例的约定,以及股东之间的确认书,来请求按其实际投入资金变更股东持股比例,没有法律依据。

在(2016)最高法民再87号案中,一审法院认为:案涉《合作合同》约定若"投资超过1000万元人民币,另按股东各自出资比例调整持股比例"。该合同对合同双方有约束力,可作为股东进一步协商变更中海公司注册资金及股东出资额的正当理由,但不是公司登记机关对股东出资比例进行变更登记的根据,因为公司登记机关对公司注册资金及股东出资额进行变更登记是依申请的行政行为。双方当事人对周某某投入资金建设三亚国家珊瑚礁自然保护区生态教育基地的事实无异议,但对投入的具体数额存在争议,周某某主张其投入的资金数额为人民币52877824.57元,并提供中海公司自行委托咨询公司作出的《建筑工程结算书》为证据。但是,股东对公司的出资(投入)以公司章程规定的出资额为限,并按出资额确定出资比例;超出公司章程规定的股东出资额,不属于股东对公司承担的出资义务。因此,在没有以公司章程的规定或者股东会决议为依据的情况下,周某某仅依据《合作合同》中关于调整股东持股比例的约定,以及前述《建筑工程结算书》,请求按其实际投入资金变更股东持股比例,没有法律依据。二审法院持相同观点。

6.代为出资与股份代持是不同的法律关系,股份代持是指代为持有股份,通过股权登记和代为行使相关股东权利的方式体现,股份代持原则上不涉及代为出资,除非双方存在特别约定,否则按照公司章程来判定股东出资义务。

在(2018)粤03民终12620号案中,二审法院认为:上诉人微明星公司主张,根据未经工商备案的《公司章程》的约定,被上诉人王某某出资额为人民币 29 万元,股东王某出资额为人民币 40 万元,并全部由被上诉人王某某代持,被上诉人王某某应代王某履行出资义务,其出资额应为人民币 69 万元,现被上诉人王某某已缴纳出资款人民币 26 万元,因此其欠缴的出资额应为人民币 43 万元,而非一审认定的人民币 3 万元。对此,法院认为,上诉人微明星公司错误理解了股份代持关系,股份代持是指代为持有股份,主要通过股权登记和代为行使相关股东权利的方式体现,股份代持并不涉及代为出资,本案亦无证据证明在被上诉人王某某与王某之间存在代为出资的协议等约定,因此,按照未经备案的公司章程,被上诉人王某某的应缴纳出资额为人民币 29 万元。

7. 公司章程和股东会纪要已对合同约定的股东出资方式、出资时限及违约责任进行变更,以变更后的合同作为履行出资的依据。

在(2015)民二终字第 248 号案中,二审法院认为:合同约定,天川公司出资额为人民币 1400 万元,其中现金人民币 100 万元,另外人民币 1300 万元为实物出资,应在 2007 年 10 月 23 日前完成出资义务,并明确"任何一方未按合同第七条规定依期如数提交出资额,每逾期一日,违约方应向另一方支付出资额的 1‰违约金。如逾期三个月仍未提交的,另两方有权解除合同"。而根据各股东在公司章程和股东会纪要中的约定,天川公司已实缴货币人民币 200 万元,剩余人民币 1200 万元于 2009 年 11 月 7 日之前缴足;至于违约责任,股东会纪要仅明确"各股东应按本纪要商定的期限按期出资,凡逾期出资的,应加付银行利息……"。从公司章程和股东会纪要内容来看,已对合同中约定的股东出资方式、出资时限及违约责任进行变更,股东的出资方式、出资时间及逾期出资的违约责任,应以变更后的合同来认定。

8. 可以从签署时间、与公司章程记载是否一致、表决权比例是否达到法定或章定比例等角度判断股东会决议效力,在股东会决议不合法、无效的情况下,尽管有股东向公司支付股款,也不能推断已对公司章程约定的出资方式进行变更。

在(2019)粤 0391 民初 6089 号案中,法院认为:其一,涉案的补充建议并未明确签署时间,从内容上来看,其系在第二次发起人会议召开后形成,且载明了各股东须在 2016 年底前缴付资金人民币 100 万元,而公司注册时间为 2017 年 1 月 13 日,因此无法判断该补充建议是否在公司成立后形成。其二,补充建议中记载的股东与公司章程中记载的股东不一致。其三,补充建议中仅有部分人员确认签名,但其中一些人员并非公司登记的股东,也没有证据证明赵某系受股东公司的授权签署该补充建议,故因表决的股东之持股比例尚未达到章程约定的三分之二,无法形成合法有效的股东会决议。虽各方有向公司支付股权款的行为，但该行为并不能推定各股东已对章程中约定的出资认缴方式进行变更，仍需依据公司章程约定来履行出资义务。

【存在多份协议】

1.存在多份股东协议，可以从后协议是否明示对前协议变更调整、后协议是否实质变更双方合作模式及权利义务、变更调整是否存在符合约定的明示方式等角度，判断以哪一份协议作为增资出资的依据。

在(2018)最高法民终415号案中，一审法院认为：关于《中联控股集团有限公司与陈海兵合作重组湖北团结高新技术发展集团有限公司、湖北团结激光控股集团有限公司协议书》(以下简称《协议书》)与《湖北团结高新技术发展集团有限公司增资重组协议书》(以下简称《增资重组协议》)的关系及以何者为准的问题，中联方主张《增资重组协议》系《协议书》的对外形式合同，应以《协议书》为准；团结高新公司、团结激光公司、陈某某主张《增资重组协议》系《协议书》的补充协议，变更了《协议书》的部分内容，应以《增资重组协议》为准。对此，法院认为，中联方的主张更具现实合理性及相应事实根据，理由如下：其一，《增资重组协议》虽增加了中联智汇中心、中联资本公司这两个缔约主体，且双方亦按《增资重组协议》的新增主体持股比例办理了相应的股权变更登记，但中联方三公司系一致行动人，而三者受让股权及增资金额的合计数均仍与《协议书》约定的中联控股公司的权利完全一致。易言之，新增主体仅在《协议书》约定的中联控股公司的权利义务范围内进行了份额细分，实际办理的工商变更登记也未超出《协议书》约定的中联控股公司的权利义务范围，故该事项未实质变更双方合作模式及权利义务实质内容。

其二，《增资重组协议》对团结激光公司的股权合作方式较《协议书》有重大区别，《协议书》约定中联控股公司以人民币6700万元对价受让团结激光公司67%的股权，首付金人民币2000万元；而《增资重组协议》约定团结高新公司全资收购团结激光公司，无股权转让对价。显然其后的实际履行情况与《协议书》约定更加吻合。

其三，《协议书》约定：另签补充协议与本协议直接冲突的，应明示对本协议进行调整方为有效。《增资重组协议》在对是否支付团结激光公司股权转让对价人民币6700万元、陈某某是否有权获得对价、团结高新公司增资款来源、合作持股方式等多项涉及合作双方权利义务重大核心条款已变化的情况下，未依《协议书》约定在《增资重组协议》中作出明示变更的调整，故应认定未变更《协议书》。综上，除中联方合作主体范围事项应以工商登记的实际履行情况为准外，其他双方合作事项下的权利义务应以《协议书》约定为准。二审法院持相同观点。

2. 全体股东在投资协议中就股东出资问题达成一致,而补充协议只是部分股东达成的协议(同样约定了出资问题),没有在补充协议上签字的股东在出资期限未届满时将股权全部转让给第三人,不属于未履行或未完全履行出资义务之情形。如果其他股东以补充协议为依据要求转让股权的股东承担出资责任,该请求得不到法院支持。

在(2021)京03民终11376号案中,一审法院认为:慧途公司的股东延边公司、盛泰公司、滴滴导游公司、兴恺公司四方订立了《投资合作协议》,并召开首次股东会,以股东会决议的形式确立了各股东的出资金额、出资时间和持股比例,将各股东的出资时间明确为2037年3月1日。后来,盛泰公司将其持有的慧途公司的全部股权转让给合创公司,慧途公司同时增加新股东合创公司,各股东的出资时间不变。至此,慧途公司的股东为延边公司、滴滴导游公司、兴恺公司和合创公司。延边公司主张盛泰公司、合创公司、兴恺公司应按照《投资合作协议》承担向慧途公司缴纳出资的义务,其主要依据是《补充协议》。但《补充协议》的签订主体仅有三方,即合创公司、兴恺公司和延边公司,不含慧途公司的股东滴滴导游公司,故该协议不是慧途公司全体股东所达成的约定,且该协议主要就慧途公司的未决事项作出约定,并未涉及变更股东出资时间的内容。虽然《补充协议》约定原协议的其余部分应完全继续有效,但根据《补充协议》的鉴于条款,原协议是由合创公司、兴恺公司和延边公司根据合作发展情况签署的系列协议,不能就此得出延边公司、盛泰公司、滴滴导游公司、兴恺公司四方签订的《投资合作协议》中关于出资时间的内容在没有经过慧途公司新的全体股东协商一致的情形下继续有效的结论。根据公司章程,盛泰公司认缴出资的时间为2037年3月1日,其转让出资的行为发生在2017年5月19日,此时,盛泰公司认缴出资时间尚未届满,不属于未履行或未完全履行出资义务,对延边公司请求盛泰公司连带承担全面履行出资义务并对延边公司承担违约责任的诉讼请求不予支持。二审法院持相同观点。

3. 梳理清楚合作背景,了解合作合同、公司章程、股东会决议对出资方式的约定,如果出资方式与实际出资情况不相符,则要考虑以事实上的出资作为认定出资标准。出资事实的确认,可以从各类文件中得到证实,也可以从资金、实物是否被占有、使用的角度得到佐证。对涉及增资将出资比例进行调整的,如合作合同被解除,则可以判断无须再履行股权比例变更后的出资义务。

在(2015)陕民二终字第00019号案中,二审法院认为:关于中远医保公司是否出资的问题。首先，原审第三人东华置业公司在向区管理委员会呈报的《关于医药城项目的专题汇报》中涉及的投入资金，实际包含中远医保公司的前期投入，东华置业公司已经将上诉人中远医保公司的前期投入视为其公司的投入且实际占有、使用上诉人中远医保公司的付出及成果，对上诉人中远医保公司的前期投资人民币1300万元依法应予确认，对上诉人中远医保公司的房产作价人民币900万元，其房产虽未过户至原审第三人东华置业公司名下，但其一直占有、使用该房产，至双方发生矛盾而搬迁时，依据本案查明的事实情况，应认定中远医保公司的作价房产，在双方发生矛盾前，东华置业公司一直实际占有、使用。

其次，中远医保公司在东华置业公司占30%股权，后变更为20%股权（东华置业公司的注册资本由原人民币5133万元变更为人民币11000万元），均是以上诉人中远医保公司的前期投资及房屋作价计算合计为人民币2200万元的注册资本金为前提计算的股权，上诉人中远医保公司的前期投资人民币1300万元已实际出资到位，无须履行重复的现金出资义务。对于中远医保公司的房产作价人民币900万元，东华置业公司虽然实际占有、使用至发生纠纷时才搬出，但未将该房产过户到东华置业公司名下，因该房产属于东华置业公司的财产，其公司股东东华实业公司起诉请求办理该房产的过户转移手续，符合法律规定，应予支持。

最后，中远医保公司与被上诉人东华实业公司合作成立东华置业公司的目的是开发陕西中远医保产品物流配送中心的项目，后因东华置业公司要求退还已交的保证金而导致城改办解除了与东华置业公司签订的城中村改造项目合作协议，致使上诉人中远医保公司与被上诉人东华实业公司的合作合同目的已无法实现。东华置业公司的章程及股东会决议虽载明，上诉人中远医保公司认缴的出资为人民币2200万元，实缴为0元，但事实上双方的《合作合同》已确认上诉人中远医保公司的出资，且该公司经营的项目已被政府相关部门取消，东华实业公司要求中远医保公司向东华置业公司再履行人民币2200万元的现金出资义务，依据不足。

（三）没有约定、约定不明

1.公司章程未记载股东认缴出资时间的，公司不能依据股东会决议请求股东履行出资义务。

在(2019)粤03民终30794号案中，一审法院认为：公司章程中虽注明刘某某已缴足所认缴的注册资本，但实际上刘某某并未出资，由于章程中并未对实缴注册资本的时间进行约定，故三顺公司要求刘某某缴纳出资的请求无事实和法律依据。公司称股东会决议已明确对刘某某的出资额进行追缴，但该决议没有经刘某某签名确认,亦没有证据证实股东会召集程序符合章程约定,故而不能以股东会决议作为要求刘某某出资的依据。

二审法院认为:包括刘某某在内的公司三名股东签署了公司章程,约定股东田某、刘某某、黄某某分别认缴出资额人民币60万元、20万元、20万元,同时载明"出资期限:所认缴的注册资本已缴足",但三名股东至今均未实际出资,故应当视为该公司章程并未约定股东足额缴纳认缴出资额的期限,在此情况下,公司仅要求股东之一的刘某某实际缴纳认缴出资额,缺乏事实和法律依据。公司可通过修改公司章程以明确股东实缴期限的方式,要求包括刘某某在内的所有股东按期足额缴纳各自所认缴的出资额。

2. 股东协议没有明确约定出资时间,这可能是在项目进行中出现了新情况,各股东为以后解决问题预留空间,但也为以后产生纠纷埋下伏笔。另外,通过股东的行为表现,比如商定好开发项目却私自对外签订各种协议,导致项目继续合作存在风险和不确定性,其他股东持观望态度而不敢再出资,可以反推股东是否还应继续履行出资义务。

在(2020)最高法民再232号案中,一审法院认为:依据《合作协议》的内容来看,实质是陈某1、陈某2及何某共同对盛世龙门公司进行增资扩股,对陈某2竞拍取得的地块进行开发。虽然该协议中有各方应遵守《投资时间表》中投资时间、资金金额的约定,但是因各方当事人均未能提交该《投资时间表》,故该协议对于当事人履行增资、出资义务的时间缺乏明确约定。现因陈某1、陈某2及何某至今均未履行增资、出资义务,并且陈某2已与国土资源局、金龙房开公司签订《国有建设用地使用权出让合同变更协议》,约定将案涉地块的国有土地使用权人变更为金龙房开公司,该公司已接收上述地块,地块现已处于房地产开发状态。从上述情况来看,案涉地块实际上已经不可能再作为陈某2的增资投入盛世龙门公司进行开发,陈某1、陈某2及何某对盛世龙门公司进行增资扩股,用于对案涉地块进行开发的合同目的显然也已无法实现,继续履行《合作协议》约定的出资义务缺乏履行的现实可能性。二审法院持相同观点。

3. 公司根据实际经营需要,通过临时股东会决议方式确定各股东实缴出资的时间,该决议对全体股东具有约束力。

在(2020)粤03民终9690号案中,一审法院认为:根据公司章程,汤某某对公司承担人民币240万元货币出资的义务,但未约定具体的时间,公司已通过临时股东会决议确定各股东向新世代公司实缴出资的时间为2017年8月18日,该股东会决议系公司通过公司权力机构的表决机制形成的公司意志,对全体股东具有约束力,亦是对公司章程中实缴出资时间的明确,各股东均应遵照履行。二审法院持相同观点。

4. 因生产经营需要,股东会决议明确了各股东出资的具体期限,虽然没有修改公司章程,但可以依据股东会决议追缴股东的出资。此时应审查公司章程对于提前出资有无特别约定,提供公司"根据实际经营需要作出出资计划"的必要证据和股东会决议实施出资计划的证据。

在(2018)鲁民申3040号案中,再审法院认为:公司召开股东会议的目的是购买设备,扩建、改建生产车间,以及建立实验室和葡萄种植基地,作出让股东张某某、周某某提前各自交付认缴出资额人民币200万元的决议。张某某以实物出资并进行了资产评估,而周某某认为公司章程中已约定以货币或实物出资的明确时间点,本次股东会议并未改变该出资期限约定,未对公司章程进行修改,应依据公司章程的约定来判断是否出资。法院认为,公司提供了交易合同来证明公司实际生产经营情况,相关合同真实有效,公司根据生产经营需要,要求股东张某某、周某某履行部分出资义务并无不当,而且出资比例仅为各自认缴出资额的40%,人民币400万元出资额也远低于公司所提供的近期生产经营活动的合同价值,股东会决议未违反相关法律及公司章程规定,张某某、周某某应履行部分出资义务。

(四)工商登记

1. 股东是否履行了出资义务,应以认缴的货币是否存入公司账户或非货币财产是否办理转移手续为依据,并不以工商行政部门的备案为依据。

在(2022)最高法民申55号案中,再审法院认为:依据《非专利技术资产评估报告》、玄武岩公司出具的收条、义龙新区行政审批局备案通知书、玄武岩公司股东会决议及玄武岩公司章程,北京汇金公司为履行出资对非专利技术进行了评估,并在评估有效期内与玄武岩公司进行了交接,相应的股东会决议确认了其已缴足出资,公司章程也记载了其缴足了认缴出资。虽然《内资企业基本注册信息查询单》显示玄武岩公司章程及涉及的出资情况较迟才进行备案,但股东是否履行了出资义务,应以认缴的货币是否存入公司账户或非货币财产是否办理转移手续为标准,并不以工商行政部门的备案为准,且非专利技术的权属通常没有明确的证明文件,亦无明确的法律交付手段,只能以被出资企业和出资方的出资协议或其他相关法律文件为依据。北京汇金公司与玄武岩公司对案涉非专利技术权属的交接均不持异议,《非专利技术资产评估报告》在义龙新区市场监督管理局进行了备案,故现有证据显示北京汇金公司移交了"连续玄武岩纤维生产技术",且当履行出资义务时,北京汇金公司使用的《非专利技术资产评估报告》并未超过所载明的有效使用期,北京汇金公司已履行股东出资义务。

2.仅约定了出资方式,但未办理注册资本和股东的工商变更登记,协议书上的签约主体无须履行出资义务。

在(2020)粤民申4908号案中,再审法院认为:振强公司是有限责任公司,注册资本为100万元,股东孙某某与夏某某各占50%,振强公司确认夏某某已出资人民币50万元,履行了出资义务。案外人孙某某与黄某某、夏某某、黄某2、曾某某等于2015年12月11日签订《协议书》,虽然约定了如何处置涉案土地及厂房,但并未变更振强公司的注册资本和股东构成,对公司要求黄某2履行出资义务的诉请应予驳回。

3.公司未经工商登记将相关人员列为股东,但合作经营合同、公司章程、投资协议书、投资款明细表等证据足以证明以股东身份参与公司的投资和经营的,公司可以据此要求相关人员履行出资义务。

在(2019)粤民申1336号案中,再审法院认为:虽然田羽公司未经工商登记将李某某列为股东,但从田羽公司提交的《合股经营合同》、佛山市田羽家具制品有限责任公司章程、追加投资协议书以及由李某某签署确认的《各股东欠田羽投资款明细表》等证据载明的内容来看,足以证明李某某以股东身份参与田羽公司的投资和经营,田羽公司据此要求李某某履行出资义务,依据充分。

4.股东出资方式在公司设立后是否发生变更,应结合股东会决议、公司章程及公司工商登记事项作出综合认定。

在(2016)最高法民再87号案中,再审法院认为:中海公司的公司章程、《股东会决议书》《章程修正案》涉及中海公司原股东方某某转让股权给周某某,周某某在中海公司的股份比例由49%变更为70%,并未涉及珊瑚礁管理处的出资方式变更事项。珊瑚礁管理处提供的中海公司的公司章程为复印件,该章程落款处加盖的珊瑚礁管理处的公章名称为"三亚国家珊瑚礁自然保护区管理处",与其设立登记的名称即"海南三亚国家级珊瑚礁自然保护区管理处"并不相符,故对珊瑚礁管理处提供的中海公司的公司章程的真实性不予确认。即使该章程落款处加盖的公章真实,该公司章程亦与中海公司股东为修正该章程而作出的《股东会议决议》的内容不相符,该决议载明公司章程修正案为修改公司的经营范围,并明确章程的其他各项不变,未对珊瑚礁管理处的出资方式作出变更。另外,《验资报告》及银行现金缴款单等证据材料,与《司法会计鉴定报告》确认的中海公司实收资本人民币500

万元并非股东真实出资的情况相互矛盾,也不足以证明其出资方式已发生变更并已实际履行,因此珊瑚礁管理处的出资方式未发生变更,其仍应以土地使用权出资。

二、出资期限

(一)出资期限提前

【提前出资的正当性】

1. 出资期限系公司章程规定事项之一,当公司经营状况发生变化时,股东可以讨论决定是否提前出资,但提前出资的期限和金额应当合理,公司应就股东提前出资的理由进行充分说明,并附上公司存在巨大资金需求的证据。

在(2020)苏01民终11215号案中,二审法院认为:原公司章程记载"本公司股东应于2020年2月15日前完成实缴出资。实缴出资以货币形式缴纳的,包括本人现金缴纳、银行转账或他人代为支付等形式,出资款项到达公司账户后有效"。张某以提前出资没有合理性、紧迫性,实系大股东滥用权利侵害小股东利益为由,主张上述决议内容无效。对此,法院认为,股东出资期限系公司章程规定事项之一,当公司经营状况发生变化时,公司股东可以依法依章程讨论决定是否提前出资,但提前出资的期限和金额应当合理。公司于2020年1月3日召开股东会时,会议召集人就股东提前出资的理由进行了说明,即公司发展需要资金,且2020年将开展新项目,存在大量资金需求。根据已查明的事实,公司三名股东在公司设立时均未实缴资本,将出资期限设置为2048年10月12日,但公司存在实际经营活动并签订了项目合作协议,必然存在资金需求,而张某、夏某某二审时均陈述二人对公司并未投入资金,在此情况下,实际负责公司经营管理的股东赵某提出提前出资,并通过股东会决议进行讨论表决,有利于公司经营发展。股东会决议设定的出资期限由原2048年10月12日前修改为2020年2月15日前,出资金额为各股东认缴的金额,其中张某为人民币20万元,张某为技术人员,根据一般生活常理判断,上述期限内的出资金额不属于其在上述期间内无法筹集的巨额出资,故决议内容具有合理性和必要性,各股东应按股东会决议履行出资义务。

2. 公司章程载明"由股东根据公司实际经营需要决定出资计划",表明认缴股权的出资期限尚处于不确定状态,在未能证实公司存在因"公司实际经营需要"情况而请求股东履行出资义务的,该请求得不到法院支持。

在(2018)粤0303民初25287号案中,法院认为:原告与公司四股东签订增资入股协议时,公司章程载明的出资期限为"由股东根据公司实际经营需要决定出资计划",即认缴股权的出资期限尚处于不确定的状态。后有增资入股协议显示,被告股东曾向牛某某、陈某等股东作出已实际履行出资义务的承诺。法院认为,股东会决议仅记载了增资前后各股东出资额及出资比例的变化,该决议并不足以使原告基于此份决议对两被告已实际履行出资义务产生确认或信赖。而增资入股协议中,原告并非合同相对方,且原告是在实际履行出资义务后,才得知该增资入股协议的存在,即原告增资入股时,并非基于被告股东的上述承诺而同意增资。在未能证实公司存在因"公司实际经营需要"而要求原股东履行出资的情形,原告相关请求没有事实和法律依据。

3. 公司章程如果约定由股东先决定出资计划,再依据出资计划出资,则需要举证存在出资计划才能主张股东出资。

在(2020)粤03民终11394号案中,一审法院认为:飞梦公司的公司章程约定,股东认缴出资由股东根据公司实际经营需要决定出资计划,各股东应当依据章程的规定按期足额缴纳各自所认缴的出资额。因此,股东认缴出资是由股东先决定出资计划,再依据出资计划出资,但两公司并未举证证明飞梦公司的两位股东已经制定出资计划,且出资计划所列的出资期限已经届满,彭某某作为股东认缴出资额的条件已经成就,故飞梦公司要求彭某某认缴出资及益起微马公司要求彭某某承担未出资的违约责任,均没有合同依据。二审法院持相同观点。

4. 公司章程约定"股东认缴出资额由股东根据公司实际经营需要决定出资计划",如果要求股东须实际向公司出资却并未能证明股东已满足"根据公司实际经营需要作出出资计划"之条件,且在其他股东已表示不同意实际出资的情况下,并不能以"资本多数决"原则通过要求股东实际出资的决议。

在(2019)粤03民终17211号案中,二审法院认为:公司章程显示,陈某某、刘某某、林某某作为公司股东,均分别持有公司1/3股权,其出资方式为认缴出资,且"经全体股东一致约定,股东认缴出资额由股东根据公司实际经营需要决定出资计划"。现陈某某要求刘某某、林某某须实际向公司出资,但却并未提交股东会决议等证据证明股东已按照上述章程的规定"根据公司实际经营需要作出出资计划",并且在刘某某、林某某已在二审法庭调查程序中当庭表示不同意在现阶段实际出资的情况下,根据公司股权结构,陈某某也并不能以"资本多数决"原则在股东会中通过要求另外两个股东实际出资的决定。

【资本多数决的效力】

1. 股权转让时,各方对股权转让方的出资期限没有异议,之后股权受让方通过股东会决议将股权转让方的出资时间提前,该股东会决议对股权转让方没有约束力,股权转让方无须承担出资责任。

在(2021)粤民申 5640 号案中,再审法院认为:张某某分别与吕某某、吕某 1 及新股东王某某签订股权转让合同,张某某将其持有公司的全部股份转让给吕某某、吕某 1 及王某某。之后,吕某某、吕某 1、王某某召开股东会议,决定变更全体股东的出资期限,由"2045 年 12 月 31 日前缴足"提前到"2019 年 12 月 31 日前缴足"。由于公司章程明确规定原股东张某某的出资时间为 2045 年 12 月 31 日前,张某某转让案涉股权时,各方并未对股东出资期限提出异议,也未对股东出资期限作出变更,公司通过股东会决议提出原股东张某某的认缴出资期限已提前到期,张某某应向其缴纳出资款人民币 204 万元的主张不应得到支持。

2. 以资本多数决方式通过将出资期限提前的股东会决议并不必然无效。

在(2020)京 0105 民初 16201 号案中,法院认为:股东提前出资具有一定的合法性基础,应当有条件地允许公司要求股东提前出资。具体的条件应当包括以下三个方面:一是公司要求股东提前出资存在正当性和紧迫性,即公司经营资金严重短缺,无法正常经营;二是公司应当履行正当决策程序,召开股东会会议并经过三分之二以上表决通过;三是同意提前出资的股东应当已经履行出资义务。本案中,公司在成立时,全部股东均未认缴出资,虽然李某振和徐某某已向公司转入多笔出资款,但公司资产负债表仍然显示亏损。在此条件下,公司召开股东会会议,以 85% 的表决权通过将股东出资期限变更至 2019 年 9 月 15 日。李某振和徐某某作为同意提前出资的股东,也已经将相应的出资款缴付至公司。因此,公司股东会将股东出资期限提前至 2019 年 9 月 15 日的行为并不违反法律规定,应当合法有效,继而公司两次分别作出的将全体股东的认缴出资期限提前至 2019 年 9 月 15 日的股东会决议也应当有效。

赵某认为,公司要求股东提前出资是李某振和徐某某利用资本多数决滥用股东权利,损害赵某合法利益的行为。法院认为,公司法中的资本多数决滥用,并非控股股东实施所有的对小股东不利的行为都能被认定为滥用权利的行为,在同时具备以下三个条件的情况下,不能认为属于资本多数决的滥用:第一,给少数股东造成的利益损害确实为实现全体股东利益所必需;第二,控股股东与少数股东均因此利益受损,而且利益受损程度与持股比例成正比;第三,在实现股东会决议目的的诸种可选手段中,选取了少数股东利益受损程度最低的一种手段。依据该标准,本案不构成资本多数决的滥用：其一，公司确实存在资金短缺的情况，需要股东提前出资以保证公司继续正常经营，实为实现全体股东利益之必需；其二，公司系将全体股东的出资期限均予以提前，李某振和徐某某的利益也因此受损；其三，在实现补充公司资金的目的的可选手段中，要求股东提前出资确为赵某利益受损程度最低的手段。由此可见，赵某的主张不能成立。

3. 控股股东利用其股东优势地位，以多数决通过缩短出资期限的股东会决议，侵害了其他股东的合法权益，股东会决议无效。

在（2018）沪民申 188 号案中，二审法院认为：在咖啡中心成立时，公司章程载明股东之一的认缴出资 450 万元，出资时间在 2020 年 3 月 26 日前；股东之二认缴出资 300 万元，出资时间在 2025 年 3 月 26 日。后来股东会决议将两股东公司的出资期限提前到 2016 年 5 月 25 日。现咖啡中心未提供充分证据证明其要求股东提前出资的合理性和紧迫性，出资期限提前涉及股东基本利益，不能通过多数决予以提前，故该股东会决议无效。再审法院持相同观点。

4. 公司章程未规定出资款缴纳时间及数额，应在确定新的出资期限之前作出股东会决议或修改公司章程，否则公司诉请股东提前出资没有依据。

在（2020）粤 03 民终 11340 号案中，一审法院认为：公司临时股东会决议确定龚某某应缴但未缴的出资额为人民币 22 万元，缴付时间是 2015 年 6 月 1 日。由于公司章程规定"首期缴纳人民币 0 元，2025 年 3 月 20 日前全部缴付到位"，依据慧芃公司诉讼请求，在公司设立后，公司对公司章程规定的首期缴纳出资额进行了修改，对首期款缴纳时间进行了明确，且上述修改或具体事项的明确发生在 2015 年 6 月 1 日之前，并没有证据证明公司在时间点之前通过有效途径修改了公司章程规定的出资形式，对慧芃公司关于龚某某缴纳出资额人民币 22 万元及自 2015 年 6 月 1 日起的利息请求不予支持。二审法院持相同观点。

（二）出资期限延长

1. 公司章程未约定出资期限，股东不享有出资期限利益，可根据债权金额与实收资本对比来证明资本是否显著不足，即使股东将来出资，也必然是发生于公司债务产生之后，与公司延长出资期限无异，此时股东出资可以加速到期。

在（2020）皖 08 民终 2791 号案中，一审法院认为：佳沐公司无正当理由拒不提交公司账簿和记账原始凭证、股东实际投入公司资本之银行凭证，欧口洁公司主张陈某、夏某等作为佳沐公司的股东未予出资。尽管佳沐公司章程规定股东认缴出资额由股东根据公司实际经营需要决定出资计划，但在佳沐公司设立后的经营过程中,仅讼涉交易额就达人民币 4610000 元,而至今无证据证明陈某、夏某作为股东投入了资本,应认定股东实际投入公司的资本数额与公司经营所隐含的风险相比明显不匹配,构成资本显著不足。

二审法院认为:公司成立时的股东为陈某、王某某、夏某、盛某某,实行认缴资本,公司章程规定"经全体股东一致约定,股东认缴出资额由股东根据公司实际经营需要决定出资计划""各股东应当按照章程的规定足额缴纳各自所认缴的出资额"。公司在成立时股东虽认缴了出资额,但并未约定出资期限,而公司法对除破产与解散情形外的认缴资本制下的股东出资加速到期进行严格规制,其保护的是股东的期限利益。股东未约定出资期限,则无所谓期限利益之丧失。本案公司章程规定股东认缴出资额由股东根据公司实际经营需要决定出资计划,实际上未将出资期限进行公示;而未经公示的出资计划,股东可以任意约定出资期限或根本不予出资。在涉案债务已发生,而公司目前仍未收到任何出资的情形下,即使股东将来出资,也必然是发生于公司债务产生之后,本质上与公司延长出资期限无异。故公司债务产生后,公司股东会决议延长股东出资期限的,债权人可以请求未届出资期限的股东在未出资范围内对公司不能清偿的债务承担补充赔偿责任。

2.公司与股东约定延长出资期限,但并未修改公司章程,未进行工商变更登记,影响了债权人对公司履约能力、交易风险的判断,股东仍需按原定的出资期限履行出资义务和承担责任。

在(2023)沪03民终23号案中,二审法院认为:虽然公司与股东签订《延期出资协议书》,同意股东延长出资期限,但并未在公司章程中修改股东的认缴出资期限,亦未进行工商变更登记予以公示,影响债权人根据登记公示的信息对公司的履约能力、交易风险等作出正确的判断。根据会议纪要,部分债权人知晓并同意股东延期出资,但并无证据证明其他债权人知晓并同意蒲某延期出资。因此,公司与股东关于延长出资期限的约定,未经登记公示,不能对抗善意相对人,股东应按公司章程约定完成出资义务。

三、出资比例

1.股东关于持股比例与出资比例不一致的约定,是各股东对各自掌握的经营资源、投入成本及预期收入进行综合判断的结果,是各方当事人的真实意思表示,并未损害他人的利益,不违反法律和行政法规的规定,属有效约定。

在(2011)最高法民提字第6号案中,再审法院认为:股东认缴的注册资本是构成公司资本的基础,但公司的有效经营有时还需要其他条件或资源,因此,在注册资本符合法定要求的情况下,我国法律并未禁止股东内部对各自的实际出资额和占有股权比例进行约定,这样的约定并不影响公司资本对公司债权担保等对外基本功能实现,并非规避法律的行为,应属于公司股东意思自治的范畴。《10.26协议》约定科美投资公司人民币1000万元的注册资本全部由国华公司负责投入,而该协议和科美投资公司的章程均约定股权按照启迪公司55%、国华公司35%、豫信公司15%的比例持有。《10.26协议》约定,在国华公司人民币7000万元资金收回完毕之前,公司利润按照启迪公司16%、国华公司80%、豫信公司4%分配,在国华公司人民币7000万元资金收回完毕之后,公司利润按照启迪公司55%、国华公司30%、豫信公司15%分配。根据上述内容,启迪公司、国华公司、豫信公司约定对科美投资公司的全部注册资本由国华公司投入,而各股东分别占有科美投资公司约定份额的股权,对公司盈利分配也作出特别约定。这是各方对各自掌握的经营资源、投入成本及预期收入进行综合判断的结果,是各方当事人的真实意思表示,并未损害他人的利益,不违反法律和行政法规的规定,属有效约定,当事人应按照约定履行。该人民币1000万元已经根据《10.26协议》足额出资,依法进行了验资,且与其他变更事项一并经工商行政机关核准登记,故该人民币1000万元系有效出资。以启迪公司名义对科美投资公司的人民币500万元出资最初是作为保证金汇入科美咨询公司账户,并非注册资金,后转入启迪公司账户,又作为投资进入科美投资公司账户完成增资,当时各股东均未提出任何异议,该人民币500万元作为人民币1000万元有效出资的组成部分,也属有效出资。按照《10.26协议》的约定,该人民币500万元出资形成的股权应属于启迪公司。启迪公司作为科美投资公司的股东,按照《10.26协议》和科美投资公司章程的约定持有的科美投资公司55%股权应当受到法律的保护。

2.一般情况下股东出资比例与持股比例是一致的,我国法律并未禁止股东内部对各自的实际出资额和占有股权比例进行约定,这样的约定并不影响公司资本对公司债权担保等对外基本功能实现,应属于公司股东意思自治的范畴。在实际出资和公司章程规定不一致的情况下,除非全体股东另行约定,则以公司章程记载的持股比例为准。

在(2018)苏02民终1576号案中,二审法院认为:关于高某某持有兴陶公司的股权比例,股东认缴的注册资本是构成公司资本的基础,一般情况下股东出资比例与持股比例是一致的。但是有限责任公司在注册资本符合法定要求的情况下,我国法律并未禁止股东内部对各自的实际出资数额和占有股权比例进行约定,这样的约定并不影响公司资本对公司债权担保等对外基本功能实现,应属于公司股东意思自治的范畴。兴陶公司提供的关于兴陶公司股东投资的凭据,载明兴陶公司在创办时总合股投资为人民币 80 万元,其中因高某某资金困难,高某某实际投资为人民币 8 万元,以及 2002 年 7 月 22 日高某某出具的收条载明收到刘某人民币 2 万元,此款属兴陶公司部分资产变卖后的股东按比例退款,高某 2、高某 3 虽然对上述股东投资凭据及收条中高某某签名的真实性等事项提出异议并申请鉴定,但随后高某 2、高某 3 撤回鉴定申请,故高某 2、高某 3 未提供证据予以推翻,应承担举证不能的法律后果,故依法认定上述高某某签名的真实性。但上述投资凭据及收条并未对股东持股比例进行明确约定。而兴陶公司的公司章程约定,高某某出资人民币 15 万元,占兴陶公司 30%的股权,该约定的股东持股比例与实际出资额不一致,但是各方当事人的真实意思表示,且未损害他人的利益,不违反法律和行政法规的规定,应为合法有效,股东按照约定持有的股权应当受到法律的保护。

3. 全体股东内部也可以约定不按实际出资比例持有股权,但为防止大股东或多数股东损害小股东或少数股东利益,该约定应经所有股东一致同意方可有效。

在(2021)皖 1802 民初 1565 号案中,法院认为:案涉股东会决议应为无效,理由如下。首先,有限责任公司董事会对股东会负责,公司增加或减少注册资本的事项由董事会制定方案后提交股东会决议,但本案中迪维罗公司于 2020 年 11 月 12 日的股东会决议"增加公司股份 1500 万股,按 0.5 元/股,计增加 750 万股本金"的方案并不是由董事会制定的,而是由股东会直接作出决议,违反了公司增资方案应由董事会制定的法律规定,应为无效。其次,案涉增资决议在未对迪维罗公司的资产进行公允审计评估的情况下,即按照人民币 0.5 元每股定价,降低了所有股东所持股权的价值,若郑某某不愿按比例认购,则其股权比例被严重稀释,侵害了其股东权利,应为无效。最后,各股东的实际出资额和持股比例属于股东意思自治的范畴,股东持股比例一般与其实际出资比例一致,虽然全体股东内部也可以约定不按实际出资比例持有股权,但为防止大股东或多数股东损害小股东或少数股东利益,该约定应经所有股东一致同意方可有效。本案中迪维罗公司按 0.5 元/股增资,若郑某某未按比例认购股份,则其实缴出资与持股比例不一致,因此该情况应经全体股东同意,未经其同意的,应为无效。

第三节 实务指南

一、公司章程与发起人协议的关系

发起人协议是指在公司设立过程中,各发起人就拟将成立的公司在公司名称、注册资本、经营范围、股东构成、股东出资形式及金额、公司组织机构等事项上自愿达成的协议。为预防公司设立失败找不到承担责任的主体而对债权人造成损害,通说认为发起人协议的性质属于合伙协议①,发起人对公司设立时的债务承担连带责任。

公司章程是公司设立时的股东及后来加入的股东制定的以公司治理制度为内容的全面约定。公司章程与发起人协议的区别是明显的:

前者约束了公司、股东、公司经营管理人员,后者基于合同相对性原则只约束发起人;前者是成立任何类型公司的必备文件,前者对于通常的有限责任公司来说不是必备文件(对于采取有限责任公司形态的外商投资企业,发起人协议是必备的,且在与公司章程有冲突时具有优先性;法律也规定了股份有限公司发起人应当签署发起人协议);前者是要式法律文件,是公司登记必须报送的文件之一,后者原则上无须报送;前者的通过和修改实行"多数决"原则,后者需要全体股东一致同意。

公司章程依据制定时间不同,分为公司设立时的章程与公司设立后的章程。实务中,无论何种公司章程,都对发起人协议进行了部分吸收甚至全部吸收,如果只是部分吸收,对于同一事项就会产生约定矛盾、此有约定而彼没有约定的现象。就股东出资事项来说,如果发起人协议与公司章程有冲突之处,应当以公司章程为准;如果发起人协议就股东出资的某一具体事项作了约定(比如,对瑕疵出资股东违约责任的细化),在公司章程中没有约定的,该条款应当继续有效,但效力只及于签约的发起人,而与新加入的股东无涉。

二、出资比例与股权比例不一致的约定是否有效

原则上,股东出资比例与股权比例是保持一致的。实践中,出资比例与股权比

---

① 参见最高人民法院民事审判第二庭编著:《最高人民法院关于公司法解释(三)、清算纪要理解与适用(注释版)》,人民法院出版社 2014 年版,第 35 页。

例不一致的情形却有很多种,比如,在认缴出资方式中,认缴出资期限尚未届满,股东只实际缴纳了部分出资甚至没有缴纳出资,导致股东实际出资比例与登记的股权比例不一致;股东以非货币财产出资的,经评估财产实际价值并未达到约定的出资价值,也产生实际出资比例与股权比例不一致的结果。就这些出资比例与股权比例不一致的事实,股东之间就此应有预见,并在公司章程中作出明确约定,问题在于,这种约定是否有效?依据在哪?

(一)从新《公司法》相关规定来推定

1.新《公司法》规定了出资方式,但没有规定出资的多少与出资后形成的股权比例必须是对应关系。

(1)新《公司法》规定了出资方式和保障足额出资制度,已确保公司资本制度和债权人利益制度不受影响,出资比例与股权比例是否一致已不属于影响公司资本制度和债权人保护制度的因素。

公司资本的确定、充实与维持,不仅关系到公司正常经营管理,还关系到债权人利益的实现,关乎交易的安全和稳定。对于何种形态的资本可以进入公司成为注册资金,这些不同形态的资本怎么进入公司才能保证公司实际上有资本可以使用,新《公司法》就此设计了法定资本制,规定了可以成为出资的形态,既可以是货币形式,又可以是非货币形式(债权、股权、知识产权、土地使用权等可以评估作价并可以依法作价的财产,请见新《公司法》第48条)。

同时,新《公司法》第49条规定,股东应当按期足额缴纳公司章程规定的各自所认缴的出资额。股东以货币出资的,应当将货币出资足额存入有限责任公司在银行开设的账户;以非货币财产出资的,应当依法办理其财产权的转移手续。股东未按期足额缴纳出资的,除应当向公司足额缴纳外,还应当对给公司造成的损失承担赔偿责任。这些规则已足以保障公司资本确定和维持,建立了债权人利益保障机制。

至于出资之后形成的股权占比与出资多少的关系,已不属于影响公司运转和债权人利益保护的因素,因此,对于出资的多少与出资后形成的股权比例没有必要规定一定要具备对应关系,就像一块蛋糕,怎么切分,切多切少,它仍是一块蛋糕,蛋糕怎么切无关紧要,蛋糕是否存在(是否出资、以什么出资、是否足额出资)才是关键。

(2)新《公司法》允许股东约定可不按出资比例来行使股东权利,等于间接承认出资比例与股权比例不一致情况的存在。

新《公司法》第4条第2款规定,公司股东对公司依法享有资产收益、参与重大决策和选择管理者等权利。股东"享有资产收益权"主要是指分红权、新股优先购买权、股权转让优先购买权等权利。

其一，新《公司法》规定以出资比例作为股东行使优先购买权、分红权的一般原则，但允许股东约定不按出资比例行使优先购买权、分红权。

A. 允许股东约定不按出资比例行使股权对外转让中的优先购买权。

新《公司法》第84条规定："有限责任公司的股东之间可以相互转让其全部或者部分股权。股东向股东以外的人转让股权的，应当将股权转让的数量、价格、支付方式和期限等事项书面通知其他股东，其他股东在同等条件下有优先购买权。股东自接到书面通知之日起三十日内未答复的，视为放弃优先购买权。两个以上股东行使优先购买权的，协商确定各自的购买比例；协商不成的，按照转让时各自的出资比例行使优先购买权。公司章程对股权转让另有规定的，从其规定。"

B. 允许股东约定不按出资比例行使分红权。

新《公司法》第210条第4款规定："公司弥补亏损和提取公积金后所余税后利润，有限责任公司按照股东实缴的出资比例分配利润，全体股东约定不按照出资比例分配利润的除外；股份有限公司按照股东所持有的股份比例分配利润，公司章程另有规定的除外。"

C. 允许股东约定不按出资比例行使新增资本优先购买权。

新《公司法》第227条规定："有限责任公司增加注册资本时，股东在同等条件下有权优先按照实缴的出资比例认缴出资。但是，全体股东约定不按照出资比例优先认缴出资的除外。股份有限公司为增加注册资本发行新股时，股东不享有优先认购权，公司章程另有规定或者股东会决议决定股东享有优先认购权的除外。"

其二，新《公司法》规定以出资比例作为股东行使表决权的一般原则，但允许股东约定不按出资比例行使表决权。新《公司法》第65条规定："股东会会议由股东按照出资比例行使表决权；但是，公司章程另有规定的除外。"

（二）从司法裁判观点来印证

司法裁判观点可概括为：股东认缴的注册资本是构成公司资本的基础，但公司的有效经营有时还需要其他条件或资源，因此，在注册资本符合法定要求的情况下，我国法律并未禁止股东内部对各自的实际出资额和占有股权比例作出约定，这样的约定并不影响公司资本对公司债权担保等对外基本功能的实现，并非规避法律的行为，应属于公司股东意思自治的范畴。

各股东的实际出资额和持股比例属于股东意思自治的范畴，股东持股比例一般与其实际出资比例一致,虽然全体股东内部也可以约定不按实际出资比例持有股权,但为防止大股东或多数股东损害小股东或少数股东利益的情况出现,该约定应经所有股东一致同意方可有效。

概言之,出资比例和持股比例属于股东意思自治的范畴,对公司资本是否充足和公司债权人并没有影响,仅对股东行使权利有影响,股东行使权利的意义要大于股东持有股权多少的意义。

结论:全体股东关于出资比例与股权比例不一致的约定有效。

三、涉及股东特别财产事项之决议效力分析

(一)不按出资比例分配利润的股东会决议效力

新《公司法》第210条第4款规定:"公司弥补亏损和提取公积金后所余税后利润,有限责任公司按照股东实缴的出资比例分配利润,全体股东约定不按照出资比例分配利润的除外;股份有限公司按照股东所持有的股份比例分配利润,公司章程另有规定的除外。"

据条文中"全体股东约定"之表述可知,有限责任公司若不按股东实缴出资比例分配利润,必须经过全体股东一致同意。在实务中,以资本多数决通过的该类股东会议决议对未签字的股东不发生效力,未签字的股东仍然可以主张按实缴出资比例来分配利润。

从该决议必须经过100%表决权股东通过的角度来说,此时情形符合新《公司法》第27条第1款第4项规定的"同意决议事项的人数或者所持表决权数未达到本法或者公司章程规定的人数或者所持表决权数",决议属于不成立决议,未签字的股东可以提起决议不成立之诉。

股份有限公司若不按持有的股份比例分配利润,可以由公司章程作出规定,但也不得侵害股东的权益。

当然,在考察该类决议效力时,首先是要判断公司分配利润是否符合新《公司法》第210条规定的"有盈余可分"的基本前提。

(二)非同比例减资的股东会决议效力

新《公司法》第224条第3款规定:"公司减少注册资本,应当按照股东出资或者持有股份的比例相应减少出资额或者股份,法律另有规定、有限责任公司全体股东另有约定或者股份有限公司章程另有规定的除外。"

据条文中"有限责任公司全体股东"之表述可知,有限责任公司若实行不同比

减资,需要全体股东一致同意,以资本多数决通过的该类股东会决议属于不成立的决议,理由仍然是新《公司法》第 27 条第 1 款第 4 项规定的"同意决议事项的人数或者所持表决权数未达到本法或者公司章程规定的人数或者所持表决权数",股东可以提起决议不成立之诉。

股份有限公司若不按持有的股份比例减资,可以由公司章程作出规定。

注意比较股权对赌协议情形中的减资问题,如果对赌协议约定由公司向投资方回购股权,必然要减资,且属于非同比减资,会导致公司股权架构发生较大的变化,此时若无全体股东一致同意或公司章程明确规定,关于回购股权的决议同样不成立。

(三)增资优先认缴权的股东会决议效力

新《公司法》第 227 条规定:"有限责任公司增加注册资本时,股东在同等条件下有权优先按照实缴的出资比例认缴出资。但是,全体股东约定不按照出资比例优先认缴出资的除外。股份有限公司为增加注册资本发行新股时,股东不享有优先认购权,公司章程另有规定或者股东会决议决定股东享有优先认购权的除外。"

根据条文中"全体股东约定"之表述可知,有限责任公司增资的,如果不按股东实缴出资比例认缴出资(以同等条件为前提,且具有优先性),需要全体股东一致同意,以资本多数决通过的该类股东会决议在效力上有两种类型,看股东以什么理由提起诉讼:

其一,决议不成立。理由就是没有经过 100%股东同意,依据是新《公司法》第 27 条第 1 款第 4 项规定的"同意决议事项的人数或者所持表决权数未达到本法或者公司章程规定的人数或者所持表决权数"。

其二,决议无效。新《公司法》第 4 条第 2 款规定"公司股东对公司依法享有资产收益、参与重大决策和选择管理者等权利",新增资本认缴权属于股东的形成权,不可被剥夺,否则属于严重侵害股东基本权利的行为。根据新《公司法》第 25 条"公司股东会、董事会的决议内容违反法律、行政法规的无效"的规定,该类决议无效。

在该类决议的效力判断上,有一种观点认为决议是部分有效、部分无效,即对持同意意见的股东有效、对持反对意见的股东无效,依据是《民法典》第 156 条规定的"民事法律行为部分无效,不影响其他部分效力的,其他部分仍然有效"。笔者认为,新《公司法》只规定了公司决议的三种效力类型:无效、不成立、可撤销。如果将"部分有效、部分无效"归入"无效"的大类,显属勉强,"部分有效、部分无效"的表述其实是侧重于民事行为是否可以得到履行的问题,并非真正关于效力类型。

四、关联诉讼:股东名册记载纠纷

(一)案由概述

股东名册作为公司必备文件,记载了股东的姓名或者名称及住所、股东认缴和实缴的出资额、出资方式和出资日期、出资证明书编号、取得和丧失股东资格的日期等内容,是股东履行出资义务的依据,也是股东享有股东资格的证据,特别是在股权转让场合,股权发生了变更,出资股东的姓名或者名称也发生变更,公司怠于或没有将相关信息在股东名册上及时变更,直接影响了股东身份的确认和股东权利的行使。

股东名册记载纠纷案的诉讼主体,在不涉及股权转让的情况下,股东名册上的股东为原告,公司为被告;在涉及股权转让的情况下,股权受让方为原告,公司为被告;股权受让方、股权转让方可以同时是原告,公司为被告;或者,股权受让方为原告,股权转让方为第三人,公司为被告。

(二)诉讼请求表述示范

本小节设定场景为:在股东名册记载纠纷案中,A 是公司,简称 A 公司;B、C、D、E 均是 A 公司的股东(在特别情形下可能还兼顾第三人角色)。

【不包含确认之诉内容】

第一类:

(1)请求法院判令 A 公司将股东名册上登记在 B 名下的×万股股份和 C 名下的×万股股份变更登记至 D 名下,并据此变更公司章程,以及向股权托管登记中心申请办理股东变更登记;

(2)请求法院判决 A 公司将股东名册记载的股东名称"×股份有限公司"更正为"×股份有限公司";

(3)请求法院判令 A 公司协助办理股东工商变更登记,将登记在 B 名下的×万股股份变更登记在 C 名下,将 C 的姓名及住所记载于公司股东名册;B 配合办理前述确认的事项;

(4)请求法院判决 A 公司向 B、C 签发出资证明书、将其记载于股东名册并向公司登记机关申请进行变更登记;

(5)请求法院判决 A 公司将登记在 B 名下的属 C 实际出资的×%的股权变更给 C,并向 C 签发出资证明书、将 C 记载于股东名册、记载于公司章程并办理公司登记机关登记。

第二类：

（1）请求法院判决 A 公司为 B、C、D 按照出资额确定出资比例后办理工商登记并记载于公司章程；

（2）请求法院判决 A 公司按 B 持股比例×%、C 持股比例×%、D 持股比例×%记载于公司股东名册、公司章程，并签发出资证明书、办理工商部门股东变更登记；

（3）请求法院判决 A 公司将 B 列入股东名册，并向公司登记管理机关办理公司股东变更登记，B 的出资额为×万元，占股比例为×%；

（4）请求法院判决 B 将名下 A 公司×%的股权转入 C 名下；D 将名下 A 公司×%的股权转入 C 名下；A 公司、B、D 为 C 办理上述股权变更登记手续；

（5）请求法院判决 A 公司向 B、C 签发出资证明书，将其记载于股东名册并向公司登记机关申请进行变更登记；D、E 协助办理工商变更登记手续。

第三类：

（1）请求法院判决 A 公司向 B 签发出资证明书；A 公司将 B 记载于公司股东名册；A 公司协助 B 向公司登记机关办理将 C 变更为 B 的股东变更登记；

（2）请求法院判决 A 公司将 B 记载于公司股东名册，并办理工商变更登记；C 履行协助变更登记义务；

（3）请求法院判决 A 公司向 B 买受的×股出资向 C 签发出资证明书；A 公司将 C 买受的出资额×元记载于股东名册；第三人 D、E 协助办理 C 的股权变更手续；

（4）请求法院判决 A 公司变更股东 B 为 C、签发出资证明书、记载于股东名册、记载于公司章程并办理公司登记机关登记；

（5）请求法院判决 B、C 将 B 持有的 A 公司 100%的股权变更登记至 C 名下。

【包含确认之诉内容】

第一类：

（1）请求法院判令确认 B、C、D 擅自变更 A 公司备案的公司股东名册的行为违法无效；

（2）A 公司将登记备案的公司股东名册恢复到与市场监督管理局登记信息一致，即：B 出资额×万元，出资比例×%；C 出资额×万元，出资比例×%；D 出资额×万元，出资比例×%；E 出资额×万元，出资比例×%；

（3）请求法院判决确认 B 是 A 公司的股东并享有该公司×%的股权。

第二类：

（1）A 公司向 B 签发出资证明书并记载于股东名册，A 公司、C 协助 B 办理股东

变更手续;

(2)请求法院判决确认 B 持有的 A 公司股权×%中的×%为 C 所有;

(3)A 公司、B 协助 C 将其所有的×%股份变更登记至其名下。

第三类:

(1)请求法院判决确认 B 持有 A 公司×%的股权;

(2)A 公司向 B 签发对应出资额的出资证明书,将 B 记载于股东名册并对公司章程作相应修改。

第四章 公司设立时的股东出资

第一节 请求权基础规范

一、新《公司法》规定

第 44 条 有限责任公司设立时的股东为设立公司从事的民事活动,其法律后果由公司承受。

公司未成立的,其法律后果由公司设立时的股东承受;设立时的股东为二人以上的,享有连带债权,承担连带债务。

设立时的股东为设立公司以自己的名义从事民事活动产生的民事责任,第三人有权选择请求公司或者公司设立时的股东承担。

设立时的股东因履行公司设立职责造成他人损害的,公司或者无过错的股东承担赔偿责任后,可以向有过错的股东追偿。

第 50 条 有限责任公司设立时,股东未按照公司章程规定实际缴纳出资,或者实际出资的非货币财产的实际价额显著低于所认缴的出资额的,设立时的其他股东与该股东在出资不足的范围内承担连带责任。

第 99 条 发起人不按照其认购的股份缴纳股款,或者作为出资的非货币财产的实际价额显著低于所认购的股份的,其他发起人与该发起人在出资不足的范围内承担连带责任。

第 105 条 公司设立时应发行的股份未募足,或者发行股份的股款缴足后,发起人在三十日内未召开成立大会的,认股人可以按照所缴股款并加算银行同期存款利息,要求发起人返还。

发起人、认股人缴纳股款或者交付非货币财产出资后,除未按期募足股份、发起人未按期召开成立大会或者成立大会决议不设立公司的情形外,不得抽回其股本。

第 253 条 公司的发起人、股东在公司成立后,抽逃其出资的,由公司登记机关责令改正,处以所抽逃出资金额百分之五以上百分之十五以下的罚款;对直接负责的主管人员和其他直接责任人员处以三万元以上三十万元以下的罚款。

二、其他法律规定

(一)公司法层面

1.《公司法司法解释(二)》

第22条 公司解散时,股东尚未缴纳的出资均应作为清算财产。股东尚未缴纳的出资,包括到期应缴未缴的出资,以及依照公司法第二十六条和第八十条的规定分期缴纳尚未届满缴纳期限的出资。

公司财产不足以清偿债务时,债权人主张未缴出资股东,以及公司设立时的其他股东或者发起人在未缴出资范围内对公司债务承担连带清偿责任的,人民法院应依法予以支持。

2.《公司法司法解释(三)》

第1条 为设立公司而签署公司章程、向公司认购出资或者股份并履行公司设立职责的人,应当认定为公司的发起人,包括有限责任公司设立时的股东。

第2条 发起人为设立公司以自己名义对外签订合同,合同相对人请求该发起人承担合同责任的,人民法院应予支持;公司成立后合同相对人请求公司承担合同责任的,人民法院应予支持。

第3条 发起人以设立中公司名义对外签订合同,公司成立后合同相对人请求公司承担合同责任的,人民法院应予支持。

公司成立后有证据证明发起人利用设立中公司的名义为自己的利益与相对人签订合同,公司以此为由主张不承担合同责任的,人民法院应予支持,但相对人为善意的除外。

第4条 公司因故未成立,债权人请求全体或者部分发起人对设立公司行为所产生的费用和债务承担连带清偿责任的,人民法院应予支持。

部分发起人依照前款规定承担责任后,请求其他发起人分担的,人民法院应当判令其他发起人按照约定的责任承担比例分担责任;没有约定责任承担比例的,按照约定的出资比例分担责任;没有约定出资比例的,按照均等份额分担责任。

因部分发起人的过错导致公司未成立,其他发起人主张其承担设立行为所产生的费用和债务的,人民法院应当根据过错情况,确定过错一方的责任范围。

第5条 发起人因履行公司设立职责造成他人损害,公司成立后受害人请求公司承担侵权赔偿责任的,人民法院应予支持;公司未成立,受害人请求全体发起人承担连带赔偿责任的,人民法院应予支持。

公司或者无过错的发起人承担赔偿责任后,可以向有过错的发起人追偿。

第 6 条 股份有限责任公司的认股人未按期缴纳所认股份的股款,经公司发起人催缴后在合理期间内仍未缴纳,公司发起人对该股份另行募集的,人民法院应当认定该募集行为有效。认股人延期缴纳股款给公司造成损失,公司请求该认股人承担赔偿责任的,人民法院应予支持。

第 13 条 股东未履行或者未全面履行出资义务,公司或者其他股东请求其向公司依法全面履行出资义务的,人民法院应予支持。

公司债权人请求未履行或者未全面履行出资义务的股东在未出资本息范围内对公司债务不能清偿的部分承担补充赔偿责任的,人民法院应予支持;未履行或者未全面履行出资义务的股东已经承担上述责任,其他债权人提出相同请求的,人民法院不予支持。

股东在公司设立时未履行或者未全面履行出资义务,依照本条第一款或者第二款提起诉讼的原告,请求公司的发起人与被告股东承担连带责任的,人民法院应予支持;公司的发起人承担责任后,可以向被告股东追偿。

股东在公司增资时未履行或者未全面履行出资义务,依照本条第一款或者第二款提起诉讼的原告,请求未尽公司法第一百四十七条第一款规定的义务而使出资未缴足的董事、高级管理人员承担相应责任的,人民法院应予支持;董事、高级管理人员承担责任后,可以向被告股东追偿。

3.《民法典》

第 75 条 设立人为设立法人从事的民事活动,其法律后果由法人承受;法人未成立的,其法律后果由设立人承受,设立人为二人以上的,享有连带债权,承担连带债务。

设立人为设立法人以自己的名义从事民事活动产生的民事责任,第三人有权选择请求法人或者设立人承担。

(二) 证券法层面

中国证券监督管理委员会《监管规则适用指引——发行类第 4 号》

4-5 出资瑕疵

发行人的注册资本应依法足额缴纳。发起人或者股东用作出资的资产的财产权转移手续已办理完毕。保荐机构和发行人律师应关注发行人是否存在股东未全面履行出资义务、抽逃出资、出资方式等存在瑕疵,或者发行人历史上涉及国有企业、集体企业改制存在瑕疵的情形。

（1）历史上存在出资瑕疵的，应当在申报前依法采取补救措施。保荐机构和发行人律师应当对出资瑕疵事项的影响及发行人或相关股东是否因出资瑕疵受到过行政处罚、是否构成重大违法行为及本次发行的法律障碍，是否存在纠纷或潜在纠纷进行核查并发表明确意见。发行人应当充分披露存在的出资瑕疵事项、采取的补救措施，以及中介机构的核查意见。

（2）对于发行人是国有或集体企业改制而来，或发行人主要资产来自于国有或集体企业，或历史上存在挂靠集体组织经营的企业，若改制或取得资产过程中法律依据不明确、相关程序存在瑕疵或与有关法律法规存在明显冲突，原则上发行人应在招股说明书中披露有权部门关于改制或取得资产程序的合法性、是否造成国有或集体资产流失的意见。国有企业、集体企业改制过程不存在上述情况的，保荐机构、发行人律师应结合当时有效的法律法规等，分析说明有关改制行为是否经有权机关批准、法律依据是否充分、履行的程序是否合法以及对发行人的影响等。发行人应在招股说明书中披露相关中介机构的核查意见。

第二节　裁判精要

一、发起人身份的认定

（一）设立协议

1.设立协议不是公司成立的必要条件，只要公司依法成立，设立协议就不再对公司产生约束力。

在（2020）最高法民再4号案中，再审法院认为：虽然御龙公司是昌恒公司与优龙公司为履行双方间合资、合作开发房地产合同关系而设立的，《合作建设协议书》包含有关设立御龙公司的内容，但设立协议并不是公司法规定的公司成立的必要条件，只要公司符合法定条件且依法成立，设立协议就不再对公司产生约束力。

2.设立协议并不必然能够被公司章程完全取代。设立协议中有约定、公司章程中没有规定的内容，对发起人仍有约束力，公司成立并不必然导致设立协议效力终止。

在（2022）京03民终4311号案中，二审法院认为：虽然公司设立协议和公司章程都是为了运作公司而产生的文件，内容上必然会有重复之处，且在实践中，往往以设立协议为基础制定公司章程,设立协议的基本内容通常为公司章程所吸收,但是,不能排除设立协议与章程并不一致的情形出现,所以,除非两者内容完全一致,否则设立协议并不必然能够被公司章程完全取代。即便是设立协议中有约定、公司章程中没有规定的内容,对于发起人而言,设立协议仍有约束力。所以设立协议在订立、生效、履行、终止等方面仍应适用合同法律规定,只要不违反相关法律法规及公司章程,公司成立并不必然导致公司设立协议效力终止。在公司运行过程中,设立协议应当继续有效,并继续约束签署协议的公司发起人。

3. 从设立协议中设立公司的条款已经履行、公司成立后运营的条款正在履行的角度,来判断设立协议是确定双方权利义务的依据。

在(2022)京 03 民终 4311 号案中,二审法院认为:公司设立协议,又称发起人协议,是在公司设立过程中,由发起人订立的关于公司设立事项之协议。公司设立协议主要是以设立公司为目的,由设立公司的全体发起人共同订立,其作用在于确定所设公司的基本性质与结构,约定公司设立过程中的法律关系与法律行为,协调发起人之间的关系及权利义务。但实践中,往往出现既包含公司设立内容,又包含规范公司设立后、公司运营过程中各方权利义务内容的复合型协议。

虽然公司设立协议和公司章程都是为了运作公司而产生的文件,内容上必然会有重复之处;且在实践中,往往是以设立协议为基础制定公司章程,设立协议的基本内容通常为公司章程所吸收,但是,不能排除设立协议与章程并不一致的情形出现,所以,除非两者内容完全一致,否则设立协议并不必然能够被公司章程完全取代。即便是设立协议中有约定、公司章程中没有规定的内容,对于发起人而言,设立协议仍有约束力。所以设立协议在订立、生效、履行、终止等方面仍应适用合同法相关规定,只要不违反相关法律法规及公司章程,公司成立并不必然导致公司设立协议效力终止。在公司运行过程中,设立协议应当继续有效,并继续约束签署协议的公司发起人。

涉案《股东合作协议》不仅约定了出资人、出资金额、注册资本等成立公司的相关事项,还用大量条款约定了出资人应投入的现金及汽修门店相关资产,以及出资人的职务分工、权利义务、利润分配方式、经营资金增加、退股以及公司解散清算等多项内容。从《股东合作协议》的设立目的看,成立公司仅是双方进行合作经营的方式和载体,公司成立后,还要通过整合汽修门店资源对外统一经营最终实现利润分配。在性质上,涉案《股东合作协议》应属于合作协议,而非单纯的公司设立协议,在天津龙兴行公司成立后,其有关公司设立的内容已经履行,但其他有关公司成立后如何具体运营的条款则正在履行,仍应作为确定双方的权利义务的合同依据。

（二）特殊情形

1.以国有资产投入股份公司的，原有企业可作为设立公司的发起人，不以原有企业的资产所有者作为设立公司发起人。

在(2018)最高法民申 679 号案中，再审法院认为：1992 年《股份有限责任公司规范意见》规定，"原有企业改组公司，须将原有企业全部资产投入公司。原有企业可作为设立公司的发起人。不以原有企业作发起人时原有企业的资产所有者应作为设立公司发起人"。辽宁机电公司是由机电总公司改组股份而设立的，1993 年辽宁省国有资产管理局出具文件，同意机电总公司将人民币 4200 万元国有资产投入辽宁机电公司，人民币 383 万元国有资产由机电总公司管理。机电总公司发起设立辽宁机电公司不属于上述规定中将原有企业全部资产投入公司的情形，辽宁机电公司设立时的发起人虽为机电公司，但其出资资产所有者应为辽宁省国有资产管理局。1996 年辽宁机电公司向辽宁省工商行政管理局进行重新登记时，股东（发起人）名录中并无润物储运公司的相关记载，辽宁机电公司的公司章程及重新登记的公司经营范围中，均未涉及润物储运公司。辽宁机电公司提交的润物储运公司管理人员任免文件、财务报表及工作报告等证明材料，均属于依当时管理模式行使的行政管理职能，现有证据不足以证明润物储运公司系辽宁机电公司的发起人或股东，亦不能否认润物储运公司企业法人的主体资格。

2.承担连带责任应当以法律法规明确规定为前提，如果设立公司时法律并未就发起人连带责任作出规定，就不因股东系公司发起人而要求其对其他股东未缴足的出资承担连带责任。

在(2015)浙民申字第 2501 号案中，再审法院认为：金桥公司成立于 1993 年 6 月，绍兴县第六建筑工程公司（即宝业公司前身）和浙江华能发展综合有限公司（其股份由精功公司继受）在金桥公司设立之时既未签署公司章程，又未向公司认购股份或履行公司设立职责，不符合发起人的构成要件，故宝业公司和精功公司显然无须承担发起人责任。另外，中建投公司虽为发起人，但金桥公司设立之时的法律法规并未就发起人连带责任作出规定，而承担连带责任应当以法律法规明确规定为前提，《股份有限责任公司规范意见》仅系部门规范性文件，并非法律法规，故中建投公司不应因其系公司发起人而对其他股东未缴足的出资承担连带责任。

3.起诉要求确认民办高校的举办者身份，实质是要求法院对教育行政部门行政许可的内容进行审查，该项诉请不属于法院民事案件的受理范围。

在(2012)民二终字第 95 号案中，再审法院认为：教育部作出批复，同意西安交大与博通公司合作试办城市学院,并陕西省民政厅批复同意城市学院成立登记。城市学院的举办是经过教育部及陕西省民政厅等相关主管部门审批的,核准的申请者是西安交大,合作者是博通公司。《民办教育促进法》规定:"举办实施学历教育、学前教育、自学考试助学及其他文化教育的民办学校,由县级以上人民政府教育行政部门按照国家规定的权限审批;举办实施以职业技能为主的职业资格培训、职业技能培训的民办学校,由县级以上人民政府劳动和社会保障行政部门按照国家规定的权限审批,并抄送同级教育行政部门备案。"《行政许可法》规定:"本法所称行政许可,是指行政机关根据公民、法人或者其他组织的申请,经依法审查,准予其从事特定活动的行为。"

本案中,城市学院属于实施学历教育的民办学校,其举办活动应由相应教育行政部门审批,属于行政许可的范围。《民办教育促进法》规定:"申请筹设民办学校,举办者应当向审批机关提交下列材料:……(二)举办者的姓名、住址或者名称、地址;……"、"申请正式设立民办学校有下列情形之一的,审批机关不予批准,并书面说明理由:(一)举办民办学校的社会组织或者个人不符合法律、行政法规规定的条件,或者实施义务教育的公办学校转为民办学校的;……"上述规定表明,在民办高校的举办活动中,举办者身份亦属审批核准的范围,是行政许可需要审查的内容。点石公司、天元公司起诉要求确认博捷公司的举办者身份,其实质是要求人民法院对于教育行政部门行政许可的内容进行审查判断,该项诉请不属于人民法院受理民事案件的范围,对点石公司、天元公司要求确认博捷公司为城市学院举办者的起诉应予以驳回。

二、发起人的补缴连带责任

(一)发起人属守约方

1.发起人应当对其他股东未履行出资义务的行为承担连带清偿责任。

在(2017)粤03民终21726号案中,二审法院认为:安利禾公司主张龙某和刘某某互负连带责任,根据《公司法司法解释(三)》的规定,龙某和刘某某作为安利禾公司的发起人,应当对对方的虚假出资承担连带清偿责任。龙某、刘某某承担对方责任后,可以向对方追偿。

2.原告可以不追究已足额缴纳出资的股东对其他未履行出资义务股东所承担的连带责任,但法院往往会追加已足额出资的股东为案件的第三人。

在(2019)最高法民终1391号案中,一审法院认为:资本充实责任是公司法上的法定责任,不以公司设立者的约定为必要,亦不能以公司章程或股东会的决议来免除,江煤云南公司明确表示不需要出资到位的发起人股东江煤集团承担责任。案涉《出资人协议》《探矿权作价出资协议》由江煤集团与林某方代表的系列被告股东共同签订,委托评估行为系江煤集团下属关联公司丰龙公司进行的,在尊重江煤云南公司诉权的整体考量下,为查明本案事实,依法追加江煤云南公司原股东江煤集团作为第三人参加本案诉讼。二审法院持相同观点。

3.对民办学校而言,主张承担抽逃出资责任的主体只能是民办学校中的举办者而不是股东。

在(2019)最高法民终425号案中,二审法院认为:根据《公司法司法解释(三)》的规定,请求认定公司股东抽逃出资的适格主体为被抽逃出资的公司、公司股东或者公司债权人。涉外经济学院系民办非企业单位,如参照适用公司法及相关司法解释的规定,本案原告的适格主体应为涉外经济学院、其举办者猎鹰实业公司或其债权人,原告请求的对象应为未足额缴纳出资的举办者,即猎鹰实业公司。郑某某仅为猎鹰实业公司的股东,而非涉外经济学院的举办者或债权人,其请求的对象为猎鹰实业公司的股东,而非涉外经济学院的举办者,故郑某某无权以抽逃涉外经济学院的出资为由提起本案诉讼,一审法院以郑某某作为本案原告的主体身份不适格为由裁定驳回其起诉,并无不当。

4.连带责任的承担须有法律明文规定或者当事人明确约定,债权人可以选择向部分发起人主张权利,但并不能够当然导致其他股东以各自出资额为限承担补充清偿责任,其他股东应当在出资不实本息范围内彼此承担连带责任。

在(2017)粤03民终14642号案中,二审法院认为:连带责任的承担须有法律明文规定或者当事人明确约定。国丰旅业、鑫南公司、登喜富公司、江田公司作为发起人,应当连带承担对案涉债务的补充清偿责任。债权人可以选择向部分发起人主张权利,华融资产虽然仅主张国丰旅业、鑫南公司、登喜富公司承担补充赔偿责任,放弃对江田公司主张权利,但并不能够当然导致其他三个股东以各自出资额为限承担补充清偿责任,一审判令鑫南公司、登喜富公司、国丰旅业分别应在出资不实的人民币600万元、480万元、75万元的本息范围内对案涉债务承担补充赔偿责任并无法律依据,应予以纠正。华融资产主张国丰旅业、鑫南公司、登喜富公司共同在人民币1500万元出资不实本息范围内彼此承担连带责任,应予以支持。

（二）发起人属非守约方

1.发起人均未足缴出资，一方也可以请求另一方补足出资，但因自身违约，不可请求对方承担违约责任。

在（2020）粤03民终15208号案中，一审法院认为：邓某某确认其并未按照公司章程的规定缴纳出资。虽然李某某提交的证据显示其仅将部分货币出资存入公司在银行开设的账户，但李某某是否按期足额向公司缴纳出资，不影响其作为股东请求未足额缴纳出资的股东按照公司章程规定向公司履行缴纳出资的义务。

二审法院认为：邓某某和李某某均未在卡利雅公司成立时，按照章程的规定向该公司在银行开设的账户足额存入各自应缴的出资额，无论是邓某某所述的其在卡利雅公司筹办、装修、聘用人员或购置设备过程中支出费用，还是李某某所述向邓某某个人账户转入人民币380000元，或是在卡利雅公司经营过程中转入人民币56000元，均未明确上述款项属于股东出资，也未经过验资程序，且卡利雅公司在一审庭审时亦明确表示款项仅是对公司的投资，可认定邓某某没有按期足额履行出资义务。

2.股东之间互有主张补足出资的权利，无论自身是否缴足出资。

在（2020）粤03民终24998号案中，一审法院认为：公司、股东或者公司债权人均有权请求认定相关股东抽逃出资并要求其返还出资本息。安顺泰公司的工商登记资料及公司章程载明，周某系安顺泰公司的股东，周某以郑某某抽回出资为由，要求郑某某履行出资义务，即将抽回的出资本息履行到位，符合法律规定，周某具有诉讼主体资格。二审法院持相同观点。

3.夫妻双方作为不可分离的权利主体，存在公司出资即为夫妻共同财产、客观利益高度集中、主观意思表示高度一致等特别形态，应参照适用公司法关于一人公司的规定对"夫妻制"公司予以特别规制，在夫妻双方并未提供充分有效的证据证明公司的财产独立于其个人的财产的情况下，一方作为夫妻公司的发起人无论是否履行出资义务，夫妻双方均对此承担连带责任。

在（2020）粤06民终9150号案中，二审法院认为：李某某、王某某在夫妻关系存续期间均作为股东共同成立秀购公司，两人共同持有秀购公司的全部股权，秀购公司在组织形态上属典型的"夫妻制"公司，符合该类型公司的普遍要素。虽然"夫妻制"有限责任公司在股东数量上并不唯一，但夫妻二人拥有该有限责任公司的全部股权，双方作为不可分离的权利主体，确实存在公司出资即为夫妻共同财产、客观利益高度集中、主观意思表示高度一致等特别形态。加上公司无其他股东或董事，无法形成有效监督，此类"夫妻制"有限责任公司因其有别于一般有限责任公司的特点，不可简单适用一般有限责任公司的规则对其人格是否独立进行判断。虽然公司法并未对此种"夫妻制"公司股东应对公司债务承担连带清偿责任的条件、要素或认定标准等作出明确规定，但该类公司在意志和决策上实质极似一人公司，对秀购公司的人格进行判断，应参照适用公司法关于一人公司的相关规定，对此类"夫妻制"予以特别规制，以符合公司法的立法目的。李某某、王某某并未提供充分有效的证据证明秀购公司的财产独立于其个人的财产，在此情况下，由李某某、王某某对秀购公司的涉案债务承担连带清偿责任。

4.公司设立时发起人认缴出资，后将股权转让，在出资义务加速到期情况下，发起人与股权受让人需对出资承担连带责任。此外，公司资产总额超过了公司设立时的资产也不能成为免除出资义务的理由。

在(2019)皖18民初87号案中，法院认为：星亚车业公司设立时，注册资本为人民币6000万元，徐某某作为股东之一，认缴出资额为人民币4800万元，实际出资仅人民币200万元，该节事实有章程、验资报告及出资信息等证据证明。徐某某辩称公司设立可以采用认缴制的法律规定，不能免除公司股东应就认缴注册资金足额出资的义务。关于徐某某及吴某某共同辩称公司账户现金加上公司土地等总资产大于注册资本人民币6000万元，因注册资本是出资人实缴的出资额的总和，反映的是公司法人财产权，非经法定程序不得随意增减；而公司资产包括公司设立时投入的资本以及公司在经营中创造的溢价部分，两者性质不同，不能混同。不能以公司资产价值对抗股东应尽的出资义务，故对其辩称不予采信。

2014年11月6日，徐某某将案涉股权转让给周某某，协议虽约定对未尽出资部分由周某某继续履行出资义务，但未明确该金额及出资义务转由周某某承担。且即使约定由周某某承接出资义务，该约定系内部约定，亦不能对抗法律规定的各人应承担的责任。在星亚车业公司设立后，各股东数次修改公司章程，将注册资本缴付日期最终延后至2017年11月，现徐某某未举证证明在该期限内对其应出资的金额进行了缴付。周某某在受让股权时知晓徐某某未全面履行出资义务，应当对徐某某的出资义务承担连带责任，故对星亚车业公司要求徐某某、周某某全面履行出资义务的诉请予以支持。同时，根据法律规定，叶某某、吴某某作为公司的发起人，在未全面履行出资义务的范围内，应对该出资承担连带责任。叶某某、吴某某承担责任后，可依法向徐某某追偿。

5. 在出资期限加速到期的情况下，发起人未履行公司设立时所确定的出资义务，其他发起人对此承担连带责任。发起人转让股权后，其身份并不因股权的转让而消除或由股权受让人继受发起人的股东身份，发起人的资本充实责任犹在，发起人应对其所设定的资本承担充实责任和相互连带责任。

在(2021)浙03民终4499号案中，二审法院认为：君融公司设立时的股东为冷某某、王某某，冷某某在认缴期限届满之前将股权零对价转让给王某某、吴某某，当时冷某某、王某某均无任何出资，此后王某某、吴某某亦无出资。现君融公司已进入破产清算程序，根据《企业破产法》的规定，王某某应依法缴纳其认缴的出资款。因发起人王某某未履行公司设立时确定的出资义务，发起人冷某某应当对王某某应缴纳的出资款人民币100万元承担连带责任。冷某某承担责任后，可依法向王某某追偿。

三、发起人的违约赔偿责任

(一)关于违约金

1. 当事人请求将违约金调低，应以实际损失为基础，兼顾合同履行情形、当事人过错程度以及预期利益等因素，按照公平原则和诚信原则予以衡量，认定以某个年利率为标准计算违约金。

在(2020)粤03民终20957号案中，一审法院认为：石某未履行对供应链公司的出资义务，依法应向已履行对该公司出资义务的其他股东即怡亚通公司、瑞家公司承担违约责任。怡亚通公司、瑞家公司与石某合意共同出资成立公司，怡亚通公司、瑞家公司均按《出资合作合同书》的约定时间缴付了出资款，但石某却未按约定按时缴付出资，供应链公司两次向石某发送《催告通知书》要求其缴付出资，但截至本案庭审当日，石某并未缴付出资，石某主观上存在恶意违约。

石某未按约定缴付人民币3000万元出资势必会影响供应链公司的经营状况和财务状况，怡亚通公司、瑞家公司作为供应链公司的股东其利益也会受到影响。石某辩称现阶段已没有出资的意义，但怡亚通公司、瑞家公司根据约定请求石某承担违约责任，与石某出资是否具有意义无关。根据约定，石某应当按照每逾期一日向怡亚通公司、瑞家公司支付未缴出资额5‰的违约金，怡亚通公司、瑞家公司在起诉时已将计算标准自行降低为日1‰。石某辩称怡亚通公司、瑞家公司主张的违约金过高。法院根据案情酌情将违约金的计算标准调整为年利率24%，石某应向怡亚通公司、瑞家公司支付2016年5月1日至2017年6月15日期间的违约金合计人民币8107397元(3000万元×年利率24%÷365天×411天＝8107397元)。二审法院持相同观点。

2.违约方不享有主张对方违约的权利,股东本身非守约方,无权要求其他股东承担对其没有出资的违约责任。

在(2016)最高法民再357号案中,一审法院认为:乐生南澳公司没有依照约定履行出资义务的事实清楚,其是否应对亿中公司承担没有出资的违约责任,关键看亿中公司本身是否严格按照合资合同的约定按期足额缴纳了出资。按照合资合同的约定,亿中公司应投入资金1240万港元,于领取工商营业执照日起三个月内投入第一期资金500万港元,其余款项在一年内投完。亿湖公司领取企业法人营业执照的时间是1994年4月11日,则亿中公司应于1994年7月11日前投入第一期资金500万港元,其余款项在1995年4月11日前投完。根据查明的事实及亿中公司的主张可以看出,亿中公司并没有完全按照合同约定投入资金。因此,亿中公司本身非守约方,无权要求乐生南澳公司对其承担没有出资的违约责任。乐生南澳公司抗辩提出亿中公司无权主张违约金的意见,理由成立,予以采纳。亿中公司请求判令乐生南澳公司向其支付违约金106.64万港元,理由不成立,予以驳回。二审法院持相同观点。

3.双方均存在违约行为的,先违约的一方无权向后违约的股东主张抽逃出资的违约责任。

在(2019)最高法民申509号案中,再审法院认为:案涉出资协议约定,"任何一方违反本协议,不按规定缴纳出资的,除应向已足额缴纳出资(的)股东承担其认缴出资额30%的违约责任外,还应承担已足额缴纳出资的股东因此而遭受的损失……",安和公司通过向蕃安公司借款的方式将其在蕃安公司的出资全部转出,抽逃出资共计人民币2600万元,且未在双方约定的股东晶某第二期出资日之前返还抽逃的出资,违反了公司法关于股东不得抽逃出资的规定,亦违反公司章程及出资协议之相关约定,安和公司不能被认定为"足额缴纳出资股东",晶某无须向其承担违约责任,安和公司在先违约的情形下向晶某主张违约责任的请求于法无据。

(二)关于赔偿损失

1.股东未依照约定出资,会对公司经营造成影响,进而影响股东的收益,势必给已出资股东造成损失,结合合同实际履行情况、当事人过错程度等因素,根据公平原则和诚实信用原则,法院可以酌定数额作为赔偿给已出资的股东的损失总额,未出资的其他股东可以按未实缴出资的比例分别承担赔偿责任。无论是违约金责任还是赔偿责任,都应以违约所造成的实际损失为基础,请求以全部出资额作为赔偿金额,不会得到法院支持。

在(2020)粤03民终7160号案中,一审法院认为:关于赔偿金的数额。案涉

《自然人股东入股协议书》的相关违约金条款已被《股东会决议》中关于完成实缴的股东有权追究未完成实缴的股东的赔偿责任的条款代替,按照该约定,应根据李某某的损失确定刘某某、张某某的赔偿责任。李某某向聚美公司缴纳的人民币700万元出资并未超过公司章程规定的李某某认缴的出资额。李某某作为聚美公司的股东,向聚美公司缴纳出资系其法定义务,李某某主张将其缴纳的出资额作为其损失数额,依据不足。但是,刘某某、张某某未依约缴纳出资,必然会对聚美公司的现金周转等经营情况造成影响,进而影响聚美公司股东的收益,势必给李某某造成一定损失,结合本案合同的实际履行情况、当事人的过错程度等综合因素,根据公平原则和诚实信用原则予以衡量,酌定李某某的损失总额为人民币30万元。刘某某、张某某应按其未实缴出资的比例分别承担赔偿责任,即张某某应向李某某支付的赔偿金为人民币15.01万元[549÷(549+548)×30];张某某应向李某某支付的赔偿金为人民币14.99万元[548÷(549+548)×30]。二审法院持相同观点。

2. 股东未出资违约责任中的损失实际是指利息的损失,应分段计算,2019年8月20日之前的按照中国人民银行同期贷款基准利率计算,2019年8月20日之后的按照全国银行间同业拆借中心公布的贷款市场报价利率计算。

在(2020)最高法民终629号案中,一审法院认为:中铁二局迟至2015年9月23日才将案涉地块6的土地使用权变更登记至同基公司名下进行开发,至今未将地块4、地块3、地块2和地块1的土地使用权变更登记至同基公司名下,中铁二局应当依据2013年评估公司所确定的宗地地块价值,承担如下违约责任:

(1)自2014年7月1日起,以地块6评估价值人民币11101775元为基数,按照中国人民银行同期贷款基准利率计算至2015年9月3日止;(2)自2015年1月1日起,以地块4评估价值人民币18020395元为基数,按照中国人民银行同期贷款基准利率计算至2019年8月19日,从2019年8月20日起按照全国银行间同业拆借中心公布的贷款市场报价利率计算至地块4国有土地使用权权属变更登记至同基公司名下之日止;(3)自2015年4月2日起,以地块3评估价值人民币30991284元为基数,按照中国人民银行同期贷款基准利率计算至2019年8月19日,从2019年8月20日起按照全国银行间同业拆借中心公布的贷款市场报价利率计算至地块3国有土地使用权权属变更登记至同基公司名下之日止;(4)自2015年10月1日起,分别以地块2评估价值人民币12727742元、地块1评估价值人民币58490491元为基数,按照中国人民银行同期贷款基准利率计算至2019年8月19日,从2019年8月20日起按照全国银行间同业拆借中心公布的贷款市场报价利率计算至地块2、地块1国有土地使用权权属变更登记至同基公司名下之日止。

3.股东未履行出资义务,公司可要求赔偿损失,损失包括合同履行后可以获得的利益,可得利益是指合同履行以后可以获得的纯利润,而不包括取得这些利益所支付的费用。可得利益损失是指因违约而遭受的预期纯利润的损失。对经营的利润损失无法确定、未提供证据证明且与本案诉争事实没有关联性的,不予支持。

在(2015)民二终字第90号案中,一审法院认为:工美公司未履行合同约定的房地产出资义务,又将拟出资的房地产转让他人,已构成违约,应承担违约责任。损失赔偿额应当相当于因违约所造成的损失,包括合同履行后可以获得的利益。其中可得利益包括在损失赔偿额的范围内,应予计算赔偿。可得利益是指合同履行以后可以获得的纯利润,而不包括取得这些利益所支付的费用。可得利益损失是指因违约而遭受的预期纯利润的损失。弘仁公司主张的按合同约定装修办公房屋欠付的工程款人民币257.7804万元及利息(从2006年5月还款协议约定日期起计算),为办理工商登记所需对刘某某拥有的调元五味精制品发明专利及工美公司所属的房地产进行资产评估所付的评估费人民币132.25万元及利息(从2003年7月8日起计算),以及为成立新公司委托公正会计师事务所验资报告费人民币36万元及利息(从2003年7月15日起计算)为实际所发生的损失,并有合同约定,应予支持。

关于弘仁公司所主张的,刘某某拟出资的专利市场价值,即人民币16,937.94万元所占37.04%比例的人民币6273.81万元。由于工美公司违约将出资的房地产实物转让他人且房地产实物已灭失,致联营体公司未成立,新公司并未实际投入经营,对经营的利润损失无法确定,双方的争议仅是对《组建集团入股协议书》的约定。刘某某拟出资的专利市场价值不能作为计算可得利益损失的依据,故对弘仁公司请求赔偿专利市场价值可得利益损失,缺乏事实和法律依据,不予支持。对弘仁公司主张为成立新公司委托出具法律意见书所支付的律师费人民币15万元,为公司融资贷款对资产所支出的评估费人民币8万元,为履行合作合同与大连华仁美味食品公司签订协议将美味公司收归为试生产基地所发生的场地费、研制费、报批费、补偿费及利息人民币1,097.094万元,因房屋拆迁导致库存商品损失费人民币600万元,以及委托广告公司对产品进行市场营销策划费及违约金人民币2,088万元,因其未提供证据证明且无法认定是否与本案诉争事实有关联性,对该部分请求不予支持。二审法院持相同观点。

4.合作协议被解除后,公司要求股东按公司章程履行出资义务的合同基础已丧失。协议的解除不意味着股东可以免除出资义务,因其未出资给公司、其他股东及公司债权人造成的损失,股东仍应承担赔偿责任。

在(2020)最高法民申4547号案中,再审法院认为:新飞厨公司系基于飞世达公司与郑某1等股东签订的《项目入园合作协议》及《补充协议》而设立的,新飞厨公司章程约定的飞世达公司与郑某1、郑某2、郑某3的出资义务亦源于这两份协议约定,这两份协议系飞世达公司与郑某1股东之间的股东协议。飞世达公司已向郑某1、郑某2、郑某3通知解除了《项目入园合作协议》和《补充协议》,飞世达公司以股东身份要求郑某1、郑某2、郑某3按公司章程履行出资义务的合同基础已丧失。另外,郑某1、郑某2、郑某3不继续按公司章程履行出资义务,并不影响飞世达公司向该人主张权利,亦未损害新飞厨公司债权人合法利益。股东向其他股东承担违约责任的基础在于股东协议,飞世达公司已向郑某1、郑某2、郑某3发出解除协议通知书,解除《项目入园合作协议》《补充协议》,郑某1、郑某2、郑某3对飞世达公司解除协议的通知也无异议,则双方之间的《项目入园合作协议书》及《补充协议》已经解除。协议的解除,并不意味着未全面履行出资的股东可以就此免责,因其未全面履行出资给公司、其他股东及公司债权人造成的损失,其仍应承担赔偿责任。

第三节 实务指南

一、公司设立时的发起人责任

新《公司法》为企业家的创业、发展提供了新的机遇,同时也带来了诸多新的挑战;对于发起人股东而言,新《公司法》的修订也给其带来了诸多影响,本文略作梳理,以期能为企业家以发起人身份创业时提供一些参考。

(一)何为发起人

【发起人身份的认定】

《公司法司法解释(三)》第1条规定:"为设立公司而签署公司章程、向公司认购出资或者股份并履行公司设立职责的人,应当认定为公司的发起人,包括有限责任公司设立时的股东。"根据该条文,同时具备如下法律特征可以认定为发起人:

1.为设立公司而签署公司章程。新《公司法》第45条规定:"设立有限责任公司,应当由股东共同制定公司章程。"第94条规定:"设立股份有限公司,应当由发起人共同制订公司章程。"可见,要设立公司,制定公司章程是发起人的义务。

2.向公司认购出资或者股份。对于有限责任公司,新《公司法》第47条第1款规定,有限责任公司的注册资本为在公司登记机关登记的全体股东认缴的出资额,除了法律特别规定外,该出资额须自公司成立之日起五年内缴足。

对于股份有限公司,发起人认购股份区分发起设立或者募集设立的方式,新《公司法》第96条规定:"股份有限公司的注册资本为在公司登记机关登记的已发行股份的股本总额。在发起人认购的股份缴足前,不得向他人募集股份。法律、行政法规以及国务院决定对股份有限公司注册资本最低限额另有规定的,从其规定。"第97条规定:"以发起设立方式设立股份有限公司的,发起人应当认足公司章程规定的公司设立时应发行的股份。以募集设立方式设立股份有限公司的,发起人认购的股份不得少于公司章程规定的公司设立时应发行股份总数的百分之三十五;但是,法律、行政法规另有规定的,从其规定。"第98条规定:"发起人应当在公司成立前按照其认购的股份全额缴纳股款。发起人的出资,适用本法第四十八条、第四十九条第二款关于有限责任公司股东出资的规定。"可见,对出资、股份进行认缴或认购是认定发起人身份的一个要件。

3.履行公司设立职责。

【发起人身份的限制】

新《公司法》对特殊情形下的发起人进行了限制,具体为:

1.以公司作为发起人的限制。新《公司法》第14条规定:"公司可以向其他企业投资。法律规定公司不得成为对所投资企业的债务承担连带责任的出资人的,从其规定。"这意味着,公司原则上可以成为对所投资企业的债务承担连带责任的发起人,除非法律有特别规定。

2.关于发起人在人数、住所方面的限制。新《公司法》第42条规定:"有限责任公司由一个以上五十个以下股东出资设立。"第92条规定:"设立股份有限公司,应当有一人以上二百人以下为发起人,其中应当有半数以上的发起人在中华人民共和国境内有住所。"

（二）发起人责任

公司设立时的发起人责任主要体现在《公司法司法解释(三)》第2条至第5条的规定:

表 1　公司设立过程中的发起人责任

所涉条款	所涉情形	责任类型	可追偿性
第 2 条	发起人为设立公司以自己名义对外签订合同	可以要求设立后的公司担责,也可以要求发起人担责	依照发起人协议确定
第 3 条	发起人以设立中公司名义对外签订合同	以设立后的公司担责为原则,发起人为自身利益缔约为不担责的除外情形	
第 4 条	公司因故未成立	发起人对设立公司行为所产生的费用和债务承担连带清偿责任	部分发起人担责后,可向其他发起人追偿
第 5 条	发起人因履行公司设立职责造成他人损害	公司未成立,全体发起人对外承担连带赔偿责任	有权向有过错的发起人追偿

综合以上规定,发起人股东在设立过程中的勤勉、忠实履职系防范发起人责任风险的重要前提,只有勤勉、忠实地履行发起人义务,才能将发起人责任风险降到最低。

新《公司法》第 50 条规定:"有限责任公司设立时,股东未按照公司章程规定实际缴纳出资,或者实际出资的非货币财产的实际价额显著低于所认缴的出资额的,设立时的其他股东与该股东在出资不足的范围内承担连带责任。"该条款属于发起人股东资本充实责任的重要体现,相比较 2018 年《公司法》第 30 条"有限责任公司成立后,发现作为设立公司出资的非货币财产的实际价额显著低于公司章程所定价额的,应当由交付该出资的股东补足其差额;公司设立时的其他股东承担连带责任"之规定,扩大了适用范围,将发起人股东的连带责任范围由非货币财产出资不足额的情形,扩大到现金出资不足额的情形。

注意,如果只是从新《公司法》第 50 条本身来分析,有限责任公司发起人的资本充实责任范围,仅限于公司设立时其他发起人的实缴出资,不包括其他发起人的认缴出资,只需对其他发起人实缴出资部分承担连带责任,无须对其他发起人认缴出资部分承担连带责任,只需对其他发起人在公司成立前缴纳的出资承担连带责任,无须对其他发起人在公司成立后缴纳的出资承担连带责任。

但是,从公司法的相关裁判案例来看,该资本充实责任条款的存在使发起人责任具有扩大化、终身化的特点,提请发起人股东特别注意。

在(2019)皖 18 民初 84 号案中,即体现了发起人股东责任的扩大化、终身化特点。法院认为:星亚车业公司设立后,各股东数次重新制定公司章程,将注册资本缴付日期最终延后至2017年11月,现叶某某未举证证明在该期限内对其应出资的金额进行了缴付。故对星亚车业公司要求叶某某作为股东补缴其出资的诉请予以支持。同时,根据法律规定,徐某某、吴某某作为公司的发起人,在叶某某未全面履行出资义务的范围内,应对该出资承担连带责任。徐某某、吴某某承担责任后,可依法向叶某某追偿。

在本章第二节裁判精要"二、发起人的补缴连带责任"之"(二)发起人属非守约方"部分的案例5,即在(2021)浙03民终4499号案中,也体现了发起人股东责任的扩大化、终身化特点,具体见前面裁判精要中的记载。

同时,在上述章节所在部分的案例4,即在(2019)皖18民初87号案中,作为只认缴持股10%的小股东,需要承担人民币3200万元的连带出资责任,足以证明发起人承担责任的边界是相当宽广的。

以上裁判案例均表明,作为发起人股东,其对其他股东出资应承担连带责任,该连带责任不因股权转让而免除,且因该连带责任的存在,将使股东的认缴份额出资责任扩大至全部注册资本。

鉴于以上情况,建议发起人股东从以下方面防范风险:

一方面,合理设置注册资本,防范因注册资本过多带来的大额出资义务风险;

另一方面,与其他人员合资发起设立公司前,应注重考察合作方发起人的资信情况,防范因合作方资信不足导致的连带责任风险,因该连带责任风险不因股权转让当然解除,故发起人股东尤其应注意合作方资信问题带来的风险。

(三)加速到期便利化制度将强化发起人责任

关于注册资本加速到期制度,新《公司法》第54条规定:"公司不能清偿到期债务的,公司或者已到期债权的债权人有权要求已认缴出资但未届出资期限的股东提前缴纳出资。"

注册资本加速到期制度属于新《公司法》的新设制度,亦系在《九民会议纪要》基础上有重大变化的制度。在新《公司法》出台之前,股东的出资期限对应的期限利益受到法律的严格保护,加速到期制度只有在特定情况下才适用,具体适用的法律依据主要包括《九民会议纪要》第6条、《执行变更追加司法解释》等相关规定,只有在"(1)公司作为被执行人的案件,人民法院穷尽执行措施无财产可供执行,已具备破产原因,但不申请破产的;(2)在公司债务产生后,公司股东(大)会决议或以其他方式延长股东出资期限的"等特殊情况下才适用,以保护期限利益为原则,加速到期为例外。

但是根据新《公司法》第54条的规定,加速到期的适用条件如下:

1. 请求权人:公司、已到期债权的债权人

这意味着,只要是有已到期无法及时清偿的债务,均有可能面临出资加速到期的风险。

2. 义务人:全体未出资的股东

这就是新《公司法》出资加速到期便利化,这一变化意味着加速到期便利化程度大大提升。对于发起人股东而言,也意味着出资期限的期待利益弱化,一方面,自身的认缴出资期限将提前,另一方面,基于发起人连带责任产生的对整个注册资本的亦同步加速到期。

为防范该等风险,建议发起人股东应更加谨慎地设置注册资本、谨慎选择发起设立时的合作股东,同时谨慎决策公司的发展方向,切忌公司激进发展、盲目负债。

小结:发起人股东在公司设立过程中扮演重要的角色,按照《公司法司法解释(三)》、新《公司法》的规定,亦承担重要的责任,从司法案例的角度看,发起人责任还具有扩大化(扩大至全部注册资本)、终身化(不因转让而免责)的趋势,提请各位创业者注意,作为发起人股东,防范风险任重而道远,理性、勤勉是关键。

二、公司设立失败时发起人的民事责任承担

公司设立失败时,新《公司法》规定了发起人如下的民事责任:

1. 连带责任

根据新《公司法》第44条第2款规定,公司设立失败时,由公司设立时的股东承受法律后果,设立时的股东有两人以上的,相互享有连带债权,承担连带债务。从外部债权人角度来说,本质上是债权人与各发起人的债权债务关系,可以是合同连带债务,也可以是侵权连带债务,确定了债务金额后,即可判定发起人的连带责任。

第44条第3款规定其实是指公司设立成功后,债权人选择向发起人追责的情形,如果公司设立失败,直接适用上述第2款规定即可。

2. 追偿责任

根据新《公司法》第44条第4款规定,履行设立公司职责过程中,无过错的发起人对外承担责任后,可以向有过错的股东追偿。但笔者认为,该情形与第3款一样,是指公司设立成功后,债权人选择向发起人追责的情形,如果公司设立失败,直接适用第2款规定即可,并且追偿主体被限定为"无过错的发起人",追偿的对象为

"有过错的发起人",这与我们通常理解的追偿规则不大一样,此处的追偿其实是《民法典》相关规定的具体化。

《民法典》第62条规定:"法定代表人因执行职务造成他人损害的,由法人承担民事责任。法人承担民事责任后,依照法律或者法人章程的规定,可以向有过错的法定代表人追偿。"这是关于法人对有过错法定代表人的追偿权规定。

《民法典》第1191条第1款规定:"用人单位的工作人员因执行工作任务造成他人损害的,由用人单位承担侵权责任。用人单位承担侵权责任后,可以向有故意或者重大过失的工作人员追偿。"这是关于用人单位对有过错工作人员的追偿权规定,由此看出,新《公司法》第44条第4款是这些条款的具体化或者类推演变,不构成公司设立失败场景中的追偿依据。

那么公司设立失败时,发起人对外承担责任后,能否不限定条件(即无论是否有过错)也可向其他发起人追偿?可以,追偿依据同样在《民法典》中。

《民法典》第178条规定:"二人以上依法承担连带责任的,权利人有权请求部分或者全部连带责任人承担责任。连带责任人的责任份额根据各自责任大小确定;难以确定责任大小的,平均承担责任。实际承担责任超过自己责任份额的连带责任人,有权向其他连带责任人追偿。连带责任,由法律规定或者当事人约定。"这是关于连带责任人之间的追偿权。

《民法典》第519条规定:"连带债务人之间的份额难以确定的,视为份额相同。实际承担债务超过自己份额的连带债务人,有权就超出部分在其他连带债务人未履行的份额范围内向其追偿,并相应地享有债权人的权利,但是不得损害债权人的利益。其他连带债务人对债权人的抗辩,可以向该债务人主张。被追偿的连带债务人不能履行其应分担份额的,其他连带债务人应当在相应范围内按比例分担。"这是关于连带债务人之间的追偿权规定。

而《公司法司法解释(三)》第4条也明确规定:"公司因故未成立,债权人请求全体或者部分发起人对设立公司行为所产生的费用和债务承担连带清偿责任的,人民法院应予支持。部分发起人依照前款规定承担责任后,请求其他发起人分担的,人民法院应当判令其他发起人按照约定的责任承担比例分担责任;没有约定责任承担比例的,按照约定的出资比例分担责任;没有约定出资比例的,按照均等份额分担责任。因部分发起人的过错导致公司未成立,其他发起人主张其承担设立行为所产生的费用和债务的,人民法院应当根据过错情况,确定过错一方的责任范围。"

此条明确了追偿遵循一定的顺位:约定比例分担责任→约定出资比例分担责任→均等比例分担责任→过错比例分担责任。

可见,《民法典》上述两条规定及公司法司法解释的规定,共同构造了公司设立失败时发起人承担连带责任及追偿责任的"规则群"。

3. 财产返还责任

财产返还分两类情形:

第一,发起人向发起人返还投资款及利息。此种情形下,并非投入多少就返还多少,其受到两种因素的制约:

(1)发起人协议的制约。设立公司往往会先签署发起人协议,为签署公司章程奠定基础。有限责任公司的发起人协议不是必备文件,股份有限公司的发起人协议则是必备文件,在纠纷发生时却都是极其重要的证据,协议约定了费用承担、违约责任、管辖法院等内容,要返还发起人的投资款,必须先看有无签署发起人协议或合作协议。

(2)在缺少发起人协议或合作协议时,就要考量发起人设立公司行为是否恰当,从而确定实际损失、实际成本支出以及设立公司过程中发起人的过错,最后根据"过错原则、平均原则"来承担责任,最终才确定返还投资款的具体数额。在返还投资款时,还可以计算同期银行存款利息要求一并返还。

第二,发起人向认股人返还投资款及利息。

扣除了设立公司的成本费用后再返还剩余投资款的模式,一般适用于发起人之间返还投资款的场合;在设立股份有限公司失败而向认股人返还投资款的场合,依据新《公司法》第 105 条第 1 款规定,公司设立时应发行的股份未募足,或者发行股份的股款缴足后,发起人在三十日内未召开成立大会的,认股人可以按照所缴股款并加算银行同期存款利息,要求发起人返还。根据该条文文义理解,发起人是需要向认股人全部返还所缴股款并加算银行同期存款利息的,不存在扣除成本费用问题(协议另有约定的除外)。

4. 出资违约责任

发起人因不履行出资义务而导致公司设立失败时,该出资人需向其他发起人承担出资违约责任。

5. 损害赔偿责任

新《公司法》第 49 条第 3 款规定:"股东未按期足额缴纳出资的,除应当向公司足额缴纳外,还应当对给公司造成的损失承担赔偿责任。"即发起人不履行出资义务导致公司设立失败的,还应对给公司造成的损害承担赔偿责任。

《公司法司法解释(三)》第 6 条规定:"股份有限公司的认股人未按期缴纳所认股份的股款,经公司发起人催缴后在合理期间内仍未缴纳,公司发起人对该股份另行募集的,人民法院应当认定该募集行为有效。认股人延期缴纳股款给公司造成损失,公司请求该认股人承担赔偿责任的,人民法院应予支持。"即如果因认股人不缴纳股款导致股份有限公司设立失败的,应对给公司造成的损害承担赔偿责任。

思考: 公司设立失败时,发起人既然要承担债务,那么发起人可否享受公司设立过程中产生的利润? 对此,法律并无明确规定,笔者认为,公司设立失败,各发起人之间属于合伙关系,发起人对发起行为产生的后果承担无限连带责任,依据合伙财产管理规则,对债务应承担连带责任,对债权当然也应连带享有,新《公司法》第 44 条第 2 款已明确规定当公司设立失败时,设立时的股东"享有连带债权,承担连带债务",这是发起人可以分割公司设立过程中产生利润的明确依据。允许分割公司设立过程中产生的利润的意义在于,在公司设立失败时,可以将利润与返还投资款抵销,确定实际的返还投资款数额。

三、关联诉讼:发起人责任纠纷

(一)案由概述

发起人责任是指因公司设立失败而对合作者承担的责任,或者因发起人自身过错致使公司利益受损而应承担的责任。发起人责任纠纷可以因如下情形发生:一是在公司设立过程中,发起人以自己名义为自己利益与第三人交易而产生的责任问题;二是在公司设立过程中,发起人以自己名义为公司利益实施民事行为而产生的责任问题;三是在公司成功设立后,发起人继续实施民事行为而产生的责任问题;四是在公司设立失败后,发起人的责任承担问题。

(二)诉讼请求表述示范

发起人责任纠纷,可以是发起人与新设立公司之间产生的,也可以是发起人与发起人之间产生的,还可以是发起人与外部债权人之间产生的。责任承担的主体可以是发起人、公司、其他发起人,责任承担的形式多样化,多数是请求返还出资款、投资款,还有在发起设立公司过程中或公司设立失败后衍生的赔偿金、违约金等责任形式。

本小节设定的场景为:在发起人责任纠纷案中,A、B、C、D 均是公司设立时的发起人。

【请求返还出资款、投资款及其利息】

第一类：

（1）请求法院判决 A 向 B 返还投资本金×元及利息（按照全国银行间同业拆借中心公布的一年期贷款市场报价利率标准，自×年×月×日起计算至清偿之日止）；

（2）请求法院判决 A 赔偿 B 出资款×元及利息，C 赔偿 B 出资款×元及利息，D 赔偿 B 出资款×元及利息，上述利息均自×年×月×日起至款项实际付清之日止，按全国银行间同业拆借中心公布的一年期贷款市场报价利率标准计算；

（3）请求法院判决 A 退还 B 投资款×元，并支付自×年×月×日起至款项支付完毕之日止，按照全国银行间同业拆借中心公布的一年期贷款市场报价利率标准计算的利息；

（4）请求法院判决 A 返还 B 投资款×元；A 支付 B 投资款利息（以×万元为基数，按照全国银行间同业拆借中心公布的一年期贷款市场报价利率标准，从×年×月×日起计算至本案生效判决规定的履行期限最后一日止）。

第二类：

（1）请求法院判决 A、B、C 支付 D 人民币×元及利息（利息按年利率×%计算，自×年×月×日起至实际清偿之日止）；

（2）请求法院判决 A 返还 B 资金×元；

（3）请求法院判决 A 返还 B 股款×元；A 负担 B 在成立公司过程中产生的费用×元；

（4）请求法院判决 A、B 连带偿还 C 工程款×元及利息（利息按照全国银行间同业拆借中心公布的一年期贷款市场报价利率标准，从×年×月×日起至付清款时止）。

注：上述诉讼请求表达式，只是利息计算方式有差异。同时，《民法典合同编通则司法解释》第 25 条第 1 款规定："合同不成立、无效、被撤销或者确定不发生效力，有权请求返还价款或者报酬的当事人一方请求对方支付资金占用费的，人民法院应当在当事人请求的范围内按照中国人民银行授权全国银行间同业拆借中心公布的一年期贷款市场报价利率（LPR）计算。但是，占用资金的当事人对于合同不成立、无效、被撤销或者确定不发生效力没有过错的，应当以中国人民银行公布的同期同类存款基准利率计算。"据此，应注意是运用 LPR 标准还是运用同期同类存款基准利率标准来计算资金占用费（其实就是利息损失）。以下也涉及该方面问题，不赘述。

【请求赔偿损失、支付违约金】

1. 请求法院判决 A 在 B 未出资×万元本息范围内、C 未出资×万元本息范围内,对 D 公司不能清偿部分的债务,向原告(债权人)E 承担连带清偿责任;

2. 请求法院判决 A 赔偿 B、C 经营损失×元;D 赔偿 B、C 经营损失×元;

3. 请求法院判决 A 返还 B 出资款×元及自×年×月×日起至判决指定履行期限届满之日止按月利率×%计算的违约金。

【请求解除或终止合同】

第一类:

(1)请求法院判决解除 A 与 B 于×年×月×日签订的《股东出资协议书》;

(2)请求法院判决 A 返还 B 出资款×元。

第二类:

(1)请求法院判决解除 A 与 B 于×年×月×日签订的《股东出资协议书》,于×年×月×日终止履行;

(2)请求法院判决 A 返还 B 公司设立费用×元。

第三类:

(1)请求法院判决解除 A 与 B 于×年×月×日签订的《股东出资协议书》;

(2)请求法院判决 A 返还 B 认购款×元;

(3)请求法院判决 A 向 B 支付资金占用利息(以×元为基数,自×年×月×日起至还款之日止按照全国银行间同业拆借中心公布的一年期贷款市场报价利率标准计算);

(4)C 对以上第(1)(2)(3)项承担连带赔偿责任。

第四类:

(1)请求法院判决解除 A 与 B 于×年×月达成的关于 B 出资×万元占 A 公司×%的口头协议;

(2)请求法院判决 A 向 B 退还出资款×万元;

(3)请求法院判决 A 向 B 支付利息(利息以×万元为基数,自×年×月×日起按照全国银行间同业拆借中心公布的一年期贷款市场报价利率标准计算至付清款项之日止)。

【请求履行特定行为】

请求法院判决 A 履行 A 与 B 于×年×月×日签订的《项目合作协议》第×条约定,即将第×条约定的材料复制一份交付给 B。

第五章　股东出资与增资减资、返还出资

第一节　请求权基础规范

一、新《公司法》规定

第 105 条　公司设立时应发行的股份未募足,或者发行股份的股款缴足后,发起人在三十日内未召开成立大会的,认股人可以按照所缴股款并加算银行同期存款利息,要求发起人返还。

发起人、认股人缴纳股款或者交付非货币财产出资后,除未按期募足股份、发起人未按期召开成立大会或者成立大会决议不设立公司的情形外,不得抽回其股本。

第 224 条　公司减少注册资本,应当编制资产负债表及财产清单。

公司应当自股东会作出减少注册资本决议之日起十日内通知债权人,并于三十日内在报纸上或者国家企业信用信息公示系统公告。债权人自接到通知之日起三十日内,未接到通知的自公告之日起四十五日内,有权要求公司清偿债务或者提供相应的担保。

公司减少注册资本,应当按照股东出资或者持有股份的比例相应减少出资额或者股份,法律另有规定、有限责任公司全体股东另有约定或者股份有限公司章程另有规定的除外。

第 225 条　公司依照本法第二百一十四条第二款的规定弥补亏损后,仍有亏损的,可以减少注册资本弥补亏损。减少注册资本弥补亏损的,公司不得向股东分配,也不得免除股东缴纳出资或者股款的义务。

依照前款规定减少注册资本的,不适用前条第二款的规定,但应当自股东会作出减少注册资本决议之日起三十日内在报纸上或者国家企业信用信息公示系统公告。

公司依照前两款的规定减少注册资本后,在法定公积金和任意公积金累计额

达到公司注册资本百分之五十前,不得分配利润。

第226条 违反本法规定减少注册资本的,股东应当退还其收到的资金,减免股东出资的应当恢复原状;给公司造成损失的,股东及负有责任的董事、监事、高级管理人员应当承担赔偿责任。

第227条 有限责任公司增加注册资本时,股东在同等条件下有权优先按照实缴的出资比例认缴出资。但是,全体股东约定不按照出资比例优先认缴出资的除外。

股份有限公司为增加注册资本发行新股时,股东不享有优先认购权,公司章程另有规定或者股东会决议决定股东享有优先认购权的除外。

第228条 有限责任公司增加注册资本时,股东认缴新增资本的出资,依照本法设立有限责任公司缴纳出资的有关规定执行。

股份有限公司为增加注册资本发行新股时,股东认购新股,依照本法设立股份有限公司缴纳股款的有关规定执行。

二、其他法律规定

(一)公司法层面

1.《公司法司法解释(三)》

第13条 股东未履行或者未全面履行出资义务,公司或者其他股东请求其向公司依法全面履行出资义务的,人民法院应予支持。

公司债权人请求未履行或者未全面履行出资义务的股东在未出资本息范围内对公司债务不能清偿的部分承担补充赔偿责任的,人民法院应予支持;未履行或者未全面履行出资义务的股东已经承担上述责任,其他债权人提出相同请求的,人民法院不予支持。

股东在公司设立时未履行或者未全面履行出资义务,依照本条第一款或者第二款提起诉讼的原告,请求公司的发起人与被告股东承担连带责任的,人民法院应予支持;公司的发起人承担责任后,可以向被告股东追偿。

股东在公司增资时未履行或者未全面履行出资义务,依照本条第一款或者第二款提起诉讼的原告,请求未尽公司法第一百四十七条第一款规定的义务而使出资未缴足的董事、高级管理人员承担相应责任的,人民法院应予支持;董事、高级管理人员承担责任后,可以向被告股东追偿。

第17条 有限责任公司的股东未履行出资义务或者抽逃全部出资,经公司催告缴纳或者返还,其在合理期间内仍未缴纳或者返还出资,公司以股东会决议解除该股东的股东资格,该股东请求确认该解除行为无效的,人民法院不予支持。

在前款规定的情形下,人民法院在判决时应当释明,公司应当及时办理法定减资程序或者由其他股东或者第三人缴纳相应的出资。在办理法定减资程序或者其他股东或者第三人缴纳相应的出资之前,公司债权人依照本规定第十三条或者第十四条请求相关当事人承担相应责任的,人民法院应予支持。

第 19 条 公司股东未履行或者未全面履行出资义务或者抽逃出资,公司或者其他股东请求其向公司全面履行出资义务或者返还出资,被告股东以诉讼时效为由进行抗辩的,人民法院不予支持。

公司债权人的债权未过诉讼时效期间,其依照本规定第十三条第二款、第十四条第二款的规定请求未履行或者未全面履行出资义务或者抽逃出资的股东承担赔偿责任,被告股东以出资义务或者返还出资义务超过诉讼时效期间为由进行抗辩的,人民法院不予支持。

2. 最高人民法院执行工作办公室《关于股东因公司设立后的增资瑕疵应否对公司债权人承担责任问题的复函》〔2003〕执他字第 33 号

江苏省高级人民法院:

你院〔2002〕苏执监字第 171 号《关于南通开发区富马物资公司申请执行深圳龙岗电影城实业有限公司一案的请示报告》收悉,经研究,答复如下:

我们认为,公司增加注册资金是扩张经营规模、增强责任能力的行为,原股东约定按照原出资比例承担增资责任,与公司设立时的初始出资是没有区别的。公司股东若有增资瑕疵,应承担与公司设立时的出资瑕疵相同的责任。但是,公司设立后增资与公司设立时出资的不同之处在于,股东履行交付资产的时间不同。正因为这种时间上的差异,导致交易人(公司债权人)对于公司责任能力的预期是不同的。股东按照其承诺履行出资或增资的义务是相对于社会的一种法定的资本充实义务,股东出资或增资的责任应与公司债权人基于公司的注册资金对其责任能力产生的判断相对应。本案中,南通开发区富马物资公司(以下简称富马公司)与深圳龙岗电影城实业有限公司(以下简称龙岗电影城)的交易发生在龙岗电影城变更注册资金之前,富马公司对于龙岗电影城责任能力的判断应以其当时的注册资金 500 万元为依据,而龙岗电影城能否偿还富马公司的债务与此后龙岗电影城股东深圳长城(惠华)实业企业集团(以下简称惠华集团)增加注册资金是否到位并无直接的因果关系。惠华集团的增资瑕疵行为仅对龙岗电影城增资注册之后的交易人

(公司债权人)承担相应的责任,富马公司在龙岗电影城增资前与之交易所产生的债权,不能要求此后增资行为瑕疵的惠华集团承担责任。

此复

二〇〇三年十二月十一日

3.《最高人民法院关于股东增资扩股不实或抽逃增资扩股资金如何承担责任的请示答复》

2006年9月12日[2005]执他字第32号

江西省高级人民法院:

你院赣高法报[2006]3号、4号、20号报告收悉。经研究并征求我院有关庭室意见,现答复如下:

由于赣州市章贡区农村信用合作联合社(以下简称赣州农信社)、赣州市商业银行(以下简称赣州商行)与昆仑证券有限责任公司(以下简称昆仑证券)的债权债务关系发生在西宁特殊钢铁(集团)有限公司(以下简称西钢集团)和青海省企业技术创新投资管理有限责任公司(以下简称青海创投)对昆仑证券增资扩股之前,因此赣州市中级人民(以下简称赣州中院)直接追加西钢集团和青海创投为被执行人不符合法律规定,应予纠正。

此外,在我院[2005]497号明传通知对涉昆仑证券案件实行"三暂缓"的情况下,如果只对赣州农信社和赣州商行与西钢集团和青海创投案强制执行,将损害其他债权人的合法权益,故赣州中院执行西钢集团和青海创投违反了我院上述明传通知精神。

(二)国有资产法层面

《企业国有资产交易监督管理办法》

第34条 国资监管机构负责审核国家出资企业的增资行为。其中,因增资致使国家不再拥有所出资企业控股权的,须由国资监管机构报本级人民政府批准。

第35条 国家出资企业决定其子企业的增资行为。其中,对主业处于关系国家安全、国民经济命脉的重要行业和关键领域,主要承担重大专项任务的子企业的增资行为,须由国家出资企业报同级国资监管机构批准。

增资企业为多家国有股东共同持股的企业,由其中持股比例最大的国有股东负责履行相关批准程序;各国有股东持股比例相同的,由相关股东协商后确定其中一家股东负责履行相关批准程序。

第38条 企业增资在完成决策批准程序后,应当由增资企业委托具有相应资质的中介机构开展审计和资产评估。

以下情形按照《中华人民共和国公司法》、企业章程履行决策程序后,可以依据评估报告或最近一期审计报告确定企业资本及股权比例:(一)增资企业原股东同比例增资的;(二)履行出资人职责的机构对国家出资企业增资的;(三)国有控股或国有实际控制企业对其独资子企业增资的;(四)增资企业和投资方均为国有独资或国有全资企业的。

第 40 条 企业增资涉及上市公司实际控制人发生变更的,应当同时遵守上市公司国有股权管理以及证券监管相关规定。

第二节 裁判精要

一、增资

(一)增资行为完毕的判断

1. 股东将政府的土地补偿出让金计入公司的资本公积,后又转为增资款,该行为并不违反法律、行政法规的规定,并未损害公司、股东及其他债权人的利益,且增资行为已经验资审计并经工商行政部门核准,股东增资行为已完成。

在(2016)最高法民终 661 号案中,一审法院认为:首先,资本公积是与资本有关而与企业收益无关的贷项。卓某某、蔡某某作为盛行公司原始股东,通过招拍挂程序取得合同项下的三块土地使用权。三块土地出让金与宝坻区政府承诺的 3.8 万元/亩相差 105509.89 元/亩,宝坻区政府通过富来格公司以往来款的形式向盛行公司补偿土地出让金人民币 8375.03 万元,后卓某某、蔡某某将该补贴款计入盛行公司的资本公积,后又转为增资款,该行为并不违反法律、行政法规的规定。

其次,盛行公司系房地产项目公司,通常具有因特定房地产开发项目而成立,房地产项目开发完成后,公司随之解散注销的特点。卓某某、蔡某某转让盛行公司股权时,公司尚未进行相应的开发建设,转让股权的对价主要是公司名下的土地。卓某某、蔡某某将宝坻区政府对盛行公司支付土地使用权出让金的补贴款计为资本公积,后又转为增资款,并未损害公司、股东及其他债权人的利益,卓某某、蔡某某将公司借款列入资本公积,后变为注册资本不构成虚假出资,卓某某、蔡某某无须连带承担向盛行公司补缴出资款人民币 8000 万元的责任。

二审法院认为:卓某某、蔡某某将人民币 8004.29 万元计入资本公积并将其中人民币8000万元转为增资款,该方式并未违反公司法等法律法规的有关规定,也无证据显示该行为损害了盛行公司及其股东、债权人的权益。从增资结果来看,增资行为已经验资审计并经工商行政部门核准,增资行为已完成。

2. 以股东会决议是否决定增资、注册资本是否变更等作为判断款项是否为增资款的依据,在经营过程中增加投入的资金不能都定性为增资款。

在(2007)浙民二终字第100号案中,二审法院认为:在公司经营过程中,为扩大公司规模、增强公司经营能力等,股东可以追加投入款项。股东追加投入的款项与其认缴的出资没有必然联系,如果股东追加投入的款项作为公司的新增注册资本,依法应由公司股东会作出增资决议,并必须经代表三分之二以上表决权的股东通过,同时经验资机构验资后向工商部门办理变更注册资本登记。哈雷公司对股东程某某为建造项目而投入的款项,未作出合法有效的增资决议和履行法定程序,故程某某诉请将其为建造项目而投入的款项亦确定为对公司的出资及变更其原在工商部门登记的出资比例,认定款项为增资款没有依据。

3. 公司增资行为本质上等同于股东向公司的出资行为,当公司内部因股权归属发生争议时,仍应以股东是否认缴出资的实质要件予以认定,比如,有公司出具的增资款收据、出资的银行流水记录,并办理了工商登记,则增资证据充分。

在(2013)最高法民申字第713号案中,再审法院认为:工商登记资料记载,人民币30万元增资款是由姚某某、盛某某等15人每人投入增资款人民币2万元形成的。但亿利大公司实际收到人民币30万元增资款后给姚某某个人开具了增资款收据。公司的增资行为本质上等同于股东向公司的出资行为,当公司内部因股权归属发生争议时,仍应以股东是否认缴出资的实质要件予以认定。盛某某等6人承认其当时并不知晓公司增资事宜,说明盛某某等6人不具有向亿利大公司增资的意思表示,也没有实际出资,判决认定亿利大公司人民币30万元增资款系姚某某一人出资,并无不当。

4. 以非货币财产增资的,应进行评估作价并办理财产权属转移手续,否则难以证明已履行增资义务。

在(2018)最高法民申5465号案中,再审法院认为:渤船总公司在原审期间提交了验资报告、验资事项说明、会计报表等证据证明其已向渤海造船公司实际履行人民币4900万元的增资义务,但渤船总公司同时主张的增资系通过特种钢材等材料拨付完成,该类型增资属于以非货币财产出资,应当进行评估作价,并依法办理财产权的转移手续。但渤船总公司均未提交证据证明其已对该部分资产进行评估作价,并与渤海造船公司办理财产权属转移手续,不足以证明该公司已经实际履行向渤海造船公司的增资义务。

5. 股东有以增资为目的的转入资金行为,但公司对转入的资金均未用于增资验资,也未变更工商登记,而是用于支付货款或归还借款,改变了资金的用途,未能实现增资的目的,股东未对此提出异议,视为接受公司用其增资的款项归还借款的行为,认可公司改变增资款用途的行为,股东应继续履行增资出资的义务。

在(2016)最高法执监 405 号案中,二审法院认为:京铁实业对天淇公司有以增资为目的的转入资金行为,但是,天淇公司对转入的资金均未用于增资验资变更工商登记,而是用于支付货款或归还借款,改变了资金的用途,未能实现增资的目的。京铁实业接受天淇公司用其增资的款项归还借款的行为,则认可天淇公司改变增资款用途的行为。天淇公司进行工商变更登记,将注册资本增至人民币 2000 万元时,无京铁实业增资的验资证明,缺乏公司增加注册资本的本质要件,京铁实业向天淇公司增资的人民币 1000 万元没有到位,属于注册资金不实,依法应当承担注册资金不实的责任。

(二)执行中追加增资股东

1. 债权人对债务人偿债能力的判断建立在登记公示的注册资金基础之上,债权人放弃了对其中一个保证人的保证责任追究,该行为变相加大了债务人公司及其原股东、出资人的保证责任,故债权人不得主张追加增资后抽逃出资的股东为被执行人。

在(2019)最高法民申 5463 号案中,再审法院认为:2014 年 3 月 3 日,杨光公司作为保证人为鸿博公司对天盛公司所负的债务提供担保,此时杨光公司工商登记的股东为杨某、王某、张某某,公司注册资金人民币 301 万元,杨光公司尚未办理增加注册资金的变更登记,天盛公司对杨光公司偿债能力的判断应是建立在杨光公司出具保证时该公司登记公示的注册资金基础之上。而且天盛公司作为债权人在与主债务人鸿博公司、保证人杨光公司及石某的借款合同纠纷一案中,放弃了保证人石某的保证责任,天盛公司的这一行为变相加大了杨光公司及其原股东、出资人的保证责任。原审法院考量以上因素,对天盛公司以杨光公司的股东增资后抽逃出资为由,申请追加其为被执行人的主张不予支持,并无不当。

2. 履行增资认缴义务是指按照公司章程规定的金额、方式、时间等全面履行出资义务,未到认缴期限的出资不属于增资瑕疵。即使股东在公司形式变更认缴增资时存在瑕疵,对于公司增资之前产生的交易债权也不能要求此后增资瑕疵的股东承担责任,不应当追加增资股东为被执行人。

在(2019)黔民终 804 号案中,二审法院认为:彭某某作为斯凯尔公司发起股东,其在设立公司时已经完成出资义务,并且其在双农公司变更为股份有限公司增资时,未到章程约定的增资缴纳资本的出资期限,不存在增资瑕疵。理由如下:

首先,公司章程约定,注册资本为人民币1000万元、均以货币实缴出资、出资时间为2013年5月3日、彭某某出资比例30%认缴出资额人民币300万元。并由验资报告、银行询证函以及进账单进一步确认了三名发起股东截至2013年5月3日已实缴出资这一事实,认定彭某某作为斯凯尔发起股东已履行其出资义务。

其次,在公司注册资本制度采用认缴制的背景下,公司章程可以就认缴期限作出规定,规定股东承担按期足额缴纳公司章程中规定的各自所认缴的出资额的义务。适用《公司法司法解释(三)》规定的前提应是股东的认缴期限已经届满且未足额缴纳认缴出资。同理,履行增资认缴义务也应当是指按照公司章程规定的金额、方式、时间等全面履行出资义务,未到认缴期限的出资就不属于增资瑕疵。

本案中,在该认缴时间届满之前,彭某某未按认缴的出资额履行认缴出资义务,并不违反法律规定。不仅如此,针对该种情形,若在双农公司存在其他债权人的情况下,赋予靖沣公司作为单个债权人请求股东出资义务加速到期用以清偿公司债务的权利,实质上是允许公司对单个债权人进行个别清偿,这将损害公司其他债权人的利益。因此,对靖沣公司要求将彭某某追加为被执行人,在未出资本息范围内对公司债务不能清偿的部分承担补充赔偿责任的主张,不予采纳。

最后,即使彭某某作为双农公司股东在公司形式变更认缴增资时存在瑕疵,靖沣公司在双农公司增资之前与之交易,由此产生的债权也不能要求此后增资瑕疵的股东承担责任。据此,彭某某已经履行作为斯凯尔公司的发起股东的出资义务,不应当被追加为被执行人。

3. 法律并未对债权人行使权利附加其他限制条件,未区分出资瑕疵的时间是发生在债权、债务产生之前或之后,增资股东应对增资前后的公司债务承担责任。

在(2020)云民终739号案中,二审法院认为:关于何某某主张本案应适用《最高人民法院执行工作办公室关于股东因公司设立后的增资瑕疵应否对公司债权人承担责任问题的复函》的问题。如前所述,出资义务包括公司设立时股东的出资义务和公司增资时股东的出资义务。《执行变更追加司法解释》第17条以及公司法解释相关规定中并未对公司债权人行使权利附加其他限制条件,未区分出资瑕疵的时间是发生在债权、债务产生之前或之后,且该复函系最高人民法院执行工作部门就特定执行案件的答复,仅针对执行中的个案,不具有广泛适用的法律效力。故何某某上述主张不能成立。

二、减资

(一)减资与抽逃出资

【减资构成抽逃出资】

1. 公司减资不当的,股东构成抽逃出资,已履行出资的股东有权要求公司返还多出资的款项,在诉讼时应首先以公司为被告诉请返还款项,而不能直接诉请构成抽逃出资的股东连带承担返还款项的责任。

在(2020)粤0391民初719号案中,法院认为:董李公司注册资本由人民币1000万元减少为人民币300万元,且各股东的认缴出资额均已减少为原认缴出资额的30%。原告委托董某某代持的股权(实际登记在董某某配偶王某某名下),也应按照相应比例减少出资额。在公司减资后,对于股东已经实缴出资的,应当按照减资后确定的出资额,退还股东多缴纳的出资。原告实缴出资人民币50万元,公司减资后原告的出资应确定为人民币15万元,董李公司应退还原告人民币35万元。当公司需要减少注册资本时,应按照公司法要求编制资产负债表及财产清单、通知债权人等。被告未能证明董李公司在减资过程中,已通知作为债权人的原告,亦未能证明已向原告清偿该人民币35万元或者向原告提供了相应的担保,属于股东抽逃出资的情形。原告可向董李公司主张返还人民币35万元出资款,并可以要求抽逃出资的股东在抽逃出资本息范围内对公司债务不能清偿的部分承担补充赔偿责任,协助抽逃出资的其他股东、董事、高级管理人员或者实际控制人对此承担连带责任。原告在未向董李公司主张责任的情况下,直接起诉要求本案被告赔偿其股权投资款人民币50万元及利息,缺乏法律依据。

2. 公司减资时的通知、公告义务人是公司,但公司是否减资、如何减资,完全是股东的意志,至于减资的程序、后果,股东亦属明知且应配合协助。故作为受益人的股东,如存在不当减资行为,可比照抽逃出资认定其民事责任。

在(2018)苏04民终4119号案中,二审法院认为:债权人与公司进行交易后,公司却不当减资,公司资信能力已不再是债权人在交易当时从公司章程和财务报表所见之情形,资信能力的贬损必将降低公司的偿债能力,使得债权人受到欺诈,债权风险增加。史某某、黄某某受让孟某某、张某某的股权后,在出资期限届满前进行减资,虽然经股东会决议并在报纸上公告,且修改公司章程,办理了工商变更登记手续,但是并未提供证据证明其已通知已知债权人邦杰公司,导致邦杰公司无法要求泰顺公司清偿债务或提供相应担保,也势必免除了史某某、黄某某认缴但尚未届期的出资义务。如在公司资不抵债的情形下,债权可能无法得到清偿,危及债权人的利益。公司减资时的通知、公告义务人是公司,但公司是否减资、如何减资,完全是股东的意志。至于减资的程序、后果,股东亦属明知且应配合协助。故作为受益人的股东,如存在不当减资行为,可比照抽逃出资认定其民事责任。史某某应在不当减资 1333 万元的范围内、黄某某应在不当减资 1467 万元的范围内,对公司案涉债务不能清偿之部分承担补充赔偿责任。

3. 公司在未按法定程序通知已知债权人、未对其债务进行清偿或者提供担保的情况下就进行了减资,后果与股东未履行或未全面履行出资义务及抽逃出资产生的法律后果并无不同。

在(2017)最高法民终 422 号案中,一审法院认为:中储国际控股公司庭审中未能提供上海昊阁公司在减资时编制资产负债表和财产清单的相应证据。上海昊阁公司在作出减资决议时,曲阳煤炭物流公司已经以诉讼方式向其主张债权,上海昊阁公司除在报纸上进行了公告外,既未通知曲阳煤炭物流公司,又未对其债务进行清偿或提供担保,即决议中储国际控股公司减资人民币 36000 万元,损害了曲阳煤炭物流公司的权利。中储国际控股公司作为股东,在上海昊阁公司未按法定程序通知已知债权人、未对其债务进行清偿或者提供担保的情况下就进行了减资,减少了公司的责任财产,严重影响了公司的偿债能力,使公司无力清偿减资前产生的巨额债务,所产生的后果与股东未履行或未全面履行出资义务及抽逃出资产生的法律后果并无不同,中储国际控股公司应在减资范围内对上海昊阁公司不能清偿的债务承担补充赔偿责任。

4. 在股东未及时督促公司履行通知义务以保障公司债权人权益的情况下,可比照股东抽逃出资判定股东责任。

在(2021)苏 03 民终 10326 号案中,二审法院认为:恒达公司减资时,工程公司已申请仲裁,向恒达公司主张工程债权。虽然仲裁尚在进行,但工程公司的债权产生与仲裁与否无关,恒达公司参与了仲裁,知晓其与工程公司的债权债务关系,故工程公司属于已知债权人,恒达公司在减资时应依法向其履行直接通知义务,但其没有履行通知义务,恒达公司减资时未直接通知工程公司,工程公司无法要求恒达公司履行债务或提供担保,致使工程公司对恒达公司的债权直至今日仍未受清偿,客观上损害了工程公司的利益。公司减资的通知责任人虽然是公司,但是否减资、如何减资完全是股东的意志,且公司减资后的工商变更登记手续亦需要股东配合完成。公司减资的受益人是公司股东,公司减资所导致的公司偿债能力下降与公司股东未完全履行出资义务及股东抽逃出资对公司责任能力的影响在本质上并无不同,故在股东未及时督促公司履行通知义务以保障公司债权人权益的情况下,可比照股东抽逃出资判定股东责任。

5. 要求将其出资直接返还,实质上等同于股东未经法定程序任意抽回出资,将造成公司资产的不当减少,有违公司资本的确定、维持和不变原则,直接影响公司的经营能力和损害债权人利益。

在(2019)沪01民终11265号案中,二审法院认为:从增资协议书的约定来看,上诉人投入的3250万元是其作为目标公司新股东所需缴纳的出资,并非对被上诉人西北工业公司、北方能源公司享有的普通债权。在经过公司章程修改及工商变更登记后,其股东身份、认缴数额、股权比例及公司注册资本均已对外公示,该人民币3250万元转化为公司资本性质,已形成公司资产。上诉人所谓的因增资协议书解除而要求返还出资,从本质上说,系基于增资的程序完成,股东退出公司,包括采取何种退出方式、资本、股权的处分,等等,亦应当适用公司法作为特别法的相关规定。上诉人要求将其出资直接返还以"恢复原状",实质上等同于股东未经法定程序任意抽回出资,将造成公司资产的不当减少,显然有违公司资本的确定、维持和不变原则,直接影响公司的经营能力和债权人利益保护,对上诉人仅就返还出资单独提出的主张,不予支持。

6. 公司减资未通知债权人时,比照股东抽逃出资的法律责任进行认定。

在(2015)苏商终字第00034号案中,二审法院认为:首先,保旺达公司减资未依法履行对债权人杰之能公司的通知义务。保旺达公司作出减资决议时,杰之能公司已对其提起诉讼,保旺达公司对于其所欠杰之能公司款项应为明知,其关于双方债权债务须经法院生效判决认定,否则不能确定杰之能公司为其债权人,故而可以不通知杰之能公司的理由,无事实和法律依据。

其次,保旺达公司的减资行为侵害了杰之能公司的债权。保旺达公司形成股东会决议将注册资本人民币500万元减少至人民币330万元时,杰之能公司已对保旺达公司提起诉讼,保旺达公司所欠债务高达人民币1600余万元,钟某1、钟某2在明知公司大额债务未付清的情况下,仍然通过股东会决议减少公司注册资本;向工商行政部门提交减资文件时未提供公司资产负债表和财产清单,未如实陈述其负有大额债务未清偿的事实,而取得工商部门准予减资的批复;对于债权人杰之能公司未就减资事项采取合理、有效的方式告知,保旺达公司的上述行为明显存在逃避债务的恶意,直接导致保旺达公司以自身财产偿还杰之能公司债务的能力下降,损害了杰之能公司的权利。因保旺达公司未就减资事项通知债权人,使得债权人丧失了要求公司清偿债务或者提供相应担保的权利,而公司减资系公司股东会决议的结果,减资的受益人是公司股东,该情形与股东抽逃出资对于债权人的侵害有着本质上的相同,因此,对于公司减资未通知已知债权人的责任,比照股东抽逃出资的法律责任进行认定,于法有据。

7. 减资的通知义务人是公司,但是否减资以及如何减资完全是股东的意志,公司办理减资手续需股东配合,股东对公司减资的法定程序及后果亦属明知。如果股东未按规定作出减资决议且事实上也进行了减资,损害了债权人利益,即便已转让股权,也应对公司债务承担补充清偿责任。

在(2021)粤01民终11806号案中,一审法院认为:锐达公司减资行为发生在国腾公司与锐达公司的合同纠纷诉讼过程中,双方的债权债务关系在锐达公司减资之前已经形成。在锐达公司的股东就公司减资事项形成的股东会决议之前,国腾公司的债权早已形成,作为锐达公司的股东,杨某、李某应当明知,但仍然通过股东会决议同意锐达公司的减资请求,并且未直接通知国腾公司,既损害锐达公司的清偿能力,又侵害了国腾公司的债权。杨某、李某现在虽非锐达公司的股东,其二人在决议对锐达公司减资同时以股权转让方式对外转让持有的锐达公司全部股权,锐达公司的减资决议是其二人为锐达公司股东时作出的,且其二人当时也是锐达公司董事、高级管理人员,对于减资决议的通知义务负有责任,其二人应当对锐达公司的债务承担相应的法律责任。公司未对已知债权人进行减资通知时,该情形与股东违法抽逃出资的实质以及对债权人利益受损的影响,在本质上并无不同。因此,尽管我国法律未具体规定公司不履行减资法定程序导致债权人利益受损时股东的责任,但可比照公司法相关原则和规定加以认定。由于锐达公司在减资行为上存在瑕疵,致使减资前形成的公司债权在减资之后清偿不能的,杨某和李某作为锐达公司股东应在公司减资数额范围内对锐达公司债务不能清偿部分承担补充赔偿责任。

8. 形式减资与实质减资的区分仅存在于法学理论上,无法律明确规定。减资的受益人均系公司的股东,即便减资股东没有收回减资款,系其公司内部操作,本质上均属抽逃出资,不影响对外承担责任。

在(2021)豫民申8169号案中,再审法院认为:昌业化工公司在未向浩翔公司履行通知义务的情况下,其股东海创基金等人经公司股东会决议减资,违反了公司资本不变和资本维持的原则,与股东未履行出资义务及抽逃出资对于债权人利益的侵害在本质上并无不同,故不能免除公司股东在减资部分的责任。海创基金主张减资仅是形式上的,并未实际收到昌业化工公司返还的减资款,并以此为由认为其不应承担补充责任,对此,虽然公司法理论上对减资有实质减资和形式减资的区分,但在公司法中并未对此进行明确区分,而且公司减资无论是实质减资还是形式减资,减资的受益人均系公司的股东,至于海创基金有没有从昌业化工公司收回减资款,系其公司内部操作,不影响对外承担责任。综上,海创基金应在减资范围内对昌业化工公司欠付浩翔公司的债务承担补充赔偿责任。

9. 公司减资对债权人影响甚巨,减资股东取回出资,将导致公司净资产减少,等同于股东优先于债权人收回所投入的资本,股东即便未取回出资,但其对公司的投资性质由股权转为债权,等同于股东可以与债权人同一顺位获得清偿,变相减少了公司对债权人的责任财产,因此违法减资行为亦产生了和股东抽逃出资一致的法律后果,故对于程序存在瑕疵的减资不能免除股东抽逃出资责任。

在(2021)苏02民终4432号案中,二审法院认为:关于王某2、王某某构成抽逃出资后再减资,减资程序存在瑕疵,其仍应在抽逃出资范围内对公司债务承担连带清偿责任。

首先,注册资本一经股东缴纳即为公司财产,股东承担维持公司注册资本充实的责任。公司减资导致资本从公司流向股东,对股东而言,无异于一种变现方式。若在未通知债权人的情况下进行减资,则会导致债权人无法及时对公司的履约能力重新作出判断,因而未能及时要求公司清偿债务或提供担保,给债权人带来潜在的负面影响。减资虽为公司行为,但当减资未依照法定程序进行时,公司的履约能力及偿付能力将会降低,债权人的合法权益将会受到损害,只有减资的股东是该行为的受益人。因此,公司减资程序存在瑕疵对公司及债权人合法权益造成的影响,与股东抽逃出资的情形在实质上并无不同,应类推适用股东抽逃出资的相关规定。

其次,2009年8月6日,金杯电气公司注册资本由人民币288万元变更为人民币1180万元,增资部分由王某2出资人民币847.4万元,王某某出资人民币44.6万元,王某2、王某某在分别缴纳增资款项人民币847.4万元、44.6万元后,次日即有人民币1042万元从金杯电气公司缴款账户转至金杯工业公司账户,此后又转至王某2处,王某2对为何收取该笔款项及该笔款项的用途未能作出合理解释。王某某、王某2为父子关系,且王某2陈述王某某是知情的,故王某某、王某2构成抽逃出资。2015年3月30日金杯电气公司注册资本又从人民币1180万元减至人民币

200万元。如前所述金杯电气公司减资程序存在瑕疵,对公司债权人不发生法律效力。此外,股东抽逃出资是一种侵权行为,在金杯电气公司增资时,王某2、王某某抽逃增资,实际并未出资,至金杯电气公司减资时王某2、王某某并未补足出资,其侵权行为的法律后果始终未消除。故金杯电气公司未按法定程序减资,不能免除王某2、王某某抽逃出资应承担的法律责任。

【减资不构成抽逃出资】

1.撤回出资的行为属于减资行为,减资行为在工商变更登记等程序上存在瑕疵,但违反法定程序的减资行为不等同于抽逃出资。

在(2018)津民申1802号案中,再审法院认为:从案涉退股协议的内容和某股东从力源公司取得人民币90万元的事实来看,某股东撤回出资的行为属于减资行为。公司需要减少注册资本时,应履行编制资产负债表及财产清单、通知债权人、公告、向公司登记机关办理变更登记等法定程序。虽然案涉减资行为在工商变更登记等程序上存在瑕疵,但违反法定程序的减资行为不直接等同于抽逃出资,徐某某关于某股东取得人民币90万元的行为构成抽逃出资的主张缺乏事实和法律依据。

2.公司将其注册资本在工商登记注册中作减少登记,但债权人的权益并未因公司的违法减资行为受到损害,资产总量并未因此而减少、偿债能力亦未因此而降低,该减资行为不属于抽逃出资的行为。

在(2019)最高法民再144号案中,再审法院认为:寒地黑土集团在减少注册资本过程中,存在先发布减资公告后召开股东会、变更登记时提供虚假材料等违反公司法关于公司减资程序规定的情形,但作为寒地黑土集团股东的黑龙江农资公司并未利用寒地黑土集团减资实际实施抽回出资的行为,黑龙江农资公司虽将其登记出资由人民币5000万元减至人民币3000万元,但寒地黑土集团的权益并未因黑龙江农资公司的行为受到损害,资产总量并未因此而减少、偿债能力亦未因此而降低,黑龙江农资公司不存在抽逃出资的行为。

3.公司的减资仅表现为注册资本数额减少,并未减少公司的净资产,属于形式减资,与抽逃出资有本质区别。

在(2022)京03民终7325号案中,二审法院认为:虽然九连星公司对麦优幼公司有资金转出行为,但未侵蚀九连星公司的股本,杜某某亦不构成抽逃出资。宁某某属九连星公司的已知债权人,九连星公司就减资事项承担通知义务,但九连星公司未书面通知,违反公司法关于减资程序的相关规定,构成违法减资。但是股东杜某某未从公司取回财产,则减资仅表现为注册资本数额减少,并未减少公司的净资产,属于形式减资。减资与抽逃出资存在显著区别:一是主体不同,减资的主体是公司,抽逃出资的主体是股东;二是目的不同,减少注册资本是公司法赋予公司股东会的职权,按照法定程序和条件减资是为了有效利用资本、维持公司正常经营;而抽逃出资则是股东为谋取不正当利益将出资抽回,侵犯公司资本制度、侵害公司财产权益,为公司法严厉禁止;三是结果不同,减资并不必然导致公司净资产减少;而抽逃出资导致公司净资产减少。形式减资不构成抽逃出资。在形式减资的情况下,不会导致公司偿债能力下降,亦不会对债权人实现债权产生不利影响。杜某某无须对九连星公司债务承担补充赔偿责任。

4.公司减少注册资本金但股东未取回减资款,公司的责任财产和偿还债务的能力并未降低,不会对债权人实现债权造成不利影响,属于形式减资,与抽逃出资在行为主体、构成要件、程序、法律后果等方面均不相同,不构成抽逃出资,无须对公司债务承担补充赔偿责任。

在(2022)京03民终5725号案中,二审法院认为:泓建公司减资虽存在未通知已知债权人的瑕疵,但中青旅公司在泓建公司的原股份对应注册资本已经实缴,且并未自泓建公司取回减资款,此外,中青旅公司已经声明放弃取回减资款,审计报告等证据亦可证明泓建公司已经将减资的人民币300万元计入"营业外收入",中青旅公司与泓建公司之间就此已不存在债权债务关系。泓建公司此次减资并未减少公司责任财产,其偿债能力亦未受影响,中青旅公司未抽回出资或与泓建公司串通损害债权人利益,故其无须对泓建公司的债务承担补充赔偿责任,周某某、杨某某亦无须与中青旅公司承担连带责任。

(二)先减资后增资

1.在注册资本认缴制的情况下,交易相对人对公司清偿能力和注册资本的信赖只能基于对股东的信赖,公司减资后又增资,导致公司股东发生了变化,丧失了债权人信赖的基础。公司增资行为未对债权实现产生积极的影响,债权不能实现的损害结果已实际发生,股东先行的不当减资行为违反了资本维持原则,导致公司不能全面清偿其减资前所负债务,损害了债权人利益,减资股东应在减资范围内对公司债务承担补充赔偿责任。

在(2017)最高法民终422号案中,再审法院认为:在公司注册资本实缴制的情况下,公司减资后又增资,确实没有导致公司清偿能力和责任财产的减损。但在公司注册资本认缴制的情况下,交易相对人对公司清偿能力和注册资本的信赖只能基于对股东的信赖,公司减资后又增资,导致公司股东发生了变化,对股东的信赖也就丧失了基础。根据生效的他案文书可以认定,上海昊阁公司名下无财产可供执行,且案涉多项担保均未得到实际履行,曲阳煤炭物流公司的债权未因上海昊阁公司的增资和多个担保人提供担保而得到清偿,上海昊阁公司的增资行为未对曲阳煤炭物流公司的债权实现产生影响,债权不能实现的损害结果已实际发生。作为减资股东,中储国际控股公司的不当减资行为违反了公司资本维持原则,导致上海昊阁公司不能全面清偿其减资前所负债务,损害了债权人曲阳煤炭物流公司的利益,应承担赔偿责任。

2. 公司减资后,股东又通过认缴的方式将注册资本增至减资前的金额,增加的认缴资本金的实现具有或然性,减资股东仍要承担补充赔偿责任。

在(2018)沪02民终7484号案中,二审法院认为:铁源公司因不当减资导致精成公司的债权实现受损,该损害结果在减资期间已实际发生。嗣后,铁源公司虽通过认缴的方式又将注册资本增至减资前的金额,各股东也明确表示尚未缴纳增资款,认缴资本金的实现具有或然性,精成公司有权要求股东刘某某与康林公司在实际履行增资义务前承担不当减资责任。

3. 公司违法减资,在一审宣判后,公司再行增加注册资本,不影响其股东对该公司不当减资行为应承担的责任。

在(2020)鲁10民终1707号案中,二审法院认为:猫这儿公司在明知欠付许某某等人人民币60万元出资款的情形下,减少注册资本,免除了股东已认缴但尚未届期的出资义务,且未通知作为债权人的许某某等人,损害了许某某等债权人的利益,属于不当减资行为,股东张某、刘某某应在减资范围内承担补充赔偿责任。猫这儿公司于一审宣判后,再行增加注册资本,不影响其股东对该公司不当减资行为应承担的责任。

4. 公司先减资后增资并实际缴纳增资款,使公司承担民事责任的财产恢复到减资前的状态,并没有实际影响公司对外承担民事责任的能力,减资股东无须再对公司的债务承担补充赔偿责任。

在(2016)浙0482民初4664号案中,法院认为:在审理过程中,被告又认缴出资人民币500万元,并经会计师事务所验资确认已实际缴纳,被告在减资后又增资的行为使奥宇公司承担民事责任的财产恢复到减资前的状态,并没有实际影响奥宇公司对外承担民事责任的能力,被告无须再对奥宇公司的债务承担补充赔偿责任。

三、返还出资

（一）超额出资

1. 股东向公司账户实际转入的款项超过了约定的出资金额，股东未获得相应股份，在没有证据证明股东与公司存在投资合意的情况下，公司继续持有超额款项没有依据，应返还给股东。

在（2019）粤0391民初1816号案中，法院认为：原告持有被告和利公司2%的股份，对应的出资款为人民币200万元，原告履行股东的出资义务应支付的出资款应为人民币200万元，而原告实际向被告账户转入人民币500万元，对于超出的人民币300万元，被告虽主张为股份投资款，原告却未获得相应的股份，在被告未提供证据证明原、被告之间还有其他投资合意的情况下，被告继续持有该人民币300万元没有法律依据，原告有权要求被告返还。

2. 增资扩股的验资报告没有体现股东其他已投入资金的记载，同时公司账户中也有与投入金额相近的账面资产的，可以认定股东的投入超过了公司章程约定的净资产出资额，超出部分区分出资的形态，如果是实物，可以按股东在公司中占据的股份比例返还，如果是现金，可以要求公司全部返还。

在（2020）最高法民申380号案中，再审法院认为：薛某某、朱某某、陈某签订《超市实物移交单据》，对温州珍谷公司在温州市范围内所有的超市专柜和实物进行清点。清算组确认温州珍谷公司一直未进行生产活动，根据上述事实和《超市实物移交单据》载明的实物财产价值，综合陈某在本案中向文成珍谷公司投入的人民币1738187元未在增资扩股的验资报告中体现的事实，以及清算组对公司资产的专项审计后反映公司有近人民币160万元账面资产等情况，综合认定朱某某移交的实物资产价值未包含在文成珍谷公司增资扩股时验资报告记载的人民币50万元净资产出资额内。

温州珍谷公司进入强制清算程序后，清算组曾对朱某某提起追收未缴出资纠纷诉讼，他案民事判决判令朱某某向温州珍谷公司补缴出资。从判决内容看，朱某某移交的实物资产超出净资产人民币50万元部分没有被认定为其向温州珍谷公司的出资。结合《超市实物移交单据》所载明的内容，可以认定文成珍谷公司除作价为人民币50万元评估资产以外的其他资产归薛某某、朱某某所有。在温州珍谷公司没有证据证明其开展了经营活动或朱某某无偿移交实物给温州珍谷公司的情况下，应认定超出部分的价值按朱某某在文成珍谷公司的占股比例归其所有。根据薛某某、朱某某、陈某签订的《超市实物移交单据》所载明的内容,薛某某、朱某某向温州珍谷公司移交的是温州市范围内所有的超市专柜和实物,没有证据证明包含了陈某投入的人民币1738187元,陈某对其投入的该款项可以另行向温州珍谷公司清算组主张返还。

3.股东将款项打入公司账户,原则上视为对公司的现金出资,在长时间内股东未对工商登记中出资额记载持有异议,或对其存在超额出资的问题提出质疑并要求返还,股东诉请返还所谓的超额出资不会得到法院支持。

在(2020)粤03民终20072号案中,一审法院认为:法律并不禁止股东超过工商登记认缴的出资额出资。工商登记对于股东资格、出资额、出资比例而言,不具有设权性质,只具有对善意第三人的证权功能。对于公司内部股东之间的纠纷,应探寻各方的真实意思表示。李某某与吴某某、李某1均确认李某1提供涉案银行账户用于公司经营,各方在公司成立前将款项打入该账户即视为对公司的现金出资。至李某某向该院提交起诉状,李某某已投资公司逾六年,公司的工商登记信息公开可以查询,李某某完全可以获取;且李某某所持股权后经工商登记变更,李某某亦可在变更过程中得知,但李某某均未提交证据证明其在此期间内对其在公司工商登记中出资额记载为人民币375000元持有异议或对其存在超额出资的问题提出质疑并要求返还,这与常理不符。李某某的现金人民币100万元已投入公司,即视为李某某已进行出资,该资产已转化为公司的资本,其在本案中以超额出资为由要求吴某某、李某1返还人民币625000元并支付相应利息损失,无依据。二审法院持相同观点。

4.原告知悉其实际缴付的出资额将超出按照公司注册资本中其应交的出资额,对超出部分将作为公司资本公积金也可以预见。原告已向被告投资,已实际成为股东,原告向公司投入的款项如何使用,属于公司自主经营的范畴。原告出资计入资本公积金部分的款项,亦属于原告对被告的投入,主张公司将收到超出出资额部分款项退还的请求不被支持。

在(2019)粤03民终35435号案中,一审法院认为:案涉投资入股协议书系双方的真实意思表示,合法有效。原告与被告约定公司现有估值为人民币1.5亿元,原告出资人民币220.18万元,占公司注册资本2%,此时公司的注册资本仅为人民币200万元,双方及公司其他股东并未确定公司增资的具体数额,显然原告实际缴付的出资额将超出其出资本金,但原告仍同意以人民币220.18万元占公司注册资本2%进行投资,原告应当知悉其实际缴付的出资额将超出按照公司注册资本其应缴出资额,对超出部分将作为公司资本公积金,其亦应当可以预见。资本公积金系企业所有者权益的组成部分,包括投资者实际缴付的出资额超出其出资本金的溢价部分。资本公积金属于资本的范畴,不应当被任意支付给股东,只有在企业清算时,在清偿债务后才能返还剩余部分。原告作为完全民事行为能力人,应当知晓其签署上述协议的法律后果,知晓其对被告投入的款项并不全部为新增的注册资本。原告已向被告实际投资,且已实际成为被告的股东,原告向公司投入的款项如何使用,属于公司自主经营的范畴。原告出资计入资本公积金部分的款项,亦属于原告对被告的投入。被告主张收到原告的出资款后,将超出出资额部分按规定计入资本公积金,符合法律规定。被告以公司收取资本公积金为由不退还原告的投资款,抗辩理由成立。对原告诉请解除《投资入股协议书》,返还该超出出资额部分款项并支付相应利息的诉讼请求,不予支持。二审法院持相同观点。

5. 公司资产的来源与股东出资之间不具有必然、唯一的联系,股东超额投入公司的资金与其对公司的出资没有必然对应关系,反而混淆投入资金与注册资本的区别股东应在后续所投入的资金的相关凭证上注明补缴出资的内容,并列入公司的实收资本,才可证明其履行了出资义务。

在(2014)川民终字第99号案中,二审法院认为:关于蔡某某、龚某在经营恒富公司期间是否补足出资的问题。蔡某某在上诉状中,列举了恒富公司向五粮液保健酒有限公司等支付生产资金人民币1000多万元、收购2万多亩银杏林支付近人民币50万元等诸多营业支出项目,拟以此说明其在经营恒富公司期间的投入已远超人民币1000万元。对此,其既未提交有关上述支出项目的合同、支付凭证等证据证明相关经营活动的真实性,又无证据显示上述款项来源于蔡某某个人向公司的投资,而其在原审中提交的恒富公司出具的前述《收据》,反映的是其作为股东个人向恒富公司提供的借款,而非为补足出资的投资款,因此,对蔡某某关于其向恒富公司的投入超过人民币1000万元的主张,因缺乏相应的证据支持,不予采纳。

蔡某某还提出根据恒富公司《会计报表附注》等证据,显示恒富公司享有库存银杏酒及林权等资产,这些资产来源于股东的出资。对此,法院认为,公司资产与股东出资形成的公司资本并不等同,公司资产的来源可以是公司资本及资本收益,也包括公司对外负债及公司负债经营的收益,等等。即使恒富公司享有上述资产,也与其股东出资之间不具有必然、唯一的联系,且蔡某某提交的其与银鸿担保公司达成的前述《和解协议》显示,其系将价值人民币330万元的"今口银杏酒"作为个人财产向银鸿担保公司抵债,与其所称相关物资为恒富公司资产的主张亦相矛盾,难以令人信服。

在现实经济生活中,确有公司总投资大于注册资本的情形,若将股东在后续经营中投入公司的资金一概认定为补足出资,将会混淆投入资金与注册资本的区别,亦未厘清股东投入资金与公司资本所产生的不同法律关系,从而违反股东按期足额缴纳出资的要求,难以保障公司及其债权人的利益。缴纳出资是股东向公司履行的最基本的义务,所认缴的出资也是公司注册资本的重要组成部分;股东若为弥补出资不实,对其后续所投入的资金理应在相关凭证上注明补缴出资的内容,并列入公司的实收资本,从而切实履行其出资义务。因此,蔡某某以恒富公司曾经享有相关资产为由,推定其已补足出资的主张,缺乏事实和法律依据,不能成立。

6. 股东对于其各自出资款的性质和用途都是明知的,双方出资超出注册资本部分,应当均属于公司借款。

在(2016)苏02民终2801号案中,二审法院认为:关于葛某支付的出资款是什么性质,向葛某返还超出部分出资款项的主体是金至尊公司还是张某个人。

首先,葛某在金至尊公司筹备设立期间的出资款应属于公司借款,应由成立后的金至尊公司返还。葛某和张某均属于发起人,属于内部争议,但从实际履行来看,葛某和张某于2014年10月商议共同投资设立金至尊公司,约定股权比例分别为51%和49%,此后双方共同进行了公司的筹备工作,为筹备金至尊公司对外签订了《房屋租赁合同》《建筑装饰工程施工合同》,截至2015年3月10日注册资本和股权比例变更前,共计为筹备金至尊公司对外支付人民币282.50万元的款项。对于该款项,双方一致认可是用于筹备设立金至尊公司的房屋转让款、租赁款和装修款,并非张某个人使用。张某和葛某对于其各自出资款的性质和用途都是明知的,双方出资超出注册资本部分,应当均属于公司借款。

其次,关于2015年3月10日注册资本及股权的变更,属于公司发起人在发起筹备阶段对拟设立公司的预计注册资本进行重新规划,对各自的股权比例重新约定。此时因目标公司尚未成立,并不涉及股权的转让。双方重新约定后的股权比例只有在公司成立后才能确定为各自对目标公司享有的股权份额。葛某因预计注册资本及股权比例的减少而导致其出资义务的减少,并不必然导致股权比例增加的发起人应向其承担出资返还义务。

7. 即便股东对公司的实际投资超出其认缴的出资,也不能仅因此而免除股东出资不实的责任。

在(2019)最高法民申1768号案中,再审法院认为:赖某主张,资本充实的立法目的在于保护债权人,而林某某、林某2、赖某对金钜公司及其承建项目投入的资金远远超过其认缴的资本,已经完成对金钜公司的资本充实义务,不应要求其就金钜公司的债务在人民币400万元范围内再承担连带清偿责任。法院认为,股东对公司的出资在公司会计账簿上表现为公司的资本,是股东缴付给公司用于对公司全体债权人承担责任的特定财产,是公司债权人实现债权的重要保障。而股东对于公司承建项目的资金投入与股东对公司出资并非同一概念,二者在功能、作用上存在重大区别,即便股东对公司的实际投资超出其认缴的出资,也不能仅因此而免除股东出资不实的责任。赖某提出的主张于法无据,本院不予支持。

(二)未登记股东身份

1.出资人向公司投入资金,公司收取款项后并未到工商部门将出资人登记为股东,也没有实际赋予出资人股东权利,出资人的投资目的不能实现,公司无故占有投资款的行为不当,可判决公司向出资人返还投资款。

在(2018)粤民申12617号案中,再审法院认为:赖某某主张陆续向康明公司共投资了人民币513658元,康明公司收取款项后,并未到工商行政管理部门将赖某某登记为公司股东,也没有提供证据证明其实际赋予了赖某某股东的权利,在此情况下,赖某某投入资金后未能成为康明公司的股东,其投资目的不能实现,康明公司无故占有赖某某投资款的行为不当,判决康明公司向赖某某返还投资款。

2.公司认可出资的事实,也认可出资人的股东身份,但未办理股东身份登记,出资完成后并经过很长时间,且公司处于歇业阶段,出资人不能主张返还出资款,只能主张股东权利。

在(2016)粤民申4135号案中,再审法院认为:谢某某于2007年4月交付人民币30万元给华粤公司法定代表人张某某,双方达成口头协议通过张某某入股华粤公司,华粤公司也出具收据给谢某某。华粤公司和张某某在诉讼中均认可谢某某的股东身份,认定该人民币30万元为谢某某的投资款并无不当。双方关于投资入股的口头协议有效,谢某某在完成出资行为后,应依据公司法相关规定主张股东权利,而不是在时隔八年后且公司处于歇业阶段时向张某某主张退还投资款。

3.没有证据证明出资人以股东身份参与了公司经营管理、行使了股东权利,出资人也未被登记为公司股东,不能实现投资入股合同目的,可以请求公司返还出资本息。

在(2019)粤03民终5286号案中,二审法院认为:庭审证据均不足以证明被上诉人王某某以股东身份参与了公司经营管理,行使了股东权利。因被上诉人王某某支付人民币20万元投资款后,一直未参与公司的生产经营,亦未被登记为公司的股东,并未实现其签订《资金入股协议书》的合同目的,可判决解除《资金入股协议书》并返还投资款及利息。

4.公司收到股东投资款后,并未在约定时间内办理股东身份变更手续,构成违约,应退还投资款。

在(2019)粤0305民初15340号案中,法院认为:被告在明知《战略投资配股分红协议》约定"被告收到原告全部投资价款后7个工作日内办理股权变更登记手续"的情况下,仍向原告出具收到全额人民币21万元投资款的收据,应承担由此产生的法律后果,截至原告起诉之日,被告仍未将原告登记为公司股东,致使原告投资入股的合同目的无法实现,原告有权解除合同。另根据原告提交的其与被告的聊天记录,在原告多次提出要求被告退还投资款时,被告并未提出异议,并承诺会尽快退款,故对于原告诉请解除原被告签订的《战略投资配股分红协议》及退还投资款的诉请予以支持。

5.注意对名为股权投资关系实为借款关系的判断,尽管公司出具收据显示收到股东的出资款,但没有登记股东身份,且已退还一定款项,可以认定出资为借款关系,所投入的款项应予返还。

在(2020)川民申625号案中,再审法院认为:宏达煤业公司虽向邓某某出具了"收到邓某某交长宁宏达煤业有限公司入股投资款壹拾叁万元,并享有公司的一切权益和义务,公司不另开股权证(明),凭此据作为投资依据"的收条,宏达煤业公司关闭后还按一定比例退还了邓某某相关款项,但宏达煤业公司工商登记信息和公司章程上没有登记邓某某投资入股信息,邓某某实际上也没有行使公司股东的权利,应认定案涉款项名为股权投资款实为借款。

6.股权受让方支付了股权认购的对价,股权转让方不配合办理股权权属变更登记手续,违反了诚实信用原则,应承担返还股权认购款本息的违约责任。

在(2018)湘民申2516号案中,再审法院认为:杨某某已按《出资认购协议》支付认购款,郑某理应依约将贵之步公司131.3333万股股权办理至杨某某名下。《出资认购协议》没有约定具体时间,但办理手续也不应超过合理时间,无故拖延。郑某在与杨某某等人签订认购协议时,没有对公司增资扩股的能力进行预计,根据认购协议,理应增资663万股才能满足需求,但实际上贵之步公司上市时第一次仅增资370万股,不能满足认购协议的要求。而且郑某在未能完成股份募集计划时即应知晓自己不能实现合同目的,应及时通知已认购增资股东解除合同或另行协商解决方案,但郑某没有通知杨某某,违反了诚信原则和合同约定,应向杨某某承担违约责任,判决郑某返还认购款并支付利息并无不妥。

7. 股东合作协议并没有约定出资人是显名股东,只要有实际股东资格,就不得请求返还出资。

在(2010)沪高民二(商)终字第66号案中,二审法院认为:各股东签署《股份合作协议》且均依协议履行了出资义务,镭射公司的所有股东均到庭承认上诉人的股东地位,按照公司资本维持原则,上诉人作为镭射公司股东不得要求返还出资。上诉人认为其未被登记为公司股东系被上诉人的违约行为所致,但股份合作协议并未明确约定上诉人必须为显名股东,上诉人请求被上诉人返还投资款的请求无依据。

8. 需通过出资额、公司章程、股东名册、出资证明书、工商登记等多种因素确定股东资格,其中签署公司章程、股东名册、工商登记是确认股东资格的形式要件,出资是确认股东资格的实质要件,参与公司决策经营是股东资格的表象特征,所有要件或特征必须综合起来分析判断股东资格具备与否,只有实际出资并具备实际股东资格,才构成返还出资款的前提。

在(2019)甘民申761号案中,再审法院认为:小额贷款公司认可公司成立之初为符合股东法定人数并完成验资,公司股东贺某某向单某某账户转入人民币300万元,后将此300万元转入公司账户,完成验资后又转回贺某某账户,单某某并未实际出资。后小额贷款公司将单某某从挂名股东中除名,未在公司及工商部门办理过入股及退股手续。单某某亦表示因从未收到通知,对入股人民币300万元、股权转让和变更股东等事宜均不知情,相应签字均为他人代签,其从未参与公司制定章程、经营管理、行使股东权利。单某某汇入小额贷款公司人民币100万元,无证据证明双方就该笔资金入股达成一致意见,亦未作相应股金变更登记。单某某以股东身份要求撤资,须以确认其股东资格为前提,股东资格的确认虽以工商登记为基础,但根据公司章程的签署、实际出资情况以及股东权利的实际行使等事实可以作出相反认定的除外。股东资格的确认应当结合出资额、公司章程、股东名册、出资证明书、工商登记等多种因素综合审查确定,其中签署公司章程、股东名册、工商登记是确认股东资格的形式要件,出资是确认股东资格的实质要件,参与公司决策经营是股东资格的表象特征,所有要件或特征必须综合起来分析判断股东资格具备与否,上述事实仅能说明单某某曾为挂名股东,但不能认定单某某具有小额贷款公司实体股东资格并实际出资入股人民币100万元。

9.股东将名义上持有的增资扩股后的股份转让给外部投资人,外部投资人相当于隐名股东,公司收到了外部投资人的出资后,在很长一段时间内实际占有和使用该款项,但却未给外部投资人办理股东身份确认登记,应返还投资款,无须进行投资损益清算。

在(2015)最高法民申字第2944号案中,再审法院认为:涉案增资扩股实际操作模式是,全通公司将名义上持有的增资扩股后的股份通过股权转让的方式,转让给万威公司等外部投资人。各方当事人的真实意思表示是引入外部投资人,投资福建全通公司,外部投资人作为福建全通公司的创始股东参与经营管理活动,现万威公司并未取得福建全通公司的股东资格,其有权要求福建全通公司返还占有资金而无须进行投资损益清算。福建全通公司、全通公司通过增资扩股,吸引外部投资人,扩大企业的经营规模,福建全通公司、全通公司收到了万威公司的出资后,在很长一段时间内实际占有和使用该款项,但却未给万威公司办理股东身份确认登记,应返还投资款。

(三)公司清算后再返还出资款

1.股东在公司登记注册前即已经参与公司经营管理,投入资金,对生产经营状况、股东出资使用情况均知晓并认可,主张公司和其他股东对其返还出资的请求难以得到法院支持。

在(2015)民申字第688号案中,再审法院认为:首先,案涉《收条》载明"待本人租赁及承包的赫章县龙腾铸造厂珠市分厂进行财务审计或会计结算后,议定投资长盛公司各股东的投资额及所占股权比例"。即吴某某承诺待珠市分厂进行财务审计或会计结算后、确定各股东投入长盛公司的款项金额及所占股权比例,并未承诺以珠市分厂资产对长盛公司增资扩股,刘某某以吴某某未履行增资扩股承诺为由,主张长盛公司返还投资款,依据不足。其次,经刘某某本人亲自确认并同意支出的费用达人民币42954559.19元,长盛公司自成立以后与珠市分厂的财务人员均为同样的人,两者实行并账管理,长盛公司各股东的出资(含刘某某在长盛公司成立前转给长盛公司出纳人民币1050万元),主要用于珠市分厂生产经营需要购买的原材料、支付员工工资等,刘某某在长盛公司登记注册前即已经参与珠市分厂的经营管理,其对珠市分厂的生产经营状况、长盛公司各股东的投资主要用于珠市分厂生产经营需要购买的原材料及支付工资等情况均知晓并认可,刘某某主张吴某某返还其投资款966万元及利息的依据不充分,不予支持。

2. 公司没有设立,公司发起人约定退还投资款,但因拟设立的公司与其他公司存在混同且其他公司出现经营困难,应和其他公司清算后再返还出资款。

在(2014)粤高法民二申字第1074号案中,再审法院认为:四个发起人为设立世界风公司签订了《合资经营合同》,后由于出资不到位未能按约设立,各方签订了《退股会议备忘录》,发起人吴某某主张世界风公司没有进行过实际经营而要求返还出资款。根据《合资经营合同》的约定,世界风公司的设立地址与金迅德科公司、世界风通信(深圳)公司的地址一致,且缴存出资款的账户亦为两公司对外公布的业务往来账户之一。另外,案涉两份会议备忘录并未约定吴某某的出资款应否退还,亦表明世界风公司已实际与金迅德公司、世界风通信(深圳)公司混同经营,且出现了资金周转困难的情形,应认定世界风公司与金迅德公司、世界风通信(深圳)公司存在混同,吴某某应对三家公司的财务情况进行清理、清算后再主张返还相应的出资款。

3. 股东收回出资可通过转让股权、公司回购股权或者公司清算等方式实现,在公司清算完成前,原告要求返还投资的请求不被法院支持。

在(2019)粤0391民初349号案中,法院认为:原告已按照《股东合作协议》的约定支付投资款人民币50万元,该款项成为协议约定的富鑫瑞公司之资本,原告亦相应成为占该公司25%股权的股东,现其要求返还该部分投资款,应符合公司法关于股东收回出资的规定。根据公司法的规定,股东收回出资可通过转让股权、公司回购股权或者公司清算等方式实现。目前原告要求收回投资的理由为富鑫瑞公司已经处于停业状态,而该理由仅可能导致公司启动解散和清算程序,但在清算完成前,原告要求返还投资,没有法律依据。

4. 区分投资款还是股权对价款,前者可以主张返还,后者原则上不可以。

在(2013)最高法民一终字第123号案中,二审法院认为:首先,海通置业公司虽然对中广公司提交的《协议书》第一页的真实性持有异议,但对协议内容表示认可,根据《协议书》约定,双方一致同意将土地作价,由中广公司支付其中的15%,即人民币12352500元,获得海通置业公司15%股权,并在付清款项后对公司进行增资扩股,修改章程,项目建设过程中的资金支出由双方按出资比例出资。

其次,《四方协议》进一步明确中广公司占股15%,虽然第二条有中广公司出资人民币1235万元、邓某某出资人民币700万元仅为土地出让款(含拆迁费用),其他所有支出两股东按股份比例出资的表述,但结合海通置业公司成立后即由海通置业公司和海通控股公司的法定代表人王某某与中广公司签订协议书的事实,应认定中广公司出资人民币 12352500 元意在取得海通置业公司 15% 股权。

再次,中广公司委托杭州丘山进出口有限公司付款后,王某某出具的收据中也载明款项为中广公司投资海通置业公司的投资款。公司注册资本与股权取得的对价并非完全一致,股权取得对价的确定与公司的资产、公司的发展前景关联,海通置业公司取得案涉地块的土地使用权证书,海通置业公司的价值与其人民币 2000 万元注册资本并不对应,且中广公司并未另行支付人民币 300 万元的出资款,海通置业公司 15% 股权价值与人民币 300 万元出资则相差甚远。综上,中广公司出资人民币 12352500 元应认定为取得海通置业公司 15% 股权支付的对价,而不是投资款。

5. 资金已事实上被投入经营活动中并转为公司的固定资产,返还该资金的诉请既不利于公司经营又违背诚实信用原则,不会被法院支持。

在 (2017) 黔民申 435 号案中,再审法院认为:致远城达的注册资本为人民币 2000 万元,但在前期经营过程中实际需要投入的资金达人民币 4700 多万元(主要是用于购买车辆及保险等相关支出),注册资本所认缴的人民币 2000 万元不足以支撑实际支出,致远城达为此通过股东按持股比例追加投入及向银行贷款这两种方式解决资金不足,青龙公司实际向致远城达投入的资金总计人民币 1600 多万元(包括前期投入的人民币 1000 万元及后期追加投入的人民币 600 多万元),这些资金已经全部被投入 420 辆出租车上,青龙公司诉请返还的人民币 320 万元事实上也已经因投入这 420 辆出租汽车上而转为致远城达的公司固定资产。青龙公司按照 34.5% 的持股比例实际经营管理其中 138 辆出租车,与其投入资金所对应的固定资产相当。如果青龙公司在按照持股比例分配利润的同时主张致远城达退还其 320 万元及相应利息,既不利于公司经营又违背诚实信用原则,也不符合法律规定,对该项诉请不予支持。

第三节 实务指南

一、新《公司法》出资制度对投资并购的影响

新《公司法》的出台必将深远影响公司的运营与发展,也会对公司对外投资并购产生重要的影响。

为了更好地协助企业家把控新《公司法》对公司投资并购的影响,笔者分别从有利影响、不利因素把控的角度进行简要梳理,形成本文,供企业家参考。

（一）股权、债权纳入出资范围

新《公司法》第48条第1款规定："股东可以用货币出资，也可以用实物、知识产权、土地使用权、股权、债权等可以用货币估价并可以依法转让的非货币财产作价出资；但是，法律、行政法规规定不得作为出资的财产除外。"

相比起2018年《公司法》的规定，新《公司法》的上述条款新增规定了股权、债权等财产性权益可以用于出资，丰富了对外投资的形式，投资人可以通过债转股等形式，更好地、灵活地进行投资，更好地把握对外投资中的风险和权益。

（二）注册资本实缴期限法定化

新《公司法》第47条第1款规定："有限责任公司的注册资本为在公司登记机关登记的全体股东认缴的出资额。全体股东认缴的出资额由股东按照公司章程的规定自公司成立之日起五年内缴足。"

这是新《公司法》最受关注的修订内容，也为投资者的理性投资提供了法律上应该紧绷"理性"的弦。注册资本实缴期限的法定化，有利于督促各股东及时出资，更好、更快地集合各方资金，共谋企业的发展，对共同拓展事业是一大利好。

（三）企业信息公示功能强化

新《公司法》第40规定，"公司应当按照规定通过国家企业信用信息公示系统公示下列事项：（一）有限责任公司股东认缴和实缴的出资额、出资方式和出资日期，股份有限公司发起人认购的股份数……"第251条明确了公司未按照规定进行公示，或者公示资料不真实、不准确、不完整时，应当承担的法律责任。

新《公司法》的上述规定，强制要求将有限责任公司股东认缴和实缴的出资额、出资方式和出资日期纳入国家企业信用信息公示系统公开，将督促股东更加积极地履行出资义务，同时也可以节省公司对外投资并购时的尽调成本。

（四）减资规则新变更

新《公司法》第224条第3款规定："公司减少注册资本，应当按照股东出资或者持有股份的比例相应减少出资额或者股份，法律另有规定、有限责任公司全体股东另有约定或者股份有限公司章程另有规定的除外。"

即新《公司法》实施后，公司减资将以等比例减资为原则，非等比例减资为例外。比如，公司对外投资过程中，设置了对赌形式的权益保障机制，且对赌回购的主体包括目标公司，若当时的对赌设置未以股东协议或者章程约定的形式进行确认，则新《公司法》实施后，公司的对赌回购权益将面临无法实现的风险，因此提请投资人特别注意,并及时根据新规调整对赌条款的约定方式,防范因法规调整导致的权利受损的风险。

小结:新《公司法》的本轮修订,涉及内容众多,新增的制度也很多,公司法的修订将会对公司对外投资产生直接的影响,以上分析仅是其中的一小部分,具体的影响还需要企业家积极地关注公司法的全部内容,逐条、逐项分析与公司对外投资、并购事项的关联性,方能更好地把控新法带来的影响,最大限度地保护公司的投资权益。

二、未尽增资义务时各股东应否承担连带责任

新《公司法》第50条规定:"有限责任公司设立时,股东未按照公司章程规定实际缴纳出资,或者实际出资的非货币财产的实际价额显著低于所认缴的出资额的,设立时的其他股东与该股东在出资不足的范围内承担连带责任。"

新《公司法》第99条规定:"发起人不按照其认购的股份缴纳股款,或者作为出资的非货币财产的实际价额显著低于所认购的股份的,其他发起人与该发起人在出资不足的范围内承担连带责任。"

《公司法司法解释(三)》第13条第3款规定:"股东在公司设立时未履行或者未全面履行出资义务,依照本条第一款或者第二款提起诉讼的原告,请求公司的发起人与被告股东承担连带责任的,人民法院应予支持;公司的发起人承担责任后,可以向被告股东追偿。"

由上可见,无论是有限责任公司还是股份有限公司的发起人,都需要对在公司设立阶段的出资不实承担补足出资责任,并且各发起人股东之间还需在出资不实的范围内彼此承担连带责任。但在公司经营中的增资扩股阶段,股东未尽增资出资义务时,各增资股东是否应像发起人一样对未出资部分承担连带责任?甚至,无增资义务的股东对其他增资股东未出资部分也应承担连带责任?

观点之一:增资股东出资不实责任类推适用公司设立阶段的发起人责任。也就是说,上述关于发起人的资本充实连带责任规定同样适用于增资股东,各增资股东对出资不实部分承担共同连带责任,甚至无增资义务的股东对其他增资股东出资不实部分也应承担共同连带责任,理由是增资扩股是公司扩大经营规模、增加责任能力的行为,与公司设立时的初始出资行为的本质没有什么不同,故两种情形下的责任承担也没有什么不同,并引用如下规定作为依据。

最高人民法院执行工作办公室在《关于股东因公司设立后的增资瑕疵应否对公司债权人承担责任问题的复函》([2003]执他字第33号)中认为:公司增加注册

资金是扩张经营规模、增强责任能力的行为,原股东约定按照原出资比例承担增资责任,与公司设立时的初始出资是没有区别的。公司股东若有增资瑕疵,应承担与公司设立时的出资瑕疵相同的责任。但是,公司设立后增资与公司设立时出资的不同之处在于,股东履行交付资产的时间不同。正因为这种时间上的差异,导致交易人(公司债权人)对于公司责任能力的预期是不同的。股东按照其承诺履行出资或增资的义务是相对于社会的一种法定的资本充实义务,股东出资或增资的责任应与公司债权人基于公司的注册资金对其责任能力产生的判断相对应。

观点之二:增资股东出资不实责任不能类推适用公司设立阶段的发起人责任,增资股东除了承担补足出资责任、违约责任之外,还需承担在未出资本息范围内对公司债务不能清偿部分的补充赔偿责任。理由是,公司设立阶段依据的是发起人签署的发起人协议或合作协议,经过全体发起人同意;增资属于特别决议事项,通常无需全体股东同意即可实施。这表明,公司增资阶段并不具备公司设立阶段的发起人对信息获取和特殊权利行使方面的优势,发起人之间的连带责任是种严苛的无过错责任,根据权利责任相互匹配原则,增资股东及其他股东无须对增资时出资不实部分承担共同连带责任。

另外,《公司法司法解释(三)》第13条第4款规定:股东在公司增资时未履行或者未全面履行出资义务,未尽催缴出资义务而使出资未缴足的董事、高级管理人员应承担相应责任。该条文并未规定增资股东需要对增资时出资不实部分承担连带责任,只是规定了应由未履行催缴义务而使出资未缴足的董事、高级管理人员承担相应责任。

且综合分析《公司法司法解释(三)》第13条第2款、第3款,均没有设计增资股东及增资时其他股东的连带责任,只是设计了发起人及董监高的连带责任,连带责任作为一种法定责任,在法律没有明确规定的情形下,不能类推适用。

笔者认为,在民商事领域,对于法律没有明确规定的问题,就属于我们可以发挥的空间。对未尽增资义务时股东责任的承担,可以吸收上述不同观点的合理之处,作如下的设计:

1. 识别增资股东是否同时具有发起人身份。增资股东都是发起人的,类推适用发起人的连带责任规定;反之,如果增资股东都不是发起人的,不应类推适用发起人的连带责任规定;

2. 增资股东中部分是发起人、部分不是发起人的,非发起人股东不应对发起人股东增资中的出资瑕疵部分承担连带责任,发起人股东还是需要承担连带责任;

3.区别增资股东与非增资股东。不承担增资义务的股东,无论其是否同时也是发起人,不应对承担增资义务的股东(也无论其是否同时也是发起人)在股东增资中的出资瑕疵部分承担连带责任;

4.考虑是否转让了股权。增资股东在未尽增资义务情况下将股权转让,产生的新问题是,原增资股东是否应对增资不实部分承担连带责任？股权受让人与谁一起对增资不实部分承担连带责任？对此需要回归股权转让的一般情形之规定来考量。

新《公司法》第88条规定:"股东转让已认缴出资但未届出资期限的股权的,由受让人承担缴纳该出资的义务;受让人未按期足额缴纳出资的,转让人对受让人未按期缴纳的出资承担补充责任。未按照公司章程规定的出资日期缴纳出资或者作为出资的非货币财产的实际价额显著低于所认缴的出资额的股东转让股权的,转让人与受让人在出资不足的范围内承担连带责任;受让人不知道且不应当知道存在上述情形的,由转让人承担责任。"

这表明:转让股权后,出资期限未届满的,原则上由股权受让人承担出资义务,股权转让人承担补充责任;出资期限届满的或发现作为出资的非货币财产的实际价额显著低于所认缴的出资额的,股权转让人与股权受让人在出资不足范围内承担连带责任,如果受让人能证明不知道且不应知道上述情形的,则由股权转让人承担全部出资责任。

该条文不仅适用公司设立阶段的出资,而且也适用增资阶段的出资,并无特定出资场景的限制。但是,股权转让可以向公司以外的第三人转让,也可以在公司内部转让,股权受让人同样存在同时具备发起人身份、不具备发起人身份这两种情形。因此,要讨论未尽增资义务时股东转让股权的责任问题,还是要对标新《公司法》第88条的规定,且再区分情形、结合前述三种观点来讨论。

情形之一,增资出资期限未届满的。原则上由股权受让人承担出资义务,如果股权受让人同时具有发起人身份,与其他增资股东中同时具有发起人身份的股东对增资中任一出资不实部分承担连带责任。同样,与其他增资股东中同时具有发起人身份的股东对股权受让人出资不实部分承担连带责任。但无论哪种情形,股权转让人只对未尽增资义务部分承担补充责任。

情形之二,增资出资期限届满,未按照公司章程规定出资的或发现作为出资的非货币财产的实际价额显著低于所认缴的出资额的。首先是股权转让人与股权受让人在增资出资不足范围内承担连带责任;其次,其他增资股东中同时具有发起人身份的股东对已转让股权的增资出资不实部分承担连带责任。故未尽增资义务就转让股权,对增资出资不实部分承担连带责任的主体为:股权转让人、股权受让人、其他增资股东中同时具有发起人身份的股东。

如果股权受让人不知道且不应当知道存在该情形的,此时对增资出资不实部分承担连带责任的主体为:股权转让人、其他增资股东中同时具有发起人身份的股东。

三、关联诉讼:公司设立纠纷

（一）案由概述

公司设立,是指发起人为了成立新公司而依法实施的系列法律行为的总称。一般认为,公司章程制定之日或发起人签订发起人协议之日到公司营业执照正式下发之日的期间,为公司设立阶段。

公司设立纠纷主要基于如下情形产生:

一是在公司设立过程中,发起人之间产生的纠纷,或发起人与外部的债权人产生的纠纷;

二是公司设立失败后,因公司设立期间的责任问题产生的纠纷;

三是公司设立成功后,因公司设立期间责任问题而产生的纠纷。

公司设立纠纷与发起人责任纠纷不同,只要属于发起人承担责任之纠纷,归属发起人责任纠纷;除此之外的其他情形,属于公司设立纠纷。

（二）诉讼请求表述示范

本小节设定场景为:在公司设立纠纷案中,A 是公司,简称 A 公司;B、C、D、E 均是 A 公司的发起人、股东,或者参与公司设立但后来退出合伙关系的人(在特别情形下可能还兼顾第三人角色)。

【请求返还出资款及其利息】

第一类:

(1)请求法院判决 A 公司向 B 返还投资款×万元;

(2)请求法院判决 A 公司向 B 支付资金使用费(以×万元为基数,按照全国银行间同业拆借中心发布的一年期贷款市场报价利率计算,自×年×月×日起算至判决生效之日止);

(3)请求法院判决 B、C 各返还×万元的三分之一款项给 D。

第二类:

(1)请求法院判决 A 公司返还 B 出资款×元,并支付从×年×月×日起至还清之

日止以×元为基数按照全国银行间同业拆借中心发布的一年期贷款市场报价利率计算的利息;

(2)请求法院判决 C 对上述款项×元及利息承担连带清偿责任。

【请求赔偿损失】

1. 请求法院判决 B 返还 A 出资款×万元及该款自×年×月×日起至付清之日止按年利率×%计算的利息损失;

2. 请求法院判决 B、C 赔偿 D 投资损失×万元;

3. 请求法院判决 B、C 给付 D 利息(自×年×月×日起以×万元为本金,按照全国银行间同业拆借中心发布的一年期贷款市场报价利率计算至还清之日止)。

【请求撤销、解除或终止合同】

第一类:

(1)请求法院判决撤销 B 与 C、D 共同于×年×月×日所签订的《协议》;

(2)请求法院判决 C、D 向 B 连带返还×元款项,并向 B 连带赔偿相应利息损失(以×元为基数,按照全国银行间同业拆借中心发布的一年期贷款市场报价利率计算至还清之日止)。

第二类:

(1)请求法院判决解除 B 与 C 于×年×月×日签订的《合作合同》;

(2)请求法院判决 B 返还 C 投资款×元;

(3)请求法院判决 B 返还 C 投资款×元的利息(自×年×月×日起至付清之日止,2019 年 8 月 20 日前的利率按照中国人民银行同期贷款利率计算,2019 年 8 月 20 日之后的利率按照全国银行间同业拆借中心公布的一年期贷款市场报价利率计算)。

第三类:

(1)请求法院判决解除 B 与 C 于×年×月×日签订的《股东合作及股权协议书》;

(2)请求法院判决 C 和 A 公司连带偿还 B 投资款×元及相应利息(利息从×年×月×日起算,按照中国人民银行同期贷款利率分段计付至生效判决确定的履行期限届满之日止);

(3)请求法院判决 C 和 A 公司应从×年×月×日起至涉案场所被恢复原状返还 B 之日止,根据日租金×元计算标准向 B 连带赔偿场地使用费;

(4)请求法院判决 C 和 A 公司将坐落某位置的房屋和场地恢复原状返还 B;

(5)请求法院判决 A 公司与 B、C、D 于×年×月×日签订的《设立有限公司协议书》于×年×月×日终止。

第六章 股东出资与股权代持

第一节 请求权基础规范

一、新《公司法》规定

第 34 条 公司登记事项发生变更的,应当依法办理变更登记。

公司登记事项未经登记或者未经变更登记,不得对抗善意相对人。

第 40 条 公司应当按照规定通过国家企业信用信息公示系统公示下列事项:

(一)有限责任公司股东认缴和实缴的出资额、出资方式和出资日期,股份有限公司发起人认购的股份数;(二)有限责任公司股东、股份有限公司发起人的股权、股份变更信息;(三)行政许可取得、变更、注销等信息;(四)法律、行政法规规定的其他信息。

公司应当确保前款公示信息真实、准确、完整。

第 140 条 上市公司应当依法披露股东、实际控制人的信息,相关信息应当真实、准确、完整。

禁止违反法律、行政法规的规定代持上市公司股票。

第 159 条 股票的转让,由股东以背书方式或者法律、行政法规规定的其他方式进行;转让后由公司将受让人的姓名或者名称及住所记载于股东名册。

股东会会议召开前二十日内或者公司决定分配股利的基准日前五日内,不得变更股东名册。法律、行政法规或者国务院证券监督管理机构对上市公司股东名册变更另有规定的,从其规定。

→附录参考:司法政策文件《九民会议纪要》

8.【有限责任公司的股权变动】当事人之间转让有限责任公司股权,受让人以其姓名或者名称已记载于股东名册为由主张其已经取得股权的,人民法院依法予以支持,但法律、行政法规规定应当办理批准手续生效的股权转让除外。未向公司登记机关办理股权变更登记的,不得对抗善意相对人。

28.【实际出资人显名的条件】实际出资人能够提供证据证明有限责任公司过半数的其他股东知道其实际出资的事实,且对其实际行使股东权利未曾提出异议的,对实际出资人提出的登记为公司股东的请求,人民法院依法予以支持。公司以实际出资人的请求不符合公司法司法解释(三)第24条的规定为由抗辩的,人民法院不予支持。

二、其他法律规定

(一)公司法层面

1.《公司法司法解释(三)》

第21条 当事人向人民法院起诉请求确认其股东资格的,应当以公司为被告,与案件争议股权有利害关系的人作为第三人参加诉讼。

第22条 当事人之间对股权归属发生争议,一方请求人民法院确认其享有股权的,应当证明以下事实之一:(一)已经依法向公司出资或者认缴出资,且不违反法律法规强制性规定;(二)已经受让或者以其他形式继受公司股权,且不违反法律法规强制性规定。

第24条 有限责任公司的实际出资人与名义出资人订立合同,约定由实际出资人出资并享有投资权益,以名义出资人为名义股东,实际出资人与名义股东对该合同效力发生争议的,如无法律规定的无效情形,人民法院应当认定该合同有效。

前款规定的实际出资人与名义股东因投资权益的归属发生争议,实际出资人以其实际履行了出资义务为由向名义股东主张权利的,人民法院应予支持。名义股东以公司股东名册记载、公司登记机关登记为由否认实际出资人权利的,人民法院不予支持。

实际出资人未经公司其他股东半数以上同意,请求公司变更股东、签发出资证明书、记载于股东名册、记载于公司章程并办理公司登记机关登记的,人民法院不予支持。

第25条 名义股东将登记于其名下的股权转让、质押或者以其他方式处分,实际出资人以其对于股权享有实际权利为由,请求认定处分股权行为无效的,人民法院可以参照民法典第三百一十一条的规定处理。

名义股东处分股权造成实际出资人损失,实际出资人请求名义股东承担赔偿责任的,人民法院应予支持。

第26条 公司债权人以登记于公司登记机关的股东未履行出资义务为由,请求其对公司债务不能清偿的部分在未出资本息范围内承担补充赔偿责任,股东以其仅为名义股东而非实际出资人为由进行抗辩的,人民法院不予支持。

名义股东根据前款规定承担赔偿责任后,向实际出资人追偿的,人民法院应予支持。

第 27 条 股权转让后尚未向公司登记机关办理变更登记,原股东将仍登记于其名下的股权转让、质押或者以其他方式处分,受让股东以其对于股权享有实际权利为由,请求认定处分股权行为无效的,人民法院可以参照民法典第三百一十一条的规定处理。

原股东处分股权造成受让股东损失,受让股东请求原股东承担赔偿责任、对于未及时办理变更登记有过错的董事、高级管理人员或者实际控制人承担相应责任的,人民法院应予支持;受让股东对于未及时办理变更登记也有过错的,可以适当减轻上述董事、高级管理人员或者实际控制人的责任。

2.《公司法时间效力司法解释》

第 3 条 公司法施行前订立的与公司有关的合同,合同的履行持续至公司法施行后,因公司法施行前的履行行为发生争议的,适用当时的法律、司法解释的规定;因公司法施行后的履行行为发生争议的下列情形,适用公司法的规定:

(一)代持上市公司股票合同,适用公司法第一百四十条第二款的规定……

3.《民法典》

第 311 条 无处分权人将不动产或者动产转让给受让人的,所有权人有权追回;除法律另有规定外,符合下列情形的,受让人取得该不动产或者动产的所有权:(一)受让人受让该不动产或者动产时是善意;(二)以合理的价格转让;(三)转让的不动产或者动产依照法律规定应当登记的已经登记,不需要登记的已经交付给受让人。

受让人依据前款规定取得不动产或者动产的所有权的,原所有权人有权向无处分权人请求损害赔偿。

当事人善意取得其他物权的,参照适用前两款规定。

4.《民法典物权编司法解释(一)》

第 14 条 受让人受让不动产或者动产时,不知道转让人无处分权,且无重大过失的,应当认定受让人为善意。

真实权利人主张受让人不构成善意的,应当承担举证证明责任。

第 15 条 具有下列情形之一的,应当认定不动产受让人知道转让人无处分权:

(一)登记簿上存在有效的异议登记;(二)预告登记有效期内,未经预告登记的权利人同意;(三)登记簿上已经记载司法机关或者行政机关依法裁定、决定查封或者以其他形式限制不动产权利的有关事项;(四)受让人知道登记簿上记载的权利主体错误;(五)受让人知道他人已经依法享有不动产物权。

真实权利人有证据证明不动产受让人应当知道转让人无处分权的,应当认定受让人具有重大过失。

第16条 受让人受让动产时,交易的对象、场所或者时机等不符合交易习惯的,应当认定受让人具有重大过失。

第17条 民法典第三百一十一条第一款第一项所称的"受让人受让该不动产或者动产时",是指依法完成不动产物权转移登记或者动产交付之时。

当事人以民法典第二百二十六条规定的方式交付动产的,转让动产民事法律行为生效时为动产交付之时;当事人以民法典第二百二十七条规定的方式交付动产的,转让人与受让人之间有关转让返还原物请求权的协议生效时为动产交付之时。

法律对不动产、动产物权的设立另有规定的,应当按照法律规定的时间认定权利人是否为善意。

第18条 民法典第三百一十一条第一款第二项所称"合理的价格",应当根据转让标的物的性质、数量以及付款方式等具体情况,参考转让时交易地市场价格以及交易习惯等因素综合认定。

(二)外资企业法层面

《外商投资企业司法解释(一)》

第14条 当事人之间约定一方实际投资、另一方作为外商投资企业名义股东,实际投资者请求确认其在外商投资企业中的股东身份或者请求变更外商投资企业股东的,人民法院不予支持。同时具备以下条件的除外:(一)实际投资者已经实际投资;(二)名义股东以外的其他股东认可实际投资者的股东身份;(三)人民法院或当事人在诉讼期间就将实际投资者变更为股东征得了外商投资企业审批机关的同意。

第15条 合同约定一方实际投资、另一方作为外商投资企业名义股东,不具有法律、行政法规规定的无效情形的,人民法院应认定该合同有效。一方当事人仅以未经外商投资企业审批机关批准为由主张该合同无效或者未生效的,人民法院不予支持。

实际投资者请求外商投资企业名义股东依据双方约定履行相应义务的,人民法院应予支持。

双方未约定利益分配,实际投资者请求外商投资企业名义股东向其交付从外商投资企业获得的收益的,人民法院应予支持。外商投资企业名义股东向实际投资者请求支付必要报酬的,人民法院应酌情予以支持。

第16条 外商投资企业名义股东不履行与实际投资者之间的合同,致使实际投资者不能实现合同目的,实际投资者请求解除合同并由外商投资企业名义股东承担违约责任的,人民法院应予支持。

第17条 实际投资者根据其与外商投资企业名义股东的约定,直接向外商投资企业请求分配利润或者行使其他股东权利的,人民法院不予支持。

第18条 实际投资者与外商投资企业名义股东之间的合同被认定无效,名义股东持有的股权价值高于实际投资额,实际投资者请求名义股东向其返还投资款并根据其实际投资情况以及名义股东参与外商投资企业经营管理的情况对股权收益在双方之间进行合理分配的,人民法院应予支持。

外商投资企业名义股东明确表示放弃股权或者拒绝继续持有股权的,人民法院可以判令以拍卖、变卖名义股东持有的外商投资企业股权所得向实际投资者返还投资款,其余款项根据实际投资者的实际投资情况、名义股东参与外商投资企业经营管理的情况在双方之间进行合理分配。

第19条 实际投资者与外商投资企业名义股东之间的合同被认定无效,名义股东持有的股权价值低于实际投资额,实际投资者请求名义股东向其返还现有股权的等值价款的,人民法院应予支持;外商投资企业名义股东明确表示放弃股权或者拒绝继续持有股权的,人民法院可以判令以拍卖、变卖名义股东持有的外商投资企业股权所得向实际投资者返还投资款。

实际投资者请求名义股东赔偿损失的,人民法院应当根据名义股东对合同无效是否存在过错及过错大小认定其是否承担赔偿责任及具体赔偿数额。

第20条 实际投资者与外商投资企业名义股东之间的合同因恶意串通,损害国家、集体或者第三人利益,被认定无效的,人民法院应当将因此取得的财产收归国家所有或者返还集体、第三人。

(三)证券法层面

1.《证券法》

第63条 通过证券交易所的证券交易,投资者持有或者通过协议、其他安排与他人共同持有一个上市公司已发行的有表决权股份达到百分之五时,应当在该事实发生之日起三日内,向国务院证券监督管理机构、证券交易所作出书面报告,通知该上市公司,并予公告,在上述期限内不得再行买卖该上市公司的股票,但国务院证券监督管理机构规定的情形除外。

投资者持有或者通过协议、其他安排与他人共同持有一个上市公司已发行的有表决权股份达到百分之五后,其所持该上市公司已发行的有表决权股份比例每增加或者减少百分之五,应当依照前款规定进行报告和公告,在该事实发生之日起至公告后三日内,不得再行买卖该上市公司的股票,但国务院证券监督管理机构规定的情形除外。

投资者持有或者通过协议、其他安排与他人共同持有一个上市公司已发行的有表决权股份达到百分之五后,其所持该上市公司已发行的有表决权股份比例每增加或者减少百分之一,应当在该事实发生的次日通知该上市公司,并予公告。

违反第一款、第二款规定买入上市公司有表决权的股份的,在买入后的三十六个月内,对该超过规定比例部分的股份不得行使表决权。

第73条 采取协议收购方式的,收购人收购或者通过协议、其他安排与他人共同收购一个上市公司已发行的有表决权股份达到百分之三十时,继续进行收购的,应当依法向该上市公司所有股东发出收购上市公司全部或者部分股份的要约。但是,按照国务院证券监督管理机构的规定免除发出要约的除外。

收购人依照前款规定以要约方式收购上市公司股份,应当遵守本法第六十五条第二款、第六十六条至第七十条的规定。

第78条 发行人及法律、行政法规和国务院证券监督管理机构规定的其他信息披露义务人,应当及时依法履行信息披露义务。

信息披露义务人披露的信息,应当真实、准确、完整,简明清晰,通俗易懂,不得有虚假记载、误导性陈述或者重大遗漏。

证券同时在境内境外公开发行、交易的,其信息披露义务人在境外披露的信息,应当在境内同时披露。

2.《首次公开发行股票并上市管理办法》

第13条 发行人的股权清晰,控股股东和受控股股东、实际控制人支配的股东持有的发行人股份不存在重大权属纠纷。

3.《科创板首次公开发行股票注册管理办法(试行)》

第12条第2项 发行人主营业务、控制权、管理团队和核心技术人员稳定,最近 2 年内主营业务和董事、高级管理人员及核心技术人员均没有发生重大不利变化;控股股东和受控股股东、实际控制人支配的股东所持发行人的股份权属清晰,最近 2 年实际控制人没有发生变更,不存在导致控制权可能变更的重大权属纠纷。

4.《商业银行股权管理暂行办法》

第 10 条　商业银行股东应当严格按照法律法规和银监会规定履行出资义务。

商业银行股东应当使用自有资金入股商业银行,且确保资金来源合法,不得以委托资金、债务资金等非自有资金入股,法律法规另有规定的除外。

第 12 条　商业银行股东不得委托他人或接受他人委托持有商业银行股权。

商业银行主要股东应当逐层说明其股权结构直至实际控制人、最终受益人,以及其与其他股东的关联关系或者一致行动关系。

5.《保险公司股权管理办法》

第 31 条　投资人不得委托他人或者接受他人委托持有保险公司股权。

(四)执行层面

1.《民法典》

第 65 条　法人的实际情况与登记的事项不一致的,不得对抗善意相对人。

2.《执行异议和复议司法解释》

第 25 条第 1 款第 3 项、第 4 项　对案外人的异议,人民法院应当按照下列标准判断其是否系权利人:……(三)银行存款和存管在金融机构的有价证券,按照金融机构和登记结算机构登记的账户名称判断;有价证券由具备合法经营资质的托管机构名义持有的,按照该机构登记的实际投资人账户名称判断;(四)股权按照工商行政管理机关的登记和企业信用信息公示系统公示的信息判断……

3.《执行变更追加司法解释》

第 17 条　作为被执行人的营利法人,财产不足以清偿生效法律文书确定的债务,申请执行人申请变更、追加未缴纳或未足额缴纳出资的股东、出资人或依公司法规定对该出资承担连带责任的发起人为被执行人,在尚未缴纳出资的范围内依法承担责任的,人民法院应予支持。

4.《执行股权司法解释》

第 14 条　被执行人、利害关系人以具有下列情形之一为由请求不得强制拍卖股权的,人民法院不予支持:(一)被执行人未依法履行或者未依法全面履行出资义务;(二)被执行人认缴的出资未届履行期限;(三)法律、行政法规、部门规章等对该股权自行转让有限制;(四)公司章程、股东协议等对该股权自行转让有限制。

人民法院对具有前款第一、二项情形的股权进行拍卖时,应当在拍卖公告中载明被执行人认缴出资额、实缴出资额、出资期限等信息。股权处置后,相关主体依照有关规定履行出资义务。

第17条 在审理股东资格确认纠纷案件中,当事人提出要求公司签发出资证明书、记载于股东名册并办理公司登记机关登记的诉讼请求且其主张成立的,人民法院应当予以支持;当事人未提出前述诉讼请求的,可以根据案件具体情况向其释明。

生效法律文书仅确认股权属于当事人所有,当事人可以持该生效法律文书自行向股权所在公司、公司登记机关申请办理股权变更手续;向人民法院申请强制执行的,不予受理。

第二节 裁判精要

一、股权代持协议的效力

1.股权归属关系应根据合法的投资行为依法律确定,不能由当事人自由约定,当事人约定双方之间的关系表面上是股权代持关系,实际上是委托投资协议关系。我国法律并未禁止境外企业持有境内保险公司股权,但法律对外资股东的持股比例作了限制性的规定,这种规定不是对当事人之间的委托合同关系进行规制,实际出资人不能以存在合法的委托投资关系为由主张股东地位,受托人也不能以存在持股比例限制为由否定委托投资协议的效力。

在(2013)民四终字第20号案中,二审法院认为:关于《委托投资及托管协议》《协议书》的效力及案涉股权的归属问题。本案中,博智公司主张其与鸿元公司签订的《委托投资及托管协议》《协议书》有效,故案涉股权应归属博智公司;鸿元公司则主张案涉股权归其享有,理由是其与博智公司之间签订的《委托投资及托管协议》《协议书》旨在规避我国上述有关金融管理的规定,系"以合法形式掩盖非法目的"的情形,故应被认定为无效。对此,法院认为,我国现行的金融法规对于境外公司向境内保险机构投资作了明确的限制性规定。《保险公司管理规定》规定:"全部境外股东参股比例应当低于保险公司股份总额的25%。全部境外股东投资比例占保险公司股份总额25%以上的,适用外资保险公司管理的有关规定。境外股东投资上市保险公司的,不受前款规定的限制。"《保险公司股权管理办法》规定:"本办法所称保险公司,是指经保监会批准设立,并依法登记注册的外资股东出资或者持股比例占公司注册资本不足25%的保险公司。"可见,尽管我国法律并未禁止境外企业持有境内保险公司股权,但中国保监会①根据监管的需要对于外资股东的持股比例作了限制性的规定,即对于境内非上市保险公司,全部境外股东的投资比例不能超过保险公司股份总额的25%,否则即应适用外资保险公司管理的规定。

博智公司委托鸿元公司的前身亚创公司投资新华人寿保险公司,正是由于外资股东投资境内保险公司受到上述投资比例的限制。虽然鸿元公司是受博智公司的委托投资新华人寿保险公司,但鸿元公司并未以博智公司的名义投资,也未将案涉股权登记在博智公司的名下,而是以自己的名义投资并将案涉股权登记在鸿元公司的名下,且该投资行为不仅已经获得保监会的批准,鸿元公司还以其名义参与了新华人寿的管理,履行了股东的义务并行使了股东的权利,因此不能认为案涉股权归博智公司所有,而应认定案涉股权归鸿元公司所有。就此而言,博智公司委托鸿元公司以鸿元公司的名义投资新华人寿保险公司,与保监会的上述规章并无抵触,自然不能作为"以合法形式掩盖非法目的"的情况而否定双方之间委托投资协议的效力。也就是说,股权归属关系与委托投资关系是两个层面的法律关系,前者因合法的投资行为而形成,后者则因当事人之间的合同行为形成,保监会的上述规章仅仅是对外资股东持股比例所作的限制,而非对当事人之间的委托合同关系进行规制,因此,实际出资人不能以存在合法的委托投资关系为由主张股东地位,受托人也不能以存在持股比例限制为由否定委托投资协议的效力。

本案中,博智公司与鸿元公司签订的《委托投资及托管协议》《协议书》,不仅包括双方当事人关于委托投资的约定,还包括当事人之间关于股权归属以及股权托管的约定。根据双方当事人关于股权归属以及股权托管的约定,鸿元公司的前身亚创公司系代博智公司持有股权而非自己持有股权。虽然上述协议均系双方当事人真实意思表示,但由于股权归属关系应根据合法的投资行为依法律确定,不能由当事人自由约定,因此,尽管当事人约定双方之间的关系是股权代持关系,也不能据此认定双方之间的关系属股权代持关系,而应认定双方之间系委托投资合同关系。一审判决未能区分股权归属关系与委托投资关系,仅以双方签订的《委托投资及托管协议》及《协议书》系双方真实意思表示为由认定上述协议均有效,并据此认

---

① 中华人民共和国保险监督管理委员会(今金融监督管理局),以下简称保监会。

定博智公司作为案涉股权的实际出资人,享有所有者投资权益,而鸿元公司作为名义股东,系依约代博智公司行使股权,属法律适用错误,也与鸿元公司一直以股东身份行使股权及相关权益的事实不符,应予纠正。

2.任何单位或者个人不得委托他人或者接受他人委托持有保险公司的股权,禁止代持保险公司股权。

在(2017)最高法民终529号案中,二审法院认为:本案争议焦点在于关于天策公司和伟杰公司之间的《信托持股协议》的效力应如何认定,天策公司要求将讼争4亿股股份过户至其名下的诉讼请求能否得到支持。法院认为,天策公司和伟杰公司签订的《信托持股协议》内容,明显违反中国保险监督管理委员会制定的《保险公司股权管理办法》中"任何单位或者个人不得委托他人或者接受他人委托持有保险公司的股权"的规定,对该《信托持股协议》的效力审查,应从《保险公司股权管理办法》禁止代持保险公司股权规定的规范目的、内容实质以及实践中允许代持保险公司股权可能出现的危害后果等方面进行综合分析认定。

首先,从《保险公司股权管理办法》禁止代持保险公司股权的制定依据和目的来看,尽管《保险公司股权管理办法》在法律规范的效力位阶上属于部门规章,并非法律、行政法规,但中国保险监督管理委员会是依据《保险法》关于"国务院保险监督管理机构依照法律、行政法规制定并发布有关保险业监督管理的规章"的明确授权,为保持保险公司经营稳定,保护投资人和被保险人的合法权益,加强保险公司股权监管而制定《保险公司股权管理办法》。据此可以看出,该《管理办法》关于禁止代持保险公司股权的规定与《保险法》的立法目的一致,都是为了加强对保险业的监督管理,维护社会经济秩序和社会公共利益,促进保险事业的健康发展。

其次,从《保险公司股权管理办法》禁止代持保险公司股权规定的内容来看,该规定系中国保险监督管理委员会在本部门的职责权限范围内,根据加强保险业监督管理的实际需要而具体制定,该内容不与更高层级的相关法律、行政法规的规定相抵触,也未与具有同层级效力的其他规范相冲突,同时其制定和发布亦未违反法定程序,因此《保险公司股权管理办法》关于禁止代持保险公司股权的规定具有实质上的正当性与合法性。

再次,从代持保险公司股权的危害后果来看,允许单位或个人股东隐名持有保险公司股权,将使得真正的保险公司投资人游离于国家有关职能部门的监管之外,如此势必加大保险公司的经营风险,妨害保险行业的健康有序发展。加之由于保险行业涉及众多不特定被保险人的切身利益,保险公司这种潜在的经营风险在一定情况下还将危及金融秩序和社会稳定,进而直接损害社会公共利益。综上可见,违反中国保险监督管理委员会《保险公司股权管理办法》有关禁止代持保险公司股权规定的行为,在一定程度上具有与直接违反《保险法》等法律、行政法规一样的法律后果,同时还将出现破坏国家金融管理秩序、损害包括众多保险法律关系主体在内的社会公共利益的危害后果,天策公司和伟杰公司之间签订的《信托持股协议》应被认定为无效。

3.《代持股权协议书》落款处仅有公司盖章,无落款日期、无授权代表签字,且当事人未能对案涉股权的代持情况作出合理说明,《代持股权协议书》并不能否认工商登记记载的股东持股状况,代持协议无效。

在(2015)苏商终字第00516号案中,一审法院认为:《代持股权协议书》合法有效,资产经营公司系本案所涉股权的真正持有人。理由如下:首先,《代持股权协议书》盖有资产经营公司、商旅公司与福润公司公章,福润公司亦未否认上述协议书的真实性,应认定该协议书系各方当事人真实意思表示。其次,国有股权应接受国有资产管理部门的监督和管理,此系行政管理行为,即使《代持股权协议书》未经相关国有资产管理部门的监督和管理,也不影响该协议书在民事行为中的效力。故银海公司提出《代持股权协议书》未经国有资产管理部门的批准而导致国有股权产权不明,违反了法律的强制性规定,应为无效的主张,对此不予采纳。再次,《代持股权协议书》虽未签署落款日期,但经鉴定,该协议书形成于2011年间,故该协议书并非在银海公司申请执行山水城投资公司股权之后被签而成立。银海公司提出鉴定程序违法,鉴定意见不应被采纳的观点不能成立,故原审法院对相关鉴定意见予以采纳。最后,通过资产经营公司提供的股东会决议、出资凭证等,可证明资产经营公司履行了向山水城投资公司的出资义务。后资产经营公司虽与福润公司签订了《股权转让协议书》并办理了工商变更登记,但根据双方签订的《代持股权协议书》之约定,股权转让仅为实现资产经营公司将山水城投资公司的股权交由福润公司代持的目的,该股权转让仅是形式上的,不发生股权已转让的法律效力。故资产经营公司仍然持有山水城投资公司的涉案股权。

二审法院认为:资产经营公司主张其与福润公司之间存在股权代持关系的证据不充分,其诉讼请求不能成立。第一,资产经营公司为证明福润公司持有的山水城投资公司的股权系为其代持,向法院提交《代持股权协议书》,该协议书落款处仅有资产经营公司、商旅公司和福润公司三方盖章,无落款日期且无授权代表签字。

福润公司作为银海公司的债务人和《代持股权协议书》载明的名义股东,未能对案涉股权的代持情况作出说明。故资产经营公司仅凭《代持股权协议书》并不能否认工商登记记载的股东持股状况,其要求确认《代持股权协议书》合法有效的证据不充分,法院不予支持。

4.公众公司股东必须真实,不允许在挂牌过程中隐匿真实股东,相关规定涉及金融安全、市场秩序等公序良俗,对广大非特定投资人利益和社会公共利益构成重要保障,故此类股权代持协议无效。

在(2019)京0108民初52026号案中,一审法院认为:案涉《委托代持股份协议》作为包含股权代持关系的对赌协议,对其效力的识别应结合双方代持目的作出判断。根据《非上市公众公司监督管理办法》的规定,公众公司公开转让股票应当在全国中小企业股份转让系统中进行,公开转让的公众公司股票应当在中国证券登记结算公司集中登记存管。案涉《委托代持股份协议》签订主体的天星公司拟在全国中小企业股份转让系统挂牌之前,协议约定将李某购买的股份在中国证券登记结算有限公司登记于刘某名下,且对代持股权在二级市场的退出作出了约定。即协议内容本身包含了双方对拟挂牌公司股份的安排。以上足以认定,双方签署《委托代持股份协议》的目的包括对公众公司股权进行代持。虽天星公司最终未能挂牌成功,但不影响对双方协议签署目的的判断。

《非上市公众公司监督管理办法》规定,公众公司应当做到股权明晰,并履行信息披露义务。申请股票挂牌公开转让的,需履行如实披露的义务,披露的信息需真实、准确、完整。因此,公众公司股东必须真实,不允许在挂牌过程中隐匿真实股东。中国证券监督管理委员会根据《证券法》授权对证券行业进行监督管理,是为了保护广大非特定投资者的合法权益。要求公众公司股权必须清晰,约束公众公司不得隐名代持股权,系对公众公司监管的基本要求,否则如果公众公司真实股东都不清晰的话,其他对于公众公司信息的披露要求、关联交易审查、高管人员任职回避等监管措施必然落空,必然损害广大非特定投资者的合法权益,从而损害资本市场基本交易秩序与基本交易安全,损害金融安全与社会稳定,进一步损害社会公共利益。根据合同法的相关规定,合同具有损害社会公共利益的情形,应属无效。因此,案涉《委托代持股份协议》违反相关法律法规及规章对于公众公司监管的规定,应被认定为无效。

二、股东资格的确认

（一）内部关系

1. 实际出资人将其股权委托给他人代为持有，与他人之间形成委托持股关系，实际出资人可以随时解除委托合同。

在（2015）苏商外终字第00011号案中，二审法院认为：涉案协议书约定，姜某某向长江镍矿公司投资，并实际享有长江镍矿公司股东的权利和承担相应义务，但碍于中国法律对外商投资企业关于投资人身份的限定，姜某某作为隐名股东没有办理相关工商登记手续，其股权登记在盛世公司名下。姜某某被确认盛世公司作为对外公示的投资者签署的文件效力。因此，姜某某实际投资长江镍矿公司，是长江镍矿公司的隐名股东，其将自己在长江镍矿公司的股权委托给盛世公司代为持有，姜某某与盛世公司之间形成委托持股关系，姜某某作为委托人可以随时解除其与盛世公司之间的委托持股关系。

2. 实际出资人与显名股东之间的投资权益纠纷属于内部纠纷，在处理公司内部关系引发的纠纷时应依照意思自治原则来解决。合约建立在双方合意和合法的基础上，其权益义务分配不涉及案外人利益，应当以契约原则加以调整，依据当事人双方的真实意思表示认定二者之间的法律关系。

在（2018）京03民终5249号案中，一审法院认为：陈某某以白帽汇公司为被告，以赵某为第三人提起本诉符合相关规定。隐名股东与显名股东之间的投资权益纠纷，属于内部纠纷，在处理公司内部关系引发的纠纷时应依照契约自由、意思自治原则来解决。隐名股东与显名股东所达成的合约与一般民事法律行为所达成的合约并没有本质区别。只要该合约建立在双方合意和合法的基础上，其权益义务的分配不涉及案外人利益，应当以一般契约原则加以调整，应当依据当事人双方的真实意思表示认定二者之间的法律关系。综合陈某某提交的证据材料及当事人陈述意见可以认定，陈某某与赵某签订的《股权代持协议》系双方真实意思表示，且内容亦不违反相关法律、行政法规的强制性规定，应属合法有效，该院予以确认。陈某某提交的转账记录能够证明其履行了出资义务。陈某某提交的《股权代持协议》及有关会议纪要的电子邮件内容能够反映出，赵某、白帽汇公司及其他股东对于陈某某与赵某之间股权代持关系以及代持股权比例是知情、确认的。因此，综合陈某某提交的证据及各方陈述意见，认定陈某某与赵某之间就涉诉2.5%股份具有隐名持股关系具有高度盖然性。

二审法院认为:关于陈某某能否依据《股权代持协议》主张确认白帽汇公司股权为其所有的问题。工商登记并无创设股东资格之效力,即股东工商登记并非设权性登记程序。取得股东资格当然有权办理股东工商登记,而股东资格的取得应以其是否满足实质性条件,即能够证明其已获得上述规范中规定的其他股东过半数同意作为认定依据。《股权代持协议》约定内容系陈某某与赵某之间达成的一致意思表示,该协议不直接发生对外效力,亦即其效力不直接及于白帽汇公司其他股东。陈某某的股东资格及相应比例的确定,应当根据上述论述内容进行认定。

首先,一审法院向白帽汇公司的股东麒麟公司发函,询问其是否同意陈某某成为白帽汇公司的显名股东,麒麟公司回函明确表示不知悉陈某某与白帽汇公司、赵某的股权代持、转让和相关纠纷,其也未被告知相关交易信息,因未履行合法通知程序,对该等股权代持和转让不予认可,不同意陈某某与赵某间的股权转让交易及权利登记。其次,陈某某主张白帽汇公司往来邮件等证据证明麒麟公司知晓相关股权安排,但上述证据显示的内容并无相应的明确表述和指称。最后,根据陈某某提交的《天使投资协议》,其中有关于赵某所持白帽汇公司股权不存在任何其他形式的共有所有权或其他第三方权利的约定。本案缺乏充足证据证明公司其他股东知道或者应当知道陈某某持有公司股权等相关事实的存在,或认可其股东地位。陈某某虽主张其作为公司董事有参与公司经营管理之行为,但现有证据并不能证明其以股东身份行使股东权利。因此,陈某某在本案中主张确认赵某所持有的白帽汇公司2.5%的股权为其所有,缺乏事实依据。

3.《代持股协议书》只能证明实际出资人享有的股权由他人代为持有,如需确认股东资格,还需提供出资的相关证据。

在(2016)浙10民终2417号案中,二审法院认为:本案争议焦点为关于张某1请求确认登记在大和公司张某2名下的18%的股权归其所有是否成立的问题。张某1请求确认登记在大和公司张某2名下的18%的股权归其所有的主要理由是:张某2在大和公司的股权实际系张某1出资,且张某1与张某2签订《代持股协议书》,委托张某2代为持有其在大和公司的股权,因此张某2登记在大和公司名下的18%的股权应当归其所有。

对此,法院认为,首先,张某1与张某2签订的《代持股协议书》,只能证明张某1与张某2之间就张某2在大和公司所享有的股权是代替张某1持有的达成协议,但张某1未提供与该协议相关的出资的资金交付等证据佐证,对张某1主张张某2

持有大和公司名下股权实际系其出资的真实性难以判断。其次，即使张某2持有大和公司名下股权实际系张某1出资，根据公司法相关规定，应当经工商登记机关登记，才能对外具有法律公示的效力；未经登记机关登记，不具有社会公示性，不能对抗善意第三人，故即使张某1主张张某2在大和公司的股权实际系张某1出资，因未经工商登记机关登记，依法也不能支持。最后，按照合同相对性原则，张某1与张某2签订的《代持股协议书》只能对合同双方具有法律约束力，不能对抗善意第三人，故张某1请求确认张某2登记在大和公司名下的股权归其所有，没有事实和法律依据。

（二）外部关系

1. 经股权登记的股东已认可另一股东为隐名股东的，隐名股东可以要求公司将其变更为该公司股东，向其签发出资证明书并办理工商登记。

在（2018）最高法民再475号案中，再审法院认为：青岛泰鑫公司是莱阳泰鑫公司登记的持股100%的股东，其在证明函中已认可于某某为持股50%的隐名股东。而且，因莱阳泰鑫公司享有的案涉矿山权益不属于外商投资禁止范围，故于某某成为莱阳泰鑫股东无须行政主管部门审批。因此，对于于某某关于莱阳泰鑫公司将其变更为该公司股东，向其签发出资证明书，记载于其股东名册、公司章程，并办理公司登记的诉讼请求应予支持。

2. 名义股东与实际出资人是债权债务关系。若实际出资人请求成为公司股东，则需经公司过半数股东同意，其并非当然取得股东地位。

在（2016）最高法民再360号案中，再审法院认为：公司股东的登记事项主要体现在公司章程、股东名册和工商登记这三种资料中，在营口沿海银行的公司章程、股东名册、工商登记资料中，涉案股份均登记于中商财富公司名下，中商财富公司可以据此主张行使股东权利，在公司对外关系上，名义股东具有股东的法律地位，隐名股东不能以其与名义股东之间的约定为由对抗外部债权人对名义股东的正当权利。在代持情况下，即名义股东与实际股东分离时，通过合同法规制解决。即使海航集团为涉案股份的实际出资人，也并不当然地取得营口沿海银行的股东地位。在代持情形下，隐名股东的财产利益是通过合同由名义股东向实际股东转移，需经过合同请求而取得，若隐名股东请求成为公司股东，则需经过半数股东同意，其并非当然取得股东地位。海航集团即使对涉案股份真实出资，其对因此形成的财产权益，本质还是一种对中商财富公司享有的债权。如中商财富公司违反其与海航集团之间签订的委托协议，海航集团应依据双方签订的相关协议向中商财富公司主张违约责任,并不当然享有对涉案股份的所有权、享受股东地位。

3.增资协议之目的是引入战略投资者,只签订了增资协议而不具备战略投资者身份的,即便出资也超越了股东会决议范畴,单纯的出资无助于改变增资协议无效事实,无法获得因新增资本产生的股东身份。

在(2013)民二终字第19号案中,二审法院认为:黔峰公司增资股东会决议有两个具体目的,一是改制上市,二是引入战略投资者。所以,黔峰公司对外签订增资协议时,应当引入战略投资者并实现改制上市的目的,但本案增资协议并未按照股东会决议引入战略投资者。原黔峰公司法定代表人高某,在对外签订增资协议时,没有按照股东会决议设定的条件要求引入战略投资者,却将余某1作为战略投资者与之签订了增资协议,超越了黔峰公司股东会决议范畴。

德邦证券公司为黔峰公司改制上市提供财务顾问服务,余某1作为时任德邦证券公司总经理余某2的弟弟,被德邦证券公司作为战略投资者推荐给黔峰公司,与黔峰公司签订增资协议,以合同的合法表面掩盖了利益输送、损害他人利益等非法目的。德邦证券为黔峰公司提供服务,是要使黔峰公司符合发行上市的条件,从而公开发行股票和上市交易。如果黔峰公司发行上市,余某2及余某1的行为将违反关于内幕交易和从业人员买卖股票的禁止性规定,构成内幕交易和从业人员买卖股票的违法行为。之所以没有最终构成这两类违法行为,是因为德邦证券公司和余某1意志以外的因素,即黔峰公司控制股东控制权变化而放弃了公开发行和上市的计划,并非德邦证券公司和余某1自行终止或消除即将发生的违法行为。因此,余某1与黔峰公司签订的本案增资协议,属于以合法形式掩盖非法目的的无效合同,故余某1确认新增资本股东身份的诉讼请求不应获得支持。

三、实际出资人能否排除强制执行

(一)可以排除

1.商事外观主义原则的适用范围不包括非交易第三人,申请执行人并非针对被代持的股权从事交易,仅仅因为债务纠纷而寻查公司的财产还债,并无信赖利益保护的需要,若适用商事外观主义原则,将实质权利属于实际出资人的股权用于清偿债务,将严重侵犯实际出资人的合法权利,实际出资人可以排除法院对代持股权的强制执行。

在(2015)民申字第2381号案中,再审法院认为:关于实际出资人能否对抗债权人对股权强制执行的问题。在本案所涉及的执行案件中,中国银行南郊支行是申请执行人,成城公司是被执行人,华冠公司是提出执行异议的案外人,执行标的是成城公司名下登记的渭南市城市信用社股份有限公司(现更名为长安银行股份有限公司,以下简称长安银行)1000万股份。根据他案生效民事判决,成城公司为该股权的名义持有人,华冠公司才是该股权的实际权利人。

中国银行南郊支行在原审及申请再审时均主张,案涉执行标的长安银行1000万股份登记在成城公司名下,中国银行南郊支行已经信赖该登记并申请对涉案股权采取执行措施,根据商事外观主义原则,上述股权应执行过户给中国银行南郊支行。商事外观主义作为商法的基本原则之一,其实际上是一项在特定场合下权衡实际权利人与外部第三人之间利益冲突所应遵循的法律选择适用准则,通常不能直接作为案件处理依据。商事外观主义原则的目的在于降低成本,维护交易安全,但其适用也可能会损害实际权利人的利益。根据《公司法司法解释(三)》的规定,股权善意取得制度的适用主体仅限于与名义股东存在股权交易的第三人。据此,商事外观主义原则的适用范围不包括非交易的第三人。案涉执行案件申请执行人中国银行南郊支行并非针对成城公司名下的股权从事交易,仅仅因为债务纠纷而寻查成城公司的财产还债,并无信赖利益保护的需要。若适用商事外观主义原则,将实质权利属于华冠公司的股权用于清偿成城公司的债务,将严重侵犯华冠公司的合法权利,中国银行南郊支行无权通过申请法院强制执行的方式取得案涉执行标的长安银行1000万股份。

2. 实际出资人取得案涉股权、经其他股东同意担任公司总经理等事实均发生在股权查封前,申请执行人的一般债权并不能当然优先于实际出资人的权利主张,申请执行人也未举证证明债权与实际出资人存在关联,并未就股权建立任何信赖法律关系,申请执行人不属于因信赖权利外观而需要保护的民事法律行为之善意第三人,实际出资人可以排除对代持股权的强制执行。

在(2018)最高法民申5464号案中,再审法院认为:关于法院能否执行钟某某为谢某某代持的汇丰公司17%股权。在案外人执行异议之诉中,人民法院应对案外人就执行标的是否享有足以排除强制执行的权益进行实质性审查。本案中,各方当事人对于汇丰公司17%案涉股权于2009年时即属谢某某所有并无异议,只是由于案涉股权登记于钟某某名下,江某某基于其与张某某在他案生效文书(合伙协议纠纷案件)中确定的债权,申请法院将钟某某名下的股权作为其与张某某夫妻共有财产而采取了查封措施。

从权利形成时间上来看,谢某某实际出资、作为隐名股东取得案涉股权、经其他股东同意担任公司总经理等事实均发生在据以查封案涉股权的合伙协议纠纷案件调解书形成之前,虽然谢某某并未被登记为汇丰公司的名义股东,但其对于案涉股权享有的权利在查封前即取得。从权利性质上来看,江某某系基于合伙协议纠纷案件中形成的民事调解书确定的一般债权而对案涉股权采取查封措施,谢某某系基于返还请求权而对案涉股权执行提出异议,江某某的权利主张并不能当然优先于谢某某的权利主张。从案件关联性的角度来看,江某某也未举证证明其与张某某之间因合伙协议纠纷产生的债权系张某某与钟某某夫妻的共同债务,更不能证明该债权与谢某存在关联。此外,江某某与钟某某之间并未就案涉股权建立任何信赖法律关系,江某某亦不属于因信赖权利外观而需要保护的民事法律行为之善意第三人,因此,谢某某对案涉股权提出执行异议,原审法院判决停止对案涉股权的执行,并无不当。

3. 依据商事外观主义原则,即相对人基于对登记外观的信任所作出的交易决定,即便该权利外观与实际权利不一致,亦应推定权利外观真实有效,以保证相对人的信赖利益,维持交易安全。法律中的"第三人"以及"善意相对人"均应指基于对登记外观信任而作出交易决定的第三人。申请执行人只是股票权利人金钱债权的执行人,并不是以股票为交易标的的相对人,申请执行人也未能证明其是基于对名义股东持有股票的信赖才接受名义股东提供担保,股票的实际出资人权益应受保护,可以排除对代持股权的强制执行。

在(2019)最高法民申2978号案中,再审法院认为:根据一审、二审法院查明的事实,登记在吴某某名下的4663410股山鹰股份股票实际系由林某1出资购买,且林某1亦实际享受该股票分红,故该股票名义上为吴某某所有,但实际权利人应为林某1。商事外观主义原则要求对于相对人基于对登记外观的信任所作出的交易决定,即便该权利外观与实际权利不一致,亦应推定该权利外观真实有效,以保证相对人的信赖利益,维持交易安全。《公司法》中的"第三人"以及"善意相对人"均应指基于对登记外观信任而作出交易决定的第三人。本案中,林某2系案涉股票登记权利人吴某某的金钱债权的执行人,并不是以案涉股票为交易标的的相对人。虽然林某2申请再审称,其是基于对吴某某持有案涉股票的信赖,才接受吴某某提供担保,但林某2对此并未提交证据证明,故该项主张不能成立。此外,上市公司隐名持股本身并不为法律、行政法规所明文禁止,林某1作为实际出资人持有山鹰股份的权利不能被剥夺,对股票享有能够排除林某2申请执行的权益。

4. 申请执行的是实体权利已经虚化的股东权,不能对抗已经查明的实际出资人对代持股权所享有的实体权益。被代持股权并不构成申请执行人与债务人交易的责任财产,申请执行人的债权产生在代持股权之公司成立之前,债权人并不因丧失信赖而造成损害,不能仅依据对事后的公司股东登记的信赖申请执行股权,实际出资人可以排除对代持股权的强制执行。

在(2018)最高法民申3511号案中,再审法院认为:本案争议焦点为富新节能公司等案外人对执行标的所拥有的权利能够阻却执行。本案中富新节能公司等被申请人对案涉股份享有的实际权利与萍乡农商行股权登记外观存在冲突,在考虑权利优先性问题时,应当综合案外人与执行标的关系的性质、被执行人对执行标的支配权的范围,以及执行标的是否构成交易的信赖等因素予以判断。

首先,富新节能公司通过股权继受取得萍乡农商行的股份,熊某等人因公司转制而取得萍乡农商行的股份,富新节能公司、熊某等人均是基于股东身份而享有股东权益,太红洲公司仅是基于登记外观主张享有股东权益,虽有股东之名但无股东之实,太红洲公司对案涉股权并无支配权利,实体股东权利为富新节能公司、熊某等人所享有。易某某申请执行的是实体股东权利已经虚化的股东权,不能对抗已经查明的富新节能公司、熊某等人对执行标的所享有的实体权益。其次,本案执行标的并不构成太红洲公司与易某某交易的责任财产,其对易某某的债权并不因丧失信赖而造成损害。易某某与太红洲公司的债权债务关系发生于萍乡农商行成立之前,太红洲公司所持有的萍乡农商行的股份尚未对外公示,并不存在易某某对太红洲公司所持股权的信赖丧失问题。因此,易某某仅依据对事后的公司股东登记的信赖申请执行案涉股权,不能对抗富新节能公司、熊某等人的实体权利。

5. 工商登记公示的股权不是实际出资人交易的标的,其没有基于工商登记所产生的交易信赖,不存在交易安全的问题,不属于《公司法》规定的第三人范围,实际出资人是股权的实际所有人,对股权享有排除强制执行的民事权益。

在(2016)豫民终396号案中,二审法院认为:关于房银对案涉8万元股份是否享有排除强制执行的民事权益的问题。《公司法》规定,公司应当将股东的姓名或者名称在公司登记机关登记;登记事项发生变更的,应当办理变更登记。未经登记或者变更登记的,不得对抗第三人。该规定是为了保护第三人基于股权工商登记的外观而产生交易信赖,与登记股东发生股权转让、股权质押等处分行为及由此产生的利益,维护交易安全。对于非基于上述行为与登记股东发生法律关系的第三人,由于工商登记公示的股权不是其交易的标的,其没有基于工商登记产生交易信赖,不存在交易安全的问题,不属于公司法规定的第三人范围。

本案中,李某某申请执行的是其与张某某之间基于借贷纠纷产生的债权,李某某与张某某之间没有就案涉的人民币8万元股份发生交易行为,该人民币8万元股份也并非李某某与张某某之间借贷纠纷生效法律文书指定交付的特定物,因此李某某不属于《公司法》上的第三人。房某是案涉人民币8万元股份的实际所有人,对案涉人民币8万元股份享有排除强制执行的民事权益。

(二)不能排除

1.依法登记的股东(名义股东)权利具有对外公示效力,实际出资人在公司对外关系上不具有公示的法律地位,其不能以其与名义股东的约定对抗外部债权人对名义股东主张正当权利。法律并未将"第三人"限缩理解为与登记股东发生股权交易行为的相对人,实际出资人是否存在不影响债权人实现其请求对股权强制执行的权利主张,实际出资人不能排除对代持股权的强制执行。

在(2019)最高法民申4710号案中,再审法院认为:首先,案涉《合作合同》并未涉及有关天力公司股权事宜,且徽世达公司提起的诉讼性质为合伙协议纠纷,双方基于某项目的开发而签订的合作协议不能被视为双方对《合作合同》外的第三方公司的股权进行了分配,不能认定徽世达公司在第三方公司占有股份。

其次,徽世达公司在原审中提交的银行转账等相关证据仅能证明兴利公司向天力公司转入过资金,但不能证明该资金即为徽世达公司的出资,并且大部分资金的转入均发生在天力公司成立验资及增资验资之后。

再次,执行法院冻结兴利公司持有的天力公司的人民币12501091.50元股权,即使徽世达公司持有天力公司的股权,也无法确定法院冻结的股权即为徽世达公司所持有的股权。另外,兴利公司又分两次将13%的股权转让给吴某,即使兴利公司与徽世达公司之间存在代持协议,在兴利公司仅占天力公司17%股权情形下,徽世达公司再审主张其通过兴利公司代持天力公司20%的股权的情形也与客观事实不符。

最后,依法进行登记的股东权利具有对外公示效力,隐名股东在公司对外关系上不具有公示的法律效力,其不能以其与名义股东的约定对抗外部债权人对名义股东主张正当权利。此外,《公司法》及相关司法解释也并未将此处的"第三人"限缩理解为与登记股东发生股权交易行为的相对人。因此,再审申请人认为本案申请执行人并非针对兴利公司名下的股权从事交易,仅仅因为债务纠纷而寻查兴利公司的财产还债,主张不属于《公司法》规定的"第三人"的理由不成立,原审法院认定"徽世达公司是否为天力公司的实际出资人,不影响安徽省担保公司实现其请求对相关股权进行强制执行的权利主张"亦无不当。

2. 工商登记对社会具有公示公信效力,善意第三人有权信赖公司登记机关的登记文件,工商登记表现的权利外观应作为认定股权权属的依据。《代持股协议书》仅在实际出资人和名义股东之间具有法律效力,对外不具有公示效力,不能对抗第三人。股权登记在名义股东名下,申请执行人有理由相信工商行政管理机关的登记和企业信用信息公示系统公示的信息是真实的,无论实际出资人是否支付对价,均不能以其与名义股东之间的代持股权关系排除强制执行。

在(2020)最高法民终845号案中,再审法院认为:关于贵州雨田公司对案涉股权是否享有足以排除强制执行的民事权益。公司的工商登记对社会具有公示公信效力,善意第三人有权信赖公司登记机关的登记文件,工商登记表现的权利外观应作为认定股权权属的依据。本案中,《代持股协议书》约定付某代贵州雨田公司持有雨田投资公司10%的股权。企业信用信息公示报告显示,付某持有雨田投资公司10%股权。贵州雨田公司在二审中提交了两组证据,证明其与付某之间存在股权转让关系,贵州雨田公司按照股权转让协议的安排支付了对价。法院认为,该两组证据仅能证明贵州雨田公司与付某之间进行了股权转让,但双方关于股权转让的约定和案涉《代持股协议书》均仅在协议签订双方之间具有法律效力,对外不具有公示效力,不能对抗善意第三人。在诉争股权仍然登记在付某名下的情形下,逸彭公司作为申请执行人有理由相信工商行政管理机关的登记和企业信用信息公示系统公示的信息是真实的。因此,无论贵州雨田公司是否支付对价,均不能以其与付某之间的代持股权关系排除人民法院的强制执行。

3. 商业银行股权的《委托代持协议》不应被肯定,不可以一概排除实际出资人强制执行的权利;实际出资人请求被确认为股东等权利属于请求权范畴,本质上是一种债权,该权利并不优先于申请执行人的权利;债权人对名义股东的财产判断只能通过外部信息获得,但对代持关系却无从得知,这属于债权人无法预见的风险,申请执行人对名义股东名下的财产均存有信赖利益,股权代持的风险不应由债权人承担。实际出资人选择隐名,在显名的情形下可能不能获得利益,也必须承担此种代持所带来的固有风险,因此不能排除实际出资人对代持股权的强制执行。

在(2019)最高法民再99号案中,再审法院认为:关于河南寿酒公司对涉案400万股股份享有的权利,是否可以阻却强制执行中作为被执行人的显名股东河南三力公司的普通债权人韩某的申请执行行为的问题。法院认为河南寿酒公司尚不享有足够排除法院强制执行的民事权利。

首先,《商业银行股权管理暂行办法》明确对商业银行的股权代持行为予以否定,该规定虽然是部门规章,但是该规定明确对商业银行的股权代持行为持否定态度,要求商业银行股东不得委托他人或接受他人委托持有商业银行股权。如果在对外关系中轻易保护实际出资人,会发出不恰当的信号,导致非正常的公司持股现象大增,徒增交易成本,不利于交易安全。

其次,河南寿酒公司的权利并不优先于河南三力公司。依法登记的股东对外具有公示效力,实际出资人在公司对外关系上,不具有股东的法律地位和对外公示效力。即使河南寿酒公司可以依据股权代持关系享有股东的权利,但也并不因此就享有股东的地位,其要取得股东地位仍需符合一定的条件。河南寿酒公司基于股权代持关系对名义股东河南三力公司和辉县农商行享有的请求确认为股东等权利,在性质上属于请求权范畴,本质上是一种债权,河南寿酒公司的权利并不优先于韩某的权利。

最后,从信赖利益角度分析,应当保护执行程序中债权人的信赖利益。商事法律具有公示原则和外观主义原则,公司公示的对外效力具有一定强制性。在泓锡公司不能偿还借款的情况下,泓锡公司及河南三力公司名下的所有财产均存在承担还款责任的可能,韩某对泓锡公司及河南三力公司名下的财产均存有信赖利益。股权代持的风险不应由债权人负担,债权人对名义股东的财产情况判断只能通过外部信息,股权信息是公开可获得的,但代持关系却无从得知,属于债权人无法预见的风险,不能苛求债权人尽此查询义务,在风险分担上应向保护债权人倾斜。此外,实际出资人既然选择隐名,固有其商业利益考虑,既然通过代持关系获得了这种商业上的利益,或者在显名的情形下不能获得的利益,则也必须承担此种代持所带来的固有风险。在本案中,并无证据证明韩某在河南寿酒公司提出执行异议之前即知晓河南寿酒公司与河南三力公司之间的股权代持关系,可以确定韩某并不能预见此执行的风险。

4.根据商事法律外观主义原则,交易行为的效果以交易当事人行为的外观为准,外观显示优越于内在事实,即使登记事项不真实,善意第三人也可以依照登记簿的记载主张权利,善意第三人的合理信赖利益应受到法律优先保护,实际出资人不能排除对代持股权的强制执行。

在(2016)最高法民再360号案中,再审法院认为:海航集团与中商财富公司双方签订《委托投资入股代理协议》及《委托投资入股代理协议之补充协议》,约定海航集团自愿委托中商财富公司作为海航集团对营口沿海银行的出资入股代理人并代为行使相关股东权利，委托资金总额人民币9360万元，其中人民币7200万元用于出资入股营口沿海银行，委托期间，海航集团应向中商财富公司支付共计人民币200万元的代为持股费用。上述协议之履行，表明海航集团与中商财富之间形成了委托代持股权关系。但是，海航集团就涉案股份并不享有足以排除强制执行的民事权益，不能排除人民法院的强制执行。主要理由如下：

第一，从实际出资人与名义股东的内部代持法律关系的性质分析。在公司对外关系上，名义股东具有股东的法律地位，隐名股东不能以其与名义股东之间的约定为由，对抗外部债权人对名义股东的正当权利。在代持情况下，即名义股东与实际股东分离时，通过原《合同法》规制解决。即使海航集团为涉案股份的实际出资人，也并不当然地取得营口沿海银行的股东地位。在代持情形下，隐名股东的财产利益是通过合同由名义股东向实际股东转移，需经过合同请求而取得，若隐名股东请求成为公司股东，则需经过半数股东同意，其并非当然取得股东地位。

第二，从信赖利益保护的角度分析。根据商事法律外观主义原则，交易行为的效果以交易当事人行为的外观为准。即使外在的显示与内在的事实不一致，商事主体仍须受此外观显示的拘束，外观的显示优越于内在的事实，只要第三人的信赖合理，第三人的信赖利益就应当受到法律的优先保护。执行案件中的债权人与被执行人发生交易行为时，本身也有信赖利益保护的问题。不能苛求被执行人的债权人必须以名义股东名下的特定代持股权从事民事法律行为时才能适用善意第三人制度。在涉案股份的实际出资人与公示的名义股东不符的情况下，法律不仅应优先保护信赖公示的与名义股东进行交易的善意第三人，还应优先保护名义股东的债权人的权利。

第三，从债权人和隐名股东的权责和利益分配角度衡量。首先，债权人对名义股东的财产情况，只能通过外部信息、股权信息查询进行判断，但代持关系却较难知悉，属于债权人无法预见的风险，不能苛求债权人尽此查询义务，在风险分担上应向保护债权人倾斜，制度如此运行则产生的社会成本更小。其次，实际出资人的权利有相应的法律救济机制。即使名义股东代持的股权被法院强制执行，隐名股东依然可以依据其与名义股东之间的股权代持协议的约定以及信托、委托制度的基本原则，请求名义股东赔偿自己遭受的损失。再次，对涉案股份的执行并未超过实际出资人的心理预期。最后，实际出资人选择隐名，固有其商业利益考虑，既然通过代持关系，获得了这种利益，或其他在显名情况下不能或者无法获得的利益，则其也必须承担因为此种代持关系所带来的固有风险,承担因此可能出现的利益损失。

第四,从司法政策价值导向角度衡量。现实生活中因为多种原因产生股份代持的现象,但从维护交易安全、降低交易成本的角度看,如果侧重于承认和保护隐名股东的权利而阻却执行,客观上则会鼓励通过代持股权方式规避债务,逃避监管,徒增社会管理成本。为了维护交易安全,也为倒逼隐名股东在选择名义股东时更加谨慎,依法判决实际出资人海航集团不能对抗人民法院对涉案股权的强制执行,有利于规范商业银行股权法律关系,防止实际出资人违法让他人代持股权或者规避法律。

5. 实际出资人在对外关系上不具有登记股东的法律地位,其不能以其与登记股东之间的内部约定来对抗与登记股东进行交易的善意第三人及债权人。实际出资人设定代持股权关系,其一定获得某种利益,根据风险与利益相一致的原则,也应当承担相应的风险,包括股权被债权人申请强制执行,实际出资人不能排除对代持股权的强制执行。

在(2017)最高法民终100号案中,二审法院认为:本案争议焦点为关于百通材料公司系其案涉股权实际出资人的事实,能否排除人民法院的强制执行。

第一,根据公示公信原则,对股权的强制执行涉及内部关系的,基于当事人的意思自治来解决。涉及外部关系的,根据工商登记来处理。工商登记是对公司股权情况的公示,与登记股东进行交易的善意第三人及登记股东的债权人有权信赖工商机关登记的股权情况,只要第三人的信赖合理,第三人的信赖利益就应当受到法律的优先保护。

第二,对商业银行股权的《委托代持协议》不应被肯定。辉县农商行是商业银行,而对于商业银行股权的代持行为有单独的部门规章予以规制。《商业银行股权管理暂行办法》明确对商业银行的股权代持行为予以否定,该规定虽然是部门规章,但是该规定明确对商业银行的股权代持行为持否定态度,要求商业银行股东不得委托他人或接受他人委托持有商业银行股权。如果在对外关系中轻易保护实际出资人,会发出不恰当的信号,导致非正常的公司持股现象大增,徒增交易成本,不利于交易安全。

第三,辉县农商行是封闭性股份公司,即使新乡汇通公司可以依据股权代持关系享有股东的权利,但也并不因此就享有股东的地位,其要取得股东地位仍需符合一定的条件。新乡汇通公司基于股权代持关系对名义股东河南三力公司和辉县农商行享有的请求确认为股东等权利,在性质上属于请求权范畴,本质上是一种债权,新乡汇通公司的权利并不优先于韩某的权利。

第四,从信赖利益角度分析,应当保护执行程序中债权人的信赖利益。商事法律具有公示原则和外观主义原则,公司公示的对外效力具有一定强制性。韩某是借款人,河南三力公司是担保人,韩某在对新乡泓锡公司出借款项时,河南三力公司作为保证人的财产支付能力必然在韩某的考虑范围,在新乡泓锡公司不能偿还借款的情况下,新乡泓锡公司及河南三力公司名下的所有财产均存在承担还款责任的可能,韩某对新乡泓锡公司及河南三力公司名下的财产均存有信赖利益。股权代持的风险不应由债权人负担。此外,实际出资人既然选择隐名,固有其商业利益考虑,既然通过代持关系获得了这种商业上的利益,或者在显名的情形下不能获得的利益,则也必须承担此种代持所带来的固有风险。

6.依法进行登记的股东具有对外公示效力,实际出资人在公司对外关系上不具有公示股东的法律地位,其不能以其与显名股东之间的约定为由对抗外部债权人对显名股东主张的正当权利。

在(2013)民二终字第111号案中,二审法院认为:依法进行登记的股东具有对外公示效力,隐名股东在公司对外关系上不具有公示股东的法律地位,其不能以其与显名股东之间的约定为由对抗外部债权人对显名股东主张的正当权利。因此,当显名股东因其未能清偿到期债务而成为被执行人时,其债权人依据工商登记中记载的股权归属,有权向人民法院申请对该股权强制执行。根据本案原审查明的事实,三力期货公司工商登记记载的股东为粮油集团和龙粮公司,科技支行依据他案生效判决向法院申请冻结并强制执行粮油集团和龙粮公司在三力期货公司的股权,有事实和法律依据,交易中心是否为三力期货公司的实际出资人,不影响科技支行实现其请求对三力期货公司股权进行强制执行的权利主张。

7.股权代持协议签订时间晚于股权被查封时间,也没有确切证据证明出资事实,异议人不是股权代持关系中的实际出资人,不能排除法院强制执行。

在(2019)最高法民申4351号案中,再审法院认为:何某主张其就执行标的享有足以排除强制执行的民事权益的首要条件是,何某在人民法院实施冻结案涉股权执行行为之前已经系中瑞公司的股东或实际出资人,何某主张其系中瑞公司实际控制人、经营人、实际投资人,并持有86.16%股权,其提交了向中瑞公司汇款的证据,但无法确定何某向中瑞公司汇款的性质,不能证明何某已经成为中瑞公司股东。何某提交的案涉《协议书》虽载明中瑞公司认可何某的股东身份,但因该《协议书》签订日期晚于人民法院对案涉股权采取冻结执行措施时间,不足以证明何某已经取得股东身份并实际持股的事实。何某与中瑞公司、天华伟业公司在人民法院已经裁定冻结股权之后,作出的确认何某为中瑞公司股东的合意表示,不能对抗人民法院冻结案涉股权的执行行为。

8.工商登记对社会具有公示公信效力,善意第三人有权信赖登记文件,工商登记表现的权利外观应作为认定股权权属的依据;双方关于股权转让的约定和股权代持协议均仅在协议签订双方之间具有法律效力,对外不具有公示效力,不能对抗第三人,不能以代持股权关系排除人民法院的强制执行行为。

在(2020)最高法民终844号案中,二审法院认为:公司的工商登记对社会具有公示公信效力,善意第三人有权信赖公司登记机关的登记文件,工商登记表现的权利外观应作为认定股权权属的依据。贵州雨田公司与付某签订《代持股协议书》,约定付某代贵州雨田公司持有雨田投资公司10%的股权。贵州雨田公司的《企业信用信息公示报告》显示,付某持有雨田投资公司10%的股权。贵州雨田公司在二审中提交两组证据,证明其与付某之间存在股权转让关系,贵州雨田公司按照股权转让协议支付了对价。该两组证据仅能证明贵州雨田公司与付某之间进行了股权转让,但双方关于股权转让的约定和案涉《代持股协议书》均仅在协议签订双方之间具有法律效力,对外不具有公示效力,不能对抗第三人。在诉争股权仍然登记在付某名下的情形下,逸彭企业作为申请执行人有理由相信工商行政管理机关的登记和企业信用信息公示系统公示的信息是真实的。因此,不论贵州雨田公司是否支付对价,均不能以其与付某之间的代持股权关系排除人民法院的强制执行行为。

第三节　实务指南

一、实际出资人显名程序的若干实务问题

讨论问题前先界定两个前提:本问题中所指的实际出资人是有限责任公司的实际出资人;实际出资人与名义股东之间的股权代持关系有效。

实际出资人显名,即是让名义股东将全部代持股权转移到实际出资人名下,名义股东被除名,实际出资人由幕后走到前台,成为名正言顺、有名有分的股东。

实际出资人显名的过程,实质是股权转让行为,但与通常的股权转让行为又有

不同,在此区分两种情形来谈论实务中的问题:

(一)实际出资人显名形同"股权对外转让"的情形

之所以产生股权代持,是因为实际出资人不愿意、不方便甚至不被法律允许持有股份(比如《公务员法》规定公务员不得从事经商活动,在公司中持股的行为被视为经商行为),因此,股权代持关系通常不被公司内部其他股东所知晓,也谈不上行使股东权利,实际参与公司经营管理。此时,名义股东将其名下股权转让给实际出资人,形同"股权对公司外部人员转让",产生的问题是:

第一,是否要履行经公司其他股东"同意"程序?

原《公司法司法解释(三)》第24条第3款规定,"实际出资人未经公司其他股东半数以上同意,请求公司变更股东、签发出资证明书、记载于股东名册、记载于公司章程并办理公司登记机关登记的,人民法院不予支持"。

但根据新《公司法》第84条第2款规定,"股东向股东以外的人转让股权的,应当将股权转让的数量、价格、支付方式和期限等事项书面通知其他股东,其他股东在同等条件下有优先购买权。股东自接到书面通知之日起三十日内未答复的,视为放弃优先购买权。两个以上股东行使优先购买权的,协商确定各自的购买比例;协商不成的,按照转让时各自的出资比例行使优先购买权"。该条并不是针对股权向实际出资人转让的场合,不经"同意"程序而只履行"通知"程序,是否就符合股权对外的转让的要件?

笔者认为,新《公司法》删除了"同意"程序,意在提高商事效率,这个精神应当在任何股权转让场景中得到贯彻实施,在实际出资人股权转让场合,也只需履行通知程序即可,无须经过其他股东过半数"同意"。

第二,是否适用股权优先购买程序?

新《公司法》第84条第2款规定,其他股东在接到股权转让书面通知之日起30日内未答复的,视为放弃优先购买权。这个优先购买程序,是否也适用于实际出资人显名场合?

观点一认为,实际出资人显名与股权转让具有极大的相似度,本质上就是股权转让,应适用新《公司法》第84条第2款规定,必须启动股权优先购买程序。

观点二认为,实际出资人显名表现的是股权转让形式,但实质是对股东资格的确认,不应启动股权优先购买程序。即便其他股东不同意转让,其他股东也不能购买该股权,因为很明显,这违背实际出资人的意愿,若其他股东行使优先购买权购买本属于实际出资人的股权,此时实际出资人宁愿放弃显名程序而保持原状。

笔者认为,为了保持与新《公司法》的一致性,应当遵守新《公司法》规定履行优先购买权程序,毕竟这属于股东固有权利,没有剥夺的理由。但这个程序在实际出资人显名场合实在只是个形式,如前所述,其他股东即便行使优先购买权,也最终得不到这个股权,因为实际出资人与名义股东会很快撤销股权转让的决定,易生反悔,因为实际出资人知道这个股权将落入他人之手,还不如维持原状。

(二)实际出资人显名形同"股权对内转让"的情形

实务中,也存在实际出资人身份被公司内部大部分股东知晓,其也积极参与公司经营管理,实际上在行使着股东权利,这种事实上的股东地位与其他股东地位相等,都取得了大部分股东(等于取得公司)的同意默认,此时实际出资人显名形同股权在公司股东之间进行转让。

《九民会议纪要》第28条明确规定:"实际出资人能够提供证据证明有限责任公司过半数的其他股东知道其实际出资的事实,且对其实际行使股东权利未曾提出异议的,对实际出资人提出的登记为公司股东的请求,人民法院依法予以支持。公司以实际出资人的请求不符合公司法司法解释(三)第24条的规定为由抗辩的,人民法院不予支持。"

该条存在适用前提条件:一是过半数的其他股东知道其实际出资的事实,即知情;二是对其实际行使股东权利未曾提出异议。这两点需同时具备,并由实际出资人举证。最终不适用新《公司法》第84条第2款关于股权对外转让的规定,而是适用新《公司法》第84条第1款关于股权内部转让的规定,确认股东资格,办理股权变更登记。

二、真正股东的辨认

实际出资人是指实际出资但并未登记在公司文件内的投资者。与此相对,名义股东是指并未出资但其名字记载在公司文件内的人,在形式上行使着股东权利。搭建实际出资人和名义股东的桥梁的就是股权代持协议,是双方自愿合意的结果、契约自由的体现。

股权代持的动机很多,这些动机通过协议呈现出来,最终成为判断协议效力的依据。其一,以规避法律为目的的股权代持协议无效。比如基于规避法律禁止的投资领域、投资主体(比如法律禁止公务员经营性活动)、投资比例、投资人数(比如有限责任公司的股东,法律允许最多为五十人)等目的而签订股权代持协议,该类协议的内容因违反了法律强制性规定而无效。其二,不以规避法律为目的的股权代持协议通常有效,比如是为了不愿意公开自己个人信息而选择股权代持方式。

有效的股权代持协议,是判断实际出资人与名义股东存在代持股权关系的最重要证据,由此延伸到股东资格问题的判断上。要确认实际出资人是真正的股东,股权代持协议又是最重要的证据。公司纠纷应区分外部纠纷与内部纠纷,据此产生了"内外有别"的双重标准,实际出资人与名义股东之间的纠纷是典型的公司内部纠纷,基于意思自治原则,依据股权代持协议来确定双方的权利义务和责任承担。

股权代持协议就是一份合约,根据合同相对性原理,其只具有相对性而不具有对世性,只能约束实际出资人和名义股东,对公司及其他股东、董事、监事、高级管理人员原则上不产生对抗效力,当然也不能对抗作为第三人的债权人。但有种特别情况,股权代持协议可以对抗公司和其他人,即其他股东、第三人知道存在该协议,知道实际出资人与名义股东之间存在股权代持关系,也对此认可。知情并认可成为消除公司(其他股东)、第三人与实际出资人、名义股东之间"鸿沟"的有效工具。

比如在认定股东资格问题上,一般遵循形式要件主义,优先从公司章程、工商登记、股东名册的记载情况判断是否具有股东资格,通过这些外观形式,名义股东被辨认为"真正的股东"。但如果意思表示足以推翻形式要件,则应以意思表示为最终标准来认定实际出资人享有股东资格。哪些证据能证明这种意思表示?如下:第一,公司其他股东的认可;第二,实际出资人与显名股东之间关于归属的约定;第三,实际出资人以股东身份实际参与了公司经营管理或主张权利。[①] 其中第2项就是指股权代持协议,第3项指的是以行为方式进行了谁是真正股东的意思表达,在存在相反意思表示证据的情况下,形式要件退居次位,此时才辨认出实际出资人才是"真正的股东"。

如果进行股权代持,制定一份完备的股权代持协议,成为保障双方合法权益的不二选择。实务中,假若没有股权代持协议,就很难判断双方的真实意图,实际出资人与名义股东的关系很可能被认定为借贷关系,如果公司极具发展前景,这对实际出资人无疑是个重大的损失。

---

① 参见最高人民法院民事审判第二庭编著:《最高人民法院关于公司法解释(三)、清算纪要理解与适用(注释版)》,人民法院出版社 2014 年版,第 382 页。

三、冒名登记股权实务问题

（一）被冒名登记者的救济途径

1. 向工商行政管理部门申请撤销虚假公司登记

新《公司法》第39条规定："虚报注册资本、提交虚假材料或者采取其他欺诈手段隐瞒重要事实取得公司设立登记的，公司登记机关应当依照法律、行政法规的规定予以撤销。"

《市场主体登记管理条例》第40条第1款规定："提交虚假材料或者采取其他欺诈手段隐瞒重要事实取得市场主体登记的，受虚假市场主体登记影响的自然人、法人和其他组织可以向登记机关提出撤销市场主体登记的申请。"

冒名者以被冒名者名义签署各种公司登记资料，当属"提交虚假材料或者采取其他欺诈手段隐瞒重要事实取得公司设立登记"之情形，工商行政管理部门核实后可予撤销，这是首选的、速度最快的也最经济的救济途径。但该途径在现实并非一帆风顺，根据《市场监督管理行政许可程序暂行规定》（2022修改）第43条规定："作出撤销行政许可决定前，市场监督管理部门应当将拟撤销行政许可的事实、理由和依据书面告知被许可人，并告知被许可人依法享有陈述、申辩和要求举行听证的权利。市场监督管理部门发现行政许可事项直接关系他人重大利益的，还应当同时告知该利害关系人。"也就是说，行政机关基于程序正当性考虑，避免其撤销登记行为错误，很可能选择不主动、不积极撤销的态度。

2. 向法院提起确认之诉

被冒名者请求法院确认公司登记设立资料（如公司章程、公司决议、登记申请书等）无效，或者请求法院确认以其名义注册公司的行为无效，或者针对代办工商登记的个人主张确认其代理行为无效，这是请求确认基础民事法律行为无效的诉讼路径；或者请求确认冒名者不具有股东资格。

3. 向法院提起撤销工商登记的行政诉讼

最高人民法院《关于审理公司登记行政案件若干问题的座谈会纪要》（法办〔2012〕62号）第1条规定："因申请人隐瞒有关情况或者提供虚假材料导致登记错误的，登记机关可以在诉讼中依法予以更正。登记机关依法予以更正且在登记时已尽到审慎审查义务，原告不申请撤诉的，人民法院应当驳回其诉讼请求。原告对错误登记无过错的，应当退还其预交的案件受理费。登记机关拒不更正的，人民法院可以根据具体情况判决撤销登记行为、确认登记行为违法或者判决登记机关履行更正职责。公司法定代表人、股东等以申请材料不是其本人签字或者盖章为由,请求确认登记行为违法或者撤销登记行为的,人民法院原则上应按照本条第一款规定处理,但能够证明原告此前已明知该情况却未提出异议,并在此基础上从事过相关管理和经营活动的,人民法院对原告的诉讼请求一般不予支持。因申请人隐瞒有关情况或者提供虚假材料导致登记错误引起行政赔偿诉讼,登记机关与申请人恶意串通的,与申请人承担连带责任;登记机关未尽审慎审查义务的,应当根据其过错程度及其在损害发生中所起作用承担相应的赔偿责任;登记机关已尽审慎审查义务的,不承担赔偿责任。"

根据上述规定,当事人可以提起撤销工商登记的行政诉讼,但《市场主体登记管理条例》第19条第1款规定,登记机关应当对申请材料进行形式审查。事实上,行政登记机关常以其形式审查义务为由抗辩,除非存在法定的可撤销或无效情形,人民法院通常认可形式审查的抗辩理由并驳回原告诉请,将诉讼引入败诉局面。

4. 向法院提起侵权之诉

《民法典》第1012条规定:"自然人享有姓名权,有权依法决定、使用、变更或者许可他人使用自己的姓名,但是不得违背公序良俗。"第1014条规定:"任何组织或者个人不得以干涉、盗用、假冒等方式侵害他人的姓名权或者名称权。"冒名者使用被冒名者姓名、假冒其签字设立公司之行为侵犯了被冒名者的姓名权,对被冒名者的生活和工作都造成了干扰,精神损害也可能发生,属典型侵权行为,可以对冒名者提起侵权之诉,请求法院判决冒名者对被冒名者停止侵权、排除妨碍(将登记的股东信息涤除)、赔礼道歉、赔偿损失等。

5. 在诉讼中直接免责

假若债权人以瑕疵出资为由对被冒名者提起诉讼,在诉讼中,被冒名者证明其不知情,举证自己被他人冒名为股东,达到免责效果。但此种等待债权人提起、被动式应诉的策略,容易遭到债权人反对,不能确保诉讼结果对被冒名者有利,被冒名者很可能被法院判决与冒名者连带承担赔偿责任(与借名登记后果具有高度相似性)。

涤除股东信息是被冒名者的终极目标,但涤除股东信息后,公司股东人数减少甚至变为零,又没有股东会决议作出解散公司或变更公司组织形态的决议,工商部门难以执行涤除动作,司法与行政衔接存在障碍,需要在现实中探索积累有效经验。在上述种种救济途径中,本书建议首选申请工商行政机关撤销公司登记的方式。

（二）冒名登记与借名登记的区别

被冒名者没有设立公司、没有出资、没有参与经营管理公司的意思表示，事实上也没有行使任何股东权利和享受任何股东权益，对出资等种种事由完全不知情，在此情况下，没有理由让其承担责任，哪怕外观上体现了股东身份，但这身份对被冒名者而言是"虚无"的，不产生任何的关联性。

借名与被冒名的区别在于，借名是对开设公司、出资、经营管理等事由知情，至少是部分知情的，最重要的是，借名是已取得被借名者的同意或默认，在知情情况下，出借者虽然没有成为公司股东的意思表示，但也自始至终没有提出过异议，在与处理被冒名登记行为上存在很大区别。

借名登记行为中，在公司内部关系上，被借名者不会被认定为公司股东，没有股东权利可以行使，也不对实际出资人和公司承担任何义务，实际出资人和公司不能向其主张履行出资义务；但在对外关系上，基于商事外观主义和公示原则，被借名者已在股东名册作了记载或进行了工商登记，需要向债权人承担瑕疵出资责任，且与实际出资人一起承担连带责任。

故判断冒名登记与借名登记的简易有效的标准，就是被冒名者、被借名者对设立公司、履行出资义务、经营管理公司等事项是否知情。知情者，担责，反之，无须担责。

四、关联诉讼：请求变更公司登记纠纷

（一）案由概述

股东名册记载纠纷主要有如下情形：

一是在股权转让场合中，股权转让方没有积极履行协助办理股权工商变更登记的义务；

二是公司本身不积极履行将符合条件的股东登记在册、办理工商登记的义务。

记载在股东名册的股东，才能主张行使股东权利。没有登记在册的股东，不但对抗不了公司（比如股权代持情形的实际出资人一般都对抗不了公司），而且对抗不了公司的债权人。当然从作为原告的角度，依据新《公司法》第86条第1款规定，转让人、受让人均有权向人民法院提起诉讼。

（二）诉讼请求表述示范

本小节设定的场景为：在请求变更公司登记纠纷中，A是公司，简称A公司；B、

C、D、E 均是 A 公司的股东、董事或监事法定代表人(特别情形下可能还兼顾第三人角色)。

【变更工商登记】

第一类：

1. 请求法院判决 A 公司向企业档案登记机关申请办理将公司董事长、法定代表人由 B 变更为 C 的变更登记手续；

2. 请求法院判决 A 公司向公司登记机关为 B、C 办理各占×%股权的变更登记；

3. 第三人 D 协助办理上述事项。

第二类：

1. 请求法院判决 A 公司办理法定代表人变更登记，将 B 变更为 C，A 公司承担协助义务；

2. 请求法院判决 A 公司将 B 登记为 A 公司股东，出资额人民币×元、已实缴、持股比例×%，同时将 C 的持股比例变更为×%；

3. 请求法院判决 C、E 协助办理上述变更登记手续。

第三类：

1. 请求法院判决 A 公司依法办理变更登记手续，将执行董事兼法定代表人变更为 B；

2. 请求法院判决 A 公司、第三人 E 协助 B、C、D 在工商部门办理股东变更手续，将第三人 E 在 A 公司所持30%的股权变更至 B 名下、第三人 E 在 A 公司所持×%的股权变更至 C 名下、第三人 E 在 A 公司所持×%的股权变更至原告 D 名下；

3. 请求法院判决 A 公司、第三人 E 协助 B 在工商部门办理股东变更手续，将第三人 E 在 A 公司所持×%的股权变更至 B 名下。

第四类：

1. 请求法院判决 A 公司向公司登记机关申请将该公司执行董事、法定代表人由 B 变更登记为 C；

2. 请求法院判决 B 配合 A 公司向公司登记机关申请将该公司执行董事、法定代表人由 B 变更登记为 C；

3. 请求法院判决 A 公司、B 为 C、D、E 办理公司股东变更登记手续，在 A 公司中 C 持股×%，D 持股×%，E 持股×%。

【涤除工商信息】

1. 请求法院判决 A 公司到市场监督管理部门涤除 B 作为 A 公司法定代表人的

登记事项;

2. 请求法院判决 B 协助 A 公司到市场监督管理局办理注销 C 的股东资格;

3. 请求法院判决 B 将其持有的 A 公司×%股权变更登记至 E 名下;

4. 请求法院判决 A 公司办理公司法定代表人变更登记手续,使 B 不再被登记为其法定代表人;

5. 请求法院判决 A 公司至市场监督管理局办理涤除 B 为 A 公司总经理的公司备案登记。

【同时请求确认之诉】

第一类:

1. 请求法院判决确认 B 不再担任 A 公司的法定代表人;

2. 请求法院判决 A 公司、C 协助 B 办理其在工商行政管理部门登记的 A 公司法定代表人身份涤除事宜。

第二类:

1. 请求法院判决确认 B 的出资比例为×%(对应出资额人民币×万元);

2. 请求法院判决 A 公司、B 办理 A 公司变更登记手续,将 A 公司工商登记恢复到 2017 年 5 月 23 日《债权转股权协议》签订前的状态。

第三类:

1. 请求法院判决确认登记于 B 名下的 A 公司×%的股份(对应出资额人民币×万元)归 C 所有;

2. 请求法院判决 A 公司向工商部门申请办理将 B 从其工商登记的股东中除名的工商变更登记手续,由 B 予以配合。

第四类:

1. 请求法院判决确认 B 是 A 公司持有×%股权的股东;

2. 请求法院判决 B 配合 C、A 公司将 C 在 A 公司×%股权转移登记至 B 名下的变更登记手续。

第五类:

1. 请求法院判决确认 B 持有的 A 公司×%的股权(对应的出资额人民币×万元)归 C 所有;

2. 请求法院判决 A 公司办理股权变更登记,将 B 持有的 A 公司股权中的×%的股权(对应的出资额人民币×万元)变更登记至 C 名下;

3. 请求法院判决 B 协助 A 公司办理上述股权的工商变更登记。

第六类：

1. 请求法院判决确认 B 与 C 于×年×月×日签署的股东会决议和章程有效；

2. 请求法院判决 B 协助 A 公司办理公司营业执照延期登记手续。

【请求履行特定行为】

第一类：

1. 请求法院判决 B 立即停止以 A 公司法定代表人身份继续行使法定代表人职责，并协助 A 公司办理法定代表人变更手续（法定代表人变更为 C）；

2. 请求法院判决 B 向 A 公司交还其持有的 A 公司公章，并协助 A 公司恢复财务专用印章、单位专用印章及银行结算账户、网银账号的使用。

第二类：

1. 请求法院判决 B 继承 C 在 A 公司的股东资格，A 公司履行 B 股东工商变更登记手续；

2. 请求法院判决为 B 签发出资证明书、记载于股东名册并到公司登记机关办理登记（B 占公司股权比例×%，出资人民币×元）；

3. 请求法院判决 B 将其名下持有的 A 公司×%股份无偿转让给 C，并办理相应的股份变更登记手续。

第七章 股东出资与股权转让

第一节 请求权基础规范

一、新《公司法》规定

第 34 条 公司登记事项发生变更的,应当依法办理变更登记。

公司登记事项未经登记或者未经变更登记,不得对抗善意相对人。

第 87 条 依照本法转让股权后,公司应当及时注销原股东的出资证明书,向新股东签发出资证明书,并相应修改公司章程和股东名册中有关股东及其出资额的记载。对公司章程的该项修改不需再由股东会表决。

第 88 条 股东转让已认缴出资但未届出资期限的股权的,由受让人承担缴纳该出资的义务;受让人未按期足额缴纳出资的,转让人对受让人未按期缴纳的出资承担补充责任。

未按照公司章程规定的出资日期缴纳出资或者作为出资的非货币财产的实际价额显著低于所认缴的出资额的股东转让股权的,转让人与受让人在出资不足的范围内承担连带责任;受让人不知道且不应当知道存在上述情形的,由转让人承担责任。

第 90 条 自然人股东死亡后,其合法继承人可以继承股东资格;但是,公司章程另有规定的除外。

二、其他法律规定

1.《民法典》

第 65 条 法人的实际情况与登记的事项不一致的,不得对抗善意相对人。

2.《公司法司法解释(三)》

第 18 条 有限责任公司的股东未履行或者未全面履行出资义务即转让股权,受让人对此知道或者应当知道,公司请求该股东履行出资义务、受让人对此承担连带责任的,人民法院应予支持;公司债权人依照本规定第十三条第二款向该股东提起诉讼,同时请求前述受让人对此承担连带责任的,人民法院应予支持。

受让人根据前款规定承担责任后,向该未履行或者未全面履行出资义务的股东追偿的,人民法院应予支持。但是,当事人另有约定的除外。

第 25 条 名义股东将登记于其名下的股权转让、质押或者以其他方式处分,实际出资人以其对于股权享有实际权利为由,请求认定处分股权行为无效的,人民法院可以参照民法典第三百一十一条的规定处理。

名义股东处分股权造成实际出资人损失,实际出资人请求名义股东承担赔偿责任的,人民法院应予支持。

第 28 条 冒用他人名义出资并将该他人作为股东在公司登记机关登记的,冒名登记行为人应当承担相应责任;公司、其他股东或者公司债权人以未履行出资义务为由,请求被冒名登记为股东的承担补足出资责任或者对公司债务不能清偿部分的赔偿责任的,人民法院不予支持。

3.《执行异议和复议司法解释》

第 25 条第 1 款 对案外人的异议,人民法院应当按照下列标准判断其是否系权利人:……(三)银行存款和存管在金融机构的有价证券,按照金融机构和登记结算机构登记的账户名称判断;有价证券由具备合法经营资质的托管机构名义持有的,按照该机构登记的实际出资人账户名称判断;(四)股权按照工商行政管理机关的登记和企业信用信息公示系统公示的信息判断……

4.《执行变更追加司法解释》

第 19 条 作为被执行人的公司,财产不足以清偿生效法律文书确定的债务,其股东未依法履行出资义务即转让股权,申请执行人申请变更、追加该原股东或依公司法规定对该出资承担连带责任的发起人为被执行人,在未依法出资的范围内承担责任的,人民法院应予支持。

5.《查封司法解释》

第 15 条 被执行人将其所有的需要办理过户登记的财产出卖给第三人,第三人已经支付部分或者全部价款并实际占有该财产,但尚未办理产权过户登记手续的,人民法院可以查封、扣押、冻结;第三人已经支付全部价款并实际占有,但未办理过户登记手续的,如果第三人对此没有过错,人民法院不得查封、扣押、冻结。

6.《民法典担保制度司法解释》

第 69 条 股东以将其股权转移至债权人名下的方式为债务履行提供担保,公司或者公司的债权人以股东未履行或者未全面履行出资义务、抽逃出资等为由,请求作为名义股东的债权人与股东承担连带责任的,人民法院不予支持。

7.《执行股权司法解释》

第14条 被执行人、利害关系人以具有下列情形之一为由请求不得强制拍卖股权的,人民法院不予支持:(一)被执行人未依法履行或者未依法全面履行出资义务;(二)被执行人认缴的出资未届履行期限;(三)法律、行政法规、部门规章等对该股权自行转让有限制;(四)公司章程、股东协议等对该股权自行转让有限制。

人民法院对具有前款第一、二项情形的股权进行拍卖时,应当在拍卖公告中载明被执行人认缴出资额、实缴出资额、出资期限等信息。股权处置后,相关主体依照有关规定履行出资义务。

第16条 生效法律文书确定被执行人交付股权,因股权所在公司在生效法律文书作出后增资或者减资导致被执行人实际持股比例降低或者升高的,人民法院应当按照下列情形分别处理:(一)生效法律文书已经明确交付股权的出资额的,按照该出资额交付股权;(二)生效法律文书仅明确交付一定比例的股权的,按照生效法律文书作出时该比例所对应出资额占当前公司注册资本总额的比例交付股权。

第17条 在审理股东资格确认纠纷案件中,当事人提出要求公司签发出资证明书、记载于股东名册并办理公司登记机关登记的诉讼请求且其主张成立的,人民法院应当予以支持;当事人未提出前述诉讼请求的,可以根据案件具体情况向其释明。

生效法律文书仅确认股权属于当事人所有,当事人可以持该生效法律文书自行向股权所在公司、公司登记机关申请办理股权变更手续;向人民法院申请强制执行的,不予受理。

8.《公司法时间效力司法解释》

第1条 公司法施行后的法律事实引起的民事纠纷案件,适用公司法的规定。公司法施行前的法律事实引起的民事纠纷案件,当时的法律、司法解释有规定的,适用当时的法律、司法解释的规定,但是适用公司法更有利于实现其立法目的,适用公司法的规定:……(四)公司法施行前,有限责任公司股东向股东以外的人转让股权,因股权转让发生争议的,适用公司法第八十四条第二款的规定……

第4条 公司法施行前的法律事实引起的民事纠纷案件,当时的法律、司法解释没有规定而公司法作出规定的下列情形,适用公司法的规定:(一)股东转让未届出资期限的股权,受让人未按期足额缴纳出资的,关于转让人、受让人出资责任的认定,适用公司法第八十八条第一款的规定……

第 5 条　公司法施行前的法律事实引起的民事纠纷案件,当时的法律、司法解释已有原则性规定,公司法作出具体规定的下列情形,适用公司法的规定:(一)股份有限公司章程对股份转让作了限制规定,因该规定发生争议的,适用公司法第一百五十七条的规定……

9. 最高人民法院关于《中华人民共和国公司法》第八十八条第一款不溯及适用的批复

法释〔2024〕15 号

河南省高级人民法院:

你院《关于公司法第八十八条第一款是否溯及适用的请示》收悉。经研究,批复如下:

2024 年 7 月 1 日起施行的《中华人民共和国公司法》第八十八条第一款仅适用于 2024 年 7 月 1 日之后发生的未届出资期限的股权转让行为。对于 2024 年 7 月 1 日之前股东未届出资期限转让股权引发的出资责任纠纷,人民法院应当根据原公司法等有关法律的规定精神公平公正处理。

本批复公布施行后,最高人民法院以前发布的司法解释与本批复规定不一致的,不再适用。

最高人民法院

2024 年 12 月 24 日

第二节　裁判精要

一、股权受让方补足出资责任

(一)明知股权瑕疵仍然受让

1. 股权受让方明知出资存在瑕疵而仍然受让股权的,股权受让方无权追究股权转让方抽逃出资的责任。

在(2019)粤 0304 民初 40976 号案中,一审法院认为:国华投资公司从王某某处受让了闲钱宝公司 26% 的股权,从深圳市兴和投资有限公司处受让了闲钱宝公司 25% 的股权,从而成为闲钱宝公司持股比例 51% 的股东,而从《财务尽职调查报告》

可见，国华投资公司在与王某某、深圳市兴和投资有限公司进行股权转让时聘请了专业的会计师事务所进行了财务尽职调查，而在该报告中也载明"实收资本投入后被抽离，与股东的实际往来需要进一步梳理确认"。国华投资公司在受让闲钱宝公司股权时对前手股东的出资情况有清楚的认知，其在明知前手股东可能存在出资瑕疵的情况下仍然受让了该股权，也没有提交证据证明其已经承担向公司补足出资的责任，国华投资公司无权追究股权转让方的抽逃出资责任。

2. 股权受让人知道股权转让人抽逃出资而仍然受让股权的，由股权受让人承担前股东出资不足的补缴出资责任。股权转让后公司类型变为由股权受让人完全持股的有限责任公司，证明公司意志完全由股权受让人控制，此种情形也对认定股权受让人补足原股东的出资责任产生影响。

在(2017)青民终132号案中，一审法院认为：恒丰公司是何某某100%控股的一人有限公司，一人有限公司不设股东会，这就决定了何某某对恒丰公司意志的绝对控制权。首先，在恒丰公司的股东变更登记为何某某时，何某某对赵某某等四人未履行人民币700万元的出资义务并将人民币300万元出资转出恒丰公司账户的事实应当知情，对公司的资产状况亦应知情，但何某某在《退资和转让股份协议书》中未提出任何异议，仍然受让了恒丰公司的股权，故其对恒丰公司将来会面临股东补足出资的问题应当有所预见。

其次，何某某所受让的不仅是恒丰公司的100%股权，还有公司全部资产的控制权，作为一人有限公司的股东，何某某在恒丰公司的股东权利并未因出资不到位而受到任何影响，根据权利义务相对等的原则，何某某既享有完整、完全的股东权利，那么也应当履行与权利相对的义务，即股东的出资义务。

最后，公司资本维持原则的立法目的是防止资本的实质减少，保护债权人的利益，同时也防止股东盈利分配的不当要求，确保公司本身业务活动的正常发展，故而要求原股东和受让人对出资承担资本连带认缴责任。但结合本案事实，恒丰公司从设立到股东转让变更登记为何某某时，未开展过任何经营活动，更无相关债权债务，股东权利亦未受到影响，只涉及公司本身的资本维持，如果再由赵某某等四人承担补足出资义务，则权利义务失衡。一人有限公司的特殊性决定了其股东权利的行使不受出资份额的影响，在不涉及股权转让前债权债务或其他主体利益的情形下，如果由原股东承担补足出资义务，也明显有违公平，故恒丰公司要求赵某某等四人承担补足出资义务的诉讼请求不能成立。二审法院持相同观点。

3. 股权受让方在明知公司股权转让方抽逃出资的情形下仍受让股权,应与股权转让方一起对公司的债务承担连带责任。

在(2018)苏04民终4119号案中,二审法院认为:史某某、黄某1与黄某2的股权转让行为发生在减资公示前,黄某2在明知公司未履行通知和公告义务,史某某、黄某1的行为等同于抽逃出资的情形下,仍受让股权且后续由其代表公司向工商部门提供"债务已经全部清偿"的书面说明,根据《公司法司法解释(三)》的规定,有限责任公司的股东未履行或者未全面履行出资义务即转让股权,受让人对此知道或者应当知道,公司债权人请求向该股东提起诉讼,同时请求前述受让人对此承担连带责任的,人民法院应予支持。故黄某2应对史某1、黄某1在本案中所负债务承担连带责任。

4. 股权受让方在股权转让时应尽到合理谨慎的注意义务,应对股权转让方履行出资的情况进行核查。受让股份的同日股权受让人即成为公司法定代表人,可以推断股权受让人有条件查询到出资情况。受让股权后股权受让方应当知道虚假出资的情况,股权受让方可向股权转让方要求补足出资,但未举证证明要求补足出资的证据,则股权受让人应对前股东不实出资部分承担连带责任。

在(2020)粤03民初4633号案中,一审法院认为:王某某以1元人民币受让沈某某持有的永邦公司70%的股份,在受让沈某某的股权时,其作为受让公司70%股份的控股大股东,应当对股权转让这一交易尽到合理谨慎的注意义务,即王某某应当对沈某某是否实际履行出资义务进行核查。而工商机关备案的股东会决议显示王某某受让股份的同日即成为永邦公司的法定代表人,表明王某某在受让时,有条件查询到沈某某是否实际出资。退一步讲,即使在受让时,王某某未对沈某某的出资进行核实,但在其接管公司后,应当知道沈某某虚假出资的情况,并可向原股东沈某某要求补足出资,但王某某未举证证明其曾要求沈某某补足出资,可见王某某未举证证明其以人民币1元受让永邦公司的70%股份具有合理性,其应当知道沈某某未实际缴纳出资,王某某应当在其受让的沈某某的人民币35万元出资范围内对补缴出资义务承担连带责任。

5. 股权受让方应当知道公司注册资本系认缴注册资本,其仍接受转让,且从未以权利瑕疵为由主张撤销或解除股权转让协议,可以推定受让人构成对受让股权权利瑕疵的明知,应当在各自认缴的出资范围内对股权转让方的出资义务承担连带责任。

在(2019)粤0307民初18759号案中,一审法院认为:领航高科公司增资至人民币3000万元系由龚某一人认缴，除去公司成立时由发起人实缴的人民币100万元，股东龚某仍负有人民币2900万元的出资义务，该出资义务并不因股权转让而解除，公司仍有权请求龚某履行。受让人林某1、林某2在受让股权时，负有适当的审慎义务和注意义务，应当查证该股权所对应的出资义务是否履行。在三人签署的股权转让协议、见证书和公司章程等文件中，均载明公司注册资本为"认缴注册资本"，受让人应当知道公司注册资本系认缴注册资本，其仍接受转让，且自始至终未以受让时不知道股权存在权利瑕疵为由主张撤销或解除股权转让协议，可以推定受让人构成对受让股权权利瑕疵的明知，林某1、林某2应当在各自认缴的出资范围内对龚某的出资义务承担连带责任。林某1受让股权后，其应在人民币261万元的（人民币2900万元×9%）范围内就龚某的人民币2900万元出资义务承担连带责任。龚某汇入公司账户的人民币50万元注明是林某1投资款，应视为林某1出资。在连带责任的情形下，任何一个连带责任人的清偿均可免除其他连带责任人的相应清偿责任，因此，股东的出资义务相应减少至人民币2850万元，即龚某应向公司履行人民币2850万元的出资义务，林某1的连带责任范围亦减少至人民币211万元（人民币261万元–人民币50万元）。之后，龚某又向林某2转让股权，同理，林某2应在人民币228万元（人民币2850万元×8%）范围内承担连带责任。

6.股权转让未对转让价格作出约定，可据此认定受让人知道或者应当知道出让人原股东未履行或者未全面履行出资义务即转让股权，受让人应在受让股权比例所对应的抽逃出资范围内与原股东共同对债权人承担连带责任。

在（2018）最高法民申2986号案中，再审法院认为：平宇公司在增资后，杨某某持有50%的股权，认缴的出资额为人民币500万元，对其中人民币450万元股权未履行出资义务。杨某某将其股权中的5%转让给唐某某，却并未对转让价格作出约定，可认定受让人唐某某知道或者应当知道出让人杨某某未履行或者未全面履行出资义务即转让股权，唐某某应在该5%股权对应的抽逃出资额人民币450万元的范围内与杨某某共同对债权人萍钢公司承担连带责任。

7.股权转让的双方对抽逃出资的行为均是知晓的，虽然未书面约定在股权转让后返还出资款的义务由谁承担的问题，但根据公平、等价、有偿原则足以推定，双方以默示方式同意返还抽逃出款本息的义务由股权受让方承担。

在（2018）粤03民终10231号案中，一审法院认为：花某某及雷某某、张某某投入深蓝科诺公司的出资款均是由德汇建筑公司转入三方账户，三方转入深蓝科诺公司的验资账户完成验资后，深蓝科诺公司将各方的出资款通过其另一账户返还给德汇公司,从而完成抽逃出资,即花某某与雷某某、张某某在签订《股权转让协议书》时对于各方抽逃出资的行为均是知晓的,在此种情况下,花某某与雷某某、张某某对于花某某转让股权的对价必然未考虑各方抽逃的出资款,各方当事人虽然未书面约定在雷某某、张某某受让花某某的股权后,返还出资款的义务由谁承担,但根据公平、等价、有偿原则足以推定,各方当事人以默示方式对涉案股权转让后的返还抽逃出资款本息的义务已转移至雷某某、张某某达成了一致的意思表示。而涉案股权转让协议的当事人为深蓝科诺公司的全部股东,深蓝科诺公司仅为法律拟制的人,深蓝科诺公司的全部股东知晓并同意应当视为深蓝科诺公司知晓并同意雷某某、张某某受让花某某的股权后承担花某某作为原股东所负的返还出资款的义务,故对深蓝科诺公司要求花某某返还出资款人民币200万元并支付利息的诉讼请求,法院不予支持。二审法院持相同观点。

8. 我国《公司法》及司法解释对于股东抽逃出资后即转让股权的出资责任承担问题没有明确规定,股权受让人即使已实际向原股权转让人支付对等的股权转让款,亦不能免除其作为具有过错的受让人向公司的债权人应承担的责任,应对股权转让人向公司债权人承担的补充赔偿责任部分承担连带责任。

在(2014)川民终字第99号案中,二审法院认为:股东抽逃出资与股东未履行或未全面履行出资义务,其行为性质及其对相关主体利益的影响相同,在法律效果上也应当是一致的。《公司法》及司法解释对于股东抽逃出资后即转让股权的出资责任承担问题没有明确规定,本案中被告孙某受让了侯某某人民币1900万元的出资款(占公司95%股权),被告孙某受让该出资款时,被告侯某某至少已抽逃出资款人民币500万元,孙某作为莱州翔润公司95%股权的受让人及侯某某的儿媳,应当知道侯某某抽逃出资款的事实,孙某是向转让股权的股东支付的股权转让对价,莱州翔润公司被股东抽回的出资并未因此补足,孙某作为受让人所受让的并不是股东的出资,而是股东的资格权利,由于其受让的股权是瑕疵出资的股权,所以当其知道该股权是瑕疵股权时,就理应知道受让该股权的法律后果,即应当承担该瑕疵股权下的股东出资不实或抽逃出资的民事责任。因此,即使孙某已实际向原股权转让人支付对等的股权转让款,亦不能免除其作为具有过错的受让人向公司的债权人应承担的责任。因孙某所受让的莱州翔润公司的股权系由侯某某所转让,孙某应对侯某某向原告承担的补充赔偿责任部分承担连带责任。孙某在承担相关责任后,可以依法向抽逃出资的股东侯某某进行追偿。

(二)增资扩股

1. 被告作为发起人已缴纳公司注册资本,只是没有缴纳增资部分就转让股权,不属于不完全履行出资义务行为,不存在未履行或未全面履行出资义务情形,对增资部分的出资由股权受让方承担。

在(2019)粤0307民初19168号案中,一审法院认为:被告向案外人蔡某某转让涉案股权时,已缴付注册资本人民币40万元,因公司章程规定的注册资本认缴期限尚未届满,故被告尚未缴纳注册资本人民币152万元,不属于不完全履行出资义务行为。被告向蔡某某转让股权后,原告公司已修改公司章程,蔡某某持股比例增加至50%,应缴注册资本缴付时间与公司章程修改前一致,说明被告应缴付注册资本义务因股权转让而由蔡某某继受。被告在出资义务尚未到期情况下合法转让股权,不存在未履行或未全面履行出资义务情形,原告关于被告缴纳出资人民币152万元及利息的诉请不被支持。

2. 支付了增资扩股的对价不等于履行了股东出资义务。股权受让方在受让股权后对公司增资,也不能免除股权转让方未出资的补足责任。股权受让方不补足出资,仍需在未出资范围内对公司的债务承担补充清偿责任。

在(2008)民抗字第59号案中,再审法院认为:湖北医药公司与北京双鹤药业公司在股份转让协议中约定以每股人民币0.893元的价格,受让湖北医药公司所持有的湖北恒康药业公司的2700万国有股,北京双鹤药业公司向湖北医药公司支付的人民币2411.1万元是股权的对价,而不是北京双鹤药业公司完成了对湖北双鹤医药公司人民币2700万元的出资义务。而且,无论从湖北双鹤药业公司的章程、股东名册,还是从工商登记角度来看,北京双鹤药业公司已是湖北双鹤医药公司占67.5%股份的股东。鉴于股东的瑕疵出资民事责任是公司股东的特有民事责任,除法律法规有特别规定和当事人有特别约定外,该责任应当由公司的股东承担,而不是由公司股东以外的人承担。由于出资瑕疵的股东将其股权转让给其他民事主体后,便产生了该瑕疵股权出资责任的承担主体问题,因此,在处理上要遵循股权转让双方当事人的真实意思表示和过错责任相当的基本原则。

就股权转让的受让人而言,核实转让股权是否存在瑕疵出资是受让人应尽的基本义务,如果其明知或应当知道受让的股权存在瑕疵而仍接受转让的,应当推定其知道该股权转让的法律后果,即受让人明知其可能会因受让瑕疵股权而承担相应的民事责任,但其愿意承受,这并不超出其可预见的范围,司法没有必要对其加以特别保护而免除其承担出资瑕疵的民事责任。北京双鹤药业公司委托评估公司对湖北恒康药业公司的评估、湖北省财政厅的批复以及与双方签订的《股份转让协议》等均可证实,北京双鹤药业公司明知湖北医药公司用于向湖北恒康药业公司出资的土地未过户到湖北恒康药业公司名下,但仍然自愿受让湖北医药公司的股份并成为湖北恒康药业公司的股东。故北京双鹤药业公司通过受让的方式享有湖北双鹤医药公司瑕疵股权人民币2700万股份,应承担出资瑕疵责任。虽然北京双鹤药业公司通过增资扩股向湖北双鹤医药公司增加出资人民币2588.9万元,但北京双鹤药业公司和湖北医药公司始终未补足原股东湖北医药公司应向湖北双鹤医药公司的出资人民币2700万元,不能因其对湖北双鹤医药公司增资扩股而免除其应出资的义务。对湖北双鹤医药公司的债务,北京双鹤药业公司、湖北医药公司均应在未足额出资部分人民币2700万元的范围内承担补充清偿责任。

3. 第三人代各股东向公司出资,该方式不与公司资本充实原则相违背,出资可被视为各股东已履行部分出资义务。各股东在此情况下转让股权,享有缴纳出资的抗辩权,因为公司应知悉未实际缴纳出资的责任已转移给已实际接受增资股份的股权受让人,应向股权受让人主张补缴增资款。

在(2018)最高法民终415号案中,一审法院认为:案涉《协议书》约定,在9月底前通过对中联控股公司、陈某某的法人持股公司特别分红的方式,取得人民币1亿资产,注入团结高新公司,实现中联控股公司对团结高新公司认缴资本的足额到位。双方对该条款的语义并无争议,即通过团结高新公司向认缴股东分红人民币1亿元作为中联控股公司认缴资本来源,条款有效,对缔约人具有拘束力。在团结高新公司未形成有效决议并实际向中联控股公司分红的情况下,中联控股公司依该约定对团结高新公司缴资请求享有抗辩权。依他案判决,案涉《协议书》已解除,由陈某某承接相应增资股份,作为团结高新公司实际控制人的陈某某接收中联控股公司转出的团结激光公司股份及团结高新公司新增股份,未导致两公司注册资本减少,亦不会导致外部权利人信赖利益受损,此种恢复原状方式不违反团结高新公司主体作为一致行动人的利益同一性,也不违背公司资本充实原则。团结高新公司作为《协议书》缔约人,应知悉前述解约安排中包含中联控股公司尚未实际缴资即由陈某某实际接受增资股份的可能,该可能性转化为现实时,团结高新公司应向实际接收增资股权的陈某某,而非中联控股公司主张补缴增资权利。

4. 股权受让方系出资增资行为手续的经手人,对股权是否存在权利瑕疵完全知情,签订《股权转让协议》时并未对出资填补责任的承担进行约定,股权受让方作为股权受让人接手股权时,应当视为同意按现状接受,同意自行承担出资填补责任,股权转让方对转让股权的权利瑕疵担保责任被免除。

在(2018)最法民申6143号案中,再审法院认为:案涉《股权转让协议》表明,即使代某某出资、增资未到位(即股权具有权利瑕疵),有权利起诉要求转让方承担出资填补责任的主体是广源公司,权利瑕疵本身也来源于广源公司。张某某系出资增资行为发生时广源公司的经手人,对股权是否存在权利瑕疵完全知情,但其与代某某签订《股权转让协议》时并未对出资填补责任的承担进行备注或约定,因此张某某作为股权受让人接手股权时,应当视为张某某同意按现状接受,同意自行承担出资填补责任,代某某对转让的股权的权利瑕疵担保责任被免除。股权转让后的广源公司仍为一人公司,广源公司再诉请代某某承担股权的权利瑕疵担保责任则没有依据。

5. 没有证据证明股权受让方对股权转让方未足额缴纳出资的情况知道或应当知道,股权受让方无须对股权转让方的出资承担连带责任。

在(2017)粤03民终21726号案中,二审法院认为:龙某将其股份转让给赵某,安利禾公司并未提交证据证明赵某对龙某未足额缴纳出资的情况知道或应当知道,其要求赵某对龙某的出资承担连带责任的依据不足。

(三)股权转让后变为一人公司

1. 股权转让后,公司为一人有限公司,根据权利义务相对等的原则,股权受让人既享有完整的股东权利,又应当履行与权利相对应的出资义务,要求原股权转让方承担补足出资义务有违公平。

在(2018)粤03民终15907号案中,一审法院认为:战某和窦某某分别将其占公司90%及10%的股权以人民币1元的价格转让给王某某。王某某参与了其与战某和窦某某的协议的制定并办理了公司工商变更登记,其对前股东的实际出资情况和公司的资产状况应当知悉。王某某不但没有提出反对意见,仍然按协议约定,自愿在工商行政部门将100%的股份进行变更,实际认可了前股东的出资事实和公司的财产状态,其将100%的股份变更其名下的行为,产生了其对豪风公司负有补足出资义务的法律后果。豪风公司现为王某某100%控股的一人有限公司,王某某所受让的不仅是豪风公司的100%股权,还有公司全部资产的控制权,作为一人有限公司的股东,其在豪风公司的股东权利不受出资情况的影响。根据权利义务相对等的原则,王某某既然享有完整的股东权利,那么也应当履行与权利相对应的义务,即股东的出资义务。在不涉及股权转让前债权债务或其他主体利益的情形下,即便前股东谭某1、谭某2出资不到位的事实成立,要求前股东承担补足出资的义务也明显有违公平。

2.股权转让后股东持有公司全部股权的,股东与公司的实际利益是完全重合的,诉请股权转让方补足出资是权利滥用,股权转让方无须承担出资义务。

在(2019)粤03民终33653号案中,一审法院认为:陈某某与范某某作为对外公示的天龙公司的创设股东,未按照当时公司法的相关规定,在公司设立时就足额缴纳注册资本,若在天龙公司后续的经营中注册资本一直未补足,则天龙公司的外部债权人有权要求陈某某与范某某承担出资不实的法律责任,陈某某与范某某关于注册资本投入的内部约定不足以对抗天龙公司的外部债权人。但是,本案提起诉讼的原告并非天龙公司的外部债权人,而是天龙公司与范某某,这属于公司股东间的内部纠纷,应适用股东间的内部约定来认定双方的权利义务关系。从股东间的内部约定来看,天龙公司与范某某诉请陈某某补足注册资本人民币65万元的依据不足,理由在于:

一方面,按照已经生效的他案民事判决书的认定,陈某某登记持有天龙公司65%股权仅是"让与担保",股权的实际权利人是范某某,那么相应的出资义务也应当由范某某承担。另一方面,即使陈某某在天龙公司设立时是公司的实际股东,承担缴纳注册资本的义务,范某某在明知陈某某未实际缴纳注册资本的情况下仍以人民币1元的价格受让陈某某登记持有的股权,这说明范某某认可陈某某无须再补缴出资,否则股权的交易价格也不可能是名义上的人民币1元,陈某某在股权受让后的出资义务也就转移给范某某。虽然天龙公司是独立法人,但是范某某是天龙公司的唯一股东,在范某某持有天龙公司全部股权的情况下,范某某与天龙公司的实际利益是完全重合的,不管范某某是自始实际承担天龙公司的全部出资义务还是因股权受让继受承担天龙公司的全部出资义务,天龙公司都是明知并认可的,其在本案中诉请陈某某补足出资属于权利滥用。综上,在陈某某根据内部约定无须承担出资义务的情况下,天龙公司与范某某提起本案诉讼要求陈某某补足出资违背诚信原则,因而陈某某无须承担出资义务。

3.转让股权后变更公司类型为一人公司的,出资义务由受让人独立承担。

在(2018)最高法民申690号案中,再审法院认为:恒丰公司的资本状态,因公司并未发生经营活动,故不涉及公司债权人,且股权转让后该公司变为一人公司。股权出让人赵某某等原四股东是否应该承担继续出资人民币700万元的义务,依据双方在股权转让时的约定。从《退资和转让股份协议书》的内容看,各方主体未对股权和公司资本作出特别约定,应视为按照现状交接。《退资和转让股份协议书》

的订立,属于公司重大商事行为,各方当事人均应秉持审慎态度,何某某对于恒丰公司资产状况及赵某某等原四股东是否缴纳人民币700万元出资等情况应当知晓。因何某某在接手公司后至办理变更登记时乃至之后较长期限内未提出异议,原审判决认定其对于所接手的股权和公司现状予以认可,其中包括对公司资本现状的认可,并不缺乏理据。何某某具有恒丰公司股东和法定代表人的双重身份。原审判决认定股权转让后恒丰公司的资本充实义务不应由赵某某等原四股东承担,适用法律并无不当。

4.股权转让协议的当事人为公司全部股东,代表公司的意思表示,视为公司已经同意由股权受让方承担补足注册资本的义务,不再由股权转让方履行补足出资的义务。

在(2016)最高法民申2232号案中,再审法院认为:《股权转让协议》约定,肖某1受让肖某2、肖某3二人在新起公司的全部股权,但其仅按照肖某2、肖某3二人的实际出资额支付转让款,并未按照全部股权数额支付相应的价款,可以认定肖某1对肖某2、肖某3二人出资不足,其应当承担补足出资义务。在新起公司发生股权变更后,虽然登记股东变更为肖某1和肖某4,但根据《股权转让协议》签订的过程以及肖某4并未支付转让价款的事实等,认定《股权转让协议》的当事人为新起公司全部股东,应当视为新起公司知道并同意由肖某1承担补足注册资本的义务,并无不当。该协议的签订可视为新起公司的意思表示,即新起公司已经同意由肖某1承担补足注册资本的义务,不再由肖某2、肖某3履行补足出资的义务。

5.原股东是否应该承担继续出资义务,应依据双方在股权转让时的约定。股权受让方在股权变更登记后在长时间内未对出资义务提出异议,视为对受让股权和公司的现状予以认可,因公司利益已由股权受让方享有,再要求股权转让方承担出资义务显失公平。

在(2018)最高法民申4631号案中,再审法院认为:股权出让人赵某某等原四股东是否应该承担继续出资人民币700万元的义务,依据双方在股权转让时的约定。从《退资和转让股份协议书》的内容看,各方主体未对股权和公司资本作出特别约定,应视为按照现状交接。《退资和转让股份协议书》的订立,属于公司重大商事行为,各方当事人均应秉持审慎态度,何某某对于恒丰公司资产状况及赵某某等原四股东是否缴纳人民币700万元出资等情况应当知晓。因何某某在接收公司后至办理变更登记时乃至之后较长期限内未提出异议,其对于所接收的股权和公司现状予以认可,其中包括对公司资本现状的认可。何某某具有恒丰公司股东和法定代表人的双重身份,《退资和转让股份协议书》约定,何某某应付款项为人民币600万元,其中股权转让款和经济补偿费两项合计仅人民币300万元。如由已丧失股东身份的赵某某等原四股东继续向恒丰公司缴纳人民币700万元出资,该利益由何某某通过对恒丰公司的控制而享有,则与赵某某等原四股东获得的股权转让款不具有商事行为应具备的对价性,显失公平。

二、股权转让方补足出资责任

(一)让与担保情形

1. 在股权让与担保中,双方真正意思表示只是将转让的股权作为偿债的担保,而并非真正的股权转让关系,股权受让人不是真正意义上的股东,只是名义股东,不应承担股东责任,故转让人出资义务与股权受让人没有关系。

在(2019)皖11民终3138号案中,二审法院认为:关于滁州甲公司主张张某某、滁州乙公司对其中的人民币1650万元承担连带责任、安徽丙公司对其中的人民币1350万元承担连带责任。因张某某、滁州乙公司、安徽丙公司的真实意思并不是受让赵某某、郑某某的股权,双方签订的《股权转让协议》名为股权转让,实为股权让与担保;2015年6月13日赵某某、郑某某、安徽丙公司及滁州甲公司在给滁州乙公司的《承诺书》中也确认,张某某持有滁州甲公司55%股权仅是对滁州乙公司的债权担保。滁州甲公司对此是明知的。因此,应当根据双方之间真实的法律关系确定其权利义务,即按照让与担保法律关系处理。张某某、安徽丙公司只是名义股东,不是真正意义上的股权受让人,不享有股东权利,故其不应承担股东责任。滁州甲公司的该项诉讼请求缺乏事实和法律依据,不予支持。

2. 合同名为股权转让,实为股权让与担保,应当以当事人的真实意思表示确定双方之间的权利义务关系。双方虽然已办理股权变更登记,但债权人实质上并不是股东,不应承担股东出资义务。

在(2019)皖11民终3138号案中,二审法院认为:两份《股权转让协议》,名为股权转让,实为股权让与担保。股权转让协议是当事人以转让股权为目的而达成的关于出让人交付股权并收取价金,受让人支付价金获得股权的意思表示。股权让与担保是指债务人或者第三人与债权人订立合同,约定将股权形式上转让至债权人名下,债务人到期清偿债务,债权人将该股权返还给债务人或第三人,债务人到期未清偿债务,债权人可以对股权进行拍卖、变卖、折价偿还债权的一种非典型担保。尽管股权让与担保外观上的股权过户登记与设定担保的真实意思表示不一致,但股权变更登记只是债权人保全自己权利的手段,应根据真实意思表示认定股权让与担保中的权利人享有的是有担保的债权,而非股权。

本案中,赵某某、郑某某与中盛小贷公司、张某某、天享公司签订《内部股权转让协议》《股权转让协议》,约定将其持有的众鑫公司的股权转让给中盛小贷公司和张某某。从《内部股权转让协议》的约定看,股权受让人不用支付股权转让金,不参与公司收益分配,不承担任何风险,且承诺在赵某某、郑某某还清借款本息后,把所持有的55%股权无偿转给赵某某、郑某某。中盛小贷公司指派张某某为55%股权持有人。赵某某、郑某某与天享公司于2014年12月17日签订的《股权转让协议》也明确约定,天享公司承诺在赵某某、郑某某还清欠款及为赵某某、郑某某担保的贷款本息后将股权全部归还给赵某某、郑某某。从上述约定看,股权转让是双方当事人虚假的意思表示,而真实的意思表示则是以股权转让的方式为他们的债权债务提供担保,即股权让与担保,该股权让与担保合同不存在违反法律、行政法规强制性规定的情形,合法有效,因此,应当以当事人的真实意思表示确定双方之间实际的权利义务关系。张某某、天享公司虽被登记为众鑫公司股东,但实质上并不享有股东权利,不参与经营管理,也不参与利润分配,仅处于担保权人的地位。张某某系代中盛小贷公司持股,实际债权人为中盛小贷公司。

股东应当按期足额缴纳公司章程中规定的各自所认缴的出资额。根据众鑫公司章程规定,赵某某、郑某某作为公司设立发起人股东,分别认缴出资额人民币1650万元、人民币1350万元,应在2034年11月12日前缴足。然而,至一审法院裁定受理众鑫公司破产清算案时,经审计,众鑫公司实收注册资本账面数为人民币0元,赵某某、郑某某均未履行出资义务,其二人应当缴纳所认缴的出资额,并承担连带责任。众鑫公司诉请赵某某、郑某某连带履行出资人民币3000万元义务,符合法律规定,应当支持。众鑫公司主张张某某、中盛小贷公司对其中的人民币1650万元承担连带责任、天享公司对其中的人民币1350万元承担连带责任。因中盛小贷公司、天享公司是以受让股权的形式为其债权提供担保,张某某、天享公司只是名义股东,不是真正意义上的股权受让人,不享有股东权利,故其不应承担股东责任。

3.公司发生增资减资变动,股东与公司之间可能产生几种法律关系:增资扩股、借款、对借款债权的让与担保等,只要不存在真实转让股权法律关系,股权受让人就不应承担股东出资义务。

在(2020)最高法民申7050号案中,二审法院认为:首先,从双方当事人签订的《投资合作协议》约定的内容看,付某某的收益采用固定回报的方式,并且有保底条款,不具有共同经营、共享收益、共担风险的投资合作特征,无论公司经营情况如何,是否亏损,付某某均按规定标准计算投资收益。因此,该《投资合作协议》更具有借款特征。

其次,事益公司工商登记虽变更付某某为公司股东,但付某某主张该行为系对其借款债权提供担保。事益公司主张系公司增资扩股,但付某某向事益公司支付款项为人民币1300万元,公司增资金额与付某某付款金额及付某某所持有的事益公司股权数额、出资额等均不对应,而且,事益公司发生增资减资变动,付某某的股权比例亦始终不变,故不具有规范的公司增资扩股特征。

再次,付某某否认其参与事益公司经营,称其在事益公司对外贷款的股东会决议上签字系银行贷款需要全体股东签字的形式要求,事益公司未能举证证明付某某参与事益公司实质性经营活动。因此,付某某抗辩称,其成为事益公司股东并持有事益公司股权,系股权让与担保行为,理由成立。事益公司股权办理至付某某名下,系作为付某某债权的担保,而非真正的股权转让或增资扩股。至于事益公司主张的双方协议中未约定本金偿还期限故不属于借款的理由,因法律对借款期限没有约定或约定不明确的情形,均有相关规定,不能以未约定还本期限为由否定双方存在借款关系。再审法院持相同观点。

(二)其他情形

1. 股权转让方的前任无须承担补足出资义务。

在(2017)粤民申7833号案中,再审法院认为:涉案《协议书》约定,在完成股权转让前公司的一切债权债务、税费及其他任何诸如质押担保等事项由金中天集团有限公司、林某1承担,股权变更后当日起中弘公司的一切债权债务由庄某某、罗某某承担,公司银行已开具的基本账户中的存款及注册资金、利息全部归金中天集团有限公司、林某1所有。随后中弘公司股东由"金中天集团有限公司、林某1"变更为"庄某某、罗某某",林某2原系中弘公司股东,但其所持股份在庄某某、罗某某购买涉案股权之前就已全部被转让给林某1,中弘公司未向登记股东庄某某、罗某某主张补缴出资,且仅涉及公司及公司股东之间的内部关系,中弘公司请求林某2缴纳出资额没有依据。

2. 公司资产数额增加属于公司资产增值所致,资产所有权属于公司,股东不论是退出公司或将公司股份转让,其对公司补足出资的责任不因此免除。 股份的转让、价格的确定等是股东间的股权转让法律关系,对公司无约束力,由股份转让的约定不能推导出公司免除了股权转让方的补足出资责任。

在(2014)民申字第1146号案中,再审法院认为:庆瑞都公司的资产数额增加属于公司资产增值所致,相应资产的所有权属于公司,股东不论是退出公司还是将公司股份转让,其对公司补足出资的责任不因此免除。曹某某与董某某之间股份的转让、价格的确定等是两者内部的法律关系,对庆瑞都公司无约束力,二者有关股份转让价格的约定,并不能推导出庆瑞都公司免除了曹某某的补足出资责任。若曹某某认为股份转让时未考虑全部补足出资后庆瑞都公司的资产,价格显失公平,或曹某某认为董某某已经承诺替其向公司补足出资,其可以依据与董某某签订的股份转让合同或董某某的承诺,向董某某另行主张。

3.公司债务发生在股权转让之前,尽管出资期限未届满,股权转让方仍对公司债务不能清偿的部分承担补充责任。

在(2019)粤民申7213号案中,再审法院认为:魏某某与左某某签订股权转让合同,约定魏某某将其持有的小笨熊公司30%股权共人民币300,000元所认缴出资额以人民币0元转让给左某某。虽魏某某在转让股权时的出资期限未届满,但涉案人民币268,408.4元债务均发生在魏某某转让股权之前,在小笨熊公司、左某某未能清偿的情况下,判决魏某某对涉案人民币26,408.4元债务承担补充清偿责任,并无不当。

4.公司债务产生后,股东将其股权全部转让,以股权转让的方式延长了出资期限,应当视为出资加速到期,应在出资义务的未出资范围内对债务承担补充赔偿责任。

在(2019)粤13民终6978号案中,二审法院认为:原审被告森意欧公司与被上诉人润达公司发生买卖交易时,上诉人白某某和原审被告李某某为森意欧公司的股东,上诉人白某某并未举证证明其已履行出资义务。因涉案的公司债务产生后,上诉人已将其公司股权全部转让给案外人,上诉人以股权转让的方式延长了股东出资期限,应当视为股东出资加速到期,白某某应在出资义务的未出资范围内对涉案债务承担补充赔偿责任。

5.债权人享有的债权发生于原股东转让股权之前,股东享有交易为目标公司所带来的利益,在股权转让之时对公司所欠债务应为明知;股权受让人将公司注销后,原股东(股权转让方)因转让股权而免除的出资义务应予以回转。即股东未届出资期限而转让公司股权的,符合出资加速到期条件时,应就出资不足对公司债务承担连带责任。

在(2020)鲁02民终12403号案中,二审法院认为:关于通舜公司、周某某,即铸仑公司原股东是否应对本案所欠货款在其应出资范围内承担相应责任的问题。法院认为,当债权形成于前股东持股之时,在公司未到出资期限即注销的情况下,前股东应当在其出资范围内承担连带清偿责任。首先,从时间点来说,本案所涉合同之债发生于上诉人通舜公司、周某某持股之时。本案中的通舜公司、周某某是被上诉人与铸仑公司发生涉案设备买卖合同之时的股东,两股东享有涉案买卖合同为目标公司所带来的利益,在涉案股权转让之时,其对于公司所欠债务应为明知。其次,在公司注销的情况下,上诉人通舜公司与周某某因转让股权而免除的出资义务应予以回转。①

三、执行中追加股权转让当事人

1.《执行变更追加司法解释》主要解决民事执行中变更、追加当事人的问题,该追加程序属于执行异议程序,以效率为导向,以形式标准核实案外人权利,应当以股东承担责任的事实具有外观上的明显性为基础,对股权受让人不应在执行异议程序中申请追加,只能通过诉讼程序经实体审理解决。

在(2021)最高法民再218号案中,再审法院认为:关于是否可以在执行程序中追加华润天能公司为被执行人。华润天能公司主张对继受股东责任的认定,涉及实体责任认定,应通过诉讼程序解决,不能直接在执行程序中予以追加。法院认为,《执行变更追加司法解释》主要解决民事执行中变更、追加当事人的问题,是执行法院追加变更执行当事人的程序性法律依据。执行法院依据《执行变更追加司法解释》第17条规定追加股东为被执行人,其实体法基础是未缴纳或未足额缴纳出资的股东依法应当在尚未缴纳出资本息的范围内对公司不能清偿的债务承担补充赔偿责任。由于执行程序对效率的追求,为避免执行程序中对实体权利义务的判断与当事人之间的实际法律关系出现明显背离,因此,执行法院在执行程序中追加股东为被执行人的,应当以股东承担责任的事实具有外观上的明显性为基础,有限责任公司的股东未履行或者未全面履行出资义务即转让股权,受让股东对此知道或者应当知道的,受让人应当与转让人就公司债务不能清偿部分向债权人连带承担补充赔偿责

---

① 该节裁判精要主要适用《公司法司法解释(三)》第18条规定来处理股东出资与股权转让问题。新《公司法》第88条对该问题进行了重大修改,依据该条,在出资期限届满前转让股权的,受让方承担出资责任,转让方承担补充责任;在出资期限届满后转让股权的,以连带责任为原则,以转让方股东担责,善意受让方不承担责任为例外。也就意味着转让方"转股不转责",要注意对受让方履行能力的考察,并通过在协议中约定违约责任的方式,保护自己的权益;已届出资期限,转让股权的,应如实披露股权出资情况,以便更好地绑定受让方。

任。由于受让人是否知道或者应当知道转让股东未履行或者未全面履行出资义务这一事实，通常不具有外观上的明显性，因此，一般不宜在执行程序中依据《执行变更追加司法解释》第17条的规定，由执行法院裁定追加受让股东为被执行人。

但是，本案执行法院已查明，华润天能公司承担补充赔偿责任具有明显性。虽然此后工商管理部门作出《撤销决定》，但本院他案的民事裁定书仍认为"尚不足以因此认定华润公司不是禄恒公司股东的事实"。同时，虽然华润天能公司主张禄恒能源公司仍有财产可供执行，但其没有证据证明有关财产可以切实用于实现申请执行人的债权或者申请执行人怠于行使对禄恒能源公司的权利。申请执行人债权至今没有获得全部清偿。由于华润天能公司应承担补充赔偿责任的有关事实有工商档案材料佐证且已经由生效裁判确认，执行法院依据外观上具有明显性的事实，在申请执行人债权未能及时获得清偿的情况下，依法作出区别于他案的执行裁定，追加华润天能公司为被执行人，驳回其异议，执行程序并无明显不当。2020年最高人民法院对执行类司法解释进行了全面清理，关于被执行主体的变更和追加等内容已经被《执行变更追加司法解释》替代，但这并不影响执行法院依据有关司法解释对追加问题作出认定。

2.在公司已确定不能清偿债务的情况下，股东在出资期限即将届满前转让股权，具有转让股权以逃废出资义务的恶意，有违诚实信用原则，侵害了债权人合法权益，不能就此免除其对公司补足出资并对公司债务承担补充赔偿责任的义务，应追加其为被执行人；相反，在公司债务仍未确定情况下，且无证据显示公司没有偿债能力，也没有证据证明股东转让股权具有逃废出资义务、侵害公司债权的恶意，则股东转让股权后不应被追加为被执行人。

在(2019)川民终277号案中，二审法院认为：关于周某某应否被追加为被执行人以及承担责任的范围问题。经查，周某某于2018年4月18日，即金州公司公司章程约定的股东出资期限届满(2018年5月22日)之前将其所持金州公司90%的股权转让给邹某，但此时金州公司已经不能清偿案涉生效判决确定的债务，且天顺公司已经对周某某提出追加其为被执行人就生效法律文书确定的债务承担清偿责任的案涉诉讼，周某某在出资期限即将届满之前的诉讼过程中再次转让股权，具有转让股权以逃废出资义务的恶意，有违诚信，侵害了金州公司对外债权人天顺公司的合法权益，不能就此免除其对金州公司补足出资并对金州公司不能清偿的生效法律文书确定的债务承担补充赔偿责任的义务，故周某某仍属于《执行变更追加司法解释》第19条中"未依法履行出资义务即转让股权"的股东，仍应对金州公司承担补足出资并对案涉生效判决确定的债务不能清偿部分承担补充赔偿责任,周某某关于其不应被追加为被执行人的上诉理由,不能成立,本院不予支持。

关于许某某是否未全面履行出资义务,应否被追加为被执行人的问题。天顺公司主张许某某作为金州公司原始股东,同样未全面履行出资义务即转让股权,仍应对金州公司不能清偿的案涉生效判决确定的债务承担清偿责任。法院认为,许某某虽在出资期限届满前将其原持有的金州公司90%股权进行转让,但其情形与周某某在一审诉讼中再次转让股权逃废债务情形有所不同,据此许某不应再承担对金州公司补足出资的义务。理由为:金州公司公司章程约定公司注册资本金由股东在五年内缴足。该认缴出资的金额、履行期限均经工商管理机关公示,许某某在认缴期限届满前享有当然的期限利益,其于2015年3月将持有的金州公司90%的股权转让给周某某和王某,对应的尚未发生的补足出资义务即随股权转让给了周某某和王某,其转让股权不构成瑕疵转让,许某某不应被认定为《执行变更追加司法解释》第19条中"未依法履行出资义务即转让股权"的股东。故许某某在金州公司认缴出资期限届满前转让股权不属于瑕疵股权转让,亦无证据证明其转让股权具有逃废出资义务的恶意,其对金州公司不再承担补足出资义务,亦不应再对股权转让之后金州公司对外债务不能清偿部分承担补充清偿责任,许某某关于其不应被追加为被执行人的上诉理由成立。

3. 受让股东对原股东的出资义务承担连带责任的前提,是受让股东"知道或者应当知道"原股东未出资即转让股权的事实,对于这一积极事实,应当由主张该事实存在的原告承担举证责任。即该问题属于实体问题,应当通过审判程序来综合认定,而不宜在执行程序中以执代审,不应直接对实体问题作出认定。

在(2017)皖0123民初4502号案中,一审法院认为:关于腾龙公司的受让股东牛某、王某某,是否应对股权转让之前腾龙公司产生的案涉债务承担责任的问题。法院认为,当原股东未出资即转让股权时,要求受让股东对原股东的出资义务承担连带责任有一个前提,就是要求受让股东必须对原股东未出资即转让股权这一事实"知道或者应当知道",否则受让股东即不承担责任。

此外,参照《执行变更追加司法解释》第19条的规定,"作为被执行人的公司,财产不足以清偿生效法律文书确定的债务,其股东未依法履行出资义务即转让股权,申请执行人申请变更、追加该原股东或依公司法规定对该出资承担连带责任的发起人为被执行人,在未依法出资的范围内承担责任的,人民法院应予支持"。可以发现该条并没有赋予执行法院有权追加受让股东为被执行人的权限。其中的法理考量可能在于:认定受让股东对原股东未出资即转让股权这一事实是否"知道或者应当知道"属于实体问题,应当通过审判程序中的抗辩、举证、质证等庭审环节来综合认定,而不宜在执行程序中以执代审,直接对实体问题作出认定。受让股东对原股东的出资义务承担连带责任的前提,是受让股东"知道或者应当知道"原股东未出资即转让股权的事实。同时,根据证据规则,对于这一积极事实,应当由主张该事实存在的原告承担举证责任,如举证不能,人民法院对该事实存在不予认定,由原告承担举证不能的法律后果。

本案中,原告并未提供证据证明腾龙公司的现股东牛某、王某某在受让股权时,对原股东蒋某某、季某某未履行出资义务的事实是明知的,且被告王某某在庭审中亦明确对此表示否认,表示对此"没有参与""不清楚""不知情"。此外,牛某、王某某在受让股权前,案涉债务已经产生,两人皆未参与股权转让前的公司经营与管理,对案涉债务的产生没有法律上的责任或道德上的不当,《托管协议书》中的相关权利义务也与被告牛某、王某某无关。从实质正义的角度看,让对案涉债务的产生无任何过错且未享受到利益的牛某、王某某,对受让股权前腾龙公司的案涉债务承担大额的补充清偿责任,既缺乏合理性,又不符合权利义务相一致的原则。所以,对于原告提出的被告牛某、王某某应对腾龙公司的案涉债务承担补充清偿责任的诉讼请求,缺乏事实和法律依据,本案不予支持。

4.执行中如未能调取公司的纳税财务报表、纳税申报表及完税证明,可判断作为被执行人的公司缺乏基本的偿债能力且有对外规避债务的嫌疑,发起人在未履行出资义务的前提下即转让其持有公司的股权,未履行出资义务导致公司的对外债务不能得到及时清偿,在此情形下,可以追加发起人为被执行人,要求其在认缴金额范围内承担责任。

在(2019)皖民终1100号案中,一审法院认为:在他案执行案件的执行过程中,法院对被执行人金穗种子公司的房地产、银行、工商、车辆等部门财产信息进行查询,均未发现可供执行的财产,且金穗种子公司亦不在其注册地址经营,经营场所不明,税务局亦未能调取金穗种子公司纳税财务报表、纳税申报表及完税证明,可见,被执行人金穗种子公司缺乏基本的偿债能力且有对外规避债务的嫌疑,故被执行人并无财产能够清偿申请执行人鲁研种业公司的债务。金穗种子公司系有限责任公司,公示的企业信息显示股东的认缴出资时间是2035年12月31日,而金穗种子公司登记的营业期限至2030年3月8日,股东认缴出资的期限远晚于公司的经营期限,显然有悖常理。李某某、赵某某在未履行出资义务的前提下即转让其持有金穗种子公司的股权,郑某某至今亦未履行对金穗种子公司的出资义务,导致金穗种子公司的对外债务不能得到及时清偿,郑某某、李某某、赵某某为本案被执行人,应在认缴金额范围内承担责任。

5. 中外合作经营企业经核准增资后,合作一方未履行增资义务即转让股权,合作企业财产不足以清偿债务,可以申请追加未缴纳增资的合作一方为被执行人,在尚未缴纳增资范围内承担责任。

在(2020)最高法民申 5153 号案中,再审法院认为:《中外合作经营企业法》规定:"中外合作者应当依照法律、法规的规定和合作企业合同的约定,如期履行缴足投资、提供合作条件的义务。逾期不履行的,由工商行政管理机关限期履行;限期届满仍未履行的,由审查批准机关和工商行政管理机关依照国家有关规定处理。"本案中,侯某某作为中银公司委任的副董事长,签署合作合同、章程及其他有关文件,建威公司两次增资均经过了董事会决议,决议落款处均有侯某某的签字,中银公司对两次增资是明知的。两次增资已报威海市对外经济贸易委员会同意,经山东省人民政府批准,由威海市工商局核准后进行了公司工商变更登记。原判决认定中银公司在明知两次增资已经依法审批并完成了公司工商变更登记的情况下,应当承担缴纳增资的义务,是正确的。

2002 年 9 月,中银公司将其在建威公司的全部出资及按合同约定的分利以人民币 2 万元的价格全部转让给威海市大洋纺织有限公司,中银公司退出建威公司。同年 10 月,建威公司在威海市工商局变更注册资本为人民币 2078.6 万元。建威公司 2002 年变更增资前的注册资本的行为并不能免除中银公司先前应当依照法律、法规的规定和合作合同约定所应承担的缴纳增资的义务。中银公司未全面履行出资义务,仍应对转让前的瑕疵出资承担民事责任,二审法院认定中银公司系神娃公司申请追加的未足额缴纳出资的出资人,应当在尚未缴纳出资的范围内依法承担责任,并无不当。

第三节　实务指南

一、新《公司法》出资制度对债权人权益的保护

(一)注册资本限期(五年)实缴制

新《公司法》第 47 条规定:"有限责任公司的注册资本为在公司登记机关登记

的全体股东认缴的出资额。全体股东认缴的出资额由股东按照公司章程的规定自公司成立之日起五年内缴足。"

第266条第2款规定:"本法施行前已登记设立的公司,出资期限超过本法规定的期限的,除法律、行政法规或者国务院另有规定外,应当逐步调整至本法规定的期限以内;对于出资期限、出资额明显异常的,公司登记机关可以依法要求其及时调整。具体实施办法由国务院规定。"

> **实务解析:**
>
> 这是新《公司法》备受关注、流传最广的修订条款之一,注册资本限期实缴制度,属于公司资本充实原则的重要体现。公司注册资本限期实缴制度,一方面有利于提升公司的经济实力,推动公司更好地发展,保障债权人权益的实现;另一方面,公司注册资本的增加,可以直接增加公司用于偿债的资产,有利于债权人权益的实现。

(二)加速到期便利化

新《公司法》第54条规定:"公司不能清偿到期债务的,公司或者已到期债权的债权人有权要求已认缴出资但未届出资期限的股东提前缴纳出资。"

> **实务解析:**
>
> 根据以上条款的规定,一方面,意味着出资加速到期制度从公司破产法、执行法规层面上升到公司基本法层面;另一方面,也意味着股东出资的期限利益将便捷化地让位于债权人权益保护,只要股东未实缴出资,出现债务无法清偿的情况,就会触发出资加速到期的风险,有利于债权人权益的保护;再一方面,债权人作为加速到期制度的启动权人之一,可以通过本项制度快速启动对自身权益的保护程序,有利于债权人权益的保护。

(三)瑕疵股权转让规则新变化

新《公司法》第88条规定:"股东转让已认缴出资但未届出资期限的股权的,由受让人承担缴纳该出资的义务;受让人未按期足额缴纳出资的,转让人对受让人未按期缴纳的出资承担补充责任。未按照公司章程规定的出资日期缴纳出资或者作为出资的非货币财产的实际价额显著低于所认缴的出资额的股东转让股权的,转让人与受让人在出资不足的范围内承担连带责任;受让人不知道且不应当知道存在上述情形的,由转让人承担责任。"

实务解析：

上述条款系在《公司法司法解释(三)》第18条规定的转让规则基础上,将股权转让对外责任法定化的一项制度。

其中第一条的约定意味着,即使出资期限尚未届满即对外转让股权,在作为受让方的后手股东未及时足额缴纳出资的情况下,作为转让方的前手股东仍面临被要求在受让方未按期缴纳的出资范围内承担补充责任的风险,这一条款明确了转让股东的补充责任,为债权人保护债权的实现增加了一道屏障。

此外,将本条转让股东的补充责任和新《公司法》第54条出资加速到期制度相结合理解,意味着在满足股东出资加速到期的情形下,未出资的受让股东需要承担出资义务,转让股东需要对其出资义务承担补充责任;换言之,在满足股东出资加速到期的情形下,债权人可以将瑕疵股权转让的前手股东一并作为被告或被执行人追究其资本充实的责任,这也意味着恶意转让股权逃避出资义务的行为将遭到强有力的打击,债权人的利益将获得更有利、更有效的保护。

值得注意的是,根据《最高人民法院关于〈中华人民共和国公司法〉第八十八条第一款不溯及适用的批复》(法释〔2024〕15号)的规定,2024年7月1日起施行的《中华人民共和国公司法》第八十八条第一款仅适用于2024年7月1日之后发生的未届出资期限的股权转让行为。对于2024年7月1日之前股东未届出资期限转让股权引发的出资责任纠纷,人民法院应当根据原公司法等有关法律的规定精神公平公正处理。

(四) 发起人连带责任扩大化

新《公司法》第50条规定,"有限责任公司设立时,股东未按照公司章程规定实际缴纳出资,或者实际出资的非货币财产的实际价额显著低于所认缴的出资额的,设立时的其他股东与该股东在出资不足的范围内承担连带责任"。

实务解析：

以上条款,一方面意味着将发起人连带责任由2018年《公司法》第30条规定的对非货币形式出资的连带责任,扩展到货币形式未足额出资时的连带责任;另一方面也意味着,若公司设立时的发起人股东之一未履行或者未全面履行出资义务,债权人有权请求公司的发起人与该未足额出资的股东一并承担连带责任,扩大了债权人的维权范围,有利于债权人保护自身的利益。

二、出资未届期限股权转让后股权转让人的责任承担

（一）对公司的出资责任

新《公司法》第 88 条第 1 款规定："股东转让已认缴出资但未届出资期限的股权的，由受让人承担缴纳该出资的义务；受让人未按期足额缴纳出资的，转让人对受让人未按期缴纳的出资承担补充责任。"

据此，股权转让人在股权受让人不缴纳出资情况下，对出资承担补充责任。该诉讼一般由公司作为原告提起，公司不提起的，可以由股东进行代表诉讼，利益归属公司。

（二）对公司债务的责任

未届期限，也就是出资义务尚未到期，股东享有出资期限利益的，没有一定事由不能使出资加速到期。

《执行变更追加司法解释》第 19 条规定："作为被执行人的公司，财产不足以清偿生效法律文书确定的债务，其股东未依法履行出资义务即转让股权，申请执行人申请变更、追加该原股东或依公司法规定对该出资承担连带责任的发起人为被执行人，在未依法出资的范围内承担责任的，人民法院应予支持。"未届期限即转让股权并不属于该条中的"股东未依法履行出资义务即转让股权"之情形。

《公司法司法解释（三）》第 13 条第 1 款规定："股东未履行或者未全面履行出资义务，公司或者其他股东请求其向公司依法全面履行出资义务的，人民法院应予支持。"第 2 款规定："公司债权人请求未履行或者未全面履行出资义务的股东在未出资本息范围内对公司债务不能清偿的部分承担补充赔偿责任的，人民法院应予支持；未履行或者未全面履行出资义务的股东已经承担上述责任，其他债权人提出相同请求的，人民法院不予支持。"未届期限即转让股权也并不属于上述条款中的"未履行或者未全面履行出资义务"即转让股权之情形。

因而，未届期限即转让股权既无法适用《执行变更追加司法解释》第 19 条追加该股东作为被执行人来清偿公司债务，又无法适用《公司法司法解释（三）》第 13 条第 1 款、第 2 款规定在其未出资范围内对公司不能清偿的债务承担补充责任。

实务中，存在下列情形的，股权转让人应承担赔偿责任：利用出资期限利益恶意逃避出资责任；或者在公司注册资本不高甚至为人民币 0 元的情况下，明知公司负有债务仍然将未届出资期限的股权转让给第三人。

股权转让人假如对公司的债务承担责任，是什么责任？根据新《公司法》第 88

条第 1 款规定,承担出资责任的第一主体是股权受让人,其次才是股权转让人;相对应的,在对外关系上,从债权人角度,承担公司债务的第一主体当然是公司,第二主体才是股权受让人。这样排列起来就是:公司→股权受让人→股权转让人。将"股权受让人→股权转让人"视为一个整体,对外部债权人而言,将承担补充责任;对内部而言,将承担彼此的连带责任,因此,股权转让人对公司债务承担的责任应当被称为补充连带责任。

综上,股权转让人无须在未出资范围内对公司债务不能清偿部分承担补充连带责任。

(三)新旧股东之间的追偿责任

未届出资期限进行股权转让后的股权转让人,在承担了补充责任后,能否向股权受让人追偿?新《公司法》及司法解释均未对此种情形作规定。《民法典》第 62 条规定了用人单位对有过错工作人员的追偿权;第 178 条规定了连带责任人之间的追偿权;第 519 条规定了连带债务人之间的追偿权;第 1198 条规定了经营者、管理者或者组织者与实施了侵权行为的第三人之间的追偿权;第 1201 条是关于幼儿园、学校或者其他教育机构承担补充责任与第三人之间的追偿权。这些也都不是股权转让人与受让人之间追偿的依据。

通说认为,股权转让人与股权受让人在股权转让合同中如果约定了追偿权,毫无疑问可以向股权受让人追偿;在没有约定的情况下,则不存在追偿权。故,股权转让合同中约定追偿权是保障股权转让人利益的必备条款,因为股权转让价款往往是不足以覆盖出资价款的。

(四)连续转让股权情形下各股东的责任承担

在连续多次转让股权的链条上,存在多个股权转让人和受让人,实务中处理的观点有:第一,为了切实保障公司资本维持制度和充实制度,只要存在未出资情况而现实又需要去填补这个出资(比如基于债权人对公司提起的债权债务诉讼),该链条上任一股权受让人都需要承担出资责任,任一股权转让人都要对出资承担补足责任,没有先后之分,谁来承担责任是债权人的选择问题;第二,由后往前选择承担责任的股权受让人和股权转让人。无论哪种方式,均无须审查股权转让人有无过错。

三、瑕疵股权转让后的责任承担

新《公司法》第 88 条第 2 款规定:"未按照公司章程规定的出资日期缴纳出资

或者作为出资的非货币财产的实际价额显著低于所认缴的出资额的股东转让股权的,转让人与受让人在出资不足的范围内承担连带责任;受让人不知道且不应当知道存在上述情形的,由转让人承担责任。"

此条文规定了瑕疵股权转让后的责任承担问题,实务中从如下方面来理解:

(一)什么是瑕疵出资

包括两类情形:

第一,未按照公司章程规定的出资日期缴纳资本。这是指出资期限届满后,股东只出资了部分甚至完全没有出资,或者超过了公司章程规定的期限才出资,也就是《公司法司法解释(三)》第18条第1款所表述的"未履行或者未全面履行出资义务"。

第二,作为出资的非货币财产的实际价值显著低于所认缴的出资额,即虽然以非货币财产出资,但实际价值显著低于其所认缴的出资额,即出资不实。

这要求股权受让人履行审查义务,在受让以非货币财产出资的股权时,至少要审查公司章程、公司登记信息、非货币财产的评估作价报告等资料,特别对于非货币财产评估作价报告、审计报告等,虽然股权受让人没法在股权转让时判断实际价额是否显著低于其所认缴的出资额,但基于对评估报告、审计报告的信赖,只要对其进行了形式审查,就可以此为由对承担连带责任进行抗辩。

(二)瑕疵出资的连带责任是否包括损害赔偿责任

第一,瑕疵股权转让后,首先应承担补足出资的责任。此时提起诉讼的主体是公司,公司不提起的,其他股东可以提起股东代表诉讼,利益归属公司。除非股权受让人能证明其不知道且不应当知道股权转让人瑕疵出资,股权转让人和受让人在出资不足的范围内承担连带责任,依据是新《公司法》第88条第2款规定,同时在《公司法司法解释(三)》第18条第1款也作了规定,"有限责任公司的股东未履行或者未全面履行出资义务即转让股权,受让人对此知道或者应当知道,公司请求该股东履行出资义务、受让人对此承担连带责任的,人民法院应予支持;公司债权人依照本规定第十三条第二款向该股东提起诉讼,同时请求前述受让人对此承担连带责任的,人民法院应予支持"。

第二,因瑕疵出资的连带责任,除了应履行补足出资责任外,是否还包括损害赔偿责任?实务观点认为,公司请求股东履行的"出资义务",应包括股东逾期出资时应承担的赔偿责任,比如逾期交付非货币财产产生的利息、违约金等,违约责任属于股东出资义务的一部分,知情的股权受让人承担连带责任的范围包括履行出资义务的违约责任。

值得注意的是,此处违约责任并不能以合同相对性原理为由抗辩。比如,股东以房产出资,公司与该股东签订房产转让协议,约定了房产价格(对房产作价出资的价格)、过户、违约责任等条款,后该股东并未按约定交付房产,未履行非货币财产出资义务,依房产转让合同产生了违约金、利息等,公司起诉该股东请求履行出资义务,并要求其他股东在出资不实范围内承担连带责任,包括连带赔偿违约金、利息等。其他股东不能以自己并非房产转让协议的签约主体为由对承担连带责任进行抗辩。

(三)什么是"受让人不知道且不应当知道存在上述情形的"的解析

未届出资期限转让股权的,股权受让人容易知悉出资情况,这通过公司章程规定就能判断出来;已届出资期限转让股权的,股权受让人因获取信息能力所限,是不太容易判断出资情况的,其即便履行了谨慎审查义务,仍无法确保出资不实的情况不会发生。此条款所指的"受让人不知道且不应当知道存在上述情形的"中的"情形",指的是非货币财产评估作价中造假、抽逃出资、虚假出资等超出股权受让人对风险的控制能力范围之情形。

(四)股权转让当事人之间是否存在追偿权

《公司法司法解释(三)》第18条第2款规定:"受让人根据前款规定承担责任后,向该未履行或者未全面履行出资义务的股东追偿的,人民法院应予支持。但是,当事人另有约定的除外。"故,在瑕疵股权转让情形下,股权转让人和股权受让人之间存在追偿权;而对于未届期限即转让股权情形,股权转让与受让人之间是否存在追偿权,新《公司法》及司法解释均没有规定。

综上,瑕疵股权转让后的责任承担,可概括为:补足出资;股权受让人知情出资情况的,股权转让人与受让人对出资不实部分承担连带责任;股权受让人对出资情况不应知情且无法知情的,由股权转让人承担出资不实的责任;出资不实责任包括损害赔偿责任;股权转让人与受让人之间存在追偿权。

第八章 股东出资与股东资格

第一节 请求权基础规范

一、新《公司法》规定

第 34 条 公司登记事项发生变更的,应当依法办理变更登记。

公司登记事项未经登记或者未经变更登记,不得对抗善意相对人。

第 39 条 虚报注册资本、提交虚假材料或者采取其他欺诈手段隐瞒重要事实取得公司设立登记的,公司登记机关应当依照法律、行政法规的规定予以撤销。

第 46 条 有限责任公司章程应当载明下列事项:(一)公司名称和住所;(二)公司经营范围;(三)公司注册资本;(四)股东的姓名或者名称;(五)股东的出资额、出资方式和出资日期;(六)公司的机构及其产生办法、职权、议事规则;(七)公司法定代表人的产生、变更办法;(八)股东会认为需要规定的其他事项。

股东应当在公司章程上签名或者盖章。

第 51 条 有限责任公司成立后,董事会应当对股东的出资情况进行核查,发现股东未按期足额缴纳公司章程规定的出资的,应当由公司向该股东发出书面催缴书,催缴出资。

未及时履行前款规定的义务,给公司造成损失的,负有责任的董事应当承担赔偿责任。

第 52 条 股东未按照公司章程规定的出资日期缴纳出资,公司依照前条第一款规定发出书面催缴书催缴出资的,可以载明缴纳出资的宽限期;宽限期自公司发出催缴书之日起,不得少于六十日。宽限期届满,股东仍未履行出资义务的,公司经董事会决议可以向该股东发出失权通知,通知应当以书面形式发出。自通知发出之日起,该股东丧失其未缴纳出资的股权。

依照前款规定丧失的股权应当依法转让,或者相应减少注册资本并注销该股权;六个月内未转让或者注销的,由公司其他股东按照其出资比例足额缴纳相应出资。

股东对失权有异议的,应当自接到失权通知之日起三十日内,向人民法院提起诉讼。

第 55 条 有限责任公司成立后,应当向股东签发出资证明书,记载下列事项:(一)公司名称;(二)公司成立日期;(三)公司注册资本;(四)股东的姓名或者名称、认缴和实缴的出资额、出资方式和出资日期;(五)出资证明书的编号和核发日期。

出资证明书由法定代表人签名,并由公司盖章。

第 56 条 有限责任公司应当置备股东名册,记载下列事项:(一)股东的姓名或者名称及住所;(二)股东认缴和实缴的出资额、出资方式和出资日期;(三)出资证明书编号;(四)取得和丧失股东资格的日期。

记载于股东名册的股东,可以依股东名册主张行使股东权利。①

第 86 条 股东转让股权的,应当书面通知公司,请求变更股东名册;需要办理变更登记的,并请求公司向公司登记机关办理变更登记。公司拒绝或者在合理期限内不予答复的,转让人、受让人可以依法向人民法院提起诉讼。

股权转让的,受让人自记载于股东名册时起可以向公司主张行使股东权利。②

第 90 条 自然人股东死亡后,其合法继承人可以继承股东资格;但是,公司章程另有规定的除外。

第 100 条 发起人向社会公开募集股份,应当公告招股说明书,并制作认股书。认股书应当载明本法第一百五十四条第二款、第三款所列事项,由认股人填写认购的股份数、金额、住所,并签名或者盖章。认股人应当按照所认购股份足额缴纳股款。

第 101 条 向社会公开募集股份的股款缴足后,应当经依法设立的验资机构验资并出具证明。

第 102 条 股份有限公司应当制作股东名册并置备于公司。股东名册应当记载下列事项:(一)股东的姓名或者名称及住所;(二)各股东所认购的股份种类及股份数;(三)发行纸面形式的股票的,股票的编号;(四)各股东取得股份的日期。

第 107 条 本法第四十四条、第四十九条第三款、第五十一条、第五十二条、第五十三条的规定,适用于股份有限公司。

---

① 名字记载在股东名册上,是取得股东资格的标志。
② 名字记载在股东名册上,是股权转让关系中股权权属变更的标志。

第 140 条 上市公司应当依法披露股东、实际控制人的信息,相关信息应当真实、准确、完整。

禁止违反法律、行政法规的规定代持上市公司股票。

第 141 条 上市公司控股子公司不得取得该上市公司的股份。

上市公司控股子公司因公司合并、质权行使等原因持有上市公司股份的,不得行使所持股份对应的表决权,并应当及时处分相关上市公司股份。

第 167 条 自然人股东死亡后,其合法继承人可以继承股东资格;但是,股份转让受限的股份有限公司的章程另有规定的除外。

二、其他法律规定

(一)公司法层面

1.《公司法司法解释(三)》

第 10 条 出资人以房屋、土地使用权或者需要办理权属登记的知识产权等财产出资,已经交付公司使用但未办理权属变更手续,公司、其他股东或者公司债权人主张认定出资人未履行出资义务的,人民法院应当责令当事人在指定的合理期间内办理权属变更手续;在前述期间内办理了权属变更手续的,人民法院应当认定其已经履行了出资义务;出资人主张自其实际交付财产给公司使用时享有相应股东权利的,人民法院应予支持。

出资人以前款规定的财产出资,已经办理权属变更手续但未交付给公司使用,公司或者其他股东主张其向公司交付、并在实际交付之前不享有相应股东权利的,人民法院应予支持。

第 16 条 股东未履行或者未全面履行出资义务或者抽逃出资,公司根据公司章程或者股东会决议对其利润分配请求权、新股优先认购权、剩余财产分配请求权等股东权利作出相应的合理限制,该股东请求认定该限制无效的,人民法院不予支持。

第 17 条 有限责任公司的股东未履行出资义务或者抽逃全部出资,经公司催告缴纳或者返还,其在合理期间内仍未缴纳或者返还出资,公司以股东会决议解除该股东的股东资格,该股东请求确认该解除行为无效的,人民法院不予支持。

在前款规定的情形下,人民法院在判决时应当释明,公司应当及时办理法定减资程序或者由其他股东或者第三人缴纳相应的出资。在办理法定减资程序或者其他股东或者第三人缴纳相应的出资之前,公司债权人依照本规定第十三条或者第十四条请求相关当事人承担相应责任的,人民法院应予支持。

第 20 条 当事人之间对是否已履行出资义务发生争议,原告提供对股东履行出资义务产生合理怀疑证据的,被告股东应当就其已履行出资义务承担举证责任。

第 21 条 当事人向人民法院起诉请求确认其股东资格的,应当以公司为被告,与案件争议股权有利害关系的人作为第三人参加诉讼。

第 22 条 当事人之间对股权归属发生争议,一方请求人民法院确认其享有股权的,应当证明以下事实之一:(一)已经依法向公司出资或者认缴出资,且不违反法律法规强制性规定;(二)已经受让或者以其他形式继受公司股权,且不违反法律法规强制性规定。

第 23 条 当事人依法履行出资义务或者依法继受取得股权后,公司未根据公司法第三十一条、第三十二条的规定签发出资证明书、记载于股东名册并办理公司登记机关登记,当事人请求公司履行上述义务的,人民法院应予支持。

第 24 条 有限责任公司的实际出资人与名义出资人订立合同,约定由实际出资人出资并享有投资权益,以名义出资人为名义股东,实际出资人与名义股东对该合同效力发生争议的,如无法律规定的无效情形,人民法院应当认定该合同有效。

前款规定的实际出资人与名义股东因投资权益的归属发生争议,实际出资人以其实际履行了出资义务为由向名义股东主张权利的,人民法院应予支持。名义股东以公司股东名册记载、公司登记机关登记为由否认实际出资人权利的,人民法院不予支持。

实际出资人未经公司其他股东半数以上同意,请求公司变更股东、签发出资证明书、记载于股东名册、记载于公司章程并办理公司登记机关登记的,人民法院不予支持。

第 25 条 名义股东将登记于其名下的股权转让、质押或者以其他方式处分,实际出资人以其对于股权享有实际权利为由,请求认定处分股权行为无效的,人民法院可以参照民法典第三百一十一条的规定处理。

名义股东处分股权造成实际出资人损失,实际出资人请求名义股东承担赔偿责任的,人民法院应予支持。

第 26 条 公司债权人以登记于公司登记机关的股东未履行出资义务为由,请求其对公司债务不能清偿的部分在未出资本息范围内承担补充赔偿责任,股东以其仅为名义股东而非实际出资人为由进行抗辩的,人民法院不予支持。

名义股东根据前款规定承担赔偿责任后,向实际出资人追偿的,人民法院应予支持。

第 28 条 冒用他人名义出资并将该他人作为股东在公司登记机关登记的,冒名登记行为人应当承担相应责任;公司、其他股东或者公司债权人以未履行出资义务为由,请求被冒名登记为股东的承担补足出资责任或者对公司债务不能清偿部分的赔偿责任的,人民法院不予支持。

→附录参考:司法政策文件《九民会议纪要》

7.【表决权能否受限】股东认缴的出资未届履行期限,对未缴纳部分的出资是否享有以及如何行使表决权等问题,应当根据公司章程来确定。公司章程没有规定的,应当按照认缴出资的比例确定。如果股东(大)会作出不按认缴出资比例而按实际出资比例或者其他标准确定表决权的决议,股东请求确认决议无效的,人民法院应当审查该决议是否符合修改公司章程所要求的表决程序,即必须经代表三分之二以上表决权的股东通过。符合的,人民法院不予支持;反之,则依法予以支持。

(二)外资企业法层面

《外商投资企业司法解释(一)》

第 14 条 当事人之间约定一方实际投资、另一方作为外商投资企业名义股东,实际投资者请求确认其在外商投资企业中的股东身份或者请求变更外商投资企业股东的,人民法院不予支持。同时具备以下条件的除外:(一)实际投资者已经实际投资;(二)名义股东以外的其他股东认可实际投资者的股东身份;(三)人民法院或当事人在诉讼期间就将实际投资者变更为股东征得了外商投资企业审批机关的同意。

(三)执行层面

《执行股权司法解释》

第 17 条 在审理股东资格确认纠纷案件中,当事人提出要求公司签发出资证明书、记载于股东名册并办理公司登记机关登记的诉讼请求且其主张成立的,人民法院应当予以支持;当事人未提出前述诉讼请求的,可以根据案件具体情况向其释明。

生效法律文书仅确认股权属于当事人所有,当事人可以持该生效法律文书自行向股权所在公司、公司登记机关申请办理股权变更手续;向人民法院申请强制执行的,不予受理。

第二节 裁判精要

一、出资对股东资格的影响

(一)出资不影响股东资格

1. 发起人在公司成立后即享有股东资格,其未履行出资义务不影响股东资格。

在(2015)民二终字第248号案中,一审法院认为:发起人是否履行或者全面履行出资义务并不是其是否具备公司股东资格的前提,即使发起人未履行或未全面履行出资义务,其在公司成立后仍然具备公司股东资格,只是其应当承担未履行或未全面履行出资义务的民事责任,或者其所享有的股东权利可能受到相应的限制,或者公司股东会在法定条件下经法定程序可以解除其股东资格。华风公司是天川华风公司的发起人,在天川华风公司成立后即享有股东资格,即使其未履行或者未全面履行出资义务,在天川华风公司股东会解除其股东资格之前,其仍然具备天川华风公司股东资格,天川公司认为华风公司不具备天川华风公司股东资格的理由不能成立。

2. 股权转让方只履行了部分出资义务,股权受让方不能以此为理由请求解除股权转让方的股东资格。

在(2018)最高法民申3057号案中,再审法院认为:验资报告载明,百营物业公司实收资本为500万美元,系百营地产公司的投入。该验资报告附有三张进账单,同时载明,在百营地产公司出资到位的三张进账单中,双方存在争议的是其中一张进账单,该进账单金额为2672600美元。百营地产公司成立外商独资经营企业百营物业公司时已履行部分出资义务,双方对此并没有争议。百营地产公司与西安嘉侨公司签订的《股权转让协议书》不仅是百营地产公司对百营物业公司的股权转让,还包括百营物业公司在武汉的项目转让。从协议约定的内容看,如果双方均按协议的约定履行,百营地产公司出让百营物业公司的全部股权及武汉项目转让的交易对价高达人民币1亿元。西安嘉侨公司向百营地产公司支付250万元人民币后,在工商部门办理50%的股权变更手续只是履行股权转让协议的一个步骤,该款项只是部分交易对价。综上,认定百营物业公司50%股权的名义持有人西安嘉侨公司不能以百营地产公司没有完全履行出资义务为由解除其在百营物业公司的股东资格,并无不当。

（二）违约股东的除名权

1. 未履行出资义务或抽逃全部出资的股东本身亦非诚信守约股东，其对其他未履行出资义务或抽逃全部出资的股东行使除名权不具有合法性基础，背离了股东除名制度的立法目的，该股东不享有对其他股东除名决议的表决权，其作出的除名决议应被认定为无效。

在(2020)粤19民终11525号案中，一审法院认为：余某抽逃出资的事实，已经经过生效判决的认定。余某未依照生效法律文书所确定的义务履行出资义务，公司有权以股东会决议的形式解除余某的股东资格。余某作为被除名股东，与股东会决议事项有特别利害关系，公司未赋予余某表决权，并不违反法律规定，案涉股东会决议有效。

二审法院认为：《公司法司法解释(三)》第17条赋予守约股东对未履行出资义务或者抽逃全部出资的股东的除名权，基于违约方的行为已严重损害公司利益和股东权益，故不应赋予违约方对未履行出资义务或者抽逃全部出资股东的除名权。本案中，作为公司另外一个股东的吴某同样存在抽逃全部出资的情形，就股东内部而言，并不存在其股东合法利益受损一说，因此吴某不能对除名权进行救济，否则将违背权利与义务相一致、公平诚信的法律原则，即吴某无权通过召开股东会的形式，决议解除余某的股东资格，案涉股东会决议无效，判决撤销一审判决，驳回吴某的全部诉讼请求。

2. 公司股东均虚假出资或抽逃全部出资，部分股东通过股东会决议解除特定股东的股东资格，由于该部分股东本身亦非诚信守约股东，其行使除名表决权丧失合法性基础，背离股东除名制度的立法目的，该除名决议应被认定为无效。

在(2018)苏04民终1874号案中，二审法院认为：案涉股东除名决议的作出和内容于法无据，应属无效。一方面，结合除名权的法理基础和功能分析，公司是股东之间、股东与公司以及公司与政府之间达成的契约结合体，因此股东之间的关系自当受该契约的约束。在公司的存续过程中，股东始终应恪守对出资义务的全面实际履行，否则会构成对其他守约股东合理期待的破坏，进而构成对公司契约的违反。一旦该股东未履行出资义务或抽逃全部出资，基于该违约行为已严重危害公司的经营和其他股东的共同利益，背离了契约订立的目的和初衷，故《公司法》赋予守约股东解除彼此间的合同、让违约股东退出公司的权利。这既体现了法律对违约方的惩罚和制裁，又彰显了对守约方的救济和保护。由此可见，合同"解除权"仅在守约方手中，违约方并不享有解除(合同或股东资格)的权利。

本案中,凯瑞公司的所有股东在公司成立时存在通谋的故意,沆瀣一气,全部虚假出资,恶意侵害公司与债权人之权益。但就凯瑞股东内部而言,没有所谓的合法权益与利益受损之说,也就谈不上权利救济,否则有悖于权利与义务相一致、公平诚信等法律原则。即洪某1、洪某2无权通过召开股东会的形式,决议解除刘某某的股东资格,除名决议的启动主体明显不合法。

另一方面,从虚假出资和抽逃出资的区别来看,前者是指股东未履行或者未全部履行出资义务,后者则是股东在履行出资义务之后,又将其出资取回。案涉股东除名决议认定刘某某抽逃出资,事实上凯瑞公司包括刘某某在内的所有股东在公司设立时均未履行出资义务,属于虚假出资,故该决议认定的内容亦有违客观事实。综上,刘某某关于洪某1、洪某2无权作出除名决议的上诉理由成立,应予支持。

3. 全部股东均未履行出资义务,均存在违约行为,违约方行为已严重损害公司利益,部分违约方不享有对其他违约方的股东除名权,股东会作出的股东除名决议无效。

在(2020)粤19民终11525号案中,二审法院认为:公司是股东之间、股东与公司以及公司与政府之间达成的契约结合体,因此股东之间的关系应当受契约的约束。公司存续过程中股东应当恪守契约精神和诚实守信原则,全面履行出资义务。根据已经生效的他案民事判决书认定,吴某1存在抽逃全部出资的情况,故吴某1违反了《公司法》的规定。原《公司法司法解释(三)》第17条规定:"有限责任公司的股东未履行出资义务或者抽逃全部出资,经公司催告缴纳或者返还,其在合理期间内仍未缴纳或者返还出资,公司以股东会决议解除该股东的股东资格,该股东请求确认该解除行为无效的,人民法院不予支持。"

吴某1以余某某未履行出资义务而召开股东会决议以解除余某某的股东资格。法院认为,前述法律虽未明确规定违约股东对其他抽逃全部出资或未履行出资义务的股东的除名是否具有表决权,但基于违约股东的行为已严重损害公司利益和其他股东权益,若赋予违约方享有解除股东资格的权利,将对公司的经营乃至市场的秩序造成严重的破坏。上述司法解释规定赋予守约股东对未履行出资义务或者抽逃全部出资的股东的除名权,基于违约方的行为已严重损害公司利益和股东权益,故不应赋予违约方对未履行出资义务或者抽逃全部出资股东的除名权。本案中,吴某1同样存在抽逃全部出资的情形,就股东内部而言,并不存在其股东合法利益受损一说,因此吴某1不能对除名权进行救济,否则将违背权利与义务相一致、公平诚信的法律原则,即吴某1无权通过召开股东会的形式,决议解除余某某的股东资格,故粤惠公司于2020年5月25日召开的股东会所作出的股东会决议无效。

4.对抽逃出资的股东作出除名决定必须有正当性,这是指公司还存在正常经营需要且还在继续经营中,如果公司已无法正常经营甚至停业,加上其他股东本身也是不履行出资义务的非守约股东,则除名决议不具有正当性。

在(2013)宁商终字第822号案中,二审法院认为:首先,通略公司明确表示在要求胡某某补充出资及作出股东会决议时,公司的税务登记证已经被注销、银行账户已经被撤销,已无经营场所,且不再实际经营,已无正常的经营活动。通略公司称其欲恢复经营,但未见其为此作相应准备。其次,通略公司其他三名股东一致表示在公司成立后抽逃了全部出资,且至今未按照公司章程及法律规定完成补充出资手续,本身亦非诚信股东。最后,根据通略公司审计报告及工商年检资料的记载,其对外并不负有债务,公司歇业以来也无债权人向公司主张权利,不存在为保护债权人的利益作出股东除名决议的情况。结合该股东会决议是在双方当事人的公司解散之诉期间作出的,胡某某作出该决议是为了阻止公司解散诉讼的陈述有其合理性。可见,案涉股东会决议的作出背离了股东除名权的宗旨,故通略公司召开股东会作出解除胡某某股东资格决议的目的不正当。

二、出资对自益权的影响

(一)利润分配请求权

1.限制股东利润分配请求权、新股优先认购权、剩余财产分配请求权等股东权利,应当同时具备以下条件:一是股东未履行或者未全面履行出资义务,或者有抽逃出资的行为;二是应当根据公司章程或者股东会决议作出限制。

在(2016)最高法民再357号案中,再审法院认为:限制股东利润分配请求权、新股优先认购权、剩余财产分配请求权等股东权利,应当同时具备以下条件:一是股东未履行或者未全面履行出资义务,或者有抽逃出资的行为;二是应当根据公司章程或者股东会决议作出限制。首先,本案中乐生南澳公司并非未履行出资义务,而是未全面履行出资义务。其次,亿湖公司的章程中并未明确规定未全面履行出资义务的股东将被限制股东权利。最后,由于我国《外商投资企业法》的立法早于《公司法》立法,《中外合资经营企业法》及其实施条例关于合资企业的治理结构中没有关于股东会的规定,股东会的相应职责实际由董事会行使。根据亿湖公司公司章程规定,出席董事会会议的法定人数不得少于全体董事的三分之二,不够三分之二人数时,其通过的决议无效。亿湖公司共有5名董事,而亿湖公司召开的关于限制乐生南澳公司股东权利的董事会仅有3名董事参加,显然不满足合资企业公司章程规定的条件,故当次董事会决议无效。已经生效的他案民事判决亦主张,亿湖公司董事会决议因未达到亿湖公司公司章程规定的通过比例而无效。因此,亿中公司、亿湖公司根据亿湖公司董事会决议,请求限制乐生南澳公司相应的股东权利,不能得到支持,乐生南澳公司应当享有亿湖公司的利润分配请求权、新股优先认购权、剩余财产分配请求权等股东权利。

2. 公司利润分配方案由董事会制定,并经股东会审议批准。盈余分配事宜属于公司意思自治范畴,即只有在公司已形成盈余分配决定而公司拒不执行该决议,致使股东盈余分配给付请求权受到侵害而提起诉讼时,人民法院才谨慎干预。股权受让人不支付股权对价,未补足出资瑕疵,以股东身份行使分红请求权时,要基于公司已形成盈余分配决定的基础提出诉讼请求。

在(2017)最高法民再66号案中,一审法院认为:出资义务是股东最基本最重要的义务,而利润分配、剩余财产分配等请求权是股东最大的权利。现沈某某依据存在抽逃出资的股权向公司主张利润分配,显然对公司而言权利义务不对等。由于沈某某受让的股权存在抽逃出资的情形,且亦未能弥补该瑕疵,现其主张分配公司利润,不符合权利义务相一致的原则,判决驳回沈某某的诉讼请求。

二审法院撤销一审判决,发回重审,理由是:股份分红权是公司股东基本权利应予以保护,宏昇公司辩称沈某某的请求在未经股东会审议批准前,不能直接起诉要求对公司利润直接进行分配,但公司章程中已经明确利润的分配方案,且宏昇公司在庭审中明确拒绝沈某某分取利润,故对沈某某诉请宏昇公司支付公司利润予以支持。当事人不服,提起上诉。

二审法院认为:宏昇公司现有的两股东夏某某、沈某某均未支付股权对价而继受取得股权,继受而来的股权均存在瑕疵,而宏昇公司的利润是股东经营公司的结果,利润的最终处分与享有应属于股东,不可能将公司的利润永远搁置。结合两股东所签署的宏昇公司公司章程约定,按照出资比例分取红利,该约定并未明确出资比例为足额出资比例,可认定两股东均同意以《公司法》第35条的例外情形进行分红。且宏昇公司从未制定或出具任何书面的文件来约束股东分配利润权,沈某某要求宏昇公司向沈某某分配利润并无不当。

再审法院认为:董事会对股东会负责,具有制定公司的利润分配方案的职权,股东会具有审议批准公司的利润分配方案的职权。故公司盈余分配属公司自主决策事项，与其他经营决策一样，都属于公司或股东基于自身的知识和经验作出的商业判断，人民法院应当谨慎介入属于公司意思自治范畴的盈余分配事宜，人民法院支持具体盈余分配权，其前提条件是只有在公司董事会、股东会议形成盈余分配决定，而公司拒不执行该决议，致使股东依据该决议所享有的盈余分配给付请求权遭到侵害时，股东方可提起盈余分配权诉讼，否则股东无权径行提起盈余分配权诉讼。对于宏昇公司是否分配公司利润，以及如何分配公司利润的决策权，已在宏昇公司公司章程中作了明确规定：股东会具有审议批准公司的利润分配方案和弥补亏损方案的职权；公司的执行董事具有制定公司的利润分配方案和弥补亏损方案的职权。而到目前为止，沈某某并未举证证明宏昇公司董事会、股东会就公司利润分配事宜形成过任何决议，人民法院不宜代替公司董事会、股东会决定公司的盈余分配，故对沈某某要求宏昇公司进行盈余分配，不予支持。

3. 股东会决议解除未履行出资义务的股东之股东资格，解除行为并无溯及力，股东资格的解除仅能在时间上向后发生效力，不能以此否定解除行为之前取得的分红。

在(2018)闽02民终166号案中，二审法院认为：叶某某在作为华龙公司股东期间未履行出资义务，其请求分配利润的股东自益权依法将受到相应限制。法律对未履行出资义务股东的自益权的限制，是为了维护已依约履行出资义务的其他股东的权益和保障公司资本充足，通过该手段促使未履行出资义务的股东按照股东之间的契约及时向公司缴纳资本。根据《公司法》规定的"股东按照实缴的出资比例分取红利；公司新增资本时，股东有权优先按照实缴的出资比例认缴出资。但是，全体股东约定不按照出资比例分取红利或者不按照出资比例优先认缴出资的除外"内容来看，已实际出资的股东可以放弃对未出资股东请求分配利润权利的限制，只要全体股东对公司利润分配作出有效决定，就应当按照该决定予以执行。本案中，叶某某是依照其与陈某某订立的《股东决议》系列文件而取得讼争的五套店面，取得依据是华龙公司全体股东对利润不按出资比例或不按是否实际出资到位予以分配而形成的新的约定，并无证据表明该约定存在效力瑕疵，对陈某某、叶某某及华龙公司均具有拘束力。后来，他案生效民事判决确认解除了叶某某股东身份，但不能因此剥夺叶某某之前取得的五套店面。

4. 除非公司章程或股东之间另有约定，瑕疵出资不影响股东主张利润分配请求权。

在(2016)最高法民申363号案中，再审法院认为：徐某某、曾某某存在合资合作开发房地产的法律关系,在咪兰公司注册成立后仅数日,该人民币 300 万元借款即由咪兰公司用房屋预售款的名义返还给任某某,构成抽逃出资,曾某某并未实际完成投资义务,徐某某对此知晓并予以认可,在《补充协议》中仍约定二人对咪兰公司账上存款及售房款五五分配,与之前《联合开发协议》的利润分配约定相符。双方合作期间,徐某某并未提出曾某某未出资不应享受利润分配,现咪兰公司、徐某某主张曾某某没有投资不应享有利润分成,与双方的约定不符,曾某某有权请求分配利润。

(二)请求公司回购股份权

1.股东权利的行使应当以履行股东义务为前提,股东未实缴注册资本,无权要求公司回购其股份。

在(2019)湘 01 民终 8785 号案中,二审法院认为:出资是股东最基本的义务,是股东取得股东资格的前提条件之一,股东权利的行使应当以履行股东义务为前提。伍某要求湖南捷奥公司回购其股份,但其未提供充分证据证明其本人实缴了对湖南捷奥公司的注册资本,对其关于湖南捷奥公司回购其股份的请求不予支持。

2.股东存在抽逃出资的行为且并未补足出资款,无权要求公司回购其股份。

在(2020)鲁民终 2461 号案中,二审法院认为:股权作为股东向目标公司出资而获取的对价,当然受到股东出资状况的影响,在股东抽逃出资的情形下,股权中与之相关的权利亦应当受到限制。黄某存在抽逃出资的行为,且并未补足出资款,与其股权相对应的相关权利的行使也应受到相应限制,关于其要求永道公司收购其股权的诉讼请求不应得到支持。

三、出资对共益权的影响

(一)表决权

1.不支付股权转让款不影响对股东身份的认定,公司不能剥夺股东参与表决的权利。

在(2020)最高法民申 3910 号案中,再审法院认为:夏某某与邹某某签订股权转让协议后,恒兴源公司变更公司章程和工商登记,确认邹某某为该公司股东,占股 15%。公司章程是公司及其他股东承认邹某某股东资格的意思表示,工商登记具有对外公示效力,故足以认定邹某某是恒兴源公司的股东,其是否支付股权转让款不影响对其股东身份的认定,再审申请人关于邹某某没有股权份额和表决权的再审理由不能成立。

2.《九民会议纪要》第7条针对的是股东认缴的出资未届履行期限的表决权问题,如增资期限已经届满,则该条精神不适用。我国法律目前并未对瑕疵出资股东的表决权行使应否受限作出明文规定,因而按照实际缴纳出资比例认定股东会决议经过代表三分之二以上表决权的股东通过为合法有效。

在(2021)最高法民申4298号案中,再审法院认为:半岛书院公司章程修正案约定案涉增资款项应于2015年6月30日之前缴纳,大众报业履行其自身的增资义务后,通过各种方式数次向古韵公司催缴增资款,半岛书院也向古韵公司催缴增资款,但古韵公司一直未缴纳,半岛书院遂召开股东会并形成决议,解除古韵公司的增资资格。古韵公司主张,根据《九民会议纪要》第7条规定,案涉股东会决议应当按照认缴出资比例行使表决权,且即使按照实缴出资比例行使表决权,由于该决议未经股东一致表决通过,无效。对此,法院认为,《九民会议纪要》第7条针对的是股东认缴的出资未届履行期限的表决权问题,而本案增资期限已经届满,故该条精神不适用于本案。我国法律目前并未对瑕疵出资股东的表决权行使应否受限作规定,司法实践中对此也存在争议,在此情形下,按照实际缴纳出资比例认定案涉股东会决议经过代表三分之二以上表决权的股东通过为合法有效,适用法律正确。

3.股东未出资、未全面履行出资义务或者抽逃出资,其利润分配请求权、新股优先认购权、剩余财产分配请求权等自益权应受到是否实缴出资的限制,表决权等共益权不应当受到是否实缴出资的限制。股东之间未就表决权的行使作出约定,应当以股东认缴出资比例作为表决权行使的依据。

在(2018)闽02民终1736号案中,二审法院认为:股东未履行或者未全面履行出资义务或者抽逃出资,其利润分配请求权、新股优先认购权、剩余财产分配请求权等自益权原则上应当受到是否实缴出资的限制,表决权等共益权原则上不应当受到是否实缴出资的限制。本案中,各个股东并未就表决权的行使作出约定,应当以股东认缴出资比例作为表决权行使的依据,因而部分股东以另外一些股东没有实际出资为由主张应限制表决权,没有依据。

4.在股东除名制度中,根据《公司法》关于上市公司组织机构的特别规定中关联董事表决回避的相关立法精神,拟被除名股东不能在作出除名决议的股东会会议上行使表决权。

在(2020)沪0116民初12484号案中,一审法院认为:关于被告解除第三人股东资格的方式是否符合法定程序的问题。本案中,第三人对于临时股东会的通知、召集程序并未提出异议。对于表决程序,第三人认为,涉案股东会决议将被告从有限责任公司变成一人公司,系变更公司形式的决议,属于特别事项,应当经代表三分之二以上表决权的股东通过,而第三人作为持股 50% 的股东,已明确表示反对,故涉案决议不成立。对此,法院认为,首先,解除第三人股东资格并不一定导致被告公司形式的变更,被告仍可通过由他人缴纳第三人出资等方式保持公司形式不变,公司的股东除名行为不属于《公司法》规定的特别事项,被告的公司章程也未约定股东除名行为属于特别事项;其次,从系争股东会决议的议题来看,第三人应回避。《公司法》虽未规定有限责任公司的股东表决回避制度,但《公司法》关于上市公司组织机构的特别规定中提及,上市公司董事与董事会决议事项所涉及的企业有关联关系的,不得对该决议行使表决权,也不得代理其他董事行使表决权。根据相关立法精神,如果由第三人对自己是否具备股东资格进行表决,违背了股东除名制度的初衷。

5. 除名决议与对外担保的决议相似,决议内容与被除名股东有直接利害关系,可以考虑限制被除名股东的表决权,但不能排除被除名股东接受会议通知和参加会议的权利,否则导致决议不成立。

在(2018)京 03 民终 468 号案中,二审法院认为:关于公司以股东会决议的形式作出除名决议的问题。决议内容与被除名股东有直接利害关系,可以考虑限制被除名股东的表决权,但行使股东除名权而作决议时,可以限制被除名股东的表决权,也不应排除被除名股东接受会议通知和参加会议的权利。公司欲召开会议审议股东除名事项时,应当通知未出资股东参加。虽然未出资股东对于其是否被除名没有表决权,但是其有参加会议并对其未出资理由进行申辩的权利。公司不能以股东对会议审议事项有利害关系而不具有表决权为由,不通知其参加该会议的审议过程。

本案中,汇源佳必爽公司与泛金公司签署的中外合资经营企业合同及公司章程约定了董事会的议事方式和表决程序,包括:"召开董事会会议的通知应包括会议时间、地点和议事日程等,且应当在会议召开的 30 日前以书面形式发给全体董事。"张某为公司董事,通知人未向其发送通知,即会议并未通知全体应当与会人员。另外,"召开董事会会议的通知应包括会议时间、地点和议事日程等",涉诉董事会决议内容为解除泛金公司股东资格,而通知的决议议题为"泛金公司配合盈之美公司换领营业执照等"。解除泛金公司股东资格的会议审议事项从未通知给泛金公司及其委派董事,继而对未通知事项作出了董事会决议。故,案涉董事会决议存在严重程序问题。盈之美公司以被除名股东不享有表决权为由主张案涉董事会决议有效,无事实和法律依据,不予采信。

6. 已被除名股东不享有表决权。公司决议解除某一股东的股东资格时,其他不履行出资义务的股东尚未被除名,则属于有表决权的股东,如果未通知其参加股东会行使表决权,直接排除了其表决权,公司决议将被认定为达不到法定的表决权比例,属于不成立的公司决议。

在(2018)最高法民再328号案中,再审法院认为:公司以股东会决议方式解除股东资格,还需要符合《公司法》以及公司章程有关股东会决议程序的要求。案涉股东会决议除了解除张某某、李某某的股东资格外,还有增资的决议内容,根据凯发公司公司章程以及《公司法》规定,该决议只有经代表三分之二以上表决权的股东通过才合法有效,而这又涉及被除名的股东是否享有表决权这一问题。法院认为,被除名的股东不享有表决权,主要理由为:一是股东的股权源于出资,在拟被除名股东没有任何出资或者抽逃全部出资的情况下,其不应享有股权,自然也不享有表决权;二是除名权是形成权,在符合一定条件时,公司即享有单方面解除未履行出资义务或抽逃全部出资股东的股东资格的权利。如果认为被除名的大股东仍然享有表决权,那么股东除名制度将失去其意义,故张某某不享有表决权。

本案中,凯发公司股东会决议的第一项内容就是解除张某某的股东资格。鉴于被除名股东张某某不享有表决权,该项决议应由剩余65%表决权的三分之二以上表决权多数通过才合法有效。而在决议解除张某某的股东资格时,李某某尚未被除名,属于有表决权的股东。但李某某既未参加此次股东会并行使表决权,又未委托他人代为行使所持的35%表决权。原审法院在李某某未参加股东会决议,亦未查明李某某是否存在抽逃出资且公司是否履行了法定的催收及通知程序的情况下,直接排除了李某某的表决权,认定股东会决议仅有代表30%表决权的股东通过仍属合法有效,确有错误。在此情形下,关于解除张某某股东资格的股东会决议仅有30%表决权的股东通过,未达到法定表决权比例,故而股东会决议不成立。

7. 法律只是限制未履行出资义务股东的财产性权利,而非限制资格性权利,在法律没有明确规定的情形下,对股东资格性权利消灭与否的判断只能依据公司章程等股东之间的有关约定。

在(2022)最高法民再215号案中,再审法院认为:在没有法律明确规定的情形下,对股东资格性权利消灭与否的判断只能依据公司章程等股东之间的有关约定,本案中汤泊公司的股东之间并未通过公司章程等进行相关约定。相反,汤泊公司的公司章程规定公司增加或减少注册资本须召开股东会并由代表三分之二以上的表决权的股东通过并作出决议,并规定股东会会议由股东按照出资比例行使表决权,而本案诉争股东会决议并无占比66%的股东虹口大酒店的参加,原审判决对于汤泊公司股东会在审议减少抽逃出资股东出资额时可以对相关股东的表决权予以限制的认定,缺乏合同依据和法律依据。

(二) 解散公司权

1. 股权受让人没有将股权款支付到位,不影响其提起公司解散诉讼。

在(2019)最高法民终1504号案中,一审法院认为:对于提起公司解散诉讼的股东持股比例,只作形式审查,兴华公司是否实际出资到位及侨康公司是否实际出资属于另一法律关系,兴华公司、侨康公司享有提起解散公司诉讼的权利。

二审法院认为:涉案《合资经营合同书》、公司章程、他案生效民事判决书以及工商公示信息等显示,兴华公司、侨康公司自原股东金濠国际有限公司分别受让取得金濠公司10%、14%的股权,享有推选董事参与金濠公司董事会、表决决定金濠公司重大事宜等权利。案涉《支付报告》、执行通知书以及付款凭证等证据,证明了兴华公司、侨康公司在他案民事判决作出后,将其欠付金濠国际有限公司的相关股权转让款打入原审法院的执行款专户,因金濠国际有限公司未领取该笔款项,原审法院退回款项等事实。在金濠国际有限公司、建坤公司不能提供相反证据予以否定的情况下,应当认定兴华公司、侨康公司有作出积极履行股权转让款支付义务的行为,故股权转让款项未能支付到位的结果不影响其提起公司解散诉讼的主体资格,兴华公司、侨康公司是"持有公司全部股东表决权百分之十以上的股东",提起公司解散之诉符合法律规定。

2. 股东因未履行或者未全面履行出资义务而受限的股东权利,并不包括其提起解散公司之诉的权利。

在(2021)最高法民申6453号案中,再审法院认为:本案争议焦点为关于陈某是否具有博鑫公司股东资格,可否行使提起公司解散之诉的股东权利的问题。经查,陈某持有博鑫公司49%的股份且已实缴部分出资的事实已由一、二审判决根据公司章程、工商登记资料、另案生效裁判查明认定。而且,股东因未履行或者未全面履行出资义务而受限的股东权利,并不包括其提起解散公司之诉的权利。

3. 在股东未履行、未全面履行出资义务或抽逃出资的情况下,对股东权利的限制并不及于请求公司解散的权利。

在(2021)最高法民申2928号案中,再审法院认为:工商登记及股东名册均记载兰驼公司在西北车辆公司出资比例为29%,超出了《公司法》规定的10%的持股比例，兰驼公司具备提起解散公司之诉的主体资格。

（三）知情权、出资请求权

1. 股东知情权与股东是否虚假出资、出资不足或者抽逃出资无关，即使股东存在出资瑕疵情形，在丧失公司股东身份之前，其仍可按照《公司法》或公司章程的规定，行使股东知情权。

在（2021）豫14民终24号案中，二审法院认为：陈某在工商登记中的1.33%股份对应的人民币20万元出资额已被永城市人民法院强制执行，光伸公司也履行了催缴通知义务，但光伸公司未提交股东会决议解除陈某股东资格的证据，陈某仍为光伸公司登记股东，光伸公司关于陈某要求查询公司信息出于不正当目的的证据不足。陈某虽然系工商登记股东，但相关法律规定并未对该情形中股东的知情权作出限制性规定。

2. 出资请求权属于共益权范畴，目的是维持公司资本，即便行权股东自身出资存在瑕疵，或公司明确表示无需返还，从出资责任、请求权性质、价值选择三个方面考虑，抽逃出资的股东也不能以此主张免除自己的资金返还义务。在公司尚未经法定清算、清偿债权债务的情况下，为保障公司债权人的合法权益，股东抽逃的公司资本仍需补足，可主张返还出资的主体应包括所有股东。

在（2021）沪01民终14513号案中，二审法院认为：本案争议焦点为关于天津某教育公司是否有权主张上海某泵业公司向上海某小贷公司返还抽逃出资。首先，上海某泵业公司通过第三方代垫出资并将其出资抽回的行为并未经过法定程序，构成抽逃出资。另案生效裁定也对此进行认定。其次，天津某教育公司通过法院公开拍卖获得上海某创业公司持有的上海某小贷公司10%股权并支付股权转让款，所有权已获生效裁定确认，应享有上海某小贷公司的股东权利，有权提起本案诉讼。最后，即便受让的股权有瑕疵，天津某教育公司作为股东仍有权请求抽逃出资的股东上海某泵业公司向上海某小贷公司返还全部出资。理由如下：

第一，从促进公司资本充实的目的看，不应将抽逃出资股东或者受让瑕疵股权的股东排除在该法条规定的请求其他抽逃出资股东向公司返还出资本息的其他股东之外。对未履行出资义务或者抽逃出资的股东提起股东出资诉讼是法律赋予其他股东的权利，对该法条中其他股东的资格进行限缩，与公司资本制度不符。第二，全体股东都有向公司出资的义务，该出资并非股东之间的对待给付，权利主体是上海某小贷公司，包括上海某泵业公司在内的任一股东均不得以对方未履行出资义务或者抽逃出资或者受让之股权存在瑕疵为由拒绝履行自身的出资义务。第三,股东抽逃出资侵害的是公司财产权益,股东行使出资请求权属于共益权范畴。况且,从公司资本维持的角度来看,未履行出资义务或者抽逃出资的股东之间互相催缴出资,有利于公司资本充实。第四,股东的出资义务具有法定性,维持公司资本是股东承担有限责任的基础,公司资本缺失显然会降低公司的履约能力和偿债能力,故不应以公司意志予以免除。

第三节　实务指南

一、可被限制的股权权能类型

新《公司法》第4条第2款规定:"公司股东对公司依法享有资产收益、参与重大决策和选择管理者等权利。"该条文已把股东权利提炼出来,一是资产收益权,二是公司管理权。在此基础上,学界将股权划分为如下几种常见类型:

(一)自益权和共益权

从字面理解,"自"者,股东自己之意思,与股东自己利益关系密切的权利。"共"者,公司之"公"的谐音,公司利益之意思,与公司利益关系密切的权利。

自益权是以自己利益为目的而行使的权利,共益权是兼顾股东利益和公司利益为目的而行使的权利。[①]

自益权是与财产权直接相关的权利,包括:利润分配请求权、剩余财产分配请求权、新股认购优先权、股份转让权等。

共益权是与参与公司经营管理相关的权利,包括:表决权、股东会召集权、提案权、质询权、知情权、查账权、选举权和被选举权、人事解任请求权、股东直接诉讼权和代位诉讼权等。

以上是学界影响力最大的一种分类,因股东瑕疵出资而导致可被限制的股东权利类型,通常都是自益权,而不是共益权。但是表决权能否被限制,在实务中有争议。表决权是一种控制权,具有工具性质,如果让没有出资的股东通过表决权控制公司,将不符合利益风险一致的原则,不利公司长远发展。[②] 对此观点,本书认同。

[①] 参见赵旭东主编:《公司法学(第四版)》,高等教育出版社2015年版,第241页。
[②] 参见最高人民法院民事审判第二庭编著:《最高人民法院关于公司法解释(三)、清算纪要理解与适用(注释版)》,人民法院出版社2014年版,第270页。

(二) 固有权和非固有权

根据受法律强制的强弱程度划分,股权分为固有权和非固有权。前者指未经股东同意,不可通过公司章程、股东协议、公司治理机关剥夺限制的权利,基于法律强制性规定而享有的权利;后者指可以通过公司章程、股东协议、公司治理机关剥夺限制的权利,也称章定权利。

自益权多属非固有权,共益权多属固有权,这种划分的实务价值在于提醒我们,在公司章程中的基于瑕疵出资事实发生的情况下,思考和设计应对哪些股权权利进行限制行使。

(三) 单独股权和少数股权

以行使权利时所依附的股份多寡为标准,可以划分为单独股权和少数股权。前者指仅持有一股的股东即可行使的权利,后者指必须持有法律规定的一定比例的股份的股东才能行使的权利。

少数股权如请求召开股东会、召集和主持股东会、临时提案权、股东代表诉讼权、请求解散公司权等。这是为防止"资本多数决"原则等情况中股东权利滥用而设计的制度。

此种分类实务价值巨大,因股份比例明确,具有可分割计算的特性,为对瑕疵出资权利进行相应的限制提供了可能①,即瑕疵出资股东的权利应按照其实缴的出资比例行使,瑕疵出资的部分对应的比例就是受限制的权利比例。

二、新《公司法》催缴失权制度实务问题

《公司法司法解释(三)》第17条规定:"有限责任公司的股东未履行出资义务或者抽逃全部出资,经公司催告缴纳或者返还,其在合理期间内仍未缴纳或者返还出资,公司以股东会决议解除该股东的股东资格,该股东请求确认该解除行为无效的,人民法院不予支持。在前款规定的情形下,人民法院在判决时应当释明,公司应当及时办理法定减资程序或者由其他股东或者第三人缴纳相应的出资。在办理法定减资程序或者其他股东或者第三人缴纳相应的出资之前,公司债权人依照本规定第十三条或者第十四条请求相关当事人承担相应责任的,人民法院应予支持。"这条规定构建了公司法上的股东除名制度,它有如下几个适用要点:

一是适用于股东未履行出资义务或者抽逃全部出资的情形;二是作出决议的

---

① 参见李建伟著:《公司法学(第四版)》,中国人民大学出版社2018年版,第229页。

机关为股东会;三是在前置程序上,需经公司催告,股东在合理期限内仍未缴纳出资或返还出资;四是产生后果为股东资格被解除,公司启动法定减资程序或者由其他股东或者第三人缴纳相应的出资;五是在救济途径上,股东可以通过诉讼方式请求法院确认解除股东资格的决议无效。

新《公司法》第 51 条和第 52 条则构建了《公司法》上的股东失权制度,根据这两条规定,它有如下几个适用要点:

一是适用于股东未按期足额缴纳公司章程规定的出资之情形;二是作出决议的机关为董事会;三是在前置程序上,需公司向股东发出书面催缴出资通知书;四是产生后果为股东丧失其未缴纳出资的股权,丧失的股权应当依法转让,或者相应减少注册资本并注销该股权,六个月内未转让或者注销的,由公司其他股东按照其出资比例足额缴纳相应出资;五是在救济途径上,股东对失权有异议的,应当自接到失权通知之日起三十日内,向人民法院提起诉讼。

从上述比较可见,股东除名制度和股东失权制度存在诸多不同之处,两者间存在什么关系,还有待司法实践的不断考证。

在运用股东失权制度时,要注意如下几点:

第一,遵从法定程序。股东失权的程序,由几大环节先后构成:董事会核查→公司书面催缴(催缴书载明缴纳出资的宽限期自公司发出催缴书之日起,不得少于六十日)→宽限期届满,股东仍未履行出资义务的,董事会作出股东丧失其未缴纳出资的股权的失权决议→公司发出书面失权通知→股东对失权有异议的,应当自接到失权通知之日起三十日内提起诉讼。

第二,新《公司法》第 107 条规定:"本法第四十四条、第四十九条第三款、第五十一条、第五十二条、第五十三条的规定,适用于股份有限公司。"即股东失权制度同时适用于有限责任公司与股份有限公司。

第三,根据新《公司法》第 52 条规定:"催缴出资通知载明缴纳出资的宽限期自公司发出催缴书之日起,不得少于六十日;公司向该股东发出失权通知之日起,股东丧失其未缴纳出资的股权。"可见,股东失权程序中的催缴书、失权通知书适用的是"通知发出主义",文书发出之日即开始计算期限或产生失权效果。而《民法典》第 137 条采用的是"意思表示到达生效主义",该条规定:"以对话方式作出的意思表示,相对人知道其内容时生效。以非对话方式作出的意思表示,到达相对人时生效。以非对话方式作出的采用数据电文形式的意思表示,相对人指定特定系统接收数据电文的,该数据电文进入该特定系统时生效;未指定特定系统的,相对人知道或者应当知道该数据电文进入其系统时生效。当事人对采用数据电文形式的意思表示的生效时间另有约定的,按照其约定。"股东失权程序与之区别明显。

第四,作出股东失权的董事会决议表决中,注意关联董事表决权的受限问题。通过前面部分裁判精要中的案例,可以看出在股东除名制度中,拟被除名股东不能在作出除名决议的股东会会议上行使表决权。但在股东失权制度中,拟被失权的股东同时为董事,该股东也即关联董事是否应回避,不得参与表决?

新《公司法》第182条规定:"董事、监事、高级管理人员,直接或者间接与本公司订立合同或者进行交易,应当就与订立合同或者进行交易有关的事项向董事会或者股东会报告,并按照公司章程的规定经董事会或者股东会决议通过。董事、监事、高级管理人员的近亲属,董事、监事、高级管理人员或者其近亲属直接或者间接控制的企业,以及与董事、监事、高级管理人员有其他关联关系的关联人,与公司订立合同或者进行交易,适用前款规定。"这条规定的是董事、监事、高级管理人员的自我交易情形。

新《公司法》第183条规定:"董事、监事、高级管理人员,不得利用职务便利为自己或者他人谋取属于公司的商业机会。但是,有下列情形之一的除外:(一)向董事会或者股东会报告,并按照公司章程的规定经董事会或者股东会决议通过;(二)根据法律、行政法规或者公司章程的规定,公司不能利用该商业机会。"这条规定的是董事、监事、高级管理人员的谋取商业机会的情形。

新《公司法》第184条规定:"董事、监事、高级管理人员未向董事会或者股东会报告,并按照公司章程的规定经董事会或者股东会决议通过,不得自营或者为他人经营与其任职公司同类的业务。"这条规定的是董事、监事、高级管理人员的同业禁止情形。

同时,新《公司法》第185条规定:"董事会对本法第一百八十二条至第一百八十四条规定的事项决议时,关联董事不得参与表决,其表决权不计入表决权总数。出席董事会会议的无关联关系董事人数不足三人的,应当将该事项提交股东会审议。"即关联董事表决权的回避,只限于上述的自我交易、谋取商业机会、同业禁止三种法定情形,条文设计上也不存在兜底条款,也就是说,股东失权制度中,关联董事表决权能否参照上述规定而受到限制,也有待司法实践的考证。本书的观点是,在法律没有明确规定的情况下,在股东失权程序中,关联董事的表决权不应受到限制,应当允许其参与表决。

第五,股东失权决议需要全体董事按多少比例通过?对于有限责任公司,新

《公司法》第 73 条规定,董事会的议事方式和表决程序,除本法有规定的外,由公司章程规定。董事会会议应当由过半数的董事出席方可举行。董事会作出决议,应当经全体董事的过半数通过。对于股份有限公司,新《公司法》第 124 条规定,董事会会议应当有过半数的董事出席方可举行。董事会作出决议,应当经全体董事的过半数通过。因此,股东失权决议,全体董事过半数通过即为有效。如果公司章程对此比例有更严格的规定,从公司章程规定。

第六,对失权有异议的,股东自接到失权通知之日起三十日内提起诉讼。这三十日为除斥期间,并非特别的诉讼时效期间。这点与诸多的合伙企业除名判决认为 30 天为除斥期间是一致的。

比如在(2019)粤 03 民终 9965 号案中,二审法院认为:上诉人与被上诉人均为深圳立勤会计师事务所(普通合伙)的股东,被上诉人已于 2017 年 1 月 11 日向上诉人送交除名通知和移交资料通知,根据《合伙企业法》规定,上诉人对除名决议如有异议,可在接到除名通知之日起三十日内向人民法院起诉。上诉人主张其已在 2017 年 1 月 22 日在法院诉讼平台办理立案手续,起诉时间应以立案手续办理完成时间为准,经查,本案立案手续办理完成时间为 2017 年 7 月 21 日。上诉人已于 2017 年 7 月 21 日向人民法院提起诉讼,上诉人的起诉时间已超过法律规定的三十日除斥期间。除斥期间为不变期间,上诉人在法定期间内未提起诉讼,已丧失相关诉讼权利。上诉人的起诉不符合民事案件的受理条件,应予以驳回。

请求确认涉及股东失权的董事会决议不成立、可撤销或无效的诉讼,与股东失权异议之诉,两者请求权基础不一样,可以选择不同的方案来起诉。

三、关联诉讼:股东资格确认纠纷

(一)股东资格确认纠纷案由概述

股东资格确认纠纷案有几大类型:

1. 在股权代持关系中,公司不承认实际出资人的股东身份产生纠纷;实际出资人与名义股东之间就谁是真正股东产生纠纷;

2. 在股权转让关系中,股权转让后没有及时为股权受让人办理变更登记,受让人为确认自己的股东身份而提起诉讼;

3. 公司不承认股东资格而产生纠纷,比如公司不承认实际出资人可以行使股东权利,不承认股权受让人行使股东权利。

注意该案由主要发生在股东与股东之间、股东与公司之间,就股东资格是否存在、股权持有比例而发生纠纷。①

在诉讼主体上,《公司法司法解释(三)》第 21 条规定:"当事人向人民法院起诉请求确认其股东资格的,应当以公司为被告,与案件争议股权有利害关系的人作为第三人参加诉讼。"

(二)诉讼请求表述示范

本小节设定的场景为:在股东资格确认纠纷案中,A 是公司,简称 A 公司;B、C、D、E 均是 A 公司的名义股东或实际出资人。

【确认股东资格、办理股权变更登记】

第一种类型:

1. 请求法院判决 B 是 A 公司的股东、B 持有 A 公司×%的股份;

2. 请求法院判决 A 公司办理股权变更工商登记手续,C 协助 A 公司办理上述股权变更登记手续。

第二种类型:

1. 请求法院判决确认 B 是 A 公司登记在 C 名下×%股份的实际出资人,C 是广州进禾公司×%股份的名义出资人;

2. 请求法院判决 A 公司办理公司登记机关变更登记,将名义出资人 C 登记持有的×%股份变更登记为 B 所有;

3. 请求法院判决 A 公司向 B 签发出资证明书,将 B 记载于股东名册和公司章程。

第三种类型:

1. 请求法院判决确认 B 是 C 持有的 A 公司×%股权的实际股东;

2. 请求法院判决确认第三人 B 名下 A 公司×%的股权归 A 所有;

3. 请求法院判决确认登记在 B 名下的 A 公司×%的股权由 C 持有;

4. 请求法院判决 B、C 承继 D 持有 A 公司的×%股权、成为 A 公司的股东;

5. 请求法院判决确认 B 为 A 公司的合作股东;

6. 请求法院判决确认 B 持有 A 公司×%的股权;C、D 协助将 B 持有的 A 公司×%股权办理工商变更登记至 E 名下,并记载于股东名册、公司章程。

【请求基于股东资格享有的权利】

1. 请求法院判决判令 A 公司协助办理 B、C 为股东的工商变更登记;

---

① 参见最高人民法院民事案件案由规定课题组编著:《最高人民法院民事案件案由规定理解与适用(2011 年修订版)》,人民法院出版社 2013 年版,第 379 页。

2.请求法院判决 A 公司向 B 支付分红款人民币×元,向 C 支付分红款人民币×元;

3.请求法院判决 A 公司向 B 支付×年度股份分配款人民币×元。

【请求解除合同、履行特定行为】

1.请求法院判决确认 A 公司向 B 签发出资证明书,并修改股东名册中有关 B 出资额的记载及办理相应的工商变更登记;

2.请求法院判决解除 B 与 C 签订的《关于深圳君典国际文化有限公司实际股东及相关权利义务的备忘与承诺》;

3.请求法院判决 A 公司向公司登记机关申请将登记在 B 名下的 A 公司×%的股权变更至 C 名下,C 应予以配合。

第九章 抽逃出资与虚假出资

第一节 请求权基础规范

一、新《公司法》规定

第 21 条 公司股东应当遵守法律、行政法规和公司章程,依法行使股东权利,不得滥用股东权利损害公司或者其他股东的利益。

公司股东滥用股东权利给公司或者其他股东造成损失的,应当承担赔偿责任。

第 22 条 公司的控股股东、实际控制人、董事、监事、高级管理人员不得利用关联关系损害公司利益。

违反前款规定,给公司造成损失的,应当承担赔偿责任。

第 23 条 公司股东滥用公司法人独立地位和股东有限责任,逃避债务,严重损害公司债权人利益的,应当对公司债务承担连带责任。

股东利用其控制的两个以上公司实施前款规定行为的,各公司应当对任一公司的债务承担连带责任。

只有一个股东的公司,股东不能证明公司财产独立于股东自己的财产的,应当对公司债务承担连带责任。

第 50 条 有限责任公司设立时,股东未按照公司章程规定实际缴纳出资,或者实际出资的非货币财产的实际价额显著低于所认缴的出资额的,设立时的其他股东与该股东在出资不足的范围内承担连带责任。

第 53 条 公司成立后,股东不得抽逃出资。

违反前款规定的,股东应当返还抽逃的出资;给公司造成损失的,负有责任的董事、监事、高级管理人员应当与该股东承担连带赔偿责任。

第 88 条 股东转让已认缴出资但未届出资期限的股权的,由受让人承担缴纳该出资的义务;受让人未按期足额缴纳出资的,转让人对受让人未按期缴纳的出资承担补充责任。

未按照公司章程规定的出资日期缴纳出资或者作为出资的非货币财产的实际价额显著低于所认缴的出资额的股东转让股权的,转让人与受让人在出资不足的范围内承担连带责任;受让人不知道且不应当知道存在上述情形的,由转让人承担责任。

第163条 公司不得为他人取得本公司或者其母公司的股份提供赠与、借款、担保以及其他财务资助,公司实施员工持股计划的除外。

为公司利益,经股东会决议,或者董事会按照公司章程或者股东会的授权作出决议,公司可以为他人取得本公司或者其母公司的股份提供财务资助,但财务资助的累计总额不得超过已发行股本总额的百分之十。董事会作出决议应当经全体董事的三分之二以上通过。

违反前两款规定,给公司造成损失的,负有责任的董事、监事、高级管理人员应当承担赔偿责任。

第253条 公司的发起人、股东在公司成立后,抽逃其出资的,由公司登记机关责令改正,处以所抽逃出资金额百分之五以上百分之十五以下的罚款;对直接负责的主管人员和其他直接责任人员处以三万元以上三十万元以下的罚款。

二、其他法律规定

(一)公司法层面

1.《公司法司法解释(三)》

第12条 公司成立后,公司、股东或者公司债权人以相关股东的行为符合下列情形之一且损害公司权益为由,请求认定该股东抽逃出资的,人民法院应予支持:(一)制作虚假财务会计报表虚增利润进行分配;(二)通过虚构债权债务关系将其出资转出;(三)利用关联交易将出资转出;(四)其他未经法定程序将出资抽回的行为。

第14条 股东抽逃出资,公司或者其他股东请求其向公司返还出资本息、协助抽逃出资的其他股东、董事、高级管理人员或者实际控制人对此承担连带责任的,人民法院应予支持。

公司债权人请求抽逃出资的股东在抽逃出资本息范围内对公司债务不能清偿的部分承担补充赔偿责任、协助抽逃出资的其他股东、董事、高级管理人员或者实际控制人对此承担连带责任的,人民法院应予支持;抽逃出资的股东已经承担上述责任,其他债权人提出相同请求的,人民法院不予支持。

第 16 条 股东未履行或者未全面履行出资义务或者抽逃出资,公司根据公司章程或者股东会决议对其利润分配请求权、新股优先认购权、剩余财产分配请求权等股东权利作出相应的合理限制,该股东请求认定该限制无效的,人民法院不予支持。

第 17 条 有限责任公司的股东未履行出资义务或者抽逃全部出资,经公司催告缴纳或者返还,其在合理期间内仍未缴纳或者返还出资,公司以股东会决议解除该股东的股东资格,该股东请求确认该解除行为无效的,人民法院不予支持。

在前款规定的情形下,人民法院在判决时应当释明,公司应当及时办理法定减资程序或者由其他股东或者第三人缴纳相应的出资。在办理法定减资程序或者其他股东或者第三人缴纳相应的出资之前,公司债权人依照本规定第十三条或者第十四条请求相关当事人承担相应责任的,人民法院应予支持。

第 19 条 公司股东未履行或者未全面履行出资义务或者抽逃出资,公司或者其他股东请求其向公司全面履行出资义务或者返还出资,被告股东以诉讼时效为由进行抗辩的,人民法院不予支持。

公司债权人的债权未过诉讼时效期间,其依照本规定第十三条第二款、第十四条第二款的规定请求未履行或者未全面履行出资义务或者抽逃出资的股东承担赔偿责任,被告股东以出资义务或者返还出资义务超过诉讼时效期间为由进行抗辩的,人民法院不予支持。

2.《公司法司法解释(五)》

第 1 条 关联交易损害公司利益,原告公司依据民法典第八十四条、公司法第二十一条规定请求控股股东、实际控制人、董事、监事、高级管理人员赔偿所造成的损失,被告仅以该交易已经履行了信息披露、经股东会或者股东大会同意等法律、行政法规或者公司章程规定的程序为由抗辩的,人民法院不予支持。

公司没有提起诉讼的,符合公司法第一百五十一条第一款规定条件的股东,可以依据公司法第一百五十一条第二款、第三款规定向人民法院提起诉讼。

第 2 条 关联交易合同存在无效、可撤销或者对公司不发生效力的情形,公司没有起诉合同相对方的,符合公司法第一百五十一条第一款规定条件的股东,可以依据公司法第一百五十一条第二款、第三款规定向人民法院提起诉讼。

→附录参考:司法政策文件《九民会议纪要》

10.【人格混同】 认定公司人格与股东人格是否存在混同,最根本的判断标准是公司是否具有独立意思和独立财产,最主要的表现是公司的财产与股东的财产是否混同且无法区分。在认定是否构成人格混同时,应当综合考虑以下因素:1.股东无偿使用公司资金或者财产,不作财务记载的;2.股东用公司的资金偿还股东的债务,或者将公司的资金供关联公司无偿使用,不作财务记载的;3.公司账簿与股东账簿不分,致使公司财产与股东财产无法区分的;4.股东自身收益与公司盈利不加区分,致使双方利益不清的;5.公司的财产记载于股东名下,由股东占有、使用的;6.人格混同的其他情形。

在出现人格混同的情况下,往往同时出现以下混同:公司业务和股东业务混同;公司员工与股东员工混同,特别是财务人员混同;公司住所与股东住所混同。人民法院在审理案件时,关键要审查是否构成人格混同,而不要求同时具备其他方面的混同,其他方面的混同往往只是人格混同的补强。

11.【过度支配与控制】公司控制股东对公司过度支配与控制,操纵公司的决策过程,使公司完全丧失独立性,沦为控制股东的工具或躯壳,严重损害公司债权人利益,应当否认公司人格,由滥用控制权的股东对公司债务承担连带责任。实践中常见的情形包括:1.母子公司之间或者子公司之间进行利益输送的;2.母子公司或者子公司之间进行交易,收益归一方,损失却由另一方承担的;3.先从原公司抽走资金,然后再成立经营目的相同或者类似的公司,逃避原公司债务的;4.先解散公司,再以原公司场所、设备、人员及相同或者相似的经营目的另设公司,逃避原公司债务的;5.过度支配与控制的其他情形。

控制股东或实际控制人控制多个子公司或者关联公司,滥用控制权使多个子公司或者关联公司财产边界不清、财务混同,利益相互输送,丧失人格独立性,沦为控制股东逃避债务、非法经营,甚至违法犯罪工具的,可以综合案件事实,否认子公司或者关联公司法人人格,判令承担连带责任。

(二)执行层面

1.《执行变更追加司法解释》

第18条 作为被执行人的营利法人,财产不足以清偿生效法律文书确定的债务,申请执行人申请变更、追加抽逃出资的股东、出资人为被执行人,在抽逃出资的范围内承担责任的,人民法院应予支持。

2.《民法典担保制度司法解释》

第69条 股东以将其股权转移至债权人名下的方式为债务履行提供担保,公司或者公司的债权人以股东未履行或者未全面履行出资义务、抽逃出资等为由,请求作为名义股东的债权人与股东承担连带责任的,人民法院不予支持。

第二节 裁判精要

一、不属于抽逃出资

（一）属于正常的商业行为

1.增资的目的是配合股权转让行为，而非对公司实际增资，要注意这两者的区别。前者，一般是款项转到公司后即转给案外人，如有评估报告显示公司净资产远超过股权转让价格的，则转款为股权转让行为，属正常商业行为，不属于抽逃出资。

在（2020）最高法民申992号案中，再审法院认为：综合案涉《股权转让框架协议》签订时间以及签订时注册资本、增加注册资本时间、《股权转让协议》签订时间以及人民币4000万元保证金的支付情况等事实看，龙某某、冯某某关于对鹿鸣公司增资的目的是配合广信公司股权转让行为的完成而非对公司实际增资的说法，具有合理性。龙某某、冯某某于2011年5月23日用案涉土地使用权及人民币3250万元的现金向公司增资，第二天鹿鸣公司将人民币3200万元转账给案外人，但在双方签订《股权转让协议》前，广信公司委托第三方机构对鹿鸣公司在评估基准日为2011年5月31日的资产进行了评估，鹿鸣公司的净资产为人民币13623.49万元，该评估基准日是在鹿鸣公司将人民币3200万元转出时间之后，广信公司对于评估结论未提出异议。2011年6月8日，双方签订《股权转让协议》，约定龙某某、冯某某以人民币1亿元对价转让鹿鸣公司80%的股权。在全面审查增资背景以及鹿鸣公司资产状况等情况下，判决驳回鹿鸣公司的全部诉讼请求，并无不当。

2.通过向公司无息借款方式的减资行为与抽逃出资存在相似性。真实合法的债权债务关系是区分抽逃出资和向公司借款的关键，须提供股东会议决议、借款协议（约定了返还期限）、记入财务账册等证据证明；如果经过法定程序进行减资，与债权债务关系一样都属正常商业行为，不构成抽逃出资。

在（2020）最高法民申4625号案中，再审法院认为：区分股东抽逃出资行为和股东向公司借款行为的关键问题为是否有真实合理的债权债务关系。股东抽逃出资，往往在股东与公司之间无实质的债权债务关系，如无须支付对价和提供担保、无返还期限的约定等，或者违反了有关金融管理、财务制度的规定等。爱华电子公司、百利盛华公司、华通公司向爱华电池公司借款，经过爱华电池公司股东会议决议，签署书面的借款协议，约定了返还期限，并记入财务账册。爱华电子公司、百利盛华公司、华通公司向爱华电池公司的上述借款行为系真实的债权债务关系且符合有关金融管理、财务制度等规定,亦不违反法律禁止性规定。虽然爱华电池公司股东会决议借款在前,股东出资在后,但在没有其他证据证明爱华电池公司股东的借款行为实质损害公司权益的情况下,爱华电池公司提出爱华电子公司、百利盛华公司、华通公司抽逃出资,损害公司权益,没有事实及法律依据。爱华电池公司的减资行为在行政部门办理了减资登记手续,对外产生减资公示的法律效果,该减资行为合法有效。爱华电池公司减资后,股东爱华电子公司先归还所借款项再收取股东减资款,股东百利盛华公司直接以股东减资款冲抵所借款项,股东华通公司先收取股东减资款再归还所借款项,均是正常的财务往来行为。爱华电池公司向股东提供借款未导致资产减少,而减资则属于公司正常经营决策行为。

3. 没有证据证明收款的第三人与股东存在关联性,公司转出的资金与股东无关,股东不构成抽逃出资。

在(2016)粤民破 68 号案中,一审法院认为:天兆公司在天海公司增资时加入成为其股东,天兆公司也依法履行出资义务。现天海公司主张天兆公司有抽逃出资的行为,其应当举证予以证实。天海公司主张向天兆公司支付人民币 50 万元,但经平安银行股份有限责任公司深圳常兴支行查询,有两笔人民币 50 万元均系支付给案外人志诚达公司,且没有证据显示志诚达公司与天兆公司有关联,天兆公司不存在抽逃出资行为。二审法院持相同观点。

4. 偿还借款行为与抽逃出资有一定相似性,结合证据认定构成还款行为,就排除了构成抽逃出资行为。

在(2014)高民终字第 1041 号案中,一审法院认为:保利文化公司在向保利华亿公司履行出资义务后,保利华亿公司转给北大青鸟公司人民币 6000 万元款项。因华亿浩歌公司提供的证据不足以证明保利华亿公司上述转款行为是在保利文化公司控制之下所为,亦不能证明北大青鸟公司与保利文化公司之间存在关联关系,北大青鸟公司取得款项即为保利文化公司取得该笔款项,故无法认定保利文化公司在第一次增资扩股后存在抽逃人民币 6000 万元出资的行为,华亿浩歌公司要求北大青鸟公司对保利文化公司抽逃人民币 6000 万元出资承担连带责任亦缺乏依据。在保利华亿公司第二次增资扩股过程中,保利文化公司在向保利华亿公司履行增资人民币 4038 万元义务后,从保利华亿公司账上支出人民币 4038 万元给海视公司用于还款,而由保利文化公司向保利华亿公司出具还款发票的系列行为,是保利华亿公司基于《关于调整资本公积金的确认书》中将人民币 4038 万元的性质由资本公积金调整为保利华亿公司对股东保利文化公司的债务,而采取的解决三方之间债权债务关系的行为,不应认定为保利文化公司抽逃出资的行为,保利文化公司在保利华亿公司第二次增资扩股过程中也不存在抽逃出资人民币4038万元的行为。

5. 公司支付巨额往来款涉及公司重大利益的事项,应该有股东会决议或财务会计账簿反映支付的依据凭据,公司持有上述证据却拒不提交将自行承担不利后果,也就是可能被认定为股东转款行为不构成抽逃出资。

在(2020)粤03民终20107号案中,一审法院认为:快充王公司作为一家正规公司,在作出退还刘某某人民币200万元投资款,或是支付人民币200万元往来款涉及快充王公司重大利益的事项时,应该有股东会决议或财务会计账簿反映支付的依据凭据,快充王公司持有上述证据却拒不提交,可认定刘某某主张的事实真实,即收取该人民币200万元存在合理依据。且,快充王公司汇款人民币200万元到刘某某账户时,备注为"往款",并非退还投资款,且此时刘某某已不是快充王公司的股东,刘某某从未参与快充王公司的经营管理,如果该人民币200万元的性质如快充王公司所言,没有其他股东、董事、高级管理人员或者实际控制人的协助不可能完成抽逃出资。此外,快充王公司作为盈利性组织,从事盈利性活动,在无根据的情况下损害自己利益汇款人民币200万元给刘某某不符合常理。相反,刘某某提交的快充王公司和皇家公司的多份订购合同,充分证明两家公司之间存在真实的债权债务关系,刘某某作为皇家公司与快充王公司之间的业务员,多次促成两家公司大额订单,故刘某某存在提成的事实基础,刘某某的辩解符合常理。

二审法院认为:由于刘某某在该次转账行为发生之前就已不再是公司股东,且其作为股东期间并未担任公司职务,未参与公司经营管理,故在快充王公司未能给出合理解释并提交证据证明公司或相关人员同意并配合刘某某抽逃出资、未能提交转账支付该人民币200万元巨额款项的决策审批依据的情形下,刘某某抽逃出资人民币200万元的可能性不高。刘某某向一审法院提交的快充王公司与案外人皇家公司之间的多份订购合同等证据以及其陈述内容,能够印证刘某某取得的该人民币200万元款项系快充王公司向其支付的提成款的事实具有一定的合理性,相较而言,刘某某的主张比快充王公司关于刘某某抽逃出资的主张更具可能性。

6. 股东履行职务过程中经手支付公司工程款等款项和支取公司款项的行为,不能认定为其抽逃资金。股东借款验资后,公司将验资款项退回,属公司行为,股东作为公司总经理及借款验资的经办人,即使其利用公司账户返还验资,也应认定为职务行为而非个人的抽逃出资行为。

在(2017)粤0307民初2060号案中,一审法院认为:首先,黄某1利用职务之便从原告建设银行和农业银行账户中,以付工程款等名义,以支票转账或提取现金的方式,将合计人民币922.1万元的款项,通过原告建设银行账户转账付至深圳市茂绿源园林绿化有限公司及深圳市龙岗区布吉镇江隆百货商店,经查明,该款项确为黄某1经手用于向被告工程承建方郑某和深安公司支付工程款,上述转账付款行为不能被认定为被告黄某1抽逃公司资金。其次,在原告农业银行现金支票的现金取款人中,除黄某1现金取款人民币50万元外,其他款项均由原告员工取款,对于原告员工取款行为,不应认定为被告黄某1抽逃资金。鉴于黄某1在履行职务过程中经手支付公司工程款等款项,黄某1以现金支取公司款项的行为,不能被认定为其抽逃公司资金。最后,至于原告公司转账支付的其他款项,因原告开具的支票,均加盖原告公司财务章和黄某2私章,原告现有证据不足以证明黄某1在前述时间段完全掌握原告的财务章及黄某2私章,并利用职务便利将公司资金转至与己方存在利益关系的收款人,故也不能认定黄某某抽逃公司资金。

7.协议约定目标公司的股东回购股权,由目标公司承担担保责任的,法院在判决支持股东承担回购股权义务时,要对目标公司的担保责任进行审查,公司提供担保并不存在法定无效事由,对该情况亦不应认定属于抽逃出资。

在(2020)豫民终547号案中,二审法院认为:根据《股权投资协议》的约定,游某某履行股权回购义务后,将取得濮阳佳华公司相应的股权权益,获得实际收益,故游某某的回购义务并非职务行为,亦非附条件的回购义务。股权回购义务的承担者是游某某个人,中州蓝海公司取得该股权回购款系基于其前期对公司进行的投资,并非无偿行为,中州蓝海公司虽系濮阳佳华公司的股东,但濮阳佳华公司的股东游某某、郭某某均在《股权投资协议》上签字确认濮阳佳华公司为游某某的股权回购义务提供担保,中州蓝海公司已经尽到审慎注意和形式审查义务,濮阳佳华公司提供担保并不存在法定无效事由,该情况亦不应被认定属于抽逃出资。

（二）没有损害股东和公司利益的情形

【公司注册资本不受影响】

1.不能举证证明公司因转款行为而导致其注册资金减少,就不能认定股东抽逃出资。

在(2013)皖民二终字第00310号案中,二审法院认为:淮南景成公司提交的淮南景成公司向华原杰成公司转款人民币280万元的转账支票存根用途一栏载明"项目款";华原杰成公司出具收据,收款事由为"项目款",结合《合作开发协议书》的内容以及转款申请上时任淮南景成公司法定代表人余某签署的意见,认定人民币 280 万元为《合作开发协议书》所指向的项目转让款。因他案民事判决书已认定淮南景成公司注册资金人民币 5000 万元并无空缺,淮南景成公司仅以其向华原杰成公司转款人民币 280 万元为由,认为华原杰成公司抽逃出资人民币 280 万元,但不能举证证明淮南景成公司因该转款行为而导致其注册资金减少,其诉讼请求不应被支持。

2. 股东抽回出资经公司股东会决议同意,并非故意违反公司资本确定、维持、不变原则,不能认定是抽逃出资。

在(2014)甘民二终字第 39 号案中,二审法院认为:国峰公司、国鑫公司退出合作经营,通过合兴公司两次股东会决议同意,且最初将退出方式约定为股权转让,最终决议由国峰公司、国鑫公司先抽回其所占合兴公司合计 49% 股权原值人民币 1568 万元。故国峰公司、国鑫公司抽回出资并非故意违反公司资本确定、维持、不变原则,而是经合兴公司股东会决议同意,故国峰公司、国鑫公司收回出资款项不构成抽逃出资。

3. 协议约定由目标公司的股东回购股权,该回购行为并不影响目标公司的注册资本的变动,不构成抽逃出资。

在(2020)陕民终 898 号案中,二审法院认为:关于股权回购条款,系海怡公司作为投资方与九州公司、胡某某、金某某作为融资方在达成对目标公司的增资协议时,为解决目标公司未来发展的不确定性而进行的包含股权回购内容的约定,性质上系目标公司股东与投资方海怡公司签订的"对赌协议"条款。从该条款内容上看,赋予了九州公司在约定条件成就时,回购海怡公司持有的项目公司股权的义务。在海怡公司履行增资协议书对目标公司进行增资并成为目标公司股东后,该回购行为系目标公司股东九州公司与目标公司股东海怡公司之间的股权转让行为,九州公司支付价款受让股权后,海怡公司退出目标公司,该回购行为并不影响目标公司的注册资本的变动,不构成抽逃出资。

4. 股权转让协议确认了公司实有财产价值,该价值远大于转出资金数额,并未损害公司权益,仅以款项转出时间并不能确定发生了抽逃出资事实。

在(2017)青民终 132 号案中,二审法院认为:第一,案涉《关于退资和转让股份协议书》认可在恒丰公司股权转让前公司实有财产价值为人民币 600 万元,并以此确认了股权转让及恒丰公司实有的财产价值,还约定了款项的支付时间和违约责任等条款。从各方当事人签订协议书的前后事实及恒丰公司作为本案诉讼主体来看,恒丰公司和何某某参与并签订了《关于退资和转让股份协议书》,是退资和转让股份协议的相对人,对协议书记载的股权转让时恒丰公司实有的财产价值应当知道。第二,从案涉人民币 300 万元款转出的时间来看,该款是在不同时间段内分别转款人民币 230 万元、65 万元、4.9 万元,仅仅以款项转出时间并不能确定发生了抽逃出资的事实。第三,从《关于退资和转让股份协议书》的内容看,恒丰公司认可公司在人民币 300 万元款项被转出时实有财产价值人民币 600 万元。第四,从款项转出的法律后果看,公司实有的财产价值远大于转出资金的数额,并未产生损害公司权益的事实,不能证明原恒丰公司转出的款项就是赵某某等四人抽逃的出资款。

5. 公司注册验资后,原始股东在没有基础法律关系的情况下转出资金,构成抽逃出资。若新股东知悉原始股东抽逃出资情况,加入公司并进行股权重置,重新约定各方股东的出资额,并变更了工商登记。原始股东在公司的出资额满足变更后登记数额的,对公司起诉原始股东补足抽逃出资,不应予以支持。

在(2021)鲁民终 2360 号案中,二审法院认为:2012 年 4 月 26 日,元邦公司与厉某某、卢某某签订《房地产项目合作合同》,约定元邦公司以人民币 30 万元向厉某某、卢某某收购其二人持有的包括金港湾公司在内的五家公司各 75% 的股份。协议签订后,双方办理了股权变更登记。金港湾公司的股东变更为元邦公司持股 75%,厉某某持股 25%。元邦公司持股的 75% 为人民币 1500 万元,厉某某持股的 25% 为人民币 500 万元。此时,厉某某在金港湾公司的出资保持在人民币 500 万元。所以,厉某某在金港湾公司的注册资本出资满足了约定的股东出资额。金港湾公司于 2018 年提起诉讼,主张厉某某、卢某某返还出资款的请求,没有事实依据。

【未能举证公司、股东及债权人利益受损】

1. 虽然有证据证明股东有转账的行为,但未举证证明款项转出后损害公司、其他股东和债权人等相关权利人权益的,转款行为不构成抽逃出资。

在(2021)最高法民申 2488 号案中,再审法院认为:青投公司提交的证据虽然证明了刘某、黄某某有转账的行为,但青投公司并未举证证明款项转出后损害青投公司权益,刘某、黄某某转出人民币 1675.8 万元的行为不构成抽逃出资。

2. 借用中介机构资金注入公司,验资后将资金转出归还,意在取得涉案项目用地以履行股权转让合同,且之前有类似的资金存入和取回行为,公司和其他股东对整个资金进出过程并未持异议,合作项目也得以完成,且无证据证明公司遭受实际损害,则转款行为不构成抽逃出资。

在(2021)最高法民申 2395 号案中,再审法院认为:案涉《股权转让及合作合同》约定周某某对项目公司增资并将大部分股权让与百利公司,目的在于共同实现摘牌土地并开发建设,合同对于交易目的和交易安排具有充分表述。周某某、让某某借用中介机构资金注入公司,验资后将资金转出偿还,意在取得涉案项目用地以履行股权转让及合作合同。虽然股权转让及合作合同仅对其第三次增资及取回事宜作出记载,但其之前出资及取回的行为与此并无实质区别,铁科公司其他股东在协议签订和履行过程中未持异议,亦可对此印证,结合涉案项目开发完成且无证据证明铁科公司遭受实际损害的情况,认定周某某、让某某的行为不属抽逃出资。

3.公司向股东提供借款并无禁止性规定,以借款方式判断股东是否抽逃出资,也要符合"损害公司权益"的实质要件。股东借款、减资与公司破产也不必然存在联系。

在(2019)粤民终1609号案中,一审法院认为:各股东借款经过了股东会决议,签署了借款协议,也记入了财务账册,此行为既非虚构的债权债务关系,也不违反《公司法》规定和公司章程,合法有效,不符合抽逃出资的形式要件。从是否损害公司权益看,公司财产有多种形式,借款后爱华电池公司资产并未减少,故各股东从爱华电池公司借款的行为不能被认定为抽逃出资。爱华电池公司减资后,股东爱华电子公司先归还所借款项再收取股东减资款,股东百利盛华公司直接以股东减资款冲抵所借款项,股东华通公司先收取股东减资款再归还所借款项,均是正常的财务往来和债权债务抵销,亦不构成抽逃出资。爱华电池公司虽然有应付账款,但也有应收账款和其他财产,审计报告载明的公司资产均大于负债,无法认定股东借款、减资与公司破产有必然联系。二审法院持相同观点。

二、抽逃出资的法定情形

(一)制作虚假财务会计报表虚增利润进行分配的情形

1.股东办理完验资手续后,将增资款随即转回中介机构,股权转让方并未履行补足该部分增资款的缴纳义务,构成抽逃出资。

在(2018)最高法民申2986号案中,再审法院认为:平宇公司通过中介机构虚假增资人民币900万元,待办理完验资手续后,该人民币900万元增资款随即转回中介机构,平宇公司的时任股东并未履行补足该部分增资款的缴纳义务。原审判决据此认定平宇公司的时任股东杨某某等构成抽逃出资,杨某某的抽逃出资额为人民币450万元,符合法律规定。

2. 公司成立后三日内将注册验资的全部款项以借款名义分两笔转出,收款方、金额与转入注册资本的账户与金额完全一致,申请人亦未提供任何证据证明收款人向公司还款,故公司设立时股东未适当履行出资义务,构成抽逃出资。

在(2018)最高法民申1698号案中,再审法院认为:本案争议焦点为关于苕源公司、林某某、周某某、徐某、陈某1、陈某2等人是否应对案涉债务承担补充赔偿责任的问题。上述申请人主张,其对公司设立时的股东抽逃出资客观上不知情,且2007年至今时间久远,相关财务往来凭证难以查找,在设立时股东未到庭不能查清其是否存在抽逃出资的情况下,原审法院将证明责任分配给本案中被追加的被告,显失公平。

对此,法院认为,耀苕公司在成立后三日内将注册验资的全部款项人民币300万元以借款名义分两笔转出,收款方、金额与向耀苕公司转入注册资本的账户与金额完全一致,申请人亦未提供任何证据证明收款人向耀苕公司还款,故原审法院认定耀苕公司设立时的股东未适当履行出资义务,合法正确。第三人在受让有限责任公司股东的股权时应当了解股东出资义务的履行情况,苕源公司、林某某、周某某、徐某、陈某某、陈某2等人对耀苕公司设立时的股东出资情况负有审慎核查的义务,否则,应当继受权利的瑕疵,并对此承担相应的法律责任。耀苕公司设立时的股东抽逃出资事实确凿,苕源公司、林某某、周某某、徐某、陈某1、陈某2等人对此应当知晓,其主张对耀苕公司设立时的股东抽逃出资情况并不知情,但未提供任何证据加以证明,甚至从未提出自己就股权受让已支付合理对价的抗辩,应当承担不利的法律后果。

(二)通过虚构债权债务关系将其出资转出的情形

1. 转出款项备注"转款",客户借记通知单将款项定性为"往来款",未注明为归还出资,未经过法定验资程序,该行为构成抽逃出资;发票如果与销售合同确定的信息不一致,则发票不足以证明存在真实的交易关系,其行为属于虚构债权债务关系,属于抽逃出资。

在(2018)最高法民终913号案中,二审法院认为:关于转出的人民币4900万元,莲花控股公司提交的三张凭证均载明"转款",客户借记通知单将款项定性为"往来款",未注明为归还出资,未经过法定验资程序,且上述三笔款项在转入国马公司后又于当日转给石嘴山青年曼公司或先后分散用于其他公司,该证据不足以推翻原审判决认定的案涉第一期出资人民币4900万元未归还国马公司的事实。关于转出人民币6800万元,案涉6份购车发票不足以证明曼卡汽车交易关系真实存在，购车交易主体系石嘴山国马工贸有限公司和石嘴山青年曼公司，与国马公司无关，且发票开具时间、载明车辆价格、车辆交付时间、车辆型号均与曼卡汽车销售合同内容不符，不能证明国马公司与石嘴山青年曼公司之间存在真实的销售合同关系，此类发票不足以推翻原审判决对虚构交易的事实认定。

2. 增资款转入公司账户次日，即以借款名义转出至个人账户，个人不能提供证据证实其履行了增资义务或向公司返还转出的增资款项，构成抽逃出资。

在(2020)最高法民申2165号案中，再审法院认为：案涉款项从江舟公司账户转入林某某账户时的汇款用途为借款，《专项审计报告》记载"2011年1月公司增资2500万元，在资金到位的次日，(将)2500万元的增资款全部转入股东林某某个人账户，公司同时挂其他收款(林某某)2500万元。2012年公司将股东林某某欠款余额14955731元作为坏账损失处理"，另外的《审计报告》中的"合并财务报表"亦记载江舟公司应收林某某人民币2050万元，以上证据可以证明江舟公司增资系通过第三方完成，且增资款汇入江舟公司进行验资后，即以借款名义从江舟公司转入林某某账户，增资款并未被江舟公司使用。案涉《股权转让补充协议》《股权置换协议》以及"公司股东会摘要"，主张增资款人民币2500万元由上海宏拓投资发展有限公司等案外人通过向江舟公司注入价值相当的股权方式承担。

《股权转让补充协议》是转让方林某某等五人与受让方上海晓星商务咨询有限公司、广西平安航运有限公司、林某某、上海宏拓投资发展有限公司就转让江舟公司48%股份相关事项的补充，上述协议中并无上海晓星商务咨询有限公司、广西平安航运有限公司、上海宏拓投资发展有限公司盖章，林某某并未提供证据证明其他签字人员有权代表上述公司签订协议，且协议内容亦未涉及林某某向江舟公司履行增资义务或返还借款的事项。《股权置换协议》约定上海宏拓投资发展有限公司、广西平安航运有限公司将在广西武宣平安港务有限公司的股份与林某某等人、上海晓星商务咨询有限公司持有的江舟公司股份进行置换，内容亦不涉及人民币2500万元增资的事项。"公司股东会摘要"亦仅表明林某某提出其没有借款，相应款项应由新入股的股东负责，参加会议的其他股东认同这一说法，但上述记载并不能反映林某某的增资款实际到位，故应认定林某某构成抽逃出资。

3. 借助《审计报告》审查往来款的借款、还款记录、本金、利息的偿还情况，如均无任何显示，则属于虚构债务，构成抽逃出资。

在(2014)民申字第1814号案中，再审法院认为：《审计报告》清楚记载，双方成立的合作公司向安格斯公司转款人民币900万元。按照安格斯公司的主张，这笔人民币900万元是其向合作公司的借款,借据中一并约定了利息。但从《审计报告》中看不到哪笔往来款是安格斯公司对这笔人民币900万元的借款的还款记录,本金、利息的偿还情况也均没有任何显示。无论是民间借贷还是企业拆借都应当有其交易习惯,既然有明确的借据并约定了利息,如果已经还款,应当有相应的还款记录。本案一方主张以往来款或者其他款项冲抵借款但没有还款记载、没有具体说明的情形,不符合借贷关系的交易习惯及财务做账要求,应认定安格斯公司抽逃资金人民币900万元。

4.转入资金、转出时间相近甚至第一天入账第二天就转出,符合验资后就抽回出资的行为特征,即便验资证明记载出资已实缴完毕,仍构成抽逃出资。

在(2018)粤民申3463号案中,再审法院认为:1999年4月14日,航投公司的《领用支票审批单》载明预支金额人民币300万元,用途为"登记公司";1999年4月15日,启阳公司出具收据载明收取了航投公司往来款人民币90万元;1999年4月16日,启阳公司向信泰公司在汕头市商业银行设立的银行账号转入人民币90万元用于验资;1999年4月21日,会计师事务所出具的《企业登记注册资本验资证明》载明截至1999年4月20日止,信泰公司实收注册资本金人民币300万元,启阳公司投入人民币90万元,已按公司章程缴足;1999年4月21日信泰公司以汕头市商业银行支票形式向启阳公司支付人民币90万元;1999年4月22日启阳公司向航投公司支付人民币90万元,航投公司出具了收款收据。从上述资金往来时间、数额和流向看,可以认定启阳公司在验资后抽回出资。

5.通过采购协议方式搭建债权债务关系的,首先从购买协议内容与付款是否违背常理、是否违背正常商业交易习惯入手分析;其次,因采购协议涉及的金额比较大,可归属重大经营方针和投资计划范畴,审查公司是否就此召开了股东会决议;再次,从公司章程入手,该采购行为是否符合内部的审批流程;最后,看采购合同是否已实际履行,实际履行的情况如何。从这几个角度可以辨别出债权债务关系是否真实,从而判断股东是否虚构债权债务抽逃出资。

在(2020)藏民申165号案中,再审法院认为:首先,《设备委托采购协议》无签订日期,未约定采购设备的生产厂家、规格型号、交货时间、地点等合同要素,亦无法核实委托方及受托方处签字人的身份,合同要素和委托采购内容均不明确,唯一明确的是设备采购金额为人民币8460万元、预付款为人民币7700万元,但在未约定采购设备的具体规格型号的情况下,却确定设备采购金额为人民币8460万元,没有依据,有违常理;预付款为人民币7700万元,占设备总金额的91%,也有违常理,不符合正常商业交易的惯例。其次,酒钢集团公司实际控制西藏天龙公司,但西藏天龙公司毕竟是独立法人,其计划投入人民币7700万元采购设备,属于重大经营方针和投资计划,超出西藏天龙公司公司章程中规定的经理"签发公司日常行政业务文件"权限,应经西藏天龙公司股东会或其他正当决策程序独立作出,但酒钢集团公司没提供相关证据,显然是酒钢集团公司以西藏天龙公司实际控制人权力作出,其辩称西藏天龙公司对签订《设备委托采购协议》不持异议,是双方真实的意思表示的理由不能成立。最后,西藏天冠公司在他案中诉请依法确认酒钢集团公司存在抽逃资金行为,但在该两起案件中,酒钢集团公司并未提出该《设备委托采购协议》,却在本案中提交,有违常理。基于以上三点,《设备委托采购协议》不具真实性。

案涉《设备委托采购协议》除西藏天龙公司向酒钢集团公司转款人民币7700万元外,双方均认可并未实际履行该合同。酒钢集团公司应将西藏天龙公司所转人民币7700万元退还,却未退还并长期占为己用,无论是资金占用还是采购了部分设备后自用,其行为均属于未经法定程序将出资抽回的行为,已损害西藏天龙公司的合法权益,构成抽逃出资。酒钢集团公司辩称其提交的相关证据证明已向西藏天龙公司退还人民币7300万元,但并未提交人民币7300万元转至西藏天龙公司的转款明细或银行流水。审计报告载明西藏天龙公司的资产总计为人民币8180.655645万元,但酒钢集团公司并未提交证据证明该资产中的人民币7300万元为其退还西藏天龙公司的采购设备预付款,西藏天龙公司也未对此认可。综上,认定酒钢集团公司对西藏天龙公司全部出资款构成抽逃出资行为。

6.长期拖欠职工的住房公积金却每年度进行高额分红,构成"制作虚假的财务报表"违法分配利润的抽逃出资行为。

在(2016)最高法民申1904号案中,再审法院认为:交行河北分行依据审计报告,主张路骏公司未将全部职工的住房公积金列入公司成本,长期拖欠职工的住房公积金高达人民币15621241.51元。而作为路骏公司的中外合作者的裕峰公司和骏威公司却每年度进行高额分红,构成股东对公司的过度控制以及"制作虚假的财务报表"违法分配利润、抽逃出资的行为,裕峰公司应当在抽逃资金的范围内对路骏公司的债务向交行河北分行承担连带清偿责任。

7.以分配股利之名可构成抽逃出资。

在(2019)闽民申1207号案中,再审法院认为:有限责任公司股东依照《公司法》规定分取红利,其前提是公司的税后利润在弥补亏损和提取法定公积金后尚有剩余。审计报告表明,立信公司的未分配利润、净利润、可供分配的利润、可供投资者分配的利润均为人民币-283317.31元,2012年1月31日,立信公司向包括杨梅公司在内的各股东合计分配股利人民币175万元,其中杨梅公司分得款项人民币612500元。杨梅公司未能举证证明公司分配股利时存在该人民币175万元可供股东分配的利润,该次所谓分配股利,损害了立信公司及立信公司债权人的利益,其性质可认定为股东抽逃出资。

（三）利用关联交易将出资转出的情形

1. 对公司的出资情况、资金来源、抽回出资的具体路径予以充分展示、环环相扣,往来资金和贷款利息金额吻合,并且与审计报告结论相互印证,可证实股东存在抽逃出资行为。另外,对资金转出不能说明合理用途的,仅以公司经营状况良好、连年盈利为由抗辩的,仍构成抽逃出资。

在（2021）最高法民申1953号案中,再审法院认为:案涉审计调查报告记载,双涵公司股东的出资来自银行贷款,验资后全部抽回。同时,根据与双涵公司注册资金有关的担保贷款凭证、进账单、存款条、取款凭条、转账支票、收回贷款凭证、分户账银行流水账单等证据,证实了石化机械厂、汇昌助剂公司、万昌股份有限责任公司分别向银行贷款,共计人民币5800万元,贷款当日直接或通过第三方转入万昌集团。万昌集团随后将人民币3200万元转入双涵公司,作为16名股东的出资。验资后,双涵公司再分别支付给石化机械厂人民币2000万元、汇昌助剂公司人民币1040万元、万昌股份有限责任公司人民币33637.5元、万昌集团人民币1566362.50元,上述转出款项共计人民币3200万元。

后来,万昌集团将人民币1800万元汇入万昌股份有限责任公司,淄博万昌石化工程安装有限公司将人民币960万元汇入汇昌助剂公司,万昌股份有限责任公司将人民币1462万元以两笔分别汇入石化机械厂和汇昌助剂公司。同日,石化机械厂、汇昌助剂公司、万昌股份有限责任公司各自偿还银行贷款本息。上述证据对万昌集团向双涵公司的出资情况、资金来源、抽回出资的具体路径予以充分展示、环环相扣,往来资金和贷款利息金额吻合,并且与审计调查报告的结论相互印证。况且,万昌集团也认可存在资金转出行为,其虽然否认抽逃出资,但不能说明资金转出的合理用途,仅以双涵公司经营状况良好、连年盈利,不足以证明股东不存在抽逃出资的行为。综上,认定万昌集团存在抽逃注册资金行为。

2.股东实缴出资后,公司在短时间内即转款给与股东有关联的第三人,第三人又随即将等额款项转款给股东,由股东回收了实缴出资,在无证据证明股东与第三人存在正当汇款事由的情况下,股东构成抽逃出资。

在(2020)最高法民终107号案中,一审法院认为:澳通公司向创新公司汇款人民币225万元,创新公司收到汇款后将款项汇至亚通公司;澳通公司向宏通公司分别汇款人民币591万元、人民币226万元,宏通公司收到汇款后分别将款项汇至亚通公司。创新公司、宏通公司均已出具证明,称与澳通公司并无商业交易,其收到款项后全部转交亚通公司;亚通公司、澳通公司亦不能举证证明澳通公司与创新公司、宏通公司具有真实商业交易或者其他正当汇款事由。澳通公司向案外人创新公司、宏通公司无端汇款人民币1042万元,款项经第三方周转后汇至亚通公司账户,应认定为抽逃出资。亚通公司收到上述款项后,与创新公司、宏通公司之间仍存在多笔汇款往来,但汇款往来限于亚通公司与创新公司、宏通公司之间,最终款项并未返还至澳通公司,认定其属于抽逃出资行为。二审法院持相同观点。

3.股东使用公司的款项作为出资,在其名下关联的多家公司之间流转,尽管验资报告认定股东出资真实,但验资后股东将所缴出资暗中撤回,却仍然保留股东身份和原有出资额,该行为具有隐蔽性和欺诈性,验资报告不能真实反映股东的实际出资状况,股东行为构成抽逃出资。

在(2017)浙民申1228号案中,再审法院认为:浙华事务所将款项通过众慧浙华建筑设计研究院有限公司先后汇入王某某的个人账户,再从王某某的个人账户分批汇入众慧建筑设计公司、众慧机电设备设计公司、众慧结构设计公司,用于上述公司注册验资,在该三家公司完成验资后,该款项又流转回王某某的个人账户,再汇入中设公司账户,用于该公司注册验资,在中设公司完成验资后,该款项又通过众慧建筑设计公司返回至浙华事务所,且王某某系众慧建筑设计公司、众慧机电设备设计公司、众慧结构设计公司和中设公司四家公司的股东,周科系王某某配偶,同时为浙华事务所的承包经营者,根据上述款项流转足以认定,王某某使用浙华事务所的款项作为其股东出资在其名下四家公司间流转,完成注册验资后,又将款项返还原处,王某某的行为构成抽逃出资。

4.行为人利用关联关系将出资于公司设立后不久即大额、无正当理由地转出,构成抽逃出资,其是否从中直接取得出资款项并不影响对抽逃出资的认定。

在(2018)最高法民申790号案中,再审法院认为:新富公司实施了利用关联交易将出资转出的行为。首先,在生物港公司设立时,新富公司系该公司发起人及最大股东,且新富公司、生物港公司、太光电信公司、太光科技公司在持股比例、高级管理人员等方面均有高度的关联关系。其次,新富公司作为专业商事主体,对公司经营管理等事项理应有高度的理性与审慎的注意,应当知晓生物港公司人民币9660万元注册资本金的款项汇入了其实际控制的太光电信公司。并且,新富公司作为生物港公司的主要发起人与大股东,对于新设立的生物港公司的财务与经营情况应当有较为清楚的认知。新富公司明知上述资金在生物港公司设立后存在短期、大额、非正常的流转情况,但未提出异议,考虑到新富公司与生物港公司、太光电信公司的高度关联关系,结合生物港公司各股东认缴出资额的缴付与转出情况,应当认定新富公司利用其对生物港公司的关联关系在生物港公司验资后一个月内即将生物港公司注册资本中的人民币3660万元汇至太光电信公司,该行为构成利用关联交易将出资转出。行为人利用关联关系将出资于公司设立后不久即大额、无正当理由地转出,构成抽逃出资,其是否从中直接取得出资款项并不影响对抽逃出资的认定。

(四)其他未经法定程序将出资抽回的行为

【看资金的用途】

1.不能合理解释将款项转入案外账户的原因,且未能提供证据证明在资金流转的过程中向公司支付了合理的对价或使所在的公司实际受益,该行为导致公司资产减损,应认定为抽逃出资。抽回资金后的实际用途,不影响对抽逃出资性质的认定。

在(2018)最高法民申2003号案中,再审法院认为:天悦公司根据鸿聚通公司股东会增资决议向鸿聚通公司出资人民币4500万元,占股83.33%,成为鸿聚通公司的控股股东。在办理相应的工商变更登记及完成出资后,天悦公司在3日内通过新凯华公司账户收回人民币4500万元,并将该款项转入案外人哈尔滨财源宝投资管理有限公司账户。天悦公司对此不能合理解释,且未能提供证据证明在资金流转的过程中,向鸿聚通公司支付了合理的对价或使鸿聚通公司实际受益,天悦公司的行为导致鸿聚通公司资产减损,并造成鸿聚通公司实际资产与公司工商登记不符,构成抽逃出资,天悦公司抽回资金后的实际用途,不影响对天悦公司行为性质的认定。

2.股东开具多个个人账户用于收取、转移公司资金,全部账户至今仍由股东掌控,股东未能证明其个人账户实际用于公司经营,股东行为不是职务行为,而是未经法定程序将出资抽回的行为,属于抽逃出资。

在(2019)鄂民申4129号案中,再审法院认为:向某某开具多个个人账户用于收取、转移公司资金,且其全部账户至今仍由向某某掌控,向某某亦未能证明其个人账户实际用于公司经营。永成公司主张向某某转款行为系抽逃出资,向某某则认为其操作系职务行为,所转资金用于公司事务支出。根据举证责任分配规则,永成公司已经举证证实向某某将公司账户资金转至其个人账户及相应金额,向某某主张其转款系经公司股东同意或基于公司正常经营所需,却未能提供证据予以证实,故其应承担举证不能的不利后果。向某某将公司账户资金转至其个人账户属于其他未经法定程序将出资抽回行为,原审认定其抽逃出资并无不当。

3. 公司注册资本与公司资产有区别,股东不能以公司实有净资产不低于注册资本而主张认定其已履行出资义务。

在(2015)民申字第2996号案中,再审法院认为:绥棱农场汇入冰雪公司的新增注册资金人民币5500万元,并完成验资且完成工商变更登记,绥棱农场即以"返还验资"的形式将人民币5500万元连同利息一并收回,未对"返还验资"作出合理解释,其虽提出冰雪公司实有净资产达人民币一亿四千万元,不低于注册资本,应认定其已履行出资义务,显然是混淆了公司注册资本与公司资产的区别,应认定绥棱农场的行为构成抽逃出资。

4. 虽然公司章程约定了股东分期缴纳出资款,但实际各股东已提前共同利用他人的钱款验资完毕后并退回他人,公司实际未使用该注册资本开展经营生产,则认定股东尚未履行出资义务。

在(2020)粤03民终29674号案中,一审法院认为:根据银行交易记录以及鑫火公司提交的银行进账单、中国建设银行客户回单,可以看出鑫火公司的三位股东钟某、张某某、雷某的出资款均源于案外人森宇公司,经验资银行验资后,最终又退回给森宇公司。鑫火公司实际并未使用该注册资本开展经营生产,因而,钟某、张某某、雷某作为鑫火公司的股东,实际并未履行出资义务。二审法院持相同观点。

5. 股东向公司出资后,多次以该出资的银行存单质押向银行贷款,最终由公司来还债,构成抽逃出资。

在(2020)最高法民终87号案中,二审法院认为:关于人民币2600万元是否构成抽逃出资的问题。中网公司向新疆慧中财务管理咨询有限公司董延霞借款缴纳了其对中网锦龙公司的出资人民币2600万元,之后中网锦龙公司质押其银行存单,为中网建设公司从银行贷款人民币2600万元,以该人民币2600万元银行贷款归还了中网公司向董某某的借款,中网建设公司向北京天有美业公司借款归还了该笔银行贷款。之后中网锦龙公司质押其银行存单再次为中网建设公司贷款人民币

2600万元,用贷款归还了向北京天有美业公司的借款。2014年11月20日,中网建设公司第三次向银行贷款,同样质押中网锦龙公司的银行存单,取得贷款后,中网建设公司到期未偿还,银行行使质押权。中网公司利用其关联公司中网建设公司通过三次质押中网锦龙公司银行存单向银行贷款的手段,将中网公司对董某某的还款义务通过其和中网建设公司的关联关系、对中网锦龙公司的控制关系转化为中网建设公司对银行的贷款债务。该贷款债务以中网锦龙公司的银行存单质押,中网建设公司未按时偿还贷款,银行行使质押权,最终中网锦龙公司代偿了人民币2600万元贷款及利息。中网公司向董某某借款人民币2600万元对中网锦龙公司出资,实质是中网锦龙公司代替中网公司偿还了出资借款,中网公司构成人民币2600万元抽逃出资。

【看资金的流向】

1. **股东将增资款项转入公司账户验资后,公司以"预付货款"的名义将实缴的增资转回股东个人账户,未经法定程序将增资抽回,构成抽逃出资。**

在(2018)最高法民终390号案中,一审法院认为:新义莹石公司两股东贾某某、陈某某于2009年11月11日召开股东会,决定向公司增资人民币1680万元,注册资本由人民币320万元变更为人民币2000万元,其中贾某某增资人民币1512万元,陈某某增资人民币168万元,并修正了公司章程。同日,张某某将人民币1512万元转至贾某某银行账户,将人民币168万元转至陈某某银行账户,贾某某、陈某某随后将该人民币1680万元缴存至新义莹石公司账户,并于次日经会计师事务所验资后,以公司"预付货款"的名义将人民币1680万元转回张某某。贾某某、陈某某将增资款项转入公司账户验资后未经法定程序将增资抽回的行为,违反了公司资本维持原则,损害了新义莹石公司的权益,其行为构成了抽逃出资。二审法院持相同观点。

2. **股东从其个人账户转账出资并接受公司资金的转入,其对于大笔资金的转入和转出不可能不知情,股东将股权出让也证明其清楚公司的出资情况,同时根据出资的资金流向及时间的连续性来看,可判断股东行为已构成抽逃出资。**

在(2016)苏民申439号案中,一审法院认为:第一,证人戚某陈述,为了验资需要,陈某某和李某某将身份证交其办理了银行卡,后由他人办理了资金转入和转出业务,康龙化工公司共计人民币1000万元的注资均是通过该银行卡转入转出,陈某某对两次出资资金的转入和转出都是清楚的。第二,陈某某的两次出资均通过其银行卡完成,其对于大笔资金的转入和转出不可能不知情。第三,康龙化工公司的注册资本发生变更后,其工商登记和营业执照均有相应的变更,陈某某作为康龙化工公司的原始股东及监事,对公司的设立、出资、验资、登记等事项应当是明知的。第四,陈某某将其在康龙化工公司和康龙环保公司的股份全部转让给戚某某,作为股权出让人,在与受让股东进行商事交易时,应尽到自身的谨慎、注意义务,充分审查其在公司登记的材料,查阅公司章程,查看公司营业执照等,从而作出合理判断,确定股权转让价格,故其对于康龙化工公司的出资情况应是明知的。第五,出资资金均来自第三人,出资方式均系从第三人账户转入陈某某个人账户后再转入康龙化工公司公司账户。其中第一次出资系由八桥镇政府及华坤公司将资金打入康龙环保公司账户,后汇入陈某某和李某某账户,再汇入康龙化工公司账户,验资后又汇出给八桥镇政府及华坤公司。当第二次出资时,朱某某将资金汇入被告陈某某和第三人李某某账户,再汇入康龙化工公司账户,验资后康龙化工公司又将该笔资金转出给高邮市幼利机电产品经营部,而后者已注销,且与康龙化工公司不存在交易关系,故从两次出资的资金流向及时间的连续性来看,陈某某的行为已构成抽逃出资。

3. 验资报告不是证明出资的最终证据,当对验资报告记载的出资内容有疑问时,应继续追查原始的银行账户进出流水明细,看出资资金源于何处,又转向何处,来判断是否构成抽逃出资。

在(2017)最高法民申 2729 号案中,再审法院认为:标峰公司公司章程规定,标峰公司注册资本为人民币 800 万元,王某某应出资人民币 120 万元。标峰公司向王某某出具收款收据,收到投资款人民币 10 万元。验资报告证实王某某实际缴纳出资额为人民币 120 万元。存款分户明细反映,户名为标峰公司的账号中王某某现存投资款人民币 120 万元,该账户中包括王某某在内的人民币 800 万元出资款分次汇入法定代表人王某某账户后转汇危某账户。王某标承认"每个股东都是出资 10 万元,因为登记需要 800 万元,再另外向融资公司借款垫资,公司设立后就将该笔款项还回去了"。股东王某某也承认其出资为人民币 10 万元。证据材料证明标峰公司验资的人民币 800 万元源于胡某的存单等,后该款在同一时间内作为标峰公司股东的出资,在完成验资后,上述款项先转入王某某账户,再通过危某账户转为胡某的存款。各种证据材料相互印证已形成证据链,能够证明标峰公司注册资本被抽逃的事实,王某某需对抽逃出资承担相应责任。

4. 配偶一方抽逃出资的,该出资属于夫妻共同债务,另一方对补缴出资承担连带清偿责任。

在(2008)长民二(商)初字第 995 号案中,一审法院认为:原告公司的股东在公司设立出资和增加注册资本时均通过向案外人业宝公司和宝康公司借款来垫付,经验资注册登记后又返还垫资。该行为已构成抽逃出资,股东虞某取得的原告公司股权存在重大瑕疵,依法应向原告公司承担补足出资的义务。而股权作为物权的一种,可以登记于股东名册、记载于公司章程的形式完成交付,确定其所有主体,也可依法院判决确定股权所有主体。现原告股东虞某与被告沈某离婚,经法院判决被告沈某取得虞某在原告公司股份的一半,成为原告公司股东,但该分割取得的股份同样存在瑕疵。既然被告享有原告公司股权中上述虞某与被告婚姻关系存续期间的共同债权,那么,被告对该共同债权所应承担的出资义务也应作为共同债务予以承担。而且,被告在本案审理中也未表示放弃该股权。现行《公司法》相关规定对出资瑕疵股权转让后的补充责任承担虽未作出明确规定,但根据我国民法公平原则和公司法资本充实原则,对公司原始股东与继受股东间的权利义务应进行平衡。被告沈某虽自己未抽逃出资,对瑕疵股权的产生无主观故意,但对《公司法》规定的资本充实原则应予以遵守。资本充实原则的根本目的在于维持公司清偿债务能力,维护市场交易安全和保障其他股东及公司相对债权人的权益。为维护上述立法目的,继受瑕疵股权的股东即使没有抽逃资金故意,但其享受股东权益,也不应当免除相应的补缴出资义务。

5. 在没有证据证明公司有履行债务能力的情况下,债权人追究抽逃出资股东应承担的补充责任,可以转为追究其连带责任。

在(2016)最高法民申 516 号案中,再审法院认为:原审判决支持凯航公司关于认定刘某某、毛某某抽逃注册资金的主张,具备事实和法律依据。根据《公司法司法解释(三)》的规定,股东抽逃出资应承担的法律责任是在抽逃出资本息范围内对公司债务不能清偿的部分承担补充赔偿责任,原审判决判令毛某某、刘某某承担连带责任确有不当。但是,考虑到巨丰公司应承担的债务为人民币 200495 元,不超过抽逃出资金额的人民币 700 万元,原审判决将毛某某、刘某某承担连带责任的范围明确界定为在"抽逃出资本息的范围内";而毛某某申请再审并未提供巨丰公司具有案涉债务履行能力的相关证据,原审判决判令毛某某对巨丰公司的债务承担连带责任并不导致其实体权利受到损害,因此,原审判决结果并无不妥。

三、属于虚假出资

1. 原股东虚假出资转让股权后,受让股东明知或应知的,应对公司的债务承担连带责任。

在(2013)民申字第 1795 号案中,再审法院认为:《公司法司法解释(三)》只规定了原股东虚假出资转让股权后,受让股东明知或应知的,对公司承担连带责任,对于原股东抽逃的责任是否也由受让股东承担没有明确规定。从该规定的前后体例看,涉及虚假出资和抽逃出资的相关规定,并未全部集中在同一条文规定,也没有基于互相包含的关系而只列举一种情形进行规定,因此,严格按照文义理解更符合该规定的精神。抽逃出资和虚假出资从后果看,都是导致公司失去该部分注册资本,但从内涵上讲是有区别的。虚假出资是公司成立之前的股东单方行为,因公司尚未成立,故公司不能够表达否定意志,责任在于股东,新股东受让后原则上要公司承担原股东的义务,此时可谓公司没有过错。抽逃出资行为是发生在公司设立之后,任何股东抽逃出资都必须经公司履行相关手续,公司作的是"同意"的意思表示,此时推定公司具有过错,股权转让后,公司不能够在同意原股东抽逃行为的前提下,又向新股东主张责任,否则,有悖诚实信用,因此得出聊城美景公司不应承担连带责任的结论。

2. 股东在金融机构配合下通过复杂的金融手段频繁划转资金,其出资是虚假出资,也就是未出资。

在(2014)民申字第1761号案中,再审法院认为:根据行政管理部门调查报告以及审计报告,包括前锋公司在内的五洲证券8家新增股东均未真实出资,其验资资金均是利用案外人金正科技股份有限责任公司、李某某及杜某等6人的共计人民币1亿元资金,在验资期间由五洲证券和广发行福田支行及深圳发展银行布吉支行进行配合,通过复杂的金融手段频繁划转资金虚构而来,结合中国证监会因五洲证券上述违法行为已吊销其证券业务许可及责令其关闭的事实,以及河南证监局作出的调查报告、中兴宇公司出具的审计报告的认定,前锋公司提供的其向五洲证券验资账户内转入人民币8700万元的银行转款凭证以及验资确认报告,不足以推翻上述证券管理部门及审计部门作出的前锋公司未如实出资的事实认定。

3. 虚假出资的本质是未出资,是为应付验资,将款项短期转入公司账户后又立即转出,公司并未实际使用该款项进行经营。

在(2015)新民二终字第92号案中,一审法院认为:从银行出具的账户流水情况看,资金从案外人的账户进入公司后,只做短暂停留(一笔仅停留一天,另一笔仅停留四天),然后转出,回到资金进入的账户,再结合证人证言,应当认定储某某并未实际出资。储某某认为其出资后又抽走,属于抽逃资金,法院认为类似此种为应付验资,将款项短期转入公司账户后又立即转出,公司并未实际使用该款项进行经营的情形当属虚假出资。二审法院持相同观点。

4. 委托会计师事务所代理注册资本的验资,在领取营业执照后,遂把注册资金转走,实属虚假出资。

在(2014)鲁民再终字第28号案中,一审法院认为:按公司章程规定,股东以货币出资,各股东认缴出资额均为人民币350万元,持股比例均为33.33%。各股东委托会计师事务所代理注册资本的验资,在领取营业执照后,遂把注册资金转走,实属虚假出资。

5. 公司和股东财产混同,股东以混同财产作价出资的,构成虚假出资。

在(2018)最高法民终390号案中,二审法院认为:贾某某、陈某某于2010年8月2日召开股东会,决定将新义莹石公司注册资本由人民币2000万元变更为人民币5000万元,其中贾某某以实物增资人民币2700万元,陈某某以实物增资人民币300万元。其间,新义莹石公司委托评估事务所对公司自有的资产进行评估,并委托会计师事务所进行了验资,办理了工商变更登记手续。一审认为,贾某某、陈某某将公司的资产作为自有资产进行出资,并未实际履行出资义务,构成虚假出资。对此,贾某某上诉时主要提出,在2011年股权转让前,贾某某与陈某某长期把个人资产用于公司经营和建设,个人财产与公司财产存在很大程度的混同,二人实际已增资到位。公司和股东在公司运营过程中,应当将公司财产与股东个人财产严格区分与隔离,这对于公司生存以及股东权益保护、风险隔离起到防火墙之作用。如果无法正确认识公司与股东个人、公司财产与股东个人财产的关系,出现公司财产与股东个人财产混同的情况,尤其再加之公司资本运营不规范、公司财务管理混乱、交易证据与实际交易活动不符等情形,公司与股东都可能面临法律风险。

本案中,《资产评估报告书》所涉及的机器设备、房屋构筑物、机动车等资产,形成于新义莹石公司经营过程中,有的没有进行产权登记,有的登记于新义莹石公司名下,虽然贾某某上诉提出上述资产由其出资形成,但其不能提供充分的证据,尤其是不能提供任何直接证据。对于一审判决认定新义莹石公司财务账簿在股权变更后仍由贾某某保管的事实,贾某某上诉提出异议,并提交三组证据证实其在股权转让后已将财务账簿移交给新义莹石公司或者新的大股东。但经审查,虽然《股权转让协议》约定首笔股权转让款到账后为交割日,在交割日应全面移交新义莹石公司包括财务账簿在内的全部资产,但贾某某提交的《公司档案交接表》上没有注明具体时间,也未写明财务账簿的具体数字,在明确注明财务账簿移交情况见"财务交接表"的情况下,贾某某也不能提供该"财务交接表"证实财务账簿已经实际移交。因此,贾某某提交的证据不足以推翻一审判决认定的前述事实,应当承担举证不能的不利后果。故一审判决认定贾某某、陈某某虚假出资人民币3000万元,应当承担资本补缴之责任,有事实和法律依据。

6.以出资名义存入公司后又立即转出的款项,考虑款项接收主体与公司是否存在真实的交易关系,如不存在,可判定股东未出资。

在(2020)粤03民初4633号案中,一审法院认为:根据《验资事项说明》及银行现金解款单的记载,沈某某、李某某系通过现金缴存的方式向永邦公司中国建设银行深圳市振兴支行账户分别缴存了人民币35万元、人民币15万元的出资款。但是永邦公司验资账户的流水显示,永邦公司后将人民币35万元转给平安证券有限责任公司深圳八卦路证券营业部,将人民币14.95万元转给均之运实业发展有限公司名下华盛佳商场,永邦公司管理人没有发现接收这两笔转入款项的公司与永邦公司有任何关系。沈某某及李某某转出的两笔款项的金额与各自的出资金额相同或相近。沈某某在款项转出时,是永邦公司的法定代表人和永邦公司设立时拥有70%公司股权的大股东,其及李某某却没有到庭说明款项转出的原因及用途,永邦公司有理由怀疑沈某某、李某某将出资款项转入永邦公司账户验资后又转出,认定沈某某、李某某作为股东在设立公司时,为了应付验资,将出资款项短期转入公司账户后,在工商机关登记的公司成立之前,又转出公司,导致公司未实际使用该款项进行经营,构成虚假出资。

四、执行中追加抽逃出资的股东

1.股东对于公司享有债权在先,投入注册资金在后,在增资扩股并偿还债务过程中,股东除了把自己的债权变成了投资权益之外,没有从公司拿走任何财产,未变更公司的责任财产与偿债能力,其行为未满足抽逃出资"损害公司权益"的构成要件,股东行为不构成抽逃出资,不应在执行中被追加为被执行人。

在(2014)执申字第9号案中,一审法院认为:昌鑫公司向弘大公司注入资金人民币2545万元(折合美元316.7393万),在正式验资报告尚未出具且工商登记变更之前,上述款项又转入昌鑫公司账户,上述抽回出资的行为造成昌鑫公司对弘大公司的增资并未实际到位。申请执行人请求追加昌鑫公司为本案被执行人,要求其在对弘大公司抽逃出资的范围内承担责任,符合法律规定,应予支持。根据《人民币银行结算账户管理办法》和《人民币银行结算账户管理办法实施细则》规定,注册验资的临时存款账户在验资期间只收不付;单位存款人因增资验资需要开立银行结算账户的,应持其基本存款账户开户许可证、股东会或董事会决议等证明文件,在银行开立一个临时存款账户,该账户的使用和撤销比照因注册验资开立的临时存款账户管理;需要在临时存款账户有效期届满前退还资金的,应出具工商行政管理部门的证明;无法出具证明的,应于账户有效期届满后办理销户退款手续。依照法律规定,上述验资账户中的人民币2545万元资金,在验资期间是不能对外支付的,只有在公司完成变更登记,由验资账户转入基本存款账户后,方可办理公司结算业务。按照规定,即使昌鑫公司与弘大公司之间存在债权债务关系,在弘大公司完成注册资本变更登记之前,上述增资款亦不能作为弘大公司的财产偿还昌鑫公司债务。因此,昌鑫公司是否与弘大公司之间存在人民币2545万元债权债务关系,并不影响其因抽回出资而造成增资不实的事实。二审法院持相同观点。

再审法院认为:昌鑫公司不构成抽逃出资。第一,昌鑫公司对弘大公司存在合法的在先债权。抽逃出资一般是指不存在合法真实的债权债务关系,而将出资转出的行为。本案中,对于昌鑫公司即通过债权受让的方式取得弘大公司债权的事实,山东两级法院与各方当事人并无分歧。

第二,未损害弘大公司及相关权利人的合法权益。法律之所以禁止抽逃出资行为,是因为该行为非法减少了公司的责任财产,降低了公司的偿债能力,不仅损害了公司与其他股东的权益,还损害了公司债权人等相关权利人的权益。而本案并不存在这种情况,昌鑫公司对于弘大公司享有债权在先,投入注册资金在后。在整个增资扩股并偿还债务过程中,昌鑫公司除了把自己的债权变成投资权益之外,没有从弘大公司拿走任何财产,也未变更弘大公司的责任财产与偿债能力。

第三,不违反相关公司法司法解释的规定。本案中,山东两级法院认定昌鑫公司构成抽逃出资适用的司法解释有两个,一是《执行变更追加司法解释》第80条,二是《公司法司法解释(三)》第12条。前者只是规定在执行程序中可以追加抽逃注册资金的股东为被执行人,但是并未规定构成抽逃注册资金的构成要件。后者具体规定了抽逃出资的构成要件,可以作为执行程序中认定是否构成抽逃注册资金的参照。该条文规定的要件有两个,一个是形式要件,具体表现为该条罗列的"将出资款转入公司账户验资后又转出""通过虚构债权债务关系将其出资转出"等各种具体情形,另一个是实质要件,即"损害公司权益"。本案虽然符合该法条规定的形式要件,但是如上所述,实质要件难以认定。所以无法按照上述两个条文的规定认定昌鑫公司构成抽逃注册资金,在执行程序中追加昌鑫公司为被执行人证据不足。

2. 股东未能提供相关投资协议、公司账目、财务报表以及其他能够证明公司进行投资行为的文件证据的情况下，无法证明公司资金流动的明确性、合法性、合理性，更无法证明该行为经过了法定程序，股东将公司资金转移给第三方，应认定为抽逃出资，股东应被追加为被执行人。

在（2020）吉民终173号案中，二审法院认为：大有公司为有限责任公司，股东为于某某、于某2，通达工程队为普通合伙企业，合伙人亦为两人。孙某举证证实，2005年5月20日，于某1、于某2各将新增注册出资人民币250万元存入中国银行长春建设街支行账户内并验资，同年5月25日至6月8日，大有公司分五次将人民币490万元注册资金转款给通达工程队。孙某已提供对大有公司股东履行出资义务产生合理怀疑的证据。在于某1、于某2未能向法庭提供相关的投资协议、公司账目、财务报表以及其他能够证明大有公司进行投资的文件证据的情况下，无法证明大有公司资金流动的明确性、合法性、合理性，更无法证明该行为经过了公司法定程序。因此，于某1、于某2从大有公司转款人民币490万元到通达工程队的行为，应认定为抽逃出资，裁定追加于某1、于某2为被执行人，并无不当。

3. 财产混同或者法人人格混同，均不是追加被执行人的法定事由。（法〔2011〕195号）不属于司法解释范畴，引用其追加被执行人属适用法律错误。

在（2015）执复字第49号案中，最高人民法院认为：追加案外人为被执行人应严格依照法律、司法解释的规定进行，唯有符合法定适用情形的，执行法院才能裁定追加被执行人并对其采取强制执行措施。本案所涉企业法人财产混同不属于司法解释明确的可以追加为被执行人的法定情形，唐山中院、河北高院以此为由，援引非司法解释（法〔2011〕195号）文件为裁判依据，追加深圳长城公司、青龙县燕山矿业公司、青龙县矿源公司为本案被执行人裁决不当，应予纠正。在执行程序中追加案外人为被执行人有严格的法定条件限制，无论本案情形是否属财产混同或者法人人格混同，均不是追加被执行人的法定事由。债权人如果认为被执行人与其他公司存在财产混同、法人人格混同的情形，可以另案提起诉讼，请求否定相关公司法人人格并承担原本由被执行人承担的债务。

4. 股东抽逃出资的，应对公司债权人承担责任，但若股东已经在抽逃出资范围内向其他债权人承担责任，则不能裁定股东重复承担责任。判断追加裁定合法与否，应该以该裁定生效之前发生的事实为依据，不能以追加裁定生效之后发生的承担责任事实，来否定在该事实发生之前作出的追加裁定的合法性。

在（2018）最高法执监411号案中，再审法院认为：本案争议焦点为关于对股东因瑕疵出资而应承担责任时的免责情形的认定。申诉人主张,林华俊仅实际履行了人民币300万元,没有超出其出资份额,不属于重复承担其出资之责。《执行工作司法解释》第80条规定,被执行人无财产清偿债务,如果其开办单位对其开办时投入的注册资金不实或抽逃注册资金,可以裁定变更或追加其开办单位为被执行人,在注册资金不实或抽逃注册资金的范围内,对申请执行人承担责任。《执行工作司法解释》第82条规定,被执行人的开办单位已经在注册资金范围内或接受财产范围内向其他债权人承担全部责任的,人民法院不得裁定开办单位重复承担责任。根据上述规定,股东抽逃出资的,应对公司债权人承担责任,但若股东已经在抽逃出资范围内向其他债权人承担责任的,则不能裁定股东重复承担责任。

关于"已经在注册资金范围内或接受财产范围内向其他债权人承担了全部责任的"的认定,也就是免责情形的认定,应当考虑两方面因素。第一,要求实质上已经承担。"已经""承担了全部责任",主要是指已经发生的客观事实,而不应是尚未发生的事实。第二,对"已经承担责任"时间点的判断,应以追加裁定生效时间为判断标准。判断追加裁定合法与否,应该以该裁定生效之前发生的事实为依据。因此,不能以追加裁定生效之后发生的事实承担责任,来否定在该事实发生之前作出的追加裁定的合法性。追加裁定送达生效之后,被追加的股东应当自觉履行追加裁定所确定的义务,若其将追加裁定之后向其他债权人的履行行为视为"已经承担"责任,从而主张免责抗辩事由的,一般不宜予以支持。

第三节 实务指南

一、未足额出资的股东应对公司债务承担补充赔偿责任

新《公司法》第49条第3款规定:"股东未按期足额缴纳出资的,除应当向公司足额缴纳外,还应当对给公司造成的损失承担赔偿责任。"那么,这种赔偿责任是补充责任还是连带责任?这需要从司法解释中寻找依据。

1.最高人民法院《关于企业开办的其他企业被撤销或者歇业后民事责任承担问题的批复》第2条规定,企业被撤销或者歇业后,其财产不足以清偿债务的,开办企业应当在该企业实际投入的自有资金与注册资金差额范围内承担民事责任。

2. 最高人民法院《关于金融机构为企业出具不实或者虚假验资报告资金证明如何承担民事责任问题的通知》第1条规定:"出资人未出资或者未足额出资,但金融机构为企业提供不实、虚假的验资报告或者资金证明,相关当事人使用该报告或者证明,与该企业进行经济往来而受到损失的,应当由该企业承担民事责任。对于该企业财产不足以清偿债务的,由出资人在出资不实或者虚假资金额范围内承担责任。"

3.《公司法司法解释(二)》第22条第2款规定:"公司财产不足以清偿债务时,债权人主张未缴出资股东,以及公司设立时的其他股东或者发起人在未缴出资范围内对公司债务承担连带清偿责任的,人民法院应依法予以支持。"(该条设定的场景是公司清算。)

4. 与抽逃出资的类比。《公司法司法解释(三)》第14条第2款规定:"公司债权人请求抽逃出资的股东在抽逃出资本息范围内对公司债务不能清偿的部分承担补充赔偿责任、协助抽逃出资的其他股东、董事、高级管理人员或者实际控制人对此承担连带责任的,人民法院应予支持;抽逃出资的股东已经承担上述责任,其他债权人提出相同请求的,人民法院不予支持。"即股东抽逃出资的,在抽逃出资本息范围内对公司债务不能清偿的部分承担补充赔偿责任。

5.《公司法司法解释(三)》第13条第2款则明确规定:"公司债权人请求未履行或者未全面履行出资义务的股东在未出资本息范围内对公司债务不能清偿的部分承担补充赔偿责任的,人民法院应予支持;未履行或者未全面履行出资义务的股东已经承担上述责任,其他债权人提出相同请求的,人民法院不予支持。"

综上,股东未出资或未足额出资的,当公司财产不足以清偿债务时,由股东对公司的债务在出资不实或虚假出资资金本息范围内承担补充赔偿责任,而不是连带清偿责任。(可以将"公司的债务"理解为新《公司法》第49条第3款所称的"给公司造成的损失",都是由债权人作为适格原告提起诉讼。)

二、股份有限公司股东抽逃出资的责任承担

新《公司法》第107条规定:"本法第四十四条、第四十九条第三款、第五十一条、第五十二条、第五十三条的规定,适用于股份有限公司。"这是引致条款,被引致的条文中与抽逃出资相关的是新《公司法》第53条:"公司成立后,股东不得抽逃出资。违反前款规定的,股东应当返还抽逃的出资;给公司造成损失的,负有责任的董事、监事、高级管理人员应当与该股东承担连带赔偿责任。"

根据该规定,责任承担的主体区分为股东、董事、监事和高级管理人员。

(一)股东的责任承担

1. 原告为公司或其他股东的,股东承担抽逃出资本息的返还责任。

根据新《公司法》第53条第2款规定,股东抽逃出资的,应当返还抽逃的出资。同时《公司法司法解释(三)》第14条第1款规定:"股东抽逃出资,公司或者其他股东请求其向公司返还出资本息、协助抽逃出资的其他股东、董事、高级管理人员或者实际控制人对此承担连带责任的,人民法院应予支持。"

故,在公司或其他股东作为原告的情形下,抽逃出资的股份有限公司股东承担返还出资责任(含本息)。这是公司资本维持原则所要求的。

2. 原告为公司债权人的,股东在抽逃出资本息范围内对公司债务不能清偿的部分承担补充赔偿责任。

根据《公司法司法解释(三)》第14条第2款规定:"公司债权人请求抽逃出资的股东在抽逃出资本息范围内对公司债务不能清偿的部分承担补充赔偿责任、协助抽逃出资的其他股东、董事、高级管理人员或者实际控制人对此承担连带责任的,人民法院应予支持;抽逃出资的股东已经承担上述责任,其他债权人提出相同请求的,人民法院不予支持。"

(二)董事、监事、高级管理人员的责任承担

1. 原告为公司或其他股东的,负有责任的董事、监事、高级管理人员、实际控制人对返还出资本息承担连带责任。依据参见《公司法司法解释(三)》第14条第1款规定。

2. 原告为公司债权人的,负有责任的董事、监事、高级管理人员、实际控制人对股东"在抽逃出资本息范围内对公司债务不能清偿的部分承担补充赔偿责任"之情形承担连带责任。

依据参见上述《公司法司法解释(三)》第14条第2款规定。

表1 新《公司法》与司法解释关于抽逃出资的对比

法条	新《公司法》第53条第2款	《公司法司法解释(三)》第14条
对比项目	应当返还抽逃的出资(本金)	向公司返还出资本息
	给公司造成损失的	抽逃出资本息
	负有责任	协助抽逃出资
	无实际控制人	有实际控制人

如果要确定更多的责任承担主体,就要考虑运用新《公司法》第 23 条第 1 款、第 3 款规定的"纵向人格否认制度"、第 2 款规定的"横向人格否认制度"。

综上,股份有限公司股东抽逃出资与有限责任公司股东抽逃出资承担的责任是一样的。

第十章 股东出资与破产解散

第一节 请求权基础规范

一、新《公司法》规定

第 54 条 公司不能清偿到期债务的,公司或者已到期债权的债权人有权要求已认缴出资但未届出资期限的股东提前缴纳出资。

第 236 条 清算组在清理公司财产、编制资产负债表和财产清单后,应当制订清算方案,并报股东会或者人民法院确认。

公司财产在分别支付清算费用、职工的工资、社会保险费用和法定补偿金,缴纳所欠税款,清偿公司债务后的剩余财产,有限责任公司按照股东的出资比例分配,股份有限公司按照股东持有的股份比例分配。

清算期间,公司存续,但不得开展与清算无关的经营活动。公司财产在未依照前款规定清偿前,不得分配给股东。

第 240 条 公司在存续期间未产生债务,或者已清偿全部债务的,经全体股东承诺,可以按照规定通过简易程序注销公司登记。

通过简易程序注销公司登记,应当通过国家企业信用信息公示系统予以公告,公告期限不少于二十日。公告期限届满后,未有异议的,公司可以在二十日内向公司登记机关申请注销公司登记。

公司通过简易程序注销公司登记,股东对本条第一款规定的内容承诺不实的,应当对注销登记前的债务承担连带责任。

第 241 条 公司被吊销营业执照、责令关闭或者被撤销,满三年未向公司登记机关申请注销公司登记的,公司登记机关可以通过国家企业信用信息公示系统予以公告,公告期限不少于六十日。公告期限届满后,未有异议的,公司登记机关可以注销公司登记。

依照前款规定注销公司登记的,原公司股东、清算义务人的责任不受影响。

二、其他法律规定

1.《公司法司法解释(二)》

第 22 条 公司解散时,股东尚未缴纳的出资均应作为清算财产。股东尚未缴纳的出资,包括到期应缴未缴的出资,以及依照公司法第二十六条和第八十条的规定分期缴纳尚未届满缴纳期限的出资。

公司财产不足以清偿债务时,债权人主张未缴出资股东,以及公司设立时的其他股东或者发起人在未缴出资范围内对公司债务承担连带清偿责任的,人民法院应依法予以支持。

2.《企业破产法》

第 35 条 人民法院受理破产申请后,债务人的出资人尚未完全履行出资义务的,管理人应当要求该出资人缴纳所认缴的出资,而不受出资期限的限制。

3.《最高人民法院关于破产债权能否与未到位的注册资金抵销问题的复函》

(法函〔1995〕32 号)

湖北省高级人民法院:

你院(1994)鄂经初字第 10 号请示报告收悉,经研究,答复如下:

据你院报告称:中国外运武汉公司(下称武汉公司)与香港德仓运输股份有限公司(下称香港公司)合资成立的武汉货柜有限公司(下称货柜公司),于 1989 年 3 月 7 日至 8 日曾召开董事会议,决定将注册资金由原来的 110 万美元增加到 180 万美元。1993 年 1 月 4 日又以董事会议对合资双方同意将注册资金增加到 240 万美元的《合议书》予以认可。事后,货柜公司均依规定向有关审批机构和国家工商行政管理局办理了批准、变更手续。因此,应当确认货柜公司的注册资金已变更为 240 万美元,尚未到位的资金应由出资人予以补足。货柜公司被申请破产后,武汉公司作为货柜公司的债权人同货柜公司的其他债权人享有平等的权利。为保护其他债权人的合法权益,武汉公司对货柜公司享有的破产债权不能与该公司对货柜公司未出足的注册资金相抵销。

→附录参考:司法政策文件《九民会议纪要》

6.【股东出资应否加速到期】 在注册资本认缴制下,股东依法享有期限利益。债权人以公司不能清偿到期债务为由,请求未届出资期限的股东在未出资范围内对公司不能清偿的债务承担补充赔偿责任的,人民法院不予支持。但是,下列情形除外:(1)公司作为被执行人的案件,人民法院穷尽执行措施无财产可供执行,已具备破产原因,但不申请破产的;(2)在公司债务产生后,公司股东(大)会决议或以其他方式延长股东出资期限的。

第二节 裁判精要

一、破产清算中追缴出资

(一)程序性问题

1. 公司已进入破产清算阶段,公司主体资格仍然存续,追究股东出资责任的主体仍应为公司,破产管理人属于公司内部特殊表意机关和管理机关,有权作为公司诉讼代表人提起诉讼,但不能以自己的名义进行民事诉讼行为。

在(2020)粤03民初3560号案中,一审法院认为:破产管理人可代表债务人向出资人提起诉讼,要求出资人向债务人依法缴付未履行的出资。未来精准公司虽已进入破产清算阶段,但该公司的主体资格仍然存续,因此,向公司股东追究出资责任的主体仍应为未来精准公司。原告作为未来精准公司的破产管理人,属于未来精准公司内部的特殊表意机关和管理机关,有权作为未来精准公司的诉讼代表人提起诉讼,但不能以自己的名义进行民事诉讼行为,原告并非本案适格原告,对其起诉应予驳回。

2. 破产申请受理前,债权人提起股东出资纠纷诉讼的,破产申请受理时案件尚未审结的,人民法院应当中止审理该股东出资纠纷案件。

在(2016)粤民终1026号案中,再审法院认为:根据《企业破产法司法解释(二)》第21条第2款规定,"破产申请受理前,债权人就债务人财产提起下列诉讼,破产申请受理时案件尚未审结的,人民法院应当中止审理:……(二)主张债务人的出资人、发起人和负有监督股东履行出资义务的董事、高级管理人员,或者协助抽逃出资的其他股东、董事、高级管理人员、实际控制人等直接向其承担出资不实或者抽逃出资责任的……"原审法院裁定受理案外人廖某某对债务人高新公司的破产清算申请,根据上述规定,本案应中止审理。

3. 破产程序终结、破产财产已经分配完毕后,即使大部分债权人不同意向虚假出资、抽逃出资的股东进行追索,应视为该部分债权人对追回的财产放弃参与分配的权利,但债权人仍有权单独追索抽逃出资的股东责任,此追索行为不损害公司其他债权人的利益。

在(2016)最高法民再279号案中,一审法院认为:本案所涉及的北大中基公司破产程序中,在清算阶段后期北大中基公司清算组已经发现北大中基公司的部分股东存在虚假出资、抽逃出资的情况,因当时北大中基公司破产财产已经分配完毕,针对虚假出资、抽逃出资的北大中基公司股东提起诉讼需要各债权人按比例垫付诉讼费用,经债权人会议表决,同意追索债权人的未过半数,导致北大中基公司未向虚假出资、抽逃出资的股东进行追索。北大中基公司的大部分债权人未同意向虚假出资、抽逃出资的北大中基公司股东进行追索,应视为该部分债权人放弃自己的权利,即该部分债权人对于追回的财产放弃参与分配的权利。农行深圳分行积极要求向北大中基公司股东进行追索,在北大中基公司破产程序终结之后,农行深圳分行以自己的名义提起诉讼要求北大中基公司虚假出资、抽逃出资的股东向农行深圳分行个别清偿,并不违反法律规定,也不损害北大中基公司其他债权人的利益。二审法院持相同观点。

4. 在清算程序中追缴股东出资,无须以公司解散之诉的结果为依据。

在(2020)粤03民终5330号案中,二审法院认为:公司解散后应当依法进行清算,而清算的重要目的之一就是对公司的全部债权债务进行清理,包括识别股东是否已缴足全部出资。在清收公司全部债权后先对债权人进行清偿,有剩余资产再在股东之间进行分配。故解散公司不仅不免除股东依法缴足出资的责任,相反在解散之后的公司清算过程中,如发现股东没有缴足出资和抽逃出资的,还必须依法追究相关股东的出资责任,而无须以公司解散之诉的结果为依据。

(二)实体性问题

1. 股东将土地使用权评估作价后作为出资投入公司,该土地已长期由公司使用,达到了公司利用股东出资经营的效用,现公司处于破产清算状态,再请求判令股东办理土地使用权转移手续没有法律依据。

在(2009)高民终字第1598号案中,二审法院认为:永安公司将国有土地使用权经过评估作价后作为出资投入双翎公司,达到了出资额度,永安公司出资的方式及金额均符合《公司法》规定及双翎公司公司章程约定,永安公司已完成出资义务,成为双翎公司的股东。在双翎公司约定的15年的存续期间内,该土地一直由双翎公司使用,已经达到公司利用股东出资经营的效用,现双翎公司处于破产清算状态,请求判令永安公司办理土地使用权转移手续,没有法律依据。

2. 公司被吊销营业执照的事实并不影响股东继续向公司履行出资义务,也与股东在公司清算程序、破产清算中继续履行出资义务不相矛盾。公司进入强制清算程序后,公司继续履行实物出资义务已无任何意义,股东原本应履行的实物和现金出资义务应变更为现金出资义务,这样更有利于清算程序进行,也不会因此加重股东出资负担。

在(2015)民二终字第248号案中,二审法院认为:天川华风公司在华风公司提起本案诉讼前,虽然已被吊销营业执照,但该事实并不影响股东继续向公司履行出资义务,也与股东在公司清算程序、破产清算中继续履行出资义务不相矛盾。天川公司辩称,天川华风公司已被吊销营业执照,涉及天川公司出资的问题应先行在公司清算程序中予以确定和处理,该主张因此缺乏法律依据。天川华风公司被吊销营业执照后,不再正常经营,且现已进入强制清算程序,天川公司继续履行实物出资义务,确实已无任何意义,天川公司依照公司章程规定应向天川华风公司缴纳人民币1200万元的实物和现金出资,均应变更为现金出资,该变更有利于天川华风公司清算程序的进行,且也不会因此加重天川公司的出资负担。

3. 合同关于合作期满后财产归属的约定,并不免除股东在公司清算完成前补足出资的义务。因非货币财产出资的实物在客观上已不能办理产权变更手续,可以请求法院判决股东补足相应的货币出资责任。

在(2019)最高法民申1142号案中,再审法院认为:无论先领公司、通恒公司是否提出过户要求,公汽总公司作为出资人均应履行出资义务。公司章程及合作合同中关于合作期满后财产归属的约定,是合作期满、合作企业依法清算完毕后,双方对合作企业剩余财产如何分配的约定,并不免除公汽总公司在通恒公司清算完成前补足出资的义务。公汽总公司按约定应投入的房产、土地使用权或被拆除,或被政府收回,或者处于查封状态,客观上不能办理产权变更手续,当事人请求法院判令公汽总公司以货币形式承担补足出资的责任,并无不当。

4. 公司处于强制清算过程中,股东是否补缴出资对于公司的业务经营无实际意义,亦不能为公司带来利润。公司现存资产远超负债,即便股东不补缴出资,亦不会损害债权人利益,股东实际也无返还出资之履行能力,基于这些因素考虑,可以主张股东按实际出资比例分配剩余财产,而不要求股东补缴出资。

在(2020)最高法民终107号案中,一审法院认为:股东抽逃出资的,由其向公司返还出资本息为其承担责任的一般原则。但澳通公司已处于强制清算过程中,自2014年即停止经营活动,亚通公司是否返还出资对于澳通公司的业务经营已无实际意义,亦不能为澳通公司带来利润;澳通公司清算虽未结束,但根据债权申报情况,其现存资产远超负债,即便亚通公司不返还出资,亦不会损害债权人利益;亚通公司因资不抵债现处于重整清算中,其事实上亦无返还出资之履行能力。综合以上因素,即便判令亚通公司向澳通公司返还抽逃出资,判项亦难以实际履行,伟升公司关于亚通公司不向澳通公司返还抽逃出资,双方以现有出资情况确定澳通公司剩余财产分配比例的请求具有合理性,应予以支持。二审法院持相同观点。

5. 破产债权不得与未足额缴纳的注册资金进行抵销。

在(2018)鄂民终909号案中,二审法院认为:他案生效民事判决书已确认南华公司构成抽逃出资,南华公司提交的证据不能证明其出资已到位,其现有证据不足以推翻他案生效民事判决书已确认的事实,故南华公司对江北公司构成抽逃出资,应在抽逃出资范围内对江北公司承担返还责任。根据最高人民法院《关于破产债权能否与未到位的注册资金抵销问题的复函》(1995年4月10日法函〔1995〕32号)意见精神,破产债权不能与未足额缴纳的注册资金相抵销,故王某某主张南华公司对江北公司享有的破产债权可与未增资到位的注册资本相抵销的抗辩不能成立。

6. 公司被吊销营业执照后,在长时间内实际控制股东,并没有自行清算或申请法院强制清算,而相关人员从公司成立之初既不认可自己是公司股东,在公司存续期间也从未参与过公司的经营管理活动,又没有从公司获得过投资回报,公司在诉讼过程中也多次否认相关人员的股东资格,故相关人员是否为公司实际意义上的股东尚存在争议,不承担向公司履行出资的义务。

在(2015)宁民提字第11号案中,再审法院认为:兴荣公司已被工商行政管理部门吊销营业执照,公司被吊销营业执照是法定的公司解散事由,公司在出现解散事由之日起十五日内成立清算组,开始清算,清理债权债务,分配剩余财产,了结公司的法律关系,清算期间,公司法人资格仍然存在,但公司的权利能力仅限于清算所必要的范围内。公司解散时,股东尚未缴纳的出资均应作为清算财产。而兴荣公司在公司被吊销营业执照后长达三年的时间内,公司实际控制股东并没有自行清算或申请法院强制清算,依法履行清算责任,而马某某从公司成立之初,既不认可自己是公司股东,在兴荣公司存续期间,从未参与过公司的经营管理活动,又没有从公司获得过任何投资回报,双方之间产生了长期的诉讼纠纷,兴荣公司在诉讼过程中,也多次否认马某某的股东资格。故在兴荣公司尚未进行公司清算,对马某某是否为兴荣公司实际意义上的股东尚存在争议,且争议房产已被马某某处置的情况下,向法院提起实体权利的诉请,要求判令马某某将房产办理产权转移手续,缺乏事实和法律依据,不予支持。

二、股东出资是否加速到期

(一)股东出资加速到期

1. 债权人穷尽执行措施,公司无财产可供执行,公司已具备破产原因,但未申请破产,股东出资应加速到期,在未出资范围内对公司不能清偿的债务承担补偿赔偿责任。

在(2021)鲁民终1053号案中,一审法院认为:张某某作为青岛中瑞公司的股东,在青岛中瑞公司作为被执行人的案件中,执行法院通过网络查控,未查询到公司可供执行的财产,张某某在本案中,也不能提交青岛中瑞公司可供执行的财产信息情况。穷尽执行措施,公司无财产可供执行,公司已具备破产原因,但未申请破产。张某某作为青岛中瑞公司的股东,虽未届出资期限,其依法仍应在未出资范围内对公司不能清偿的债务承担补偿赔偿责任。二审法院持相同观点。

2. 在多起执行案件过程中,人民法院穷尽执行措施均已认定公司无财产可供执行,公司已不能清偿到期债务且资产不足以清偿全部债务、明显缺乏清偿能力,已经具备破产原因,公司并未申请破产,股东出资加速到期。

在(2020)苏01民终4613号案中,二审法院认为:在多起执行案件过程中,法院穷尽执行措施均已认定艺庭公司无财产可供执行,故艺庭公司已不能清偿到期债务,且资产不足以清偿全部债务、明显缺乏清偿能力,已经具备破产原因,艺庭公司并未申请破产。艺庭公司注册资本人民币500万元,认缴出资截止时间为2033年7月9日,作为艺庭公司两个股东实缴出资仅人民币50万元,故对原告关于两股东在未出资范围内对艺庭公司不能清偿债务承担补充赔偿责任的请求应予以支持。

3. 穷尽执行措施股东仍无财产可供执行,裁定终结本次执行程序,公司银行账户自其被追加为被执行人之后持续处于查封状态,能够认定公司属于法律规定的"已具备破产原因,但不申请破产"的情形,股东出资加速到期,股东在未出资范围内对公司不能清偿的债务承担补充赔偿责任。

(2021)京03民终9241号案中,一审法院认为:杰威尔公司对百事达公司及百事达北京分公司的债权已被他案生效法律文书确认,且杰威尔公司已向法院申请强制执行。百事达公司、百事达北京分公司作为被执行人的案件,法院穷尽执行措施无财产可供执行,裁定终结本次执行程序。现百事达公司未对其具备清偿能力或资产足以清偿债务等进行举证,相反,百事达公司银行账户自其被追加为被执行人之后持续处于查封状态,能够认定百事达公司属于法律规定的"已具备破产原因,但不申请破产"的情形。天津市市场主体信用信息公示系统显示崔某某为百事达公司唯一股东,累计认缴额人民币500万元,累计实缴额人民币60万元,认缴出资方式为货币,认缴出资日期为2025年12月31日。综上应认定百事达公司唯一股东崔某某的股东出资加速到期,在未出资范围内对百事达公司不能清偿的债务承担补充赔偿责任。二审法院持相同观点。

4."未履行或者未全面履行出资义务的股东""未缴纳或未足额缴纳出资的股东"原则上仅指向股东出资期限已经届满的情形,而不包含未届出资期限的股东。人民法院穷尽执行措施无财产可供执行,已具备破产原因,但不申请破产的,股东依法享有的出资期限利益不能对抗公司所承担的外部债务清偿责任,股东出资加速到期。

在(2021)沪02民终11655号案中,二审法院认为:《公司法司法解释(三)》中"未履行或者未全面履行出资义务的股东"和《执行变更追加司法解释》第17条中"未缴纳或未足额缴纳出资的股东"原则上仅指向股东出资期限已经届满的情形,而不包含未届出资期限的股东。本案中,首先,鲜衣公司作为他案的被执行人,无法清偿债务,经法院穷尽执行措施仍无财产可供执行,并作出了终结本次执行程序的裁定。其次,鲜衣公司相关财务报表显示其自2018年末起即长期处于资不抵债状态,鲜衣公司在其住所地已停止经营,相关当事人在本案中亦未举证证明鲜衣公司具备清偿能力或经营能力。最后,鲜衣公司资产不足以清偿全部债务,且明显缺乏清偿能力,已具备破产条件,但鲜衣公司尚未依法申请破产,相关当事人也未举证证明鲜衣公司已依法申请破产或提出不申请破产的合理理由。据此,公司作为被执行人的案件,人民法院穷尽执行措施鲜衣公司无财产可供执行,已具备破产原因,但不申请破产的,股东依法享有的内部出资期限利益不能对抗公司所承担的外部债务清偿责任,股东的出资义务应当加速到期。

5.股东转让股权时,公司债权尚未发生,且股权转让时出资期限并未届至,股东无须承担出资义务。公司具备破产条件,但其不申请破产,股东出资应加速到期,由股权受让方提前履行出资义务。

在(2021)京02民终9568号案中,一审法院认为:中冷公司股东虽存在未履行部分出资义务的情形,但六个股东转让股权时,涉案债权尚未发生,且股东在进行股权转让时,出资期限并未届至,对要求各股东对此之前的股权转让行为承担责任的主张,不予支持。中冷公司在注册资本认缴制下,股东依法享有期限利益,但该期限利益的享有应受到一定限制。中冷公司作为被执行人时,在法院穷尽执行措施无财产可供执行,已具备破产原因,但在其不申请破产的情形下,股东的认缴出资应当加速到期。李某某、陈某某作为中冷公司的股东,其认缴出资视为到期,其应就未出资部分(共计人民币433.2万元)对中冷公司债务承担补充赔偿责任。

（二）股东出资不加速到期

1. 被执行人的案件虽然终结，但并不能充分证明"人民法院穷尽执行措施无财产可供执行，已具备破产原因"，股东出资不加速到期。

在（2020）湘06民终3570号案中，二审法院认为：花某、曾某虽未提供有效证据证明现已实际履行出资义务，但因实缴出资期限尚未届满，花某、曾某依法享有出资期限利益。且华权公司作为被执行人的案件虽然终结，但根据终结原因，并不能充分证明"人民法院穷尽执行措施无财产可供执行，已具备破产原因"，星科电器厂亦未举证证明华权公司存在加速股东认缴出资额到期的其他法定情形，星科电器厂无权主张花某、曾某在未出资本息范围内对华权公司的涉案债务承担补充清偿责任。

2. 申请执行人没有证据证明"人民法院穷尽执行措施无财产可供执行，已具备破产原因，但不申请破产的情形"的，加速股东出资期限、追加未缴出资的股东为被执行人之主张不成立。

在（2021）最高法民申6423号案中，再审法院认为：因抚昌实业公司的股东出资均未届出资期限，中建华夏公司没有证据证明在抚昌实业公司作为被执行人的案件中，人民法院穷尽执行措施被执行人无财产可供执行，已具备破产条件，但不申请破产的情形。发生案涉债务后，虽投资发展公司和科技集团公司进行了股权转让及变更，但中建华夏公司并未举证证明抚昌实业公司以股东会决议或以其他方式延长股东出资期限。因此抚昌实业公司的股东并不属于未履行或未全部履行出资义务的股东，股东出资不加速到期。

3. 被执行人有财产尚未执行完毕，公司债权人请求追加出资期限未届满的股东在未出资范围内承担责任，没有依据。

在（2021）沪01民终6011号案中，二审法院认为：本案依据生效法律文书查封了被执行人邓某某名下的房产，尚未执行完毕，租赁物变现清偿债务也尚未执行完毕，尚不符合关于被执行人无财产可供执行的前提，公司债权人请求追加出资期限未届满的股东在未出资范围内承担责任，缺乏事实依据。

4. 申请执行人并未向法院提出对被执行人进行破产清算的申请，在法院并未受理破产申请的情形下，关于未履行出资义务的股东应承担责任的规定不适用于认缴出资期限尚未届满的股东。

在（2019）苏0114民初628号案中，一审法院认为：《企业破产法》第35条规定，"人民法院受理破产申请后，债务人的出资人尚未完全履行出资义务的，管理人应当要求该出资人缴纳所认缴的出资,而不受出资期限的限制"。然而,庞傲公司并未向人民法院提出对云动公司进行破产清算的申请,云动公司并未进入破产清算程序。在人民法院并未受理破产申请的情形下,关于未缴纳或未足额缴纳出资的股东应承担相应责任的法律规定不适用于认缴出资期限尚未届满的股东,不应追加毛某某为本案被执行人并承担连带责任。

5. 公司章程并未规定股东出资时间,且公司对外债务已还清,处于无厂房设备和无经营状态,此时要求股东补足出资已无必要,公司可在解散清算过程中对股东尚未缴纳的出资予以处理,以实现股东的盈余分配和亏损负担。

在(2017)苏民申1752号案中,再审法院认为:公司已经过工商机关登记备案的公司章程及未备案登记的公司章程中均未对公司股东出资流程、到账时间进行明确规定,仅明确上述事宜具体由公司的股东出资办法进行规定,而公司也并未制定合法有效的股东出资办法。二审中公司提供的未定稿的股东出资办法规定股东认缴出资的到账时间等由公司董事长决定,但公司董事长二审中明确陈述其并未确定股东全部出资的到账时间。故,股东杨某某目前未能完成认缴出资并不违反公司章程规定,且华强公司目前的厂房、设备都已经被变卖处理,对外债务已经还清,处于无厂房、无设备、无经营状态,华强公司实际上已经不再运营,对外并无债务需要清偿,公司在现阶段要求杨某某、王某某补足出资已无必要,公司可在解散清算过程中对股东尚未缴纳的出资予以处理,以实现股东的盈余分配和亏损负担。

三、执行中追加瑕疵出资股东

1. 不管是名义股东还是实际股东,均应在未出资本息范围内对公司债权人承担补充赔偿责任,在执行中可以追加未履行出资义务的名义股东为被执行人。

在(2017)浙03民终6079号案中,二审法院认为:吴某某作为一名具备完全民事行为能力的公民,应当明白在公司章程和工商登记材料上签字的法律后果。其在签名成为艳阳公司的股东后,不得将出资款项转入公司账户验资后又转出或通过虚构债权债务关系将其出资转出。吴某某在缴纳出资人民币90万元后,将总计人民币702710元以借款、往来款名义从艳阳公司账户转入其个人账户。虽吴某某抗辩该个人账户非为其掌控,款项也非为其收取,但吴某某对此未能提供充分证据予以证明,且该账户由吴某某开设,除被盗用等并非为吴某某行为造成的情况外,吴某某应承担该账户所产生的一切法律后果,即使吴某某存在出借个人账户的情况,亦不能免除吴某某归还人民币702710元出资的义务。此外,吴某某作为工商登记持有艳阳公司60%股份的股东,在艳阳公司未能偿还债权人欠款经破产程序后,由艳阳公司破产管理人向吴某某追收抽逃出资,不管其在本案中是名义股东还是实际股东,均应在未出资本息范围内承担补充赔偿责任。

2. 通过股权转让方式继受成为股东,不是公司的发起人,不具有继续缴纳出资义务,不属于未缴纳或未足额缴纳出资的股东,不应追加其为被执行人。

在(2017)最高法执监106号案中,再审法院认为:按照《执行工作司法解释》第80条以及《执行变更追加司法解释》第17条的规定,公司财产不足以清偿生效法律文书确定的债务,如果股东未缴纳或未足额缴纳出资,可以追加股东为被执行人,在尚未缴纳出资的范围内依法承担责任。本案中,综合澳普尔投资公司企业法人营业执照副本、工商登记档案及其与中信公司之间的股权转让合同,中信公司并非设立澳普尔投资公司的发起股东,而是通过股权转让方式继受成为澳普尔投资公司股东。中信公司受让澳普尔投资公司股权后,澳普尔投资公司注册资本仍为人民币1亿元,中信公司并不具有继续缴纳出资义务。因此,中信公司不属于上述司法解释所规定的未缴纳或未足额缴纳出资的股东,不应被追加为该公司被执行人。

3. 在明知公司存在债务、出资期限即将届满情形下,股东通过召开股东会形式将出资期限延长,属于逃避公司债务,损害了公司债权人利益,股东出资具备加速到期的条件,股东不再享有期限利益,可以追加未出资的股东为被执行人。

在(2021)青01民终2112号案中,二审法院认为:本案争议焦点为关于龚某某要求追加栾某某、杨某为被执行人的理由有无法律依据,栾某某、杨某应否对忆水源公司的债务承担补充赔偿责任的问题。忆水源公司系自然人投资或控股的有限责任公司,成立于2005年11月24日,股东为栾某某、杨某二人,2017年10月10日,公司通过了《公司章程修正案》,将公司的注册资本修正为人民币1000万元,栾某某出资人民币800万元,杨某出资人民币200万元,扣除二人在公司成立之初的出资额人民币100万元(栾某某出资人民币80万元、杨某出资人民币20万元),栾某某尚需出资人民币720万元、杨某出资人民币180万元,出资时间为2020年12月24日。2019年6月21日生效判决判令忆水源公司支付龚某某设备款、违约金、利息损失共计人民币91125元。因忆水源公司暂无财产可供执行,2019年12月4日,案件终结执行,龚某某的债权没能实现。根据法律规定,龚某某作为忆水源公司债权人有权要求在出资期限届满后未履行或者未全面履行出资义务的股东栾某某、杨某在未出资范围内对公司债务不能清偿的部分承担补充赔偿责任。栾某某、杨某在明知公司存在债务、股东出资的期限即将届满的情形下,于2020年10月10

日通过召开股东会的形式将出资期限变更为2030年12月24日前。栾某某、杨某延长出资期限的行为,属于逃避公司债务,损害了公司债权人的利益,股东的出资具备加速到期的条件,股东不再享有期限利益。龚某某主张追加栾某某、杨某为本案被执行人,要求两股东对忆水源公司的债务承担补充赔偿责任的诉求依据充足。

4.未履行出资义务的股东对公司债权人承担的是补充赔偿责任,即应当以债务人(公司)、担保人承担还款责任为第一顺位,在第一顺位主体尚未清偿情况下,追加瑕疵出资股东清偿没有依据。

在(2019)最高法民申2895号案中,再审法院认为:根据《执行变更追加司法解释》第17条规定,"作为被执行人的企业法人,财产不足以清偿生效法律文书确定的债务,申请执行人申请变更、追加未缴纳或未足额缴纳出资的股东、出资人或依公司法规定对该出资承担连带责任的发起人为被执行人,在尚未缴纳出资的范围内依法承担责任的,人民法院应予支持"。林某等四名再审申请人主张已被法院查封的海城市农电镁质材料厂的土地、厂房、机械设备等资产不足以清偿债务,但因未对海城市农电镁质材料厂进行资产评估,不能当然得出海城市农电镁质材料厂不能承担担保责任的结论。未出资或者未完全出资的股东,对公司债权人承担的是补充赔偿责任,即应当以债务人海城市光源实业有限公司、担保人海城市农电镁质材料厂承担还款责任为第一顺位,追加瑕疵出资股东海城市农电工程建设公司为执行人没有依据。

5."具备破产原因"是指企业法人不能清偿到期债务,并且资产不足以清偿全部债务或者明显缺乏清偿能力,公司已具备破产原因却不申请破产,股东未提交证据证明其实缴出资情况,应在未出资范围内对公司不能清偿的债务承担责任,应追加未履行出资义务的股东为被执行人。

在(2022)苏72执异7号案中,一审法院认为:申请执行人就其对被执行人成博公司享有的债权已经申请强制执行,但因被执行人无财产可供执行,法院已依法对该案裁定终结本次执行程序。被申请人谭某2陈述成博公司正常经营,亦有债权未收回,但未提供成博公司可供执行的财产,可以认定被执行人明显缺乏清偿能力,财产不足以清偿生效法律文书确定的债务。对于被执行人的股东谭某1、谭某2,虽未届出资期限,但对于成博公司作为被执行人的案件,法院已穷尽执行措施且无财产可供执行,该公司已具备破产原因却不申请破产,谭某1、谭某2均未提交证据证明其实缴出资情况,应在未出资范围内对公司不能清偿的债务承担责任,应追加谭某1、谭某2为被执行人。

第三节　实务指南

一、新《公司法》股东出资的民事责任体系

1. 股东出资责任：指发起人或股东按照公司章程或股东之间协议约定缴付出资的责任，及股份有限公司的认股人按照认股书缴付股款的责任。

2. 股东出资违约的补缴责任：指股东没有履行出资义务（完全没有履行或没有完全履行），公司、股东有权请求其向公司完全补缴出资。

3. 出资违约的股东对债权人的补充赔偿责任：指没有履行出资义务的股东在未出资本息范围内对公司债务不能清偿的部分承担补偿赔偿责任，之所以是补充责任，因为对债权人而言，债务关系的相对方是公司，首先得请求公司偿还债务，在公司不能清偿时，才轮到未履行出资义务的股东来承担责任。

还有一种补充责任，即新《公司法》第88条规定的，在出资期限届满前转让股权的，主要由受让人承担出资责任，转让人承担补充责任。

4. 股东出资违约的连带责任：只在设立公司这个场景里，股东未履行出资义务，公司、其他股东（即便也是非守约方）、债权人请求发起人、违约股东承担连带责任。

新《公司法》关于承担连带责任的主体主要有如下几类：

（1）公司发起人：指公司设立时，发起人对其他股东未履行出资义务行为承担连带责任；

（2）公司增资时，未尽忠实勤勉义务的董事、监事、高级管理人员对股东未履行出资义务行为承担连带责任；

（3）协助抽逃出资的其他股东、董事、监事、高级管理人员或实际控制人，债权人可以请求其向公司返还出资，协助抽逃出资的上述人员承担连带责任；

（4）评估、验资或验证的中介机构提供不实的虚假验资报告给债权人造成损失的，在不实的资金范围内承担连带责任；

（5）提供不实、虚假的验资报告或资金证明的金融机构，根据过错大小，在不实的资金范围内承担连带责任；

（6）在股权转让中，已届出资期限而转让股权的，以转让人与受让人对未出资的部分共同承担连带责任为原则。

5. 股东出资违约责任:指未履行出资义务的股东对履行出资义务的股东承担的违约责任。

6. 股东出资作价过高的填补责任:指以非货币财产出资的,对该非货币财产作价过高,在公司实际资本显著低于公司登记资本时,非货币财产出资人承担补足责任。

7. 股东出资作价过高的连带填补责任:指对非货币财产出资作价过高,在公司实际资本显著低于公司登记资本时,公司其他股东或发起人承担的连带责任。

8. 股东抽逃出资的返还出资责任:指股东在公司成立后通过各种方式将投入公司的出资抽逃,应将抽逃的出资返还给公司的责任。

9. 股东抽逃出资对债权人的补充赔偿责任:指抽逃出资的股东在抽逃出资范围内对公司债务在不能清偿的部分承担补充赔偿责任。

二、股东出资加速到期三大实务问题

(一)非破产情形下股东出资期限加速到期的情形

新《公司法》对股东出资实行有期限的认缴制,即全体股东认缴的出资额由股东按照公司章程的规定自公司成立之日起五年内缴足,新《公司法》第46条第1款第5项也规定了公司章程必须记载股东的出资日期,股东之间可以自由约定出资期限,这表明股东存在出资期限利益的保护。

原则上,出资期限未届至,股东无须承担出资加速到期的责任,因为公司章程具有公示作用,债权人交易存在风险,可以通过刺破法人面纱、破产等手段来进行权利救济。但公司章程关于出资期限的约定不具有对抗股东出资之法定义务的效力,在特殊情形中,股东认缴出资期限利益不受保护,股东出资加速到期:

1. 法定情形

(1)公司破产

《企业破产法》第35条规定:"人民法院受理破产申请后,债务人的出资人尚未完全履行出资义务的,管理人应当要求该出资人缴纳所认缴的出资,而不受出资期限的限制。"

(2)执行程序中公司财产不足以清偿债务的

《执行变更追加司法解释》第17条规定:"作为被执行人的营利法人,财产不足以清偿生效法律文书确定的债务,申请执行人申请变更、追加未缴纳或未足额缴纳出资的股东、出资人或依公司法规定对该出资承担连带责任的发起人为被执行人,在尚未缴纳出资的范围内依法承担责任的,人民法院应予支持。"

(3)公司解散时

《公司法司法解释(二)》第22条规定:"公司解散时,股东尚未缴纳的出资均应作为清算财产。股东尚未缴纳的出资,包括到期应缴未缴的出资,以及分期缴纳尚未届满缴纳期限的出资。"

(4)具备破产原因但不申请破产或公司债务产生后延长股东出资期限的

《九民会议纪要》第6条规定:"在注册资本认缴制下,股东依法享有期限利益。债权人以公司不能清偿到期债务为由,请求未届出资期限的股东在未出资范围内对公司不能清偿的债务承担补充赔偿责任的,人民法院不予支持。但是,下列情形除外:(1)公司作为被执行人的案件,人民法院穷尽执行措施无财产可供执行,已具备破产原因,但不申请破产的;(2)在公司债务产生后,公司股东会决议或以其他方式延长股东出资期限的。"

决议延长出资期限导致股东出资期限利益不受保护的法理基础在于债权人撤销权,《民法典》第538条规定:"债务人以放弃其债权、放弃债权担保、无偿转让财产等方式无偿处分财产权益,或者恶意延长其到期债权的履行期限,影响债权人的债权实现的,债权人可以请求人民法院撤销债务人的行为。"

(5)公司非破产时"不能清偿到期债务的"

新《公司法》第54条规定:"公司不能清偿到期债务的,公司或者已到期债权的债权人有权要求已认缴出资但未届出资期限的股东提前缴纳出资。"

如何认定"公司不能清偿到期债务"?是指公司对公司到期债务产生了"支付不能"的效果,包括公司有支付能力却不愿清偿的情形,而无须适用《企业破产法》第2条规定的"企业法人不能清偿到期债务,并且资产不足以清偿全部债务或者明显缺乏清偿能力的"之关于企业破产的复杂判断标准。

实务中认定的情形:例如,股东未实缴出资,仍然对外签订合同产生巨额债务,并再次以认缴方式巨额增资,明知公司资产严重不足以清偿债务,并在诉讼前通过转让股权的方式以逃废出资义务,具有逃废出资债务的恶意,该行为严重损害了公司债权人利益的,其认缴出资期限利益不被保护。

(二)直接清偿规则、入库规则

关于股东出资加速到期后,如何处理出资财产的流向,是实务中争议的焦点问题,观点之一是实行直接受偿规则,即将出资财产向提起诉讼的特定债权人清偿;观点之二是实行入库规则,即出资财产面向全体债权人公平清偿。《民法典》第537

条规定:"人民法院认定代位权成立的,由债务人的相对人向债权人履行义务,债权人接受履行后,债权人与债务人、债务人与相对人之间相应的权利义务终止。债务人对相对人的债权或者与该债权有关的从权利被采取保全、执行措施,或者债务人破产的,依照相关法律的规定处理。"

也就是说,行使代位权的债权人原则上可以直接受偿,如果债务人对相对人的债被采取保全、执行措施或者债务人破产的,依照相关法律的规定处理(比如依照《破产法》实行入库规则处理)。

如果公司满足破产条件但不申请破产的,股东出资财产被直接清偿给提起诉讼的债权人,则在破产程序中可能被其他债权人提出异议请求法院撤销个别清偿行为,依据在于《企业破产法》第32条"人民法院受理破产申请前六个月内,债务人有本法第二条第一款规定的情形,仍对个别债权人进行清偿的,管理人有权请求人民法院予以撤销。但是,个别清偿使债务人财产受益的除外"之规定。

(三)补充责任、连带责任

1.补充责任

在股东出资加速到期情形下,原则上股东在未出资范围内对公司债务承担补充责任,补充责任是种具有先后顺位的补充性责任,不同于连带责任。《公司法司法解释(三)》第13条第2款规定:"公司债权人请求未履行或者未全面履行出资义务的股东在未出资本息范围内对公司债务不能清偿的部分承担补充赔偿责任的,人民法院应予支持;未履行或者未全面履行出资义务的股东已经承担上述责任,其他债权人提出相同请求的,人民法院不予支持。"

2.补充责任和连带责任

股东转让股权恶意逃避出资义务而导致股东出资加速到期的,落入了新《公司法》第88条规定的范围,对于股权转让人承担何种责任,需区分情况分析:

第一,出资未届满时,纯粹的补充责任。

根据该条第1款,股东转让已认缴出资但未届出资期限的股权的,由受让人承担缴纳该出资的义务;受让人未按期足额缴纳出资的,转让人对受让人未按期缴纳的出资承担补充责任。

第二,出资届满时或出资不实时,纯粹的连带责任。

根据该条第2款,未按照公司章程规定的出资日期缴纳出资或者作为出资的非货币财产的实际价额显著低于所认缴的出资额的股东转让股权的,转让人与受让人在出资不足的范围内承担连带责任;受让人不知道且不应当知道存在上述情形的,由转让人承担责任。

同时,在《公司法司法解释(三)》第 18 条第 1 款规定:"有限责任公司的股东未履行或者未全面履行出资义务即转让股权,受让人对此知道或者应当知道,公司请求该股东履行出资义务、受让人对此承担连带责任的,人民法院应予支持;公司债权人依照本规定第十三条第二款向该股东提起诉讼,同时请求前述受让人对此承担连带责任的,人民法院应予支持。"

三、对非破产情形下股东出资加速到期制度的理解

新《公司法》第 54 条规定:"公司不能清偿到期债务的,公司或者已到期债权的债权人有权要求已认缴出资但未届出资期限的股东提前缴纳出资。"此条规定有限公司股东出资义务加速到期,适用非破产情形下的股东出资加速到期,对此理解如下:

1. 前提是"不能清偿到期债务",此标准简单明了

《企业破产法》第 2 条第 1 款规定:"企业法人不能清偿到期债务,并且资产不足以清偿全部债务或者明显缺乏清偿能力的,依照本法规定清理债务。"此处的"不能清偿到期债务"与新《公司法》的本条规定之"不能清偿到期债务"等同,具有内在逻辑的一致性。但企业破产的触发条件更复杂些,还需要具备"资产不足以清偿全部债务或者明显缺乏清偿能力的",这些反而不容易被识别为非破产情形下的股东出资加速到期的要件。

如何理解"不能清偿到期债务"?《企业破产法司法解释(一)》第 2 条规定:"下列情形同时存在的,人民法院应当认定债务人不能清偿到期债务:(一)债权债务关系依法成立;(二)债务履行期限已经届满;(三)债务人未完全清偿债务。"据此,同时具备上述三个要件的,构成"不能清偿到期债务"。从字面理解,它既指一种主观心理状态,指有资产却不愿意支付债务,即所谓的支付意愿,又指一种客观行为,指确实没有能力支付债务,所谓的支付不能。

本条的"不能清偿到期债务",同时包括支付意愿和支付不能,认定标准宽松,不必遵循《企业破产法司法解释(一)》第 4 条规定的繁琐标准,故简单明了。该条规定:"债务人账面资产虽大于负债,但存在下列情形之一的,人民法院应当认定其明显缺乏清偿能力:(一)因资金严重不足或者财产不能变现等原因,无法清偿债务;(二)法定代表人下落不明且无其他人员负责管理财产,无法清偿债务;(三)经人民法院强制执行,无法清偿债务;(四)长期亏损且经营扭亏困难,无法清偿债务;(五)导致债务人丧失清偿能力的其他情形。"

2. 请求股东提前出资的主体

请求股东提前出资的主体包括公司、债权人。注意,没有其他股东。在股东瑕疵出资或未出资情况下,其他股东有权要求该股东履行出资义务,补缴出资款,即便其他股东本身也存在瑕疵出资甚至未出资的事实,不影响其他股东请求股东出资的权利,即违约股东有权对其他违约股东请求履行出资义务。但在本条中,涉及非破产情形时需要股东提前出资的,主张权利的主体只能限定为公司、债权人。

3. 是否实行入库规则

即股东该出资被成功催缴后,该出资款是放进公司的资金池里依清偿规则统一分配给所有债权人,还是直接全部清偿给提起该诉讼的债权人。实行入库规则,显然不利于推动债权人主动提起诉讼。此题并没有明确答案。

4. 相关股东出资加速到期的规定是否还有适用余地

《九民会议纪要》第6条规定:"在注册资本认缴制下,股东依法享有期限利益。债权人以公司不能清偿到期债务为由,请求未届出资期限的股东在未出资范围内对公司不能清偿的债务承担补充赔偿责任的,人民法院不予支持。但是,下列情形除外:(1)公司作为被执行人的案件,人民法院穷尽执行措施无财产可供执行,已具备破产原因,但不申请破产的;(2)在公司债务产生后,公司股东(大)会决议或以其他方式延长股东出资期限的。"

此处亦是对非破产情形下股东出资加速到期的规定,具备其中一个要件即可:第一,具备破产原因但不申请破产;第二,在公司债务产生后延长出资期限。对于第一个要件,实务中有非常多的标准,比如穷尽执行措施无财产可执行即视为具备破产条件,穷尽执行措施可以指一次终结即构成,有些判例还需要继续证明"已具备破产条件"才构成;对于第二个要件,比较容易识别,延长股东出资的公司决议发生在公司债务之后即构成出资加速到期。

问题是:《九民会议纪要》这条规定,在新《公司法》的形势下是否还有适用的余地?笔者认为,如前述,新《公司法》规定的非破产情形下股东出资加速到期的标准相当简单,门槛非常低,完全没有必要再适用《九民会议纪要》相关规定来认定处理,《九民会议纪要》股东出资加速到期的规定当然也是建立在公司债务未能清偿、股东尚未出资的情形下,直接适用新《公司法》本条规定足够,当然如果发生《九民会议纪要》规定的情形,依此进行说理,使股东出资义务加速到期多了些阐述的理由,也未尝不可。

第十一章　不同时期公司法关于股东出资的法律适用

第一节　请求权基础规范

1.《公司法时间效力司法解释》

第1条　公司法施行后的法律事实引起的民事纠纷案件,适用公司法的规定。

公司法施行前的法律事实引起的民事纠纷案件,当时的法律、司法解释有规定的,适用当时的法律、司法解释的规定,但是适用公司法更有利于实现其立法目的,适用公司法的规定:……(三)公司法施行前,股东以债权出资,因出资方式发生争议的,适用公司法第四十八条第一款的规定……(七)公司法施行前,公司减少注册资本,股东对相应减少出资额或者股份数量发生争议的,适用公司法第二百二十四条第三款的规定。

第4条　公司法施行前的法律事实引起的民事纠纷案件,当时的法律、司法解释没有规定而公司法作出规定的下列情形,适用公司法的规定:(一)股东转让未届出资期限的股权,受让人未按期足额缴纳出资的,关于转让人、受让人出资责任的认定,适用公司法第八十八条第一款的规定……

第7条　公司法施行前已经终审的民事纠纷案件,当事人申请再审或者人民法院按照审判监督程序决定再审的,适用当时的法律、司法解释的规定。

2.《公司法司法解释(一)》

第1条　公司法实施后,人民法院尚未审结的和新受理的民事案件,其民事行为或事件发生在公司法实施以前的,适用当时的法律法规和司法解释。

第2条　因公司法实施前有关民事行为或者事件发生纠纷起诉到人民法院的,如当时的法律法规和司法解释没有明确规定时,可参照适用公司法的有关规定。

第5条　人民法院对公司法实施前已经终审的案件依法进行再审时,不适用公司法的规定。

第二节 裁判精要

一、责任承担

（一）其他股东对未履行出资义务股东的连带责任

1.《公司法》(1999修正)没有规定当股东货币出资不足时是否由公司设立时的其他股东承担连带责任，《公司法》(2005修订)没有完整规定有限责任公司发起人未履行出资义务时其他发起人的连带责任，股东基于当时法律规定对承担的责任是有合理预期的，如果参照新《公司法》进行适用，将极大增加股东责任，导致权利义务严重失衡。

在(2017)最高法民申1841号案中，再审法院认为：关于原判决未适用《公司法司法解释(三)》是否构成适用法律确有错误。

首先，《公司法》于1994年7月1日施行后，先后于1999年12月25日修正、2004年8月28日修正、2005年10月27日修订和2013年12月28日修正。《公司法司法解释(一)》第1条规定："公司法实施后，人民法院尚未审结的和新受理的民事案件，其民事行为或事件发生在公司法实施以前的，适用当时的法律法规和司法解释"，即采取法不溯及既往原则。该解释所称《公司法》为2005年10月27日修订、2006年1月1日起施行的《公司法》。朗润公司于2000年7月设立，各设立股东基于当时的法律规定对其应承担的股东责任是有合理预期的，根据《公司法司法解释(一)》确定的法不溯及既往原则，原判决认定本案应适用引起本案诉讼的股东出资行为发生时的公司法规定，并无不当。

其次，关于《公司法》(1999修正)是否规定了设立股东应对其他未出资股东的赔偿责任承担连带责任的问题。《公司法》(1999修正)第3条第2款规定："有限责任公司，股东以其出资额为限对公司承担责任，公司以其全部资产对公司的债务承担责任。"第25条第1款规定："股东应当足额缴纳公司章程中规定的各自所认缴的出资额。股东以货币出资的，应当将货币出资足额存入准备设立的有限责任公司在银行开设的临时账户；以实物、工业产权、非专利技术或者土地使用权出资的，应当依法办理其财产权的转移手续。"第28条规定："有限责任公司成立后，发现作为出资的实物、工业产权、非专利技术、土地使用权的实际价额显著低于公司章程所定价额的，应当由交付该出资的股东补交其差额，公司设立时的其他股东对其承担连带责任",但未进一步规定当股东货币出资不足时是否由公司设立时的其他股东承担连带责任。可见,第28条的目的仅在于保障非货币财产的正确评估作价,防止非货币财产价值高估会稀释其他股东的股份利益及损害公司债权人的合法权益,故该条不能扩张适用于货币出资的情形。

本案中,朗润公司注册资本人民币1.2亿元,设立股东为国大期货(应出资人民币2400万元)、北辰公司(应出资人民币2000万元)、南山集团(应出资人民币4000万元)、华通物产(应出资人民币3000万元)、中煤公司(应出资人民币600万元)。根据《民法通则》第87条关于连带债务应当依法律规定或当事人约定而产生的规定,由于《公司法》(1999修正)并没有规定公司设立时的股东对其他未履行或未全面履行货币出资义务的股东之责任负有连带责任,原判决仅判令中煤公司在其自身未出资的人民币600万元本金范围内对朗润公司债务未清偿的部分承担赔偿责任,而未判令中煤公司对其他未出资股东的赔偿责任承担连带责任,适用法律并无不当。联光公司主张《公司法》(1999修正)第28条应当扩张适用于货币出资情形的申请再审理由不能成立。

最后,关于本案应否参照适用《公司法司法解释(三)》第13条的问题。《公司法司法解释(一)》第2条规定:"因公司法实施前有关民事行为或者事件发生纠纷起诉到人民法院的,如当时的法律法规和司法解释没有明确规定时,可参照适用公司法的有关规定。"即在旧法未作规定时可以按照"从旧兼有利"的原则参照适用新法,但仅在有利于维护交易秩序并且不严重损害当事人预期的情况下,才由法院考虑酌情适用。原《公司法司法解释(三)》于2010年12月6日经最高人民法院审判委员会第1504次会议通过,其第13条的制定依据是鉴于《公司法》(2005修订)第94条规定了"股份有限公司成立后,发起人未按照公司章程的规定缴足出资的,应当补缴;其他发起人承担连带责任",但没有完整规定有限责任公司发起人未履行或未全面履行出资义务时,其他发起人的连带责任,因此可以将该法关于股份有限责任公司的相关规定扩张适用于有限责任公司。但上述第94条的规定,是《公司法》于2005年修订时增加的条款,《公司法》(1999修正)、《公司法》(2004修正)并没有该项规定。而中煤公司系朗润公司的少数股东,并无监督其他股东出资的职权,如本案参照适用《公司法》(2005修订)以及《公司法司法解释(三)》第13条的规定,将极大地加重中煤公司的责任,导致权利义务严重失衡,远超出其设立朗润公司时对其所应承担的股东责任的合理预期,故原判决不参照适用新法及《公司法司法解释(三)》的规定,亦无不当。

2.参照新《公司法》规定,判令公司设立时的其他股东或者发起人在其未缴出资范围内对公司债务承担连带清偿责任。

在(2013)粤高法民二申字第395号案中,再审法院认为:1993年公布的《公司法》及相关司法解释对股东未足额出资应向公司债权人承担何种责任没有明确规定。《公司法司法解释(一)》第2条规定:"因公司法实施前有关民事行为或者事件发生纠纷起诉到人民法院的,如当时的法律法规和司法解释没有明确规定时,可参照适用公司法的有关规定。"故对于天普公司未向高新投资公司注资应向粤财公司承担的民事责任,二审法院可参照2005年修订的《公司法》及其司法解释依法予以确定。《公司法司法解释(二)》第22条第2款规定:"公司财产不足清偿债务时,债权人主张未缴出资股东,以及公司设立时的其他股东或者发起人在未缴出资范围内对公司债务承担连带清偿责任的,人民法院应依法予以支持。"《公司法司法解释(三)》第13条第3款规定:"股东在公司设立时未履行或者未全面履行出资义务,依照本条第一款或者第二款提起诉讼的原告,请求公司的发起人与被告股东承担连带责任的,人民法院应予支持。"天普公司是高新投资公司的原始股东,即发起人,故在高新投资公司的财产不足清偿债务时,二审法院判决天普公司在其他发起人高新工业公司、化十公司未缴出资范围(高新工业公司未缴出资人民币1750万元、化十公司未缴出资人民币1500万元)内对高新投资公司的债务承担连带清偿责任于法有据。

3.公司设立于1994年,当时《公司法》并未实施,但该公司各股东出资不实的事实延续到《公司法》实施后直至现在,可以以现行《公司法》作为本案的判案依据。

在(2017)粤03民终14642号案中,一审法院认为:国丰投资公司设立于1994年,当时《公司法》并未实施,但该公司各股东出资不实的事实一直延续到《公司法》实施后直至现在,因此,现行《公司法》依法可以作为本案的判案依据。根据《公司法司法解释(三)》第13条第2款规定:"公司债权人请求未履行或者未全面履行出资义务的股东在未出资本息范围内对公司债务不能清偿的部分承担补充赔偿责任的,人民法院应予支持。"第13条第3款规定:"股东在公司设立时未履行或者未全面履行出资义务,依照本条第一款或者第二款提起诉讼的原告,请求公司的发起人与股东承担连带责任的,人民法院应予支持。"因此,国丰旅业、鑫南公司、登喜富公司、江田公司是发起人,华融资产可以主张上述发起人在对国丰投资公司出资不实人民币1500万元本息范围内对他案民事判决书确定的债务承担连带责任。

4. 1993年《公司法》第28条和2005年《公司法》第31条规定，足额出资股东就瑕疵出资股东所承担的连带责任也适用于瑕疵出资股东以货币出资的场合。（本案例与前述的案例不同，运用了举重以明轻的解释原则，将连带责任由非货币财产出资情形扩张到货币出资情形。）

在(2010)闽民终字第290号案中，一审法院认为：首先，1993年《公司法》于1993年12月29日公布并从1994年7月1日起施行。该法第229条规定"本法施行前依照法律、行政法规、地方性法规和国务院有关主管部门制定的《有限责任公司规范意见》、《股份有限责任公司规范意见》登记成立的公司，继续保留，其中不完全具备本法规定的条件的，应当在规定的限期内达到本法规定的条件"。此前有关有限责任公司方面的规定参见《有限责任公司规范意见》，而《有限责任公司规范意见》规定，中外合作企业不适用该意见；况且，《有限责任公司规范意见》也是在1992年才实施。

因此，对于本案涉及的公司设立时的其他足额出资股东对瑕疵出资股东承担连带责任的问题，1993年《公司法》之前的法律、法规、司法解释均未作规定。这就涉及1993年《公司法》的溯及既往问题。2000年《立法法》第84条规定"法律、行政法规、地方性法规、自治条例和单行条例、规章不溯及既往，但为了更好地保护公民、法人和其他组织的权利和利益而作的特别规定除外"。1993年《公司法》第28条对于公司设立时的足额出资股东对瑕疵出资股东承担连带责任的规定属于对公民、法人义务的设定，而非权利的赋予。因此，1993年《公司法》的该项规定在本案中不能溯及既往，对英明公司不具有约束力。本案的情况亦不属于可以参照适用2005年《公司法》的情形。

其次，1993年《公司法》第28条规定，有限责任公司成立后，发现作为出资的实物、工业产权、非专利技术、土地使用权的实际价额显著低于公司章程所定价额的，应当由交付该出资的股东补交其差额，公司设立时的其他股东对其承担连带责任。2005年《公司法》在第31条中继受了该内容。《公司法》之所以如此规定，其立法理念在于：其一，从有限公司的人合性出发，发起人股东在公司设立过程中的关系可视为合伙，作为发起人的全体股东就各股东出资的真实性、充分性与有效性互负监督义务；其二，及时足额出资的股东违反该监督义务，就应对瑕疵出资股东的瑕疵出资行为承担连带责任。非货币财产出资的股东之所以对公司承担资本充实责任，是因为股东在出资金额等方面存在出资的瑕疵，而不在于出资的非货币形式本身。无论货币出资的瑕疵，还是非货币财产出资的瑕疵，都存在出资财产价值的缺陷，都违反了股东的出资义务。股东在对其他股东的出资状况的真实性、合法性和充分性进行监督时,不同的出资形式对应着不同的监督难度,股东对非货币财产的真实性和充分性的监督难度要高于对货币财产的真实性和充分性的监督难度。对于监督难度较高的非货币财产出资领域,法律尚且强调违反监督义务的足额出资股东的连带责任,那么对于监督难度较低的货币财产出资领域,更应强调违反监督义务的足额出资股东的连带责任。因此,1993年《公司法》第28条和2005年《公司法》第31条规定足额出资的股东就瑕疵出资股东的瑕疵出资行为所承担的连带责任普遍适用于瑕疵出资股东以货币出资的场合。

再次,对于公司增加注册资本时的瑕疵出资行为,承担民事责任的主体与公司设立时的瑕疵出资的责任主体应有所区别,只能追究瑕疵出资股东的民事责任,而不能连带追究其他股东的责任。非处于公司的设立阶段,股东之间不是合伙关系,监督股东出资的义务应由公司承担,股东原则上依据过错原则独立承担民事责任。本案中,综合开发公司在港龙房地产公司增资过程中未履行出资义务,对此英明公司并无过错。因此,港龙房地产公司增加注册资本后,综合开发公司未履行出资义务的行为不应由英明公司承担连带责任。

最后,公司资本不足,导致公司不能清偿其债务,与公司债务发生的时间并无关联,公司债务产生于何时不影响股东法定义务的承担。综上,原告请求英明公司对综合开发公司瑕疵出资行为承担连带责任的主张缺乏法律依据,不予支持。

5. 2006年《公司法》之前的立法并未作出关于股份有限责任公司的发起人应就未缴足的出资互负连带责任的规定。

在(2012)民提字第113号案中,再审法院认为:2005年《公司法》第94条规定:"股份有限责任公司成立后,发起人未按照公司章程的规定缴足出资的,应当补缴;其他发起人承担连带责任。股份有限责任公司成立后,发现作为设立公司出资的非货币财产的实际价额显著低于公司章程所定价额的,应当由交付该出资的发起人补足其差额;其他发起人承担连带责任。"《公司法》自2006年1月1日起施行,此前与公司纠纷相关的立法并未作出股份有限责任公司的发起人应就未缴足的出资互负连带责任的规定。雪圣公司成立于2001年12月3日,本案借款合同及雪圣公司提供保证担保的合同订立时间为2005年9月15日,均早于现行《公司法》施行时间。《公司法司法解释(一)》第1条规定:"公司法实施后,人民法院尚未审结的和新受理的民事案件,其民事行为或事件发生在公司法实施以前的,适用当时的法律法规和司法解释。"本案是关于担保行为发生时公司发起人对于其他发起人应缴付的出资是否承担连带责任的认定问题,故应当适用担保合同订立时的法律规定,即2004年8月28日修订施行的《公司法》并未就发起人连带责任作出规定,而承担连带责任应以法律明确规定为前提,故高新投资公司、周某某在本案中不应因其系公司发起人而对盐业集团未缴足的出资承担连带责任。

(二)实际控制人、董事、监事、高级管理人员的责任承担

1.案涉抽逃出资行为发生在1995年,当时《公司法》(1993)并没有关于实际控制人的概念及责任规定,不应参照适用《公司法》(2005修订)的规定来判决,实际控制人对其他股东的抽逃出资行为无须承担责任。

在(2018)最高法民申2015号案中,再审法院认为:北京资合公司诉请股东资合实业公司返还抽逃出资的本金并要求寰岛公司作为实际控制人就操控、协助资合实业公司抽逃出资的行为承担连带责任,并未以侵权纠纷起诉,因此本案争议的法律关系在性质上系基于投资关系产生的缴付出资纠纷,而非侵犯公司财产权纠纷。资合实业公司抽逃出资的行为发生于1995年,二审判决适用行为发生时的法律,即《公司法》(1993)的规定,并无不当。

另外,《公司法司法解释(一)》第1条规定:"公司法实施后,人民法院尚未审结的和新受理的民事案件,其民事行为或事件发生在公司法实施以前的,适用当时的法律法规和司法解释。"采取法不溯及既往原则。《公司法司法解释(一)》第2条虽然规定:"因公司法实施前有关民事行为或者事件发生纠纷起诉到人民法院的,如当时的法律法规和司法解释没有明确规定时,可参照适用公司法的有关规定。"即可以溯及既往的例外情形,但必须满足当时的法律法规和司法解释没有明确规定的条件,且即使满足前述条件亦非必须溯及既往。本案所涉抽逃出资行为发生时所施行的《公司法》(1993)第4条第2款、第25条第1款、第26条、第34条、第209条等规定,对抽逃出资的相关规定是明确的,并没有实际控制人的概念及责任规定。《公司法司法解释(三)》规定:"股东抽逃出资,公司或者其他股东请求其向公司返还出资本息、协助抽逃出资的其他股东、董事、高级管理人员或者实际控制人对此承担连带责任的,人民法院应予支持。"该条的制定依据是《公司法》(2005修订)增加的实际控制人之规定,通过共同侵权责任体系作出解释。连带责任的适用条件之一为法律的明确规定,在行为发生时的法律根本没有规定实际控制人责任的情况下,二审法院不参照适用《公司法》(2005修订)的规定并无不当。

2.公司设立时的法律没有规定董事、监事、高级管理人员对股东未履行出资义务的责任承担问题,可参照适用新《公司法》的有关规定。

在(2018)最高法民申2300号案中,再审法院认为:《公司法司法解释(三)》第

13条第1款规定,"股东未履行或者未全面履行出资义务,公司或者其股东请求其向公司依法全面履行出资义务的,人民法院应予支持"。该条第4款规定,"股东在公司增资时未履行或者未全面履行出资义务,依照本条第一款或者第二款提起诉讼的原告,请求未尽公司法第一百四十七条第一款规定的义务而使出资未缴足的董事、高级管理人员承担相应责任的,人民法院应予支持;董事、高级管理人员承担责任后,可以向被告股东追偿"。根据原审查明的事实,郭某某和食品公司两次虚假增资均使用同一虚假账户,其对食品公司虚假增资的行为显然知情。二审法院认为郭某某作为公司法定代表人和董事未尽忠实勤勉义务,对食品公司虚假增资行为存在过错并判决其承担相应责任,符合本案实际情况和上述法律规定。《公司法司法解释(一)》第2条规定,"因公司法实施前有关民事行为或者事件发生纠纷起诉到人民法院的,如当时的法律法规和司法解释没有明确规定时,可参照适用公司法的有关规定"。在食品公司涉案虚假增资行为发生时,即便相关法律对于法定代表人及董事未尽忠实勤勉义务的法律责任没有明确规定,但原审法院根据前述规定参照现行法律处理本案,亦无不妥。

3.《公司法》(1999修正)并未规定公司在被吊销营业执照的情况下股东负有清算义务及须承担责任,适用行为发生时的《公司法》规定,不适用新《公司法》规定。

在(2016)渝民申1487号案中,再审法院认为:正丰公司成立于1995年,被吊销营业执照的时间是2002年6月17日,根据《公司法司法解释(一)》第1条的规定,本案应当适用《公司法》(1999修正)。而《公司法》(1999修正)并未规定公司在被吊销营业执照的情况下股东负有清算义务。另外,《公司法司法解释(二)》第18条虽规定"有限责任公司的股东、股份有限公司的董事和控股股东未在法定期限内成立清算组开始清算,导致公司财产贬值、流失、毁损或者灭失,债权人主张其在造成损失范围内对公司债务承担偿责任的,人民法院应依法予以支持。有限责任公司的股东、股份有限公司的董事和控股股东因怠于履行义务,导致公司的主要财产、账册、重要文件等灭失,无法进行清算,债权人主张其对公司债务承担连带清偿责任的,人民法院应依法予以支持"。但该司法解释从2008年5月19日起才开始施行,本案亦不应适用该司法解释的规定。

4.《公司法》(2005修订)对出资不实的股东仅规定了足额补缴的法律责任,未就迟延缴纳期间出资利息问题作出规定。股东就虚假出资已承担本金缴付义务的,按照当时公司法规定无须承担公司的利息损失。

在(2018)最高法民申6184号案中,再审法院认为:2006年1月1日施行的《公司法》第 28 条第 2 款规定:"股东不按照前款规定缴纳出资的,除应当向公司足额缴纳外,还应当向已按期足额缴纳出资的股东承担违约责任。"第 94 条第 1 款规定:"股份有限责任公司成立后,发起人未按照公司章程的规定缴足出资的,应当补缴;其他发起人承担连带责任。"《公司法司法解释(一)》第 1 条规定:"公司法实施后,人民法院尚未审结的和新受理的民事案件,其民事行为或事件发生在公司法实施以前的,适用当时的法律法规和司法解释。"从上述规定看,当时施行的公司法对于出资不实的股东仅规定了足额补缴的法律责任,但未就迟延缴纳期间出资利息问题作出明确规定。原审查明,各生效裁判均认定郭某某已在另案中承担了出资不实的法律责任,无须重复承担责任。郭某某虚假出资人民币 3705 万元,而实际承担出资不实责任的金额为人民币 37376500 元,可见,其除承担出资不实本金部分外,亦额外支付一定数额资金。原审判决基于前述情况认定郭某某已经承担出资不实的法律责任,具有相应的事实和法律依据。

5. 股东出资不实的行为发生在 2003 年,当时的法律虽未明确规定公司债权人可以要求出资不实的股东在其出资不实的范围内对公司不能清偿的债务承担补充赔偿责任,但可以参照适用新《公司法》及相关司法解释的规定处理。

在(2015)川民终字第 402 号案中,二审法院认为:《公司法司法解释(三)》第 13 条明确规定债权人可以要求出资不实的股东在其出资不实的范围内对公司债务承担补充赔偿责任。本案魏某某出资不实的行为发生在 2003 年,当时的法律法规虽未明确规定公司债权人可以要求出资不实的股东在其出资不实的范围内对公司不能清偿的债务承担补充赔偿责任,但本案纠纷系在《公司法》(2005 修订)及配套的《公司法司法解释(三)》施行后诉至人民法院,可以参照适用新《公司法》及相关司法解释的规定处理。

二、事实认定

1. 《增资扩股协议书》于 2006 年《公司法》实施之前签订,由于协议书约定的增资扩股行为至今尚未完成,办理增资扩股时可适用 2006 年《公司法》的规定迳行到工商行政管理部门办理注册资本的变更手续,不需要按照修订前的《公司法》之规定履行审批程序。

在(2007)民二终字第 246 号案中,二审法院认为:思源公司与华亭公司签订《增资扩股协议书》以及思源公司向华亭公司交付人民币 5000 万元出资的行为虽发生于《公司法》2006 年修订后、实施之前,按照修订前《公司法》(2004 修正)第

139 条的规定："股东大会作出发行新股的决议后,董事会必须向国务院授权的部门或者省级人民政府申请批准。"但是华亭公司自与思源公司签订《增资扩股协议书》后直至 2006 年《公司法》实施,其增资扩股行为尚未完成。因修订后的 2006 年《公司法》已经删除有关股份公司发行新股审批程序的规定,故本案《增资扩股协议书》虽然于 2006 年《公司法》实施之前签订,但由于协议书约定的增资扩股行为至今尚未完成,华亭公司办理增资扩股时可适用 2006 年《公司法》迳行到工商行政管理部门办理注册资本的变更手续,不需要按照修订前《公司法》之规定履行审批程序。原审判决认定本案应适用 1994 年 7 月 1 日起施行的《公司法》,系对《公司法司法解释(一)》理解不当,依法予以纠正。华亭公司答辩称该公司增资扩股须报请相关行政机关审批,法律依据不足,不予采纳。

2. 关于股东出资及股权转让,股份合作制企业章程规定与《公司法》的相关规定在精神上保持一致,在股份合作制企业缺少上位法规定的情况下,涉及前述事项的相关法律适用问题,可参照适用《公司法》规定。

在(2020)最高法民申 785 号案中,再审法院认为:伊诺峾集团性质上属于股份合作制企业。所谓的股份合作,是指以合作制为基础,实行企业职工的劳动联合与资本联合为主的企业组织形式,是兼具合作社法人与营利法人特点的一种企业形态。从伊诺峾集团章程规定看,仅就股东出资以及股权转让等事项而言,公司章程规定与《公司法》的相关规定在精神上完全一致。在股份合作制企业缺少上位法规定的情况下,涉及前述事项的相关法律适用问题,可以参照适用《公司法》及其司法解释的相关规定。

伊诺峾集团的股东对增资部分并未进行实际出资,而是以企业净资产转增注册资本的方式进行增资。此种做法并不符合公司法关于法定公积金转增注册资本的有关规定,原审判决认定相关股东未全面履行增资义务并无不当。参照《公司法司法解释(三)》第 18 条之规定,再审申请人作为瑕疵出资股权的受让人,其应否承担责任的关键在于受让股权时,对出让股东未履行或者未全面履行出资义务这一事实是否"知道或者应当知道"。根据原审查明的事实,从所谓的增资到股权转让,前后仅历时 5 天;而在股权转让之前,受让人已经与部分老股东签订公司章程,对增资情况进行确认;同一天签订 9 份股权转让协议,其中既有老股东之间的股权转让,又有老股东将股权转让给股东以外的人的情形。综合考虑前述事实,从常理看,即便是股东以外的其他受让人,也应当知道老股东的增资情况以及转让股东是否已经充分履行出资义务等事实。尤其是再审申请人主张,其系基于对伊诺峾集团相关董事会、股东会决议以及第三方机构出具的专业验资报告等的信赖而受让股权,表明其对股东会决议是明知的。而伊诺岢集团于1998年2月16日召开的意在增加注册资本的董事会决议明确载明,公司以企业净资产转增注册资本的方式进行增资,并未进行实际出资,更进一步表明再审申请人对转让股东未实际履行出资义务是明知的。在此情况下,原审判令其承担责任在结果上并无不当。

三、出资要素

1.《公司法》(1994)并未允许股东另行约定与出资比例不一致的持股比例,《公司法》(2005修订)允许股东持股比例与出资比例不一致,但应当以全体股东的约定为前提。

在(2013)民申字第713号案中,再审法院认为:关于持股比例的确定,1994年10月亿利大公司注册成立,根据1994年7月1日实施的《公司法》第4条"公司股东作为出资者按投入公司的资本额享有所有者的资产受益、重大决策和选择管理者等权利"的规定,当时的法律并未允许股东另行约定与出资比例不一致的持股比例。亿利大公司公司章程中记载的股东出资比例与持股比例也一致。2005年修订的《公司法》第35条规定:"股东按照实缴的出资比例分取红利;公司新增资本时,股东有权优先按照实缴的出资比例认缴出资。但是,全体股东约定不按照出资比例分取红利或者不按照出资比例优先认缴出资的除外。"据此规定,现行《公司法》允许股东持股比例与出资比例不一致,但应当是以全体股东的约定为前提。本案中,并不存在亿利大公司全体股东有出资比例与持股比例可以不一致的特殊约定,故盛某某等6人的持股比例应以实际出资比例确定,二审判决并无不当。

2.公司于1992年设立,当时我国《公司法》尚未实施,基于实践中公司设立均不规范等原因,法院对股东承担非货币财产出资责任持宽容处理态度。

在(2015)民二终字第85号案中,二审法院认为:关于海马公司作为通海公司的股东是否依法履行其出资义务,是否应当承担出资不实的法律责任的问题。本案中,海马公司作为通海公司的股东应依照章程规定以实物出资的形式足额履行其1725万法国法郎的出资义务。鉴于公司章程规定海马公司用以出资的非货币财产指向不明,以及海马公司陆续履行的缴纳出资义务,包括通过另案拍卖执行完成的出资等不规范的情形,验资报告也载明海马公司已经分两期出资,分别为11217300法国法郎、18934981.28法国法郎,已远高于公司章程中载明的海马公司应缴纳出资额1725万法国法郎,结合通海公司于1992年设立,那时我国《公司法》尚未实施,基于实践中公司设立均不规范等原因,对于嘉宸公司关于海马公司应当承担出资不实责任的主张,不予支持。

第三节 实务指南

一、新《公司法》出资制度对董监高的影响

(一)新增董事会对出资的核查催缴义务

新《公司法》第51条规定,"有限责任公司成立后,董事会应当对股东的出资情况进行核查,发现股东未按期足额缴纳公司章程规定的出资的,应当由公司向该股东发出书面催缴书,催缴出资。未及时履行前款规定的义务,给公司造成损失的,负有责任的董事应当承担赔偿责任"。

第107条规定,"本法第四十四条、第四十九条第三款、第五十一条、第五十二条、第五十三条的规定,适用于股份有限公司"。

实务解析：

新《公司法》第51条、第107条系在《公司法司法解释(三)》第13条第4款的基础上,进行修订调整后,在公司法层面新增的董事会对出资的核查、催缴义务,同时明确了未履行上述义务的赔偿责任。

《公司法司法解释(三)》第13条第4款规定,"股东在公司增资时未履行或者未全面履行出资义务,依照本条第一款或者第二款提起诉讼的原告,请求未尽公司法第一百四十七条第一款规定的义务而使出资未缴足的董事、高级管理人员承担相应责任的,人民法院应予支持"。相较于《公司法司法解释(三)》的上述规定,新《公司法》第51条将董事对出资核查、催缴义务的范围从"增资时"扩大到"公司成立后";但是承担该项义务的主体范围从董事调整为董事会,同时不再要求高级管理人员承担出资核查、催缴的义务。

简言之,新《公司法》新增董事会的出资核查、催缴义务,属于对董事责任的强化与扩大;也是对高级管理人员出资核查、催缴义务的松绑,这是新《公司法》对董事、高级管理人员权限的一次细化,将使董事、高管的职责更加清晰,更有利于公司治理结构的优化。

从归责原则看,董事承担本条赔偿责任的前提是未履行出资核查、催缴义务,即对本条责任不作为即担责,属于无过错责任的范畴,董事只有积极行动,积极履职、依法核查催缴方可免责。

在此特别提醒:作为公司的董事,应当尤其注意本项义务的调整与变化,积极履职,注重保存相应的核查、催缴记录,并结合新《公司法》第52条的规定,必要时及时发出催缴、失权的通知,防范因未及时履行出资核查、催缴义务被要求承担赔偿责任的风险。

(二)新增对抽逃出资的连带赔偿责任

新《公司法》第53条规定:"公司成立后,股东不得抽逃出资。违反前款规定的,股东应当返还抽逃的出资;给公司造成损失的,负有责任的董事、监事、高级管理人员应当与该股东承担连带赔偿责任。"按照第107条的规定,第53条规定同样适用于股份有限公司。

实务解析:

新《公司法》第53条系在《公司法解释三》第14条的基础上,在公司法层面新增的董事、监事、高级管理人员对抽逃出资的连带赔偿责任。

相较于《公司法司法解释(三)》第14条之规定,新《公司法》第53条的主要变化在于,将对抽逃出资承担连带赔偿责任的主体范围由董事、高级管理人员扩张到监事,使董事、监事、高级管理人员的责任一体化,再次特别提醒担任监事的人员注意。

从归责原则看,董事、监事、高级管理人员对抽逃出资的连带赔偿责任以对抽逃本身"负有责任"为前提,按照《公司法司法解释(三)》第14条的规定,此处的"负有责任"应当以实施了协助抽逃行为为判断标准,即本项责任的归责原则应当以具有过错为前提,属于过错责任原则。

从责任形式看,董事、监事、高级管理人员应承担的本项责任系连带赔偿责任,属于新增董事、监事、高级管理人员责任中责任形式最重的责任规定之一,提请各位董事、监事、高级管理人员特别注意。

故在此特别提醒:各位董事、监事、高级管理人员应合规履职,切勿助力抽逃出资,否则责任无穷。

(三)新增违规减资的赔偿责任

新《公司法》第226条规定:"违反本法规定减少注册资本的,股东应当退还其收到的资金,减免股东出资的应当恢复原状;给公司造成损失的,股东及负有责任的董事、监事、高级管理人员应当承担赔偿责任。"

实务解析:

新《公司法》优化了公司减资的规定,创设了简易减资制度,为公司减资的顺利操作提供了便利,但是减资便利不等于可以无视规则。根据新《公司法》第226条的规定,如公司违规减资,造成损失的,负有责任的董事、监事、高级管理人员应当承担赔偿责任,这也属于董事、监事、高级管理人员责任的新增事项。

从归责原则看,董监高对违规减资的赔偿责任亦以"负有责任"为前提,即本项责任的归责原则应当以主观故意为前提。

从责任形式看,董事、监事、高级管理人员应承担的本项责任系赔偿责任,并非直接连带责任,但如果减资造成的损失,无法获得弥补,董事、监事、高级管理人员亦应担责,提请各位董事、监事、高级管理人员特别注意。

故在此特别提醒:减资已简化,但简化≠无规,董事、监事、高级管理人员在减资程序中应依法操作,尤其注意履行对已知债权人的通知程序,防范因违规减资造成的赔偿责任。

二、新《公司法》财务会计治理制度的法条梳理

1. 公司财务会计制度规定

(1)公司建立财务会计制度和依法编制公告财务会计报告。见新《公司法》第207条、第217条、第208条、第209条;

(2)会计师事务所的聘用、解聘和公司责任。见新《公司法》第215条、第216条。

2. 防范虚假财务会计报告制度规定

(1)建立审查和公告财务会计报告制度。见新《公司法》第57条、第110条;

(2)建立监事会审核制度。见新《公司法》第79条;

(3)建立上市公司独立董事制度。见新《公司法》第136条。

3. 公司外部治理制度规定

(1)会计审计制度。见新《公司法》第208条;

(2)行政机关监督制度。见新《公司法》第250条。

4. 财务会计报告审计制度规定

(1)对公司财务报告的审计。见新《公司法》第208条;

(2)特定审计业务。包括监事会聘请审计,比如新《公司法》第78条第1款第1项、第79条;新《公司法》没有明确公司合并、分立、公司解散、清算时需要审计,但实践中这些情形都需要审计。

同时,新《公司法》还对公积金、弥补亏损和利润分配制度作出了新的规定。

第十二章　股东出资案件的诉讼时效和法院管辖

第一节　请求权基础规范

一、诉讼时效

1.《民法典》

第188条　向人民法院请求保护民事权利的诉讼时效期间为三年。法律另有规定的,依照其规定。

诉讼时效期间自权利人知道或者应当知道权利受到损害以及义务人之日起计算。法律另有规定的,依照其规定。但是,自权利受到损害之日起超过二十年的,人民法院不予保护,有特殊情况的,人民法院可以根据权利人的申请决定延长。

第196条　下列请求权不适用诉讼时效的规定:(一)请求停止侵害、排除妨碍、消除危险;(二)不动产物权和登记的动产物权的权利人请求返还财产;(三)请求支付抚养费、赡养费或者扶养费;(四)依法不适用诉讼时效的其他请求权。

2.《诉讼时效司法解释》

第1条　当事人可以对债权请求权提出诉讼时效抗辩,但对下列债权请求权提出诉讼时效抗辩的,人民法院不予支持:(一)支付存款本金及利息请求权;(二)兑付国债、金融债券以及向不特定对象发行的企业债券本息请求权;(三)基于投资关系产生的缴付出资请求权;(四)其他依法不适用诉讼时效规定的债权请求权。

3.《公司法司法解释(三)》

第19条　公司股东未履行或者未全面履行出资义务或者抽逃出资,公司或者其他股东请求其向公司全面履行出资义务或者返还出资,被告股东以诉讼时效为由进行抗辩的,人民法院不予支持。

公司债权人的债权未过诉讼时效期间,其依照本规定第十三条第二款、第十四条第二款的规定请求未履行或者未全面履行出资义务或者抽逃出资的股东承担赔偿责任,被告股东以出资义务或者返还出资义务超过诉讼时效期间为由进行抗辩的,人民法院不予支持。

4.《企业破产法司法解释(二)》

第 19 条 债务人对外享有债权的诉讼时效,自人民法院受理破产申请之日起中断。

债务人无正当理由未对其到期债权及时行使权利,导致其对外债权在破产申请受理前一年内超过诉讼时效期间的,人民法院受理破产申请之日起重新计算上述债权的诉讼时效期间。

第 20 条第 1 款 管理人代表债务人提起诉讼,主张出资人向债务人依法缴付未履行的出资或者返还抽逃的出资本息,出资人以认缴出资尚未届至公司章程规定的缴纳期限或者违反出资义务已经超过诉讼时效为由抗辩的,人民法院不予支持。

→附录参考:司法政策文件《九民会议纪要》

16.【诉讼时效期间】公司债权人请求股东对公司债务承担连带清偿责任,股东以公司债权人对公司的债权已经超过诉讼时效期间为由抗辩,经查证属实的,人民法院依法予以支持。

公司债权人以公司法司法解释(二)第 18 条第 2 款为依据,请求有限责任公司的股东对公司债务承担连带清偿责任的,诉讼时效期间自公司债权人知道或者应当知道公司无法进行清算之日起计算。

二、法院管辖

(一)民事诉讼法

《民事诉讼法》

第 22 条 对公民提起的民事诉讼,由被告住所地人民法院管辖;被告住所地与经常居住地不一致的,由经常居住地人民法院管辖。

对法人或者其他组织提起的民事诉讼,由被告住所地人民法院管辖。

同一诉讼的几个被告住所地、经常居住地在两个以上人民法院辖区的,各该人民法院都有管辖权。

第 24 条 因合同纠纷提起的诉讼,由被告住所地或者合同履行地人民法院管辖。

第 27 条 因公司设立、确认股东资格、分配利润、解散等纠纷提起的诉讼,由公司住所地人民法院管辖。

第 29 条 因侵权行为提起的诉讼,由侵权行为地或者被告住所地人民法院管辖。

第 35 条 合同或者其他财产权益纠纷的当事人可以书面协议选择被告住所地、合同履行地、合同签订地、原告住所地、标的物所在地等与争议有实际联系的地点的人民法院管辖,但不得违反本法对级别管辖和专属管辖的规定。

(二)民事诉讼法司法解释

《民事诉讼法司法解释》

第 3 条 公民的住所地是指公民的户籍所在地,法人或者其他组织的住所地是指法人或者其他组织的主要办事机构所在地。

法人或者其他组织的主要办事机构所在地不能确定的,法人或者其他组织的注册地或者登记地为住所地。

第 4 条 公民的经常居住地是指公民离开住所地至起诉时已连续居住一年以上的地方,但公民住院就医的地方除外。

第 18 条 合同约定履行地点的,以约定的履行地点为合同履行地。

合同对履行地点没有约定或者约定不明确,争议标的为给付货币的,接收货币一方所在地为合同履行地;交付不动产的,不动产所在地为合同履行地;其他标的,履行义务一方所在地为合同履行地。即时结清的合同,交易行为地为合同履行地。

合同没有实际履行,当事人双方住所地都不在合同约定的履行地的,由被告住所地人民法院管辖。

第 22 条 因股东名册记载、请求变更公司登记、股东知情权、公司决议、公司合并、公司分立、公司减资、公司增资等纠纷提起的诉讼,依照民事诉讼法第二十七条规定确定管辖。

第二节 裁判精要

一、诉讼时效

(一)不受诉讼时效限制

1.基于投资关系产生的缴付出资请求权提出诉讼时效抗辩的,人民法院不予支持。

在(2016)最高法民终 745 号案中,一审法院认为:北方煤化工公司认为股东攀海公司未全面履行出资义务,有权请求其全面履行出资义务,即使攀海公司已将股权转让,亦应对出资义务承担责任。《诉讼时效司法解释》第1条规定,当事人可以对债权请求权提出诉讼时效抗辩,但对基于投资关系产生的缴付出资请求权提出诉讼时效抗辩的,人民法院不予支持。本案中,北方煤化工公司是基于攀海公司对其投资关系而主张的缴付出资请求权提起的诉讼,因此,法院对攀海公司提出的诉讼时效抗辩不予支持。

2. 公司股东未履行出资义务或抽逃出资,公司、其他股东请求其向公司全面履行出资义务、返还出资的,被告股东以诉讼时效为由进行抗辩的,人民法院不予支持。

在(2019)最高法民申4665号案中,再审法院认为:《公司法司法解释(三)》第19条规定:"公司股东未履行或者未全面履行出资义务或者抽逃出资,公司或者其他股东请求其向公司全面履行出资义务或者返还出资,被告股东以诉讼时效为由进行抗辩的,人民法院不予支持。"据此,滁州公路局主张李某某的起诉超过了诉讼时效期间,对其诉讼请求应予以驳回的理由不能成立。

3. 基于他案民事判决已经申请法院执行,法院出具了中止执行裁定书,表明当被执行人具有可供执行的财产时,权利人可以继续申请强制执行,不受执行期间的限制,在此过程中债权人向债务人公司的股东、董事要求承担相关的法律责任亦未超过时效期间。

在(2017)粤03民终14642号案中,一审法院认为:中信银行股份有限责任公司深圳分行与华融资产签订的《单户债权转让协议》合法有效,具有法律约束力,且前述转让协议订立后,当事方及时将债权转让及催收事宜进行了公告,因此,华融资产合法受让了他案民事判决下的全部债权,其有权依照相关法律的规定向相关的债务人(即天大公司及国丰投资公司)主张权利。在他案民事判决项下的债权经强制执行未果后,深圳市中级人民法院出具了中止执行的裁定书,该裁定书表明当被执行人具有可供执行的财产时,权利人可以继续申请强制执行,不受执行期间的限制,故现华融资产向债务人国丰投资公司的股东、董事要求承担相关的法律责任亦未超过时效期间。国丰旅业主张华融资产在本案的诉讼请求均已超过诉讼时效期间,没有法律依据,不予支持。

4. 股东抽逃出资的补足义务不受诉讼时效限制,相应地,股东占用公司资金也应当不受诉讼时效限制。

在(2019)鄂01民终1219号案中,二审法院认为:股东未履行或者未全面履行出资义务或抽逃出资,以及占用公司资金,都侵害公司资本充足利益,也涉及公司债权人的利益,在诉讼时效方面应当适用相同标准。根据《公司法司法解释(三)》"公司股东未履行或者未全面履行出资义务或者抽逃出资,公司或者其他股东请求其向公司全面履行出资义务或者返还出资,被告股东以诉讼时效为由进行抗辩的,人民法院不予支持"的规定,股东抽逃出资的补足义务不受诉讼时效限制,相应地,股东占用公司资金也应当不受诉讼时效限制。

(二)受诉讼时效限制

1. 未签订认购股份协议,不能确定认购履行期限,诉讼时效期间从债权人要求债务人履行义务的宽限期届满之日起计算。债务人在债权人第一次向其主张权利之时明确表示不履行义务的,诉讼时效期间从债务人明确表示不履行义务之日起计算。

在(2015)民申字第2944号案中,再审法院认为:万威公司与全通公司签订了股权转让协议,实质上是为了认购福建全通公司的股权。由于双方未签订认购股份协议,当事人认购行为履行期限不能确定,依据《诉讼时效司法解释》第6条的规定,在履行期限不能确定的情形下,诉讼时效期间从债权人要求债务人履行义务的宽限期届满之日起计算,但债务人在债权人第一次向其主张权利之时明确表示不履行义务的,诉讼时效期间从债务人明确表示不履行义务之日起计算。本案中,2011年12月27日,万威公司向福建全通公司发函,要求福建全通公司在接到通知后10个工作日内拟出书面解决方案,而全通公司、福建全通公司在原审以及申请再审中,均未提出其拒绝履行义务的时间证据。万威公司也于2012年6月12日向一审法院提出本案诉讼。据此,二审判决认定万威公司主张返还投资款的请求并未超过诉讼时效,有法律依据。

2. 公司增资行为被认定为无效时,债权人基于公司未履行增资方面的义务而主张返还投资款的,受诉讼时效约束,诉讼时效起算点应从公司未履行增资义务之日起计算,而非增资行为被确认无效时开始计算。在双方未明确各自履行出资义务的情况下,尤其要注意根据情况判断合理履行期限,该合理期限结束之日即构成诉讼时效起算点。

在(2020)川01民终12126号案中,二审法院认为:关于在百联汇盛公司的增资行为被认定为无效时,文某主张返还投资款的请求应否受诉讼时效约束,诉讼时效期间的起算点如何认定的问题。本案中,文某与百联汇盛公司成立事实上的增资合同关系,文某的合同义务为向百联汇盛公司支付增资款,百联汇盛公司的合同义务为履行增资义务,即向文某出具股权证书,载入股东名册、修改公司章程、向公司登记机关办理注册资本变更手续等。文某以百联汇盛公司未履行增资义务为由要求公司返还其投资款,即便百联汇盛公司的增资义务因违反法律强制性规定而被法院认定为无效,但文某诉请百联汇盛公司返还投资款的权利,应受诉讼时效的约束。基于前述分析,该诉讼时效的起算点,应从百联汇盛公司未按约履行增资义务之日起计算,而非从百联汇盛公司的增资行为被确认无效时开始计算。

文某与百联汇盛公司并未签订书面增资协议,双方对百联汇盛公司增资义务的具体内容及履行期限均未明确约定。百联汇盛公司应当在合理期间内履行其增资义务,结合文某于2013年8月16日支付增资款,百联汇盛公司于2014年9月底因资金链断裂而停止经营的事实,确认该合理期间应在2014年9月30日前。文某在缴纳增资款后,百联汇盛公司向文某出具股权证书,将文某载入股东名册,文某也以股东身份参加了百联汇盛公司的股东大会,并领取了部分公司分红,但百联汇盛公司至今未将案涉增资事宜进行工商变更备案登记。因百联汇盛公司未在合理期限内履行其工商变更备案登记的义务,对文某的投资权利造成损害,则文某本案诉请的诉讼时效期间起算点,应为2014年9月30日。文某在本案中并未举证证明存在诉讼时效期间中止、中断的事由,提起本案诉讼主张返还投资款,其请求权已超过诉讼时效期间。

3. 债权人主张公司承担民事责任,并要求股东在未出资本息范围内承担补充赔偿责任的,是债权人基于代位权向股东主张权利,该权利行使的前提是债权人对公司的债权未过诉讼时效期间,要判断股东是否同样享有公司对债权人的诉讼时效抗辩权,首先应审查债权人对公司的债权是否超过诉讼时效。

在(2020)川01民终12126号案中,二审法院认为:关于百联汇盛公司的股东是否享有公司对债权人文某的诉讼时效抗辩权。本案中,百联汇盛公司并未提出诉讼时效抗辩,视为其放弃诉讼时效抗辩的权利。文某主张公司股东在未出资范围内对公司债务承担补充赔偿责任,法律依据为《公司法司法解释(三)》"公司债权人请求未履行或者未全面履行出资义务的股东在未出资本息范围内对公司债务不能清偿的部分承担补充赔偿责任的,人民法院应予支持……"的规定。关于公司股东是否享有公司对文某的诉讼时效抗辩权,首先,上述司法解释条文的原理在于债权人基于代位权向股东主张履行出资义务的权利,对权利本身而言,该缴付出资请求权并不受诉讼时效的约束,股东对该请求权并不享有诉讼时效抗辩的权利。但债权人享有代位权的前提,应为其债权未过诉讼时效期间,这在《公司法司法解释

(三)》"公司债权人的债权未过诉讼时效期间,其依照本规定第十三条第二款、第十四条第二款的规定请求未履行或者未全面履行出资义务或者抽逃出资的股东承担赔偿责任,被告股东以出资义务或者返还出资义务超过诉讼时效期间为由进行抗辩的,人民法院不予支持"的规定中亦有体现。因此,应当对债权人对公司所享债权是否超过诉讼时效期间进行审查,此即赋予股东对债权人的债权请求权进行诉讼时效抗辩的权利。

其次,百联汇盛公司目前并未进入破产清算程序,本案属于债权人个别清偿。在股东出资义务的填补责任一次用尽的情况下,若不赋予股东对单个债权人的诉讼时效抗辩权,则会损害其他对公司所享债权尚在诉讼时效期间内的公司债权人的合法利益。

最后,《九民会议纪要》第16条第1款规定:"公司债权人请求股东对公司债务承担连带清偿责任,股东以公司债权人对公司的债权已经超过诉讼时效期间为由抗辩,经查证属实的,人民法院依法予以支持。"按照类似问题类似处理的规则,当公司债权人请求股东对公司债务承担补充赔偿责任时,股东也应当享有公司对债权人的诉讼时效抗辩权。综上所述,法院认为,百联汇盛公司股东享有公司对债权人文某的诉讼时效抗辩权,对文某在本案中的诉请是否超过诉讼时效期间,应当予以审查。

二、法院管辖

(一)合同之诉的管辖

1.首先看协议如何约定管辖权,股东实缴出资后因抽逃出资引起的纠纷,认为协议已经履行完毕、不属于因协议引起或与该协议有关的争议,这种说法勉强,因为抽逃的是"出资"而不是其他,抽逃出资实质上与出资不到位无异,结果都是协议目的不能实现,该行为应当被认为因协议引起或者与协议有关,还是要回归协议的约定来确定管辖权。另外,从列明当事人主体来看,在公司作为被告的情况下,当然由公司住所地人民法院管辖,与原告就被告的一般管辖规定并无特别之处,除非是股东提起股东代表诉讼。因股东抽逃出资,是股东起诉股东请求返还出资,属于股东之间的纠纷,公司既不是被告又不是原告,而只是第三人的时候,本案性质应根据原被告之间的法律关系即签署的协议来认定,不能根据被告与第三人的法律关系来认定,股东之间是违约之诉而非侵权之诉,应按合同纠纷来确定管辖权。

在(2018)最高法民辖终140号案中,一审法院查明如下事实:国民信托在提交答辩状期间,对该案管辖权提出异议,认为该案是基于股东间投资协议产生的纠纷,应当由合同约定的管辖法院管辖。该案系股东间因出资而产生的纠纷,其纠纷产生的缘由是股东间的投资协议,确定该案管辖应当以合同纠纷案件管辖的规定为准。该案中郭某某、张某与国民信托关于合同纠纷的管辖有明确的书面约定,应当对当事人的约定予以尊重。该协议约定:"因本协议引起或与本协议有关的任何争议,各方应协商解决。如各方在争议发生后的30天内协商未成,任何一方均有权将争议提交国民信托所在地有管辖权的人民法院通过诉讼解决。"故请求将该案移送北京高院管辖。

一审法院认为:根据投资协议,国民信托应当履行的主要合同义务是向新里程公司出资人民币40000万元。在协议签订后,根据工商登记信息,国民信托实缴出资人民币40000万元,完成了实收资本的注入,国民信托取得了新里程公司89%的股权,成为新里程公司的法人股东,双方投资协议已经履行完毕。国民信托提出,双方投资协议约定争议的解决应当由国民信托住所地有管辖权的法院管辖。该院认为,该案系因国民信托实缴出资后再抽逃出资引起的纠纷,该投资协议已经履行完毕,不属于因投资协议引起或与该协议有关的任何争议,故国民信托提出应当依据投资协议约定管辖的理由不能成立。该案系股东出资纠纷,原则上以《民事诉讼法》中管辖的相关规定为基础,但应综合考虑公司所在地等因素来确定管辖法院。郭某某、张某与国民信托出资的公司为新里程公司,其住所地在陕西省西安市未央区,结合该案诉讼标的人民币344,686,000.01元,该案应当由陕西高院管辖,国民信托的管辖权异议申请理由不能成立。裁定驳回国民信托对该案管辖权提出的异议。

二审法院查明如下事实:被上诉人和上诉人在本院2018年5月31日的询问中一致认为,本案不是基于《公司法》规定提起的股东代表诉讼,而是股东直接诉讼。

二审法院认为:本案原告是公司股东,被告是公司股东,公司为第三人,性质是股东直接诉讼。本案争议焦点为:本案是否应当适用约定管辖;如果不适用约定管辖,是否应当适用《民事诉讼法》和《民事诉讼法司法解释》相关规定。下面分别进行评析。

(1)关于本案是否应当适用约定管辖的问题

回答这一问题的前提是,本案的股东抽逃出资纠纷当事人能否约定管辖。法院认为,只要不违反级别管辖和专属管辖的规定,当事人就可以约定。《民事诉讼法》明确规定了专属管辖的三种情形,并不包括本案的股东抽逃出资纠纷。因此,本案当事人约定的"因本协议引起或与本协议有关的任何争议,各方应协商解决。如各方在争议发生后的30天内协商未成,任何一方均有权将争议提交国民信托所在地有管辖权的人民法院通过诉讼解决"条款有效。

上诉人国民信托和新里程公司认为,郭某某、张某起诉认为国民信托抽逃出资,实质是认为国民信托违反了投资协议的约定,因此本案的性质是违约纠纷,应适用约定管辖。本案属于投资协议约定的"因本协议引起或与本协议有关的"争议,应移送北京高院管辖。被上诉人郭某某、张某认为,本案国民信托从新里程公司抽逃出资,侵害的是新里程公司的财产权,是侵权纠纷,郭某某、张某首先选择在陕西高院诉讼,本案就不应再移送北京高院管辖。一审法院认为,投资协议已经履行完毕,该案系因国民信托实缴出资后因抽逃出资引起的纠纷,不属于因投资协议引起或与该协议有关的任何争议,故国民信托提出应当依据投资协议约定管辖的理由不能成立。

法院认为,由于本案的原被告皆为目标公司新里程公司的股东,新里程公司只是本案的第三人,认定本案的性质应根据原被告之间的法律关系即投资协议来认定,而不能根据被告与第三人的法律关系来认定,故本案应认定为违约纠纷。本案的关键是,本案的股东抽逃出资纠纷是否属于投资协议约定的"因本协议引起或与本协议有关的"纠纷,法院认为,原被告签订投资协议的目的就在于新里程公司增资,开发王家棚项目。该协议虽未对不得抽逃出资进行明确约定,但这是协议的应有内容,应无疑义。

如果国民信托确实存在郭某某、张某所诉的抽逃出资行为,那么该行为应当被认为因投资协议引起或者与投资协议有关,因为抽逃的是"出资",而不是其他,抽逃出资实质上与出资不到位无异,结果都是原被告订立投资协议的目的不能实现。因此,对于国民信托是否抽逃出资,宜认定为"因本协议引起或与本协议有关的"的纠纷。这样解释,更符合原被告订立投资协议中约定管辖条款的真实意思,因为该管辖条款约定的目的在于纠纷发生时将纠纷交由国民信托所在地有管辖权的人民法院管辖。更进一步说,如果没有国民信托的增资行为,原告郭某某、张某亦不会与被告国民信托就是否抽逃出资引发纠纷。因此,一审法院仅凭投资协议约定的增资已经履行完毕,即认定抽逃出资纠纷与投资协议无关,不符合投资协议订立的本意和初衷。故一审法院认定本案不属于因投资协议引起或与投资协议有关的争议错误,应依法予以纠正。根据原、被告之间签订的投资协议约定的协议管辖条款,本案应由北京高院管辖。

(2)关于本案是否符合《民事诉讼法》和《民事诉讼法司法解释》相关规定的问题

退一步说,如果本案不应当适用约定管辖,那么是否应当适用《民事诉讼法》和《民事诉讼法司法解释》相关规定。国民信托和新里程公司认为,本案的原、被告是公司的股东,新里程公司只是案件的第三人,因此,不应适用上述法律和司法解释的规定。郭某某、张某认为,本案属于公司组织诉讼,应适用上述法律和司法解释的规定。一审法院认为,本案系股东出资纠纷,原则上以《民事诉讼法》中管辖的相关规定为基础,但应综合考虑公司所在地等因素来确定管辖法院。该案中,郭某某、张某与国民信托出资的公司为新里程公司,其住所地在陕西省,结合该案的诉讼标的,根据《民事诉讼法》级别管辖及地域管辖的规定,本案应当由陕西高院管辖。法院认为,《民事诉讼法》关于公司诉讼"因公司设立、确认股东资格、分配利润、解散等纠纷提起的诉讼,由公司住所地人民法院管辖"之规定,《民事诉讼法司法解释》规定"因股东名册记载、请求变更公司登记、股东知情权、公司决议、公司合并、公司分立、公司减资、公司增资等纠纷提起的诉讼",依照《民事诉讼法》第26条规定(注:对应现行《民事诉讼法》第27条)确定管辖。这样规定的理论依据是,在公司作为被告的情况下,当然由公司住所地人民法院管辖,这与原告就被告的一般管辖规定并无二致,否则《民事诉讼法》也就没有专门规定第26条之必要。

该条特别之处就在于,在公司作为原告、公司的股东、董事、监事、高级管理人员等作为被告的情况下,如果案件由被告住所地的人民法院管辖,人民法院在审理案件时,需要到公司住所地调阅有关资料,可能不便利,因此,为了方便诉讼、提高诉讼效率,《民事诉讼法》作了上述规定。从以上分析可知,适用前述两条的前提条件之一是:公司要么是被告,要么是原告。在公司为第三人的情况下,除非是根据《公司法》提起的股东代表诉讼,否则不具有适用《民事诉讼法》第26条的前提。本案中,新里程公司既不是被告,又不是原告,而只是第三人,且本案又不是股东代表诉讼,因此,本案不能适用《民事诉讼法》第26条和《民事诉讼法司法解释》第22条的规定,在上述两条规定中也没有规定股东抽逃出资案件由公司住所地法院管辖。一审法院通过关于股东出资纠纷"原则上以《民事诉讼法》中管辖的相关规定为基础,但应综合考虑公司所在地等因素来确定管辖法院"的论述,认为目标公司即本案第三人新里程公司的住所地在西安,因此认为本案应由其住所地法院管辖,其依据系自由裁量权的不当运用。按照一审法院的观点,股东出资纠纷的管辖权如何确定,只需考虑公司所在地这一唯一因素,而不适用《民事诉讼法》中管辖的相关规定,这显然曲解了《民事诉讼法》第 26 条和《民事诉讼法司法解释》第 22 条的规定。按照一审法院的理由,实际上对于股东出资纠纷案件的管辖权如何确定没有原则,只有例外,其论述自相矛盾。在一审法院的说理中,"本案系股东出资纠纷,原则上以《民事诉讼法》中管辖的相关规定为基础",但是却没有明确列举是有关管辖的哪条或者哪几条规定,也属于说理不充分。裁定撤销一审民事裁定,本案移送北京市高级人民法院审理。

2.合作合同并未约定履行出资义务的地点,但根据《民事诉讼法》"因合同纠纷提起的诉讼,由被告住所地或者合同履行地人民法院管辖"的规定,因股东出资纠纷,股东有权选择向合同履行地的人民法院起诉。

在(2013)桂立民终字第 26 号案中,二审法院认为:本案是股东出资纠纷,合作合同并未明确约定履行出资义务的地点,但根据合同中"履行地点不明确,给付货币的,在接受货币一方所在地履行……"之规定,本案接受货币方是亿能水电公司,其住所地是广西省梧州市,因此广西省梧州市是本案的合同履行地。因合同纠纷提起的诉讼,由被告住所地或者合同履行地人民法院管辖,原告亿能水电公司、精盈国际公司有权选择向合同履行地的人民法院起诉,梧州市中级人民法院对本案有管辖权。

3.未认缴出资的股东对已缴清注册资本的股东构成违约,股东起诉违约的股东要求履行出资义务,属合同纠纷,股东之间在协议中约定的法院管辖条款有效,对股东具有约束力。

在(2016)黔民辖终 43 号案中,二审法院认为:昆明莱握公司提起诉讼称,其与云药集团公司、刘某分别系贵州莱握公司的股东,因云药集团公司、刘某未按照《公司股东会决议》《增资扩投协议》《公司章程》的约定及时向贵州莱握公司缴清认缴部分的注册资本金,对已缴清注册资本的股东构成违约,故本案系股东与股东之间的出资纠纷,属合同纠纷。根据昆明莱握公司、刘某、范某某、云药集团公司四方签订的《增资扩股协议》约定:"凡因履行本协议而发生的一切争议,各方首先应争取通过友好协商的方式加以解决。未能解决的,则任何一方均可向增资公司所在地有管辖权的人民法院提起诉讼。"该约定符合《民事诉讼法》"合同或者其他财产权益纠纷的当事人可以书面协议选择被告住所地、合同履行地、合同签订地、原告住所地、标的物所在地等与争议有实际联系的地点的人民法院管辖,但不得违反本法对级别管辖和专属管辖的规定"的规定,合法有效,对各方当事人均有约束力。本案中,增资公司即贵州莱握公司住所地位于贵州省黔西南布依族苗族自治州安龙县,诉讼标的额为人民币9838400元,属贵州省中级人民法院管辖一审民商事案件的范围,故黔西南中院依法享有管辖权。

4. 公司诉讼是指涉及公司组织法性质的诉讼,存在与公司组织相关的多数利害关系人,股东请求其他股东向公司归还出资本息、其他抽逃出资的股东承担连带责任,该诉讼虽与公司有关,但不具有公司组织法纠纷的性质,诉讼应适用一般地域管辖规定确定管辖法院,即由被告住所地法院管辖。

在(2017)最高法民辖终414号案中,二审法院认为:本案案由为股东出资纠纷,唐山宝业公司的诉讼请求为首钢公司作为控股股东,将出资款人民币17亿元分别转至唐山首钢实业钢铁有限公司北京办事处(人民币4亿元)和北京首钢新钢有限责任公司(人民币13亿元),已构成抽逃出资,请求首钢总公司向首钢宝业公司归还出资本息,其他抽逃出资的自然人被告应承担连带责任,该诉讼虽与公司有关,但不具有公司组织法纠纷的性质,也不涉及多项法律关系,该案判决仅对公司出资双方和其他股东发生法律效力,不适用公司诉讼特别管辖的规定,应适用一般地域管辖规定确定管辖法院。本案被上诉人唐山宝业公司起诉的被告为首钢集团、刘某、胡某某。其中,首钢集团和刘某的住所地在北京市石景山区,胡某某的住所地在河北省唐山市。因合同纠纷提起的诉讼,由被告住所地或者合同履行地人民法院管辖。根据宝业公司起诉的被告的住所地,北京市和河北省的法院均有管辖权,河北省高级人民法院作为先受理法院,对本案具有管辖权。

(二)侵权之诉

1. 股东依协议履行了出资义务后又抽逃出资,公司起诉股东返还抽逃出资的本金及利息,案件不是因履行协议书发生的纠纷,协议约定管辖对案件不具有法律约束力,应按侵权纠纷"因侵权行为提起的诉讼,由侵权行为地或被告住所地人民法院管辖"之标准确定管辖法院,侵权行为地包括侵权行为实施地、侵权结果发生地,公司住所地即是侵权结果发生地,侵权之诉公司所在地法院具有管辖权。

在(2014)苏商辖终字第137号案中,一审法院认为:陈某某、林某某、黄某某、金亿公司签订《增资入股协议书》,协议虽约定"本协议各方当事人因本协议发生的任何争议,应先通过友好协商的方式解决。协商不成,任一方均可向合同签订地法院提起诉讼",亦明确协议"在中国上海浦东新区签订",但根据星辉公司的诉状,林某某已经根据《增资入股协议书》向金亿公司履行了人民币1900万元的出资,林某某在履行了出资后,又抽逃出资,星辉公司向本院起诉要求林某某返还抽逃出资的本金及利息,故本案并不是因为履行《增资入股协议书》而发生的纠纷,协议约定管辖对本案不具有法律约束力。林某某的户籍所在地虽在福建省福安市,但其是金亿公司的法定代表人,金亿公司住所地在滨海县滨淮镇民营创业园小岭东路,故林某某的经常居住地亦应在滨海县,在该院辖区范围内,星辉公司向该院提起诉讼,该院依法对本案具有管辖权。

二审法院认为:本案系因金亿公司的注册资本被抽逃引起的纠纷,故金亿公司住所地滨海县即为侵权结果发生地。因金亿公司住所地属于原审法院辖区,结合级别管辖的有关规定,星辉公司向原审法院提起本案诉讼,原审法院依法对本案具有管辖权。本案不是因履行该协议书产生的纠纷,故林某某关于应当依据该协议书的约定确定管辖的上诉理由不能成立,应予驳回。

2. 公司起诉抽逃出资的股东要求其补缴出资并赔偿损失,依据侵权之诉管辖规定来确定管辖法院。

在(2014)云高民二终字第250号案中,二审法院认为:龙翔公司起诉要求法院确认刘某某抽逃出资并判令其补缴并承担相应的利息,并赔偿损失,案由应为股东出资纠纷。股东出资纠纷案由下所列的案件可能会存在违约责任或侵权责任,要根据提起诉讼的当事人身份及当事人的诉讼请求等具体案情来确定准确的案由。龙翔公司以公司名义提起诉讼,认为刘某某侵害公司独立的财产权,并要求其补缴出资并赔偿损失,一审法院认定为侵权之诉,并依据《民事诉讼法》有关侵权之诉的管辖规定确定管辖法院正确。

3. 股东应当出资而未出资的地点也即公司住所地,可以被认定为侵权行为实施地。

在(2023)最高法民辖68号案中,二审法院认为:本案系股东损害公司债权人利益责任纠纷。因侵权行为提起的诉讼,由侵权行为地或者被告住所地人民法院管辖。本案中,勇进公司主张吴某某作为上海中深公司的原股东,对上海中深公司承担出资义务,因吴某某不如实出资,损害了勇进公司作为上海中深公司债权人的利益。同时,滕某某作为吴某某原持有股权的受让者,应当对吴某某在未出资本息范围内承担补充赔偿责任。分析上述诉讼请求,勇进公司实际上主张的是吴某某应当出资而未出资侵害其合法权益,故吴某某应当出资而未出资的地点即上海中深公司住所地,可以被认定为侵权行为实施地。上海中深公司住所地位于上海市宝山区,上海市宝山区人民法院对本案有管辖权。

(三) 给付之诉

1. 公司起诉股东要求补缴出资并赔偿损失,此种纠纷不具有公司组织法纠纷的性质,应由被告住所地法院管辖。

在(2014)鲁民辖终字第257号案中,二审法院查明如下事实:东平中联美景水泥有限公司起诉称,山东美景集团有限责任公司、马某某在2007年初成立泰安美景建材有限公司时,未履行出资义务,欺骗公司登记主管部门,取得泰安美景建材有限公司登记;聊城美景中原水泥有限公司在受让泰安美景建材有限公司股权时,已明知泰安美景建材有限公司股东虚假出资的情况,应与虚假出资的股东连带承担虚假出资责任。请求判令山东美景集团有限责任公司、马某某、聊城美景中原水泥有限公司履行出资义务,立即补交出资人民币3000万元,并赔偿损失人民币1080万元。

二审法院认为:该案系股东出资纠纷,属于给付之诉性质的诉讼,该案虽涉及公司法中的权利义务,但并不具有公司组织法纠纷的性质,因此该案不属于《民事诉讼法》规定的公司诉讼案件,该案应以被告住所地确定管辖。鉴于涉案被告住所地均位于山东省聊城市,不属于原审法院辖区,原审法院管辖审理该案不当。

2. 公司股东与股东之间的出资违约责任,属于具有给付之诉性质的诉讼,由被告住所地人民法院管辖。

在(2019)粤03民辖终1031号案中,二审法院认为:本案诉请的是公司股东与股东之间的出资违约责任,属于具有给付之诉性质的诉讼,属于传统的民事纠纷范畴,应适用普通民事诉讼管辖的规定。根据《民事诉讼法》相关规定,对公民提起的民事诉讼,由被告住所地人民法院管辖;被告住所地与经常居住地不一致的,由经常居住地人民法院管辖。本案上诉人即原审被告经常居住地位于深圳市宝安区,故原审法院对本案具有管辖权。

3. 公司要求两股东履行出资义务并承担连带清偿责任的诉讼,由被告住所地人民法院管辖。

在(2017)黔民辖终167号案中,二审法院认为:人民法院在民事诉讼中系依据原告的诉讼请求确定案件管辖。本案系公司要求两股东履行出资义务并承担连带清偿责任的诉讼,为同一诉讼,应一并审理。至于两被告之间应承担独立责任还是连带责任,应在实体审理中查明,不属于管辖权异议的审查范围。根据《民事诉讼法》相关规定,对公民提起的民事诉讼,由被告住所地人民法院管辖;被告住所地与经常居住地不一致的,由经常居住地人民法院管辖。对法人或者其他组织提起的民事诉讼,由被告住所地人民法院管辖。同一诉讼的几个被告住所地、经常居住地在两个以上人民法院辖区的,各该人民法院都有管辖权。本案被告黄某某的住所地位于贵州省贵阳市,结合最高人民法院关于级别管辖的规定,贵阳中院依法对本案享有管辖权。

另外要注意,因公司股东不动产出资引发的纠纷,如果诉讼中产生争议的是不动产权属问题,实质属于因不动产纠纷提起的诉讼,需要依据专属管辖规定,由不动产所在地人民法院管辖。比如在(2017)粤民辖终677号案中,一审法院认为:本案是公司股东的不动产出资引发的纠纷,争议涉及不动产的权属问题,属于因不动产纠纷提起的诉讼。涉案房地产位于中山市某安阜村五昌围,根据《民事诉讼法》关于专属管辖的规定,因不动产纠纷提起的诉讼,由不动产所在地人民法院管辖,故原审法院对本案享有管辖权。二审法院持相同观点。

(四)公司住所地法院管辖

1.出资行为系公司设立行为中的一项内容,属于公司设立方面的纠纷,应适用《民事诉讼法》关于公司纠纷的地域管辖之规定,由公司住所地人民法院管辖。

在(2018)粤03民辖终1696号案中,二审法院认为:出资行为系公司设立行为中的一项内容,故该纠纷属于公司设立方面的纠纷,应当适用《民事诉讼法》关于公司纠纷的地域管辖之规定,即因公司设立、确认股东资格、分配利润、解散等纠纷提起的诉讼,由公司住所地人民法院管辖。本案上诉人深圳市前海以能资本管理有限公司的住所地在深圳前海合作区,属于深圳前海合作区人民法院辖区,故该院对本案具有管辖权。

2.公司债权人起诉公司股东在未出资本息范围内就公司债务承担补充赔偿责任并互相承担连带责任,将公司列为第三人,但判决效力及于公司,对与公司相关的利害关系人产生效果,案由应为股东出资纠纷,由公司住所地人民法院管辖。

在(2020)粤0304民初15187号案中,一审法院认为:原告威海市银行起诉第三人中元国信公司的三个股东在未出资本息范围内就公司对其债务承担补充赔偿责任,并互相承担连带责任。原告威海市银行对第三人中元国信公司所享有的债权已经生效判决确认,本案审查的重点在于各被告作为中元国信公司的股东履行出资义务的情况,股东是否按公司设立时的要求及章程约定履行股东出资义务,关系到公司资本充足与否,关系到公司对外承担有限责任的能力范围,因此也关系到公司债权人的利益。《民事诉讼法司法解释》明确了公司增资、减资纠纷由公司住所地法院管辖,股东出资纠纷的审理也关系到公司资本变动从而影响公司及公司债权人的利益。虽然本案中公司不作为被告,但本案判决的效力应该及于公司,可以对与公司相关的利害关系人都产生效果。所以本案的案由应为股东出资纠纷,属于由公司住所地法院管辖的与公司有关的纠纷的范畴。本案三名被告出资的公司即中元国信公司的住所地位于北京市,本案应由北京市的法院管辖。

3. 因增资后未履行增资义务,公司起诉股东履行支付出资款及逾期利息的,属于公司增资纠纷,应由增资目标公司住所地人民法院管辖。

在(2021)粤民辖终209号案中,二审法院认为:《民事诉讼法》规定,因公司设立、确认股东资格、分配利润、解散等纠纷提起的诉讼,由公司住所地人民法院管辖。《民事诉讼法司法解释》规定,因股东名册记载、请求变更公司登记、股东知情权、公司决议、公司合并、公司分立、公司减资、公司增资等纠纷提起的诉讼,依照《民事诉讼法》关于公司诉讼的特别规定确定管辖。本案中,汇嘉投资公司主张陈某受让了麦某某持有的公司增资后的股权,起诉请求人民法院判令陈某对麦某某应向公司履行的支付出资款及逾期利息义务承担连带责任,故本案为公司增资纠纷,应由公司住所地人民法院管辖。汇嘉投资公司的住所地位于广东省东莞市,本案诉讼标的额达到中级人民法院管辖标准。因此,原审法院有权管辖本案。

4. 股东未按规定缴纳出资,虚假出资、出资不足、抽逃出资等,必然对公司利益产生损害,起诉股东请求补缴其抽逃的出资,实质是维护股东权益和公司利益,应以公司住所地人民法院为案件管辖法院。

在(2015)甘民二终字第179号案中,二审法院认为:本案是股东出资纠纷。对于与公司有关的诉讼是否由公司住所地人民法院管辖,要进行综合的判断和分析,包括纠纷是否涉及公司利益、对该纠纷的法律适用是否适用《公司法》等。股东出资是指公司股东(包括发起人和认购人)在公司设立或者增加资本时,为取得股份或股权,根据协议的约定以及法律和公司章程的规定向公司交付财产或履行其他给付义务的法律行为。出资是股东对公司的基本义务,也是形成公司财产的基础。而公司财产又是公司运转、股东受益的基础,如果股东未按规定缴纳出资,或者虚假出资、出资不足、抽逃出资等,必然对公司之利益产生损害。基于出资制度在整个公司制度中的重要意义,本案被上诉人起诉请求上诉人补缴其抽逃的出资,其实质是维护其股东权益和公司利益,鉴于本案之实体审理将涉及与公司组织相关的多数利害关系人及多数利害关系人的多项法律关系,亦将涉及公司利益并适用《公司法》的规定，故一审以公司住所地人民法院确定案件管辖并无不妥。

5.《民事诉讼法》对于公司诉讼作出了特殊地域管辖的规定，因公司设立、确认股东资格、分配利润、解散等纠纷提起的诉讼，由公司住所地人民法院管辖，而非一律由被告住所地法院管辖。

在（2020）粤03民辖终1270号案中，二审法院认为：本案属于公司设立方面的公司诉讼，《民事诉讼法》对于公司诉讼作出了特殊地域管辖的规定，因公司设立、确认股东资格、分配利润、解散等纠纷提起的诉讼，由公司住所地人民法院管辖，而非一律"由被告住所地法院管辖"，即对于该类公司诉讼，即便公司不是被告，也应当由公司住所地法院管辖，原因在于该类纠纷多与公司相关，往往涉及公司、股东等众多利害关系人，案件的审理可能需要调取、查阅公司相关的文件及工商信息。《民事诉讼法》关于诉讼管辖的规定系法律对当事人诉讼权利、诉讼成本以及案件诉讼效率的综合衡量的结果，其中，便利当事人诉讼、便于法院审理是最基本要求。从"两便原则"出发，公司诉讼应当实行特殊地域管辖，即与公司相关诉讼由公司住所地人民法院管辖。

第三节 实务指南

一、新《公司法》对创业的影响——机遇与挑战并存

（一）导言

1993年新中国第一部《公司法》诞生，在1993年至2023年期间，公司法共计历经六次修订（修正），分别为1999年第一次修正、2004年第二次修正、2005年第三次修订、2013年第四次修正、2018年第五次修正、2023年12月29日第六次修订。

从时间线上看，新中国的首部《公司法》诞生于1993年12月29日，正式实施时间为1994年7月1日；最新的第六次修订系2023年12月29日通过，将于2024年7月1日正式施行，无论从通过的时间，还是未来正式施行的时间看，本次修订与首部《公司法》的诞生相比，相差正好三十年。

对于一个人而言，三十属于而立之年，对于《公司法》而言，而立之年的修订，充分体现了国家深化改革的决心，修改内容之多，涉及内容之深入，都在历次修订中位列前茅，可以说是"三十而立再出发、大刀阔斧向前跃"。

从一组数字中，可以充分体现公司法改革的决心：

1——新修订的公司法删除了1个章节,即一人有限公司的规定;

2——新《公司法》新增了两个独立的章目,分别为"第二章公司登记""第七章国家出资公司组织机构的特别规定";

228——新《公司法》新增及修改条文数;

16——新《公司法》删除的条文数;

112——新《公司法》实质性修改条文数;

85%——修订幅度,即修改条文数(228条)与2018年版《公司法》条文数(266条)的比例,足见修订幅度之大。

从修订的具体内容看,对于企业家而言,可谓"机遇与挑战并存"。

下面逐一为大家进行分析。

(二)机遇篇

1. 一人创业的形式选择扩展

2018年版《公司法》在第二章"有限责任公司的设立和组织机构"的第三节中专节规定"一人有限责任公司的特别规定",纵观新《公司法》的具体内容,删除此章节规定,不是对一人公司的否认,而是一人公司管理升级的一种表现。

按照2018年版《公司法》的规定,区分有限责任公司与股份有限公司的重要依据之一在于最低人数要求存在差异,有限责任公司股东是1人以上50人以下;股份有限公司的股东人数是2人以上200人以下。

新《公司法》生效之后,这一最低人数要求的区别将消失,主要依据新《公司法》第92条的规定,即"设立股份有限公司,应当有一人以上二百人以下为发起人,其中应当有半数以上的发起人在中华人民共和国境内有住所"。

这意味着:企业家一个人创业,也可以设立股份有限公司,2024年7月1日以后,一人股份有限公司将会成为现实,对于广大企业家而言是一大利好。

2. 出资形式多样化

按照2018年版《公司法》第27条的规定,非货币财产形式的出资包括:实物、知识产权、土地使用权等。但是在实践中,随着社会发展的需要,以股权、债权出资的需求越来越高。新《公司法》顺应了此种需求,在第48条中,扩展了股东可以用于出资的非货币财产出资形式,明确将股权、债权纳入非货币财产出资的形式,这对企业家创业而言是一大利好。

股权、债权出资形式入法是社会法治进步的体现,扩展了股东出资的形式,但是以股权、债权出资作为非货币财产出资的形式也要遵循规定的程序,具体提醒各位企业家注意以下几点：

（1）核实公司章程中规定的出资形式是否包括股权、债权，如果不包含股权、债权，却以股权、债权形式进行出资，会被债权人质疑出资形式不适格，影响出资的效力。

（2）以股权、债权形式进行出资时，应进行评估，并以评估价作为出资入账的依据。特别提示：不能低估，也不能高估出资股权、债权的价值。

尤其要注意，不能高估出资，否则按照新《公司法》第50条的规定，股东应当补足出资差额。即使股东不是以股权、债权出资，在其他股东存在以股权或者债权出资的情况下，该股东作为发起人之一，也负有补足出资差额的连带责任，提请特别注意。

（3）及时办理相应手续，具体手续是指对于股权应及时办理股权持有人变更登记，对于债权应及时履行相应的转让通知手续。

需要特别提醒注意的是，根据《公司法时间效力司法解释》第1条第3项规定："公司法施行前，股东以债权出资，因出资方式发生争议的，适用公司法第四十八条第一款的规定。"据此在债权出资的争议处理上，第48条的规定具有溯及效力，如果各位企业家曾经以债权出资，建议您核查一下之前的债权出资处理程序是否恰当，以便及时应对风险。

3. 治理结构新变化

在公司治理结构方面，新《公司法》的调整也非常多，其中有利于企业家创业的调整主要体现在以下方面：

（1）三层治理结构的简化成为可能

按照2018年版《公司法》的规定，我国治理结构是以股东会为最高权力机构、董事会为决策机构、监事会为监督机构的三足鼎立式的治理结构。

根据2018年版《公司法》，规模较小、股东人数较少的有限公司可以不设董事会，仅设一名执行董事；不设监事会，设1-2名监事。股份有限公司必须设置董事会、监事会。

新《公司法》在公司治理架构上有重要调整，主要体现在以下方面：

A. 有限公司：双层治理结构，甚至单层治理结构成为可能

新《公司法》第68条、第69条、第75条、第83条对有限责任公司的董事会、监事会的设置作出了具体的规定，其中在整体结构上，最大的变化源于第83条的规定。

根据新《公司法》第83条的规定，规模较小、股东人数较少的有限责任公司可

以只设置一名监事,不设监事会,这与2018年版《公司法》的规定基本一致,只是减少了监事的人数。

此条款最大的变化在于最后一句,即"经全体股东一致同意,也可以不设监事"。这意味着,只要全体股东一致同意,就可以不设置监事,也就是意味着,公司设置股东会、董事会双层治理结构完全合法,三会一层的治理结构,将被调整为两会一层的治理结构。

对于一人有限公司而言,只设置董事会或者一名董事,设置单层治理结构,也将是现实。从最浅薄的层面说,创业者可以节省聘请监事的费用;在一定程度上,也可以提升特定时限的决议效率,有利于更好地把握发展机遇。

B. 对于以股份公司形式创业的企业家而言,新《公司法》也有调整

如刚才所述,按照2018年版《公司法》,股份有限公司必设董事会、监事会;但是按照新《公司法》的规定,规模较小、股东人数较少的股份公司也可以不设董事会、监事会,只设一名董事、一名监事,依据在于新《公司法》第128、133条的规定。

在此特别强调,股份有限公司,即使是一人股份有限公司,监事也还是必设项,但是相对于至少五人以上组成的董事会(2018年版《公司法》第108条规定,董事会成员5-19人)、3人以上组成的监事会而言,股份有限公司的董事、监事人员要求也大大降低了。

(2)董事会或董事设置的新调整

如上所述,新《公司法》对于监事会有重大修订。

对于董事会而言,调整也不小,以有限责任公司为例,董事会或董事主要规定在第68条、第69条、第75条中。

按照以上条款的规定,新《公司法》关于董事会或董事规定的变化主要体现在以下方面:

A. 人数变化:从同时限制下限(3人)、上限(13人),调整为只限制下限(3人)。

B. 称谓变化:执行董事变为董事。

C. 职工董事要求的变化:2018年版《公司法》只规定国有公司一定要有职工董事,有限责任公司可以设职工董事。新《公司法》规定公司必须设置职工董事的条件:即职工人数达300人以上的有限责任公司,除依法设监事会并有公司职工代表的。这是新《公司法》保护职工权益理念的重要体现。

D. 审计委员会要求的变化:体现在第69条。在2018年版《公司法》体系下,设立审计委员会是针对上市公司、国有企业的规定,对于普通公司没有规定,新《公司

法》第 69 条属于针对普通有限公司的审计委员会规定。从职权看,审计委员会代行的是监事会的职权,设置了审计委员会,可以不设监事会/监事。

疑问 1:审计委员会能否代行监事的全部职权？但是作为董事会的下设机构,是否能够代行监事会的全部职权(如提起代表诉讼的权利),存在较大争议。

疑问 2:不设监事,是否必设审计委员会？笔者认为,在条款上没有必然的联系,满足新《公司法》第 83 条的条件,经全体股东一致同意,在不设监事的情况下,也可以不设审计委员会。

(3)经理层——最大的变化

从职权法定和章定,调整为职权章定化,主要依据是新《公司法》第 74 条的规定。

按照 2018 年版《公司法》第 49 条的规定,经理的职权以具体列举的形式进行规定,共计列举了 8 项,第 2 款还有兜底性的章程设计空间。新《公司法》第 74 条直接规定,经理"根据公司章程的规定或者董事会的授权行使职权",这也意味着经理的职权完全由章程规定,赋予了企业家更大的意思自治空间,也意味着公司章程个性化设计的空间更大,章程的个性化设计更加重要。

以上是新《公司法》为创业带来的部分有利影响;当然有利的影响不限于此,新《公司法》新增的电子通讯表决方式的确定、股份公司类别股制度的设置等规定都有利于创业的开展,企业家可以积极关注。

(三)挑战篇

新《公司法》为各位企业家带来机遇是不容否定的事实,但是同时也蕴含着企业家们不应忽略的挑战,今天我们重点从注册资本新变化、规范管理新要求这两个方面进行梳理:

1. 注册资本新变化中的挑战

注册资本变化的挑战主要体现在以下三个方面:即注册资本限期实缴制度、加速到期便利化制度、股权转让规则的变化。

读完这三项制度,笔者最想给企业家们的建议是:理性。现在逐一分析:

(1)注册资本限期实缴制度(或者称为注册资本 5 年实缴制)

这是新《公司法》出台后,流传最广的一项制度,具体体现在第 47 条、第 98 条、第 266 条第 2 款的规定。对该制度解读如下:

第一类,自 2024 年 7 月 1 日起成立的有限责任公司,请参见第 47 条,在公司成立之日起 5 年内缴足;章程个性化设计的空间是,在五年范围内约定具体期限。

第二类,自 2024 年 7 月 1 日起成立的股份有限公司,请参见第 98 条,发起人在公司成立前实缴注册资本。

第三类,存量公司(即于 2024 年 6 月 30 日前已经成立的公司)怎么办?

按照新《公司法》第 266 条第 2 款的规定,应逐步调整,否则会面临处罚;出资期限、出资额明显异常的,公司登记机关可以依法要求其及时调整。

A. 看完这个条款,企业家们是否依然迷茫?逐步调整,什么是逐步?逐步的周期是多长?

《国务院注册资本规定》第 2 条规定:"2024 年 6 月 30 日前登记设立的公司,有限责任公司剩余认缴出资期限自 2027 年 7 月 1 日起超过 5 年的,应当在 2027 年 6 月 30 日前将其剩余认缴出资期限调整至 5 年内并记载于公司章程,股东应当在调整后的认缴出资期限内足额缴纳认缴的出资额;股份有限公司的发起人应当在 2027 年 6 月 30 日前按照其认购的股份全额缴纳股款。"即对于有限公司而言,企业家有三年的调整期和五年的实缴期限,股份公司也有三年的调整期,即在 2027 年 6 月 30 日前按照其认购的股份全额缴纳股款,所以企业家们有充分的时间进行应对。

B. 判断是否要实缴,企业家们可能面临的责任也是考量的重要因素之一,即不实缴会有什么后果?

从专业的角度看,个人建议企业家不要对实缴的事宜存在侥幸心理,因为新《公司法》对此设置了相应的规制措施:

首先,新《公司法》第 40 条明确将"股东认缴和实缴的出资额、出资方式和出资日期"作为公司强制公示事项,如果不实缴,其他人员将直接通过国家企业信用系统查阅到对应公司的不诚信行为,这会影响公司的信用,继续进行交易将面临困难。

其次,新《公司法》第 251 条规定:"公司未依照本法第四十条规定公示有关信息或者不如实公示有关信息的,由公司登记机关责令改正,可以处以一万元以上五万元以下的罚款。情节严重的,处五万元以上二十万元以下的罚款;对直接负责的主管人员和其他直接责任人员处以一万元以上十万元以下的罚款。"还规定了违反公示法律责任的行政处罚责任,这个处罚是双重处罚制度(公司处罚:1~5 万元或者 5~20 万元,负有责任的个人处罚 1~10 万元),面对双重责任,企业家们应该也需要慎重考虑一下是否实缴的问题。

C. 企业家也不要操之过急

根据笔者的实务处理经验,面对注册资本实缴的问题,企业家们的一般应对策略包括：实缴、减资、注销。

实缴：通常适用于注册资本不高的、股东有出资能力，对应公司有继续存续必要的情形；

注销：通常适用于没有实际经营或者没有存续必要的公司；

减资：一方面可以解决注册资本过高的风险，减轻企业家们的出资压力；另一方面，可以使公司继续存续。对于企业家们而言，减资是最常使用，也最能达到"双赢"目标的方案，因此备受企业家们青睐。

2024年1月4日深圳报纸上的减资公告长篇累牍就是最好的证明。减资幅度最大的一家企业，注册资本由人民币5000万元减资到人民币1万元，足见企业家们的决心。

但需要提醒大家注意的是，一个减资公告并不能解决股东高额出资的风险，最高院2017年第11期公报上公布的案例已经明确，在公司减资未通知已知债权人，股东又不能证明自己没有过错的情况下，还是要在减资前的注册资本范围内承担债务清偿责任。

另外，减资时，市场监管部门往往会要求公司出具相应的承诺，这种承诺也会成为股东被要求承担减资前责任的依据，(2019)粤03民终2883号的裁判记载就是最好的证明之一。

规范的减资流程中"通知债权人"是与减资公告同等重要的并列程序，企业家们在减资前，应评估好负债情况，准备好债务处置方案，在对于债权人提出的提前清偿或者提供担保的要求有充分的应对策略时再启动减资程序。

必要时，也可以求助专业的律师，协助确定减资方案的可行性和减资时间的选择，同时进行债务处置及谈判，协助企业家实现真正的"双赢"。

2. 加速到期便利化制度的新挑战

注册资本限期制度很有威慑力，但是企业家们不应忽视另一个源于"加速到期的便利化"的注册资本重大变更，即新《公司法》第54条规定的"公司不能清偿到期债务的，公司或者已到期债权的债权人有权要求已认缴出资但未届出资期限的股东提前缴纳出资"。

这一项制度，从渊源来看，可以追溯到《九民会议纪要》第6条："在注册资本认缴制下，股东依法享有期限利益。债权人以公司不能清偿到期债务为由，请求未届出资期限的股东在未出资范围内对公司不能清偿的债务承担补充赔偿责任的，人民法院不予支持。但是，下列情形除外：(1)公司作为被执行人的案件，人民法院穷尽执行措施无财产可供执行,已具备破产原因,但不申请破产的;(2)在公司债务产生后,公司股东(大)会决议或以其他方式延长股东出资期限的。"

但是相对于《九民会议纪要》第 6 条的规定而言,新《公司法》第 54 条的立法倾向和制度设计立足点有重大变化,体现在以下方面:

表 1　新《公司法》第 54 条与《九民会议纪要》第 6 条的比较

制度设计立足点	《九民会议纪要》第 6 条	新《公司法》第 54 条
是否保护股东出资期限利益	条款中明确予以保护	弱化保护,优先保护到期债权人
如何突破	例外情况下予以突破: 债务人进入执行案件,已具备破产原因,但不申请破产的; 债务发生后,公司延长出资期限,损害债权人利益的。	只要有到期债权人申请,即可突破
突破范围	未出资的股东或者股东恶意延长出资对应的范围	全体未出资股东

鉴于以上情况,笔者给企业家们提出的建议如下:

(1)期限利益保护弱化,企业家们更应合理设置注册资本,因为企业家的五年出资计划,可能会被缩短到一年,甚至更短的时间;

(2)企业发展切忌激进。因为结合新《公司法》第 50 条的规定,激进的合作伙伴的危害会更加明显,也可能大大强化股东的出资义务。第 50 条规定:"有限责任公司设立时,股东未按照公司章程规定实际缴纳出资,或者实际出资的非货币财产的实际价额显著低于所认缴的出资额的,设立时的其他股东与该股东在出资不足的范围内承担连带责任。"

为了使大家更直观地体会以上制度,现结合新《公司法》第 47 条、第 50 条、第 51 条的规定,给大家举个例子:M 公司,由 A、B、C 共同出资设立,注册资本 1000 万元,A 持股 80%,B 持股 19%,C 持股 1%,问题设计如下:

(1)注册资本实缴期限是 5 年,作为 C,您认为自己的出资义务是多少？如果平均实缴的话,每年实缴的出资应该是多少？

这是一道简单的算术题:1000 万元 * 1% = 10 万元,10 万元/5 年 = 2 万元/年

(2)如果第一年做了一项大业务,产生了人民币 2000 万元的到期债务,您认为自己的出资义务是多少？

按照第 54 条的规定,债权人要求加速到期,C 需要一次性支付 10 万元——是

不是有点压力了？筹措一下资金才能解决了吧？

(3)实际上您的出资义务还有可能是多少？1000万元——您想到过吗？——如果A、B不见了，按照第50条的规定，C作为发起人是要承担连带责任的。2万元——1000万元，责任放大了500倍，现在是不是有压力了！

那企业家还要随意设置注册资本吗？这说明找合作伙伴确实要谨慎一点。

3.股权转让规则的变化

说完这些变化，是否有企业家想转向转让股权，脱离股东出资责任的这个深坑呢？分析新《公司法》的条款，按照新《公司法》第88条的规定，这条路也被堵死了，第88条规定："股东转让已认缴出资但未届出资期限的股权的，由受让人承担缴纳该出资的义务；受让人未按期足额缴纳出资的，转让人对受让人未按期缴纳的出资承担补充责任。未按照公司章程规定的出资日期缴纳出资或者作为出资的非货币财产的实际价额显著低于所认缴的出资额的股东转让股权的，转让人与受让人在出资不足的范围内承担连带责任；受让人不知道且不应当知道存在上述情形的，由转让人承担责任。"

追溯起来，新《公司法》第88条之规定的渊源是《公司法司法解释(三)》第18条的规定，按照司法实践，在一般情况下，即在出资期限届满前转让股权的，转让方股东一般不承担责任；在出资期限届满后转让股权的，转让方股东、受让方股东承担连带责任。

相对于《公司法司法解释(三)》第18条，新《公司法》第88条第1款明确规定，出资期限届满前转让股权的，受让方承担出资责任，转让方承担补充责任；出资期限届满后转让股权的，以连带责任为原则，以转让方股东担责、善意受让方不承担责任为例外。

鉴于以上情况，笔者建议转让方股东：

(1)在新《公司法》实施后，转让方"转股≠转责"，为了保护自身权益，建议转让方股东注意对受让方履行能力的考察，并通过在协议中约定违约责任的方式，保护自己的权益；

(2)已届出资期限，转让股权的，应如实披露股权出资情况，以便更好地绑定受让方。

以上风险防范策略，可以在必要时通过聘请专业律师来提供专业的股权指导法律服务的方式实现。

需要特别注意的是，根据《公司法时间效力司法解释》第4条第1款第1项的规定"公司法施行前的法律事实引起的民事纠纷案件,当时的法律、司法解释没有规定而公司法作出规定的下列情形,适用公司法的规定:(一)股东转让未届出资期限的股权,受让人未按期足额缴纳出资的,关于转让人、受让人出资责任的认定,适用《公司法》第八十八条第一款的规定",据此可以认定,出资期限届满前,股东转让股权的责任承担问题具有法律溯及力,建议各位企业家及时复核原转让股权的出资情况,防范风险。

4. 规范治理新要求

新《公司法》本次修订的主要思路之一即完善公司治理制度,其中对企业家而言,最直接的挑战主要体现在以下方面:公司人格否认扩张、知情权规则变化、异议股东回购请求权扩展、控股股东或实际控制人的忠实勤勉义务、影子董事或高级管理人员责任等。

(1)公司人格否认扩张

相对于2018年版《公司法》,新《公司法》第23条主要调整为新增第2款的规定,即增加了横向人格否认制度的相关规定。

横向人格否认制度来自《九民会议纪要》第11条第2款的规定,也即当控股股东或实际控制人所控制的关联公司(姐妹公司、兄弟公司)存在人员混同、财务混同、业务混同的情形时,应对其中任一公司的业务承担连带责任。

在通常情况下,业务混同、财务混同相对比较好判断,较难识别、也较容易被忽视的是人员混同。按照最高人民法院第15号指导案例及其他实践案例,人员混同主要通过判断关联公司之间是否存在人员隶属于同一公司、使用同一集团名片、使用同一企业的邮箱等多种因素综合确定。

为防范人格否认的风险,建议企业家关注新《公司法》新增的横向人格否认制度,在关联方经营过程中,加强规范运营管理,防止出现以上可能被认定为人格否认的情形。

(2)知情权规则新变化

知情权规则主要体现在新《公司法》第57条、第110条,其中第57条是针对有限责任公司的规定,第110条是针对股份有限公司的规定。

解读以上条款,新《公司法》第57条中的有限责任公司股东知情权主要变化体现在以下方面:

A. 查阅、复制权变化:新增股东名册。

B. 查阅范围变化:增加了股东查阅会计账簿的权利。

C.委托中介机构查阅合法化:可以委托会计师事务所、律师事务所进行查阅。一方面,可以提升查阅的效率和专业度,另一方面,可为处于异地的股东查账提供便利,可增加查阅频次。

D.查阅可穿透:股东可以查阅全资子公司的资料。这要求公司加强财务管理,不仅限于加强集团公司本身的财务管理,还要加强对全资子公司的管理,提醒企业家特别注意。

5.增加股东行使回购请求权的路径

异议股东回购请求权主要体现在新《公司法》第89条之规定。

2018年版《公司法》第74条作为异议股东请求权的原规定,虽然存在,但是想要达到回购条件非常难,这导致在实践过程中,中小股东的维权往往处于力不从心、颇为无奈的尴尬境地。

新《公司法》第89条主要新增的内容为第3款的规定,在控股股东滥用公司人格的情况下,中小股东可要求公司回购进而退出公司;结合知情权变化的加持,中小股东通过行使知情权,了解到控股股东滥用权利的行为后,可以为解决中小股东的退出困境提供有利的依据;从另一个角度看,这一新变化也对控股股东或实际控制人合规经营公司提出了新的要求。

需要特别注意的是,根据《公司法时间效力司法解释》第4条第1款第2项规定"(二)有限责任公司的控股股东滥用股东权利,严重损害公司或者其他股东利益,其他股东请求公司按照合理价格收购其股权的,适用公司法第八十九条第三款、第四款的规定",新增加的股东回购请求权情形具有溯及力,且不以股东提出异议为前提。

6.控股股东、实际控制人的忠实、勤勉义务

按照2018年版《公司法》的规定,忠实勤勉义务是针对董事、监事、高级管理人员规定的义务,股东并不承担忠实勤勉的义务。新《公司法》第180条第3款明确规定,公司的控股股东、实际控制人不担任公司董事但实际执行公司事务的适用前两款规定。即使控股股东、实际控制人不担任董事,但是执行公司事务的,也应履行忠实勤勉的义务。

7.影子董事或高级管理人员的责任

新《公司法》第192条规定:"公司的控股股东、实际控制人指示董事、高级管理人员从事损害公司或者股东利益的行为的,与该董事、高级管理人员承担连带责任。"这也属于新《公司法》新增的条款。

在新《公司法》修订之前，笔者曾听其他人员为企业家出主意，建议其担任"总裁"，在法定程序外，设置必须经过总裁同意才能执行的规定，帮助控股股东或实际控制人逃避忠实勤勉义务，同时又能掌控公司。这种建议在旧《公司法》的法律规制框架下具有一定的可行性，但是新《公司法》第192条是针对这些"总裁"的责任规制条款，有了这些条款，"总裁"也要承担与董事、高级管理人员同样的连带责任，也就是说总裁不能逍遥法外了，之前的旧建议不能抵御新《公司法》的新风险，提请企业家们特别关注。

新《公司法》里的机遇和挑战众多，受篇幅限制，不能一一展示，提示企业家们积极关注新法、新风险和新机遇，了解风险是更好地防范风险的前提，了解新法新规才能更好地把握新《公司法》中的新机遇，更好地在创业路上扬帆起航。

二、关联诉讼：股东出资纠纷

（一）案由概述

股东出资常因下列情形而产生纠纷：

1. 没有出资、没有完全出资。没有出资是指，股东在公司章程或股东间协议约定的时间内，完全没有按确定的金额向公司缴付出资。没有完全出资是指有出资的事实，但出资有瑕疵，包括没有在约定的时间内出资，出资金额没有达到约定的标准等。

2. 抽逃出资、虚假出资。前面有专章讲述抽逃出资、虚假出资，在此不赘述。

3. 出资加速到期。在符合一定条件下，无论是诉讼中还是执行中，股东出资都会产生出资期限提前到来的问题，认缴制下股东享有的出资期限利益受到限制。

股东出资纠纷产生的主体，可以是股东与股东之间、发起人与股东之间、股东与公司之间，以及股东与债权人之间。

股东出资纠纷与新增资本认购纠纷不同，前者规制的是股东违反出资义务的种种情形，如前述涉及的主体比较多，后者侧重规制的是认购人与公司的关系。

（二）诉讼请求表述示范

本小节设定的场景为：在股东出资纠纷案中，A是公司，简称A公司；B、C、D均是公司股东，E为公司债权人。

【补缴出资】

第一种类型：

1. 请求法院判决B返还A公司股东出资款人民币×万元，并支付利息人民币×元

(暂定,从×年×月×日起以人民币×万元为基数按年利率×%支付利息至实际付清止);

2. 请求法院判决 B 向 A 公司缴付注册资本金人民币×元,并自×年×月×日起按月利率×%的标准承担逾期付款利息至款清时止。

第二种类型:

1. 请求法院判决 B 向 A 公司支付出资款×元;

2. 请求法院判决 B 向 A 公司支付利息×元(以×元为基数,自×年×月×日起至×年×月×日,按中国人民银行同期贷款利率计算)。

第三种类型:

1. 请求法院判决 B、C 连带向 A 公司缴纳出资×万元,并赔偿相应损失(以×万元为基数,自×年×月×日起至实际给付之日止,按照中国人民银行同期贷款利率计算);

2. 请求法院判决 B 向 A 公司缴纳出资×万元,并赔偿相应损失(以×万元为基数,自×年×月×日起至实际给付之日止,按照中国人民银行同期贷款利率计算)。

【连带责任、补充责任】

第一种类型:

1. 请求法院判决解除 B 与 C、D 于×年×月×日签订的《股东协议书》;

2. 请求法院判决 C、D 分别以人民币×元、人民币×元为基数,按中国人民银行计收同期同类逾期贷款利息的标准,计算从×年×月×日至×年×月×日的违约金支付给 B;

3. 请求法院判决 C、D 共同以人民币×元为本金,按中国人民银行同期同类贷款利率三倍的标准,计算从×年×月×日至×年×月×日的利息损失赔偿给 B,并就该利息损失的赔偿互负连带责任。

第二种类型:

1. 请求法院判决 B 向 A 公司缴纳出资款人民币×万元,并按照中国人民银行同期贷款利率自×年×月×日起至实际支付之日止支付利息;

2. 请求法院判决 C 向 A 公司缴纳出资款人民币×万元,并按照中国人民银行同期贷款利率自×年×月×日起至实际支付之日止支付利息;

3. 请求法院判决 C 对前述第一项确定的 B 的债务承担连带责任;B 对前述第二项确定的 C 的债务承担连带责任。

第三种类型:

1. 请求法院判决 B 向 A 公司缴纳出资款人民币×万元及利息(按照中国人民银

行同期同类基准贷款利率自×年×月×日起计算至×年×月×日止）；

2.请求法院判决C对前述第一项确定的债务向A公司承担连带清偿责任；

3.请求法院判决确认B对A公司在×号民事判决书下应向债权人E承担的金钱给付义务，在未出资的×万元人民币范围内，对A公司不能清偿部分的债务承担补充赔偿责任。

第四种类型：

1.请求法院判决B、C共同向A公司返还抽逃资金人民币×万元及利息（其中人民币×万元自×年×月×日起算至实际付清止，其中人民币×万元自×年×月×日起算至实际付清止），利息按中国人民银行同期贷款利率计算；

2.D、E对上述债务承担连带清偿责任。

【解除合同、支付违约金】

第一种类型：

1.请求法院判决解除B与C、D于×年×月×日签订的《合作协议》；

2.请求法院判决B赔偿C违约金人民币×万元。

第二种类型：

1.请求法院判决确认A公司与B于×年×月×日签订的《合作协议书》《出资协议》于×年×月×日起解除；

2.请求法院判决B向A公司返还投资款人民币×万元；

3.请求法院判决B向A公司支付违约金人民币×万元。

第三种类型：

1.请求法院判决B向A公司承担迟延缴纳出资义务的违约责任（计算方式为：……）；

2.请求法院判决B按照其实际出资人民币×万元分配A公司剩余财产；

3.请求法院判决B向A公司支付违约金（自×年×月×日起至×年×月×日止，以人民币×万元为基数，按中国人民银行同期贷款基准利率计算）。